U0934546

珍藏本
纪念版

汉译世界学术名著丛书

思想录

论宗教和其他主题的思想

〔法〕帕斯卡尔 著

何兆武 译

2017年·北京

Blaise Pascal

LES PENSÉES

Sur la Religion et sur quelques autres sujets

所据版本

Léon Brunschvicg

Blaise Pascal, Pensées et Opuscules

1912 年，第六版

巴黎阿歇特书店(Libraire Hachette)

根据麦克米伦公司伦敦 1938 年版译出

汉译世界学术名著丛书
（120 年纪念版·珍藏本）
出 版 说 明

2017 年 2 月 11 日，商务印书馆迎来 120 岁的生日。120 年前，商务印书馆前贤怀揣文化救国的理想，抱持“昌明教育，开启民智”的使命，立足本土，放眼寰宇，以出版为津梁，沟通中西，为中国、为世界提供最富智慧的思想文化成果。无论世事白云苍狗，潮流左右激荡，甚至战火硝烟弥漫，始终践行学术报国之志，无改初心。

逐译世界各国学术名著，即其一端。早在 20 世纪初年便出版《原富》《天演论》等影响至今的代表性著作，1950 年代后更致力于外国哲学和社会科学经典的译介，及至 1980 年代，辑为“汉译世界学术名著丛书”，汇涓为流，蔚为大观。丛书自 1981 年开始出版，历时三十余年，迄今已推出七百种，是我国现代出版史上规模最大、最为重要的学术翻译工程。

丛书所选之书，立场观点不囿于一派，学科领域不限于一门，皆为文明开启以来，各时代、各国家、各民族的思想与文化精粹，代表着人类已经到达过的精神境界。丛书系统译介世界学术经典，引领时代思想，为本土原创学术的发展提供丰富的文化滋养，为推动中国现代学术和现代化进程做出了突出的贡献。

为纪念商务印书馆成立 120 周年，我们整体推出“汉译世界学术名著丛书”120 年纪念版的珍藏本，寄望既利于文化积累，又便于研读查考，同时向长期支持丛书出版的译者、编者和读者致以敬意。

两甲子后的今天，商务印书馆又站在了一个新的历史时间节点上。我们不仅要铭记先辈的身影和足迹，更须让我们的步伐充满新的时代精神。这是商务人代代相传的事业，更是与国家和民族的命运始终紧密相连的事业。我们责无旁贷，必须做好我们这代人的传承与创造，让我们的努力和成果不仅凝聚成民族文化的记忆，还能成为后来人可以接续的事业。唯此，才能不负前贤，无愧来者。

商务印书馆编辑部

2017 年 10 月

译　　序

本书作者帕斯卡尔(Blaise Pascal,1623—1662)是17世纪最卓越的数理科学家之一,他对于近代初期的理论科学和实验科学两方面都做出了巨大的历史贡献。他的以《真空论》为代表的一系列科学著作,基本上是唯物主义的并充满了战斗风格,三个多世纪以来已成为科学史上和思想史上的光辉典籍。

帕斯卡尔的思想理论集中地表现在他的《思想录》一书中。此书于笛卡尔的理性主义思潮之外,别辟蹊径:一方面它继承与发扬了理性主义传统,以理性来批判一切;同时另一方面它又在一切真理都必然以矛盾的形式而呈现这一主导思想之下指出理性本身的内在矛盾及其界限,并以他所特有的那种揭示矛盾的方法(即所谓"帕斯卡尔方法"),从两极观念(他本人就是近代极限观念的奠基人)的对立入手,考察了所谓人的本性以及世界、人生、社会、历史、哲学知识、宗教信仰等多方面的理论问题。其中既夹杂有若干辩证思想的因素,又复浓厚地笼罩着一层悲观主义的不可知论。

本书的体系是唯心主义的,但在继承蒙田等"人性学家"的思想传统并宣扬资产阶级人性论而与以耶稣会为代表的天主教会官方的神学理论进行尖锐论战这一点上,却有其鲜明的反封建的历史进步意义。它(和作者本人的另外一部书《致外省人信札》)反映了近代初期西欧大陆中等阶级反对派的思想体系的一个重要活动方面。

书中有大量进行神学论战的地方,乍看起来会使一个现代的读者感到气闷;然而他思想中的一些光辉的片断往往就存在于神学的夹缝之中。他所继承的冉森(Jansenius,1585—1638)派教义,实质上是宗教改革中加尔文派的一个变种,代表着资本原始积累的要求。一切神学理论都不外是世俗利益的一种伪装;只要把神学还原为世俗,就不难发现掩盖在神学外衣之下的思想实质。此外,冉森派与耶稣会的论战虽然是在一个狭小的神学领域范围之内进行的,帕斯卡尔本人的思想却在许多重要问题上突破了这个狭小的范围,既在思想内容方面也在思想方法方面。

近代辩证法奠基于康德,康德的来源之一是莱布尼茨。莱布尼茨于1672—1676年侨居巴黎时,结识了冉森派的主要代表人物之一阿尔诺(Antoine Arnauld,1612—1694)并深入研究了帕斯卡尔的手稿,受到他很大的影响。如所周知,莱布尼茨对自动机的研究就是由于受帕斯卡尔设计计算机直接启发的结果:这是近代计算技术的开端。极限概念则是又一个影响,它奠定了近代微积分学的基础。但帕斯卡尔对莱布尼茨的影响远不止此。近代思想史上的一个重要契机是古代奥古斯丁观点的复活。据控制论创始人维纳(N. Wiener,1894—1964)的看法,现代物理科学革命并非始自普朗克或爱因斯坦,而是始自季布斯(J. W. Gibbs,1839—1903);控制论就是在宇宙的概率熵之不断增加这一季布斯的观点以及更早的莱布尼茨的信息观念的基础之上建立起来的。维纳认为季布斯所提出的概率世界在承认宇宙本身结构中就有着一种根本性的机遇因素这一点上,非常之接近于奥古斯丁的传统。帕斯卡尔本人既是近代概率论的创始人;同时作为冉森派最突出的理论代表,他又在思想史上重新提出了奥古斯丁的观点。从而帕斯卡尔的思想就构成为古代与近代之间的一个重要的中间环节。从帕斯卡尔经莱布尼茨至康德的这一线索,提供了近代思想史上最值得探索的课题之一。然而这样一条线索,以及一般地近代思想的发展之与思想方法论之间的相互关系,却常常为历来的研究者们所忽视。此外,由于时代的、阶级的和他本人倾向性的局限,在他思想中所不可避免会出现的许多消极因素,以及它们与现代唯心主义某些流派的密切渊源,——这些也都还有待于研究者们以历史批判的眼光加以进一步的探讨。

*　　*　　*

帕斯卡尔《思想录》一书本来是一部作者生前尚未完成的手稿,其中有些部分业已大致成章,斐然可读,文思流畅,清明如水;另有些部分则尚未定稿或仅有标目或提纲,言简意赅或竟至不成语,使读者索解为难。19世纪以来整理和注释帕斯卡尔著作的,前后已有多家,而以布伦士维格(Léon Burnschvicg)本最为精审,大体上已可以为《思想录》一书清出一个眉目。译文凡遇疑难之处,基本上均依据布伦士维格的解说;译文的注释部分也大多采自布伦士维格的注释而有所增删,有时也兼采他书或间下己意,以期有助于理解原文。这是译文之所以根据布伦士维格本,而没有根据较晚出的《帕斯卡尔全集》本(J. Chevalier 编,巴黎,Gallimard版,1957)的原因。

布伦士维格本、布特鲁(Boutroux)本和《全集》本三种本子中有关《思想录》的部分,前两种本子的编排次序完全一样,而与后一种出入甚大；但是各本中每一段的文字内容并无不同。书中有引用拉丁文的地方，各种本子多未加翻译，个别地方虽有译文，但也很不忠实。因此凡遇拉丁文，译文都重新译出；但由于自己水平所限，错误之处尚希读者教正。书中引《圣经》的地方，因作者系凭记忆信笔写出，往往与经文原文有出入，而且中文官话本文字也嫌过时；所以书中凡引经文的部分，译文均根据作者的原文重行译出，而以官话本作为译注附入，以供参考。书中有几页是谈犹太经学的，布伦士维格本以及其他几种通行本子于此均未加注释；我自己于此是外行，只能酌加少量必要的注释，是否确切，不敢自信。有关帕斯卡尔的生平和他的科学贡献以及书中一些术语译文的说明，详见附录。

第二次世界大战后，先后出过四种《帕斯卡尔全集》，它们是：

1. Chevalier 编，1957 年。

2. Louis Lafuma 编，1960 年。

3. Jean Mesnard 编，1964 年。

4. L. Brunschvicg 与 P. Boutroux 编，1966 年重印（1908—1925）。

另外，关于帕斯卡尔的科学著作是：

R. Taton 编《帕斯卡尔科学著作集》，1948 年。

本书翻译，承友人商务印书馆顾寿观学长多所鼓励和帮助，并此志谢。

译　者

1979 年　北京

目　　录

思　想　录

第 一 编

*21—910**(**1**)*105—187*

几何学精神与敏感性精神[①]的区别——在几何学，原则都是显然可见的，但却脱离了日常的应用；从而人们由于缺乏运用习惯，很少能把脑筋放到这上面来，但是只要稍一放到这上面来，人们就会充分看出这些原则的；对于这些巨大得几乎不可能被错过的原则，若竟然也推理错误，那就一定是精神根本谬误了。

但是敏感性精神，其原则就在日常的应用之中，并且就在人人眼前。人们只需要开动脑筋，而并不需要勉强用力；问题只在于有良好的洞见力，但是这一洞见力却必须良好；因为这些原则是那么细微，而数量又是那么繁多，以致人们几乎不可能不错过。可是，漏掉一条原则，就会引向错误；因此，就必须有异常清晰的洞见力才能看出全部的原则，然后又必须有正确的精神才不至于根据这些已知的原则进行谬误的推理。

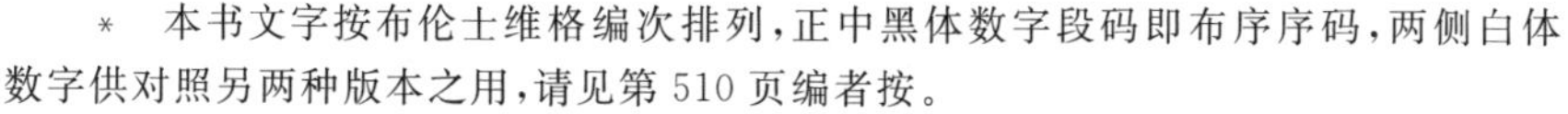

* 本书文字按布伦士维格编次排列，正中黑体数字段码即布序序码，两侧白体数字供对照另两种版本之用，请见第510页编者按。

① 按“敏感性精神”原文为l'esprit de finesse，系指与几何学的逻辑推论方式相对立的心灵的直觉或敏感。特罗特(Trotter)英译本径作“直觉的精神”。又，esprit一词17世纪时尚未获得18世纪“心智”的含义，故此处仍译作“精神”。(译注，下同)

因而,凡是几何学家只要能有良好的洞见力,就都会是敏感的,因为他们是不会根据他们已知的原则做出谬误的推理的;而敏感的精神若能把自己的洞见力运用到那些自己并不熟悉的几何学原则上去,也会成为几何学家的。

因而,某些敏感的精神之所以并不是几何学家,就在于他们根本未能转到几何学的原则方面来;而某些几何学家之所以并不是敏感的,就在于他们并没有看到自己面前的东西,就在于他们既然习惯于几何学的简洁的原则,并且只是在很好地看出了并掌握了他们的原则之后才能进行推论,所以他们在敏感性的事物方面就茫然若失了,因为它们的原则是不容这样来掌握的。这些原则几乎是看不见的,我们毋宁是感到它们的而不是看到它们的;那些自己不曾亲身感到过它们的人,别人要想使他们感到,那就难之又难了。这类事物是如此之细致而又如此之繁多,以至于必须有一种极其细致而又十分明晰的感觉才能感受它们,并根据这种感受做出正确公允的判断来;但却往往不能用几何学里那样的秩序来加以证明,因为我们本来就不是以这种方式获得这些原则的,也因为那样尝试的话,就会是一桩永无止境的事了。我们必须在一瞥之下一眼就看出整个的事物来而不能靠推理过程,至少在一定程度上是这样。因此就很少有几何学家是敏感的,或者敏感的人而是几何学的了;这是由于几何学家要想几何学式地对待那些敏感的事物,他们要想从定义出发,然后继之以定理,而那根本就不是这类推论的活动方式,于是他们就把自己弄得荒唐可笑了。这并非是说我们的精神没有在进行推论,但它却是默默地、自然而然地、毫不造作地在进行推论的;因为它那表现是超乎一切人力之外的,

而它那感受也只能属于少数人。

相反地，敏感的精神既已习惯于这样一眼看去就下判断，所以——当人们向他们提出了为他们所毫不理解的命题，而深入这些命题又要经过许多如此之枯燥乃至他们根本就不习惯于那样仔细地加以观察的定义和原理时——，他们就会那么惊愕失措，以至于望而却步并且感到灰心丧气了。

但谬误的精神却永远既不能成为敏感的人，也不能成为几何学家。

因而，那些仅仅不外是几何学家的几何学家虽则具有正确的精神，却需我们以定义和原理向他们解说清楚一切事物；否则他们就会荒谬得不能容忍，因为他们只有依据说得清清楚楚的原理才能是正确的。

而那些仅仅不外是敏感的人的敏感的人，又不能有耐心深入到思辨与想象的事物的根本原则里去，这些原则是他们在世上所从未见过的，并且是完全脱离日用之外的。

*22—909** (**2**) *274—563*

有各种不同的正确意识；有的人只在某一序列的事物上[①]，但在其他序列方面则否，在那些方面他们是胡说八道。

有的人能从少数的原则得出结论，这也是意识的一种正确性。

另有人能从含有大量原则的事物中得出结论。

例如，有的人很理解水的种种作用，而关于水的原则却是很少

① 读作："有的人只在某一序列的事物上有着正确的意识。"

的;然而其结论又是如此之精微,那是非有极大的正确性办不到的。

而这些人却未必因此就是伟大的几何学家:因为几何学是包含大量原则的,而精神却可能有一种性质是这样:即,它固然很能钻研少数原则的深处,然而却一点也不能钻研那些含有大量原则的事物。

因而便有两种精神:一种能够敏锐地、深刻地钻研种种原则的结论,这就是精确性的精神;另一种则能够理解大量的原则而从不混淆,这就是几何学的精神。一种是精神的力量与正确性,另一种则是精神的广博。而其中的一种却很可能没有另一种;精神可以是强劲而又狭隘的,也可以是广博而又脆弱的。

23—915(**3**)*29—253*

习惯于依据感觉进行判断的人,对于推理的东西毫不理解,因为他们想一眼就能钻透而并不习惯于探索种种原则。反之,那些习惯于依据原则进行推论的人则对于感觉的东西也毫不理解,他们在那里面探索原则,却不能一眼看出。

24—911(**4**)*22—273*

几何学,**敏感性**——真正的雄辩会嘲笑雄辩,真正的道德会嘲笑道德;这就是说,判断的道德——它是没有规则的——是嘲笑精神的道德的。

因为感觉之属于判断,正如科学之属于精神[1]一样。敏感性

① 按,作者在本章中所使用的基本术语,前后不一;这可能由于写作不是同一时期。此处“精神”一词,系指与敏感或直觉相对立的知性。布伦士维格(Léon (接下页)

乃是判断的构成部分,几何学则是精神的构成部分。

能嘲笑哲学,这才真是哲学思维。

25—982(**5**)*9—543*

那些没有准则就判断一件作品的人之于别人,就像是那些〔没有〕表的人之于别人一样[①]。一个人说:“已经两个小时了”;另一个人说:“只不过三刻钟。”我看了自己的表,就对前一个人说:“你疲倦了吧”;又对后一个人说:“时间对你简直是不难留住”;因为这时候是一小时半,于是我就嘲笑了那些说时间留住了我或者说我凭幻觉而判断时间的人。他们不知道我是根据我自己的表做出判断的。

26—991(**6**)*10—243*

正如我们在败坏着精神一样,我们也在败坏着感情。

我们由于交往而形成了精神和感情。但我们也由于交往而败坏着精神和感情[②]。因此,好的交往或者坏的交往就可以形成它

(接上页)Brunschvicg)认为作者分精神为两种,即逻辑的(几何学的)和直觉的(敏感性的);判断包括感情,而推论则始终是抽象的;哲学除了雄辩、逻辑和修辞而外,尚须靠感情或心灵。默雷(Méré,1610—1684,为作者友人)《谈话录》第 1 章,第 64 节:“有两种研究,一种只是追求技术和规则,另一种则根本不作此想,它的目的只在于依据本能而不假手思虑去寻求最适合于各种具体问题的东西。如果必须公开声明二者择一的话,那么我就要择取后者,这主要是由于我们是根据经验或根据感觉才认识到什么最好。但是前者也不能忽视,只要我们能经常牢记,凡是获得成功的总要比规矩更有价值。”

① 据布伦士维格解说,此处意谓:表所指示的时间与人无关,时间对于人是厌倦则长、欢愉则短;所以人类仅有理智还不足以提供准则,尚须求之于感情。

② 蒙田(Montaigne,1533—1592)《文集》第 3 卷第 8 章:“正如我们的精神由于和人们生气勃勃的精神交往而得到增强和规范,我们也无法说清它又是怎样由于我们与卑鄙腐化的精神不断相接触而堕落和沦亡的,传染病都不如它那么泛滥。”

们，或是败坏它们。因而最重要的事就是要善于选择，以便形成它们，而一点也不败坏它们；然而假如我们从来就不曾形成过或者败坏过它们的话，我们也就无从做出这种选择了。因此这一点就构成了一个循环，能摆脱这个循环的人就幸福了。

17—981(**7**)*252—428*

一个人的精神越伟大，就越能发现人类具有的创造性①。平庸的人是发现不了人与人之间的差别的。

*18—960**(**8**)*19—194*

很多人都是以听晚祷的同样方式在听讲道的。

93—5(**9**)*276—185*

当我们想要有效地纠正别人并指明他是犯了错误时，我们必须注意他是从哪个方面观察事物的，因为在那方面他通常总是真确的；我们必须承认他那方面的真理，然而也要向他指出他在另一方面所犯的错误。他对这一点会感到满意的，因为他看到自己并没有错误，只不过是未能看到各个方面而已；人们不会恼恨自己看不到一切，然而人们却不愿意自己犯错误；而这也许是由于人天然就不可能看到一切的缘故，是由于人天然就不可能在自己所观察到的那一方面犯错误的缘故，因为感官的知觉总是真确的。

① 帕斯卡尔《爱情论》："一个人的精神越伟大，就越能发现创造性之美。"

*43—6** (**10**) *197—188*

人们通常总是被自己亲身所发现的道理说服，更有甚于被别人精神里所想到的道理说服。

*208—713** (**11**) *194—189*

一切盛大的娱乐对基督徒的生活都是危险的；然而世人所发明的一切娱乐之中，没有哪一种是比戏剧更为可怕的了。它表现感情是那么自然而又那么细致，所以在我们内心里也激起并造成同样的感情，特别以爱情为然，主要是当人们把〔爱情〕表现得非常贞洁而又非常真挚的时候。因为它越是对纯洁无辜的灵魂显得纯洁无辜，也就越能使他们感动；它那激情投合了我们的自爱心，于是我们的自爱心就立刻形成一种愿望，要想产生我们所看到表现得如此之美好的那种同样的作用；并且我们同时就根据自己在戏里所看到的那种感情的真挚来塑造自己的良心，它可以消除纯洁的灵魂的恐惧心，这些纯洁的灵魂在想象着：以一种看来是那么样明智的爱情去恋爱，是绝不会有损自己的纯洁的。

这样，我们走出剧院，心里是如此之充满了爱情全部的美丽和甜蜜，而灵魂和精神又是如此之深信自己的纯洁无辜，以至于我们完全准备接受它们的最初印象，或者不如说准备找机会把它们在某人的内心里重演出来，以便接受我们在剧中所曾看到被描绘得如此之美好的那种同样的欢乐和同样的牺牲。

208—964 (**12**) *195—190*

斯卡拉穆什，他一心想着一桩事。

医生①已经说完一切之后，又谈了一刻钟，他满腔是倾诉的愿望。

208—934 * (**13**) *229—191*

人们爱看错误，爱看克莱奥布林②的爱情，因为她并不认识自己的爱情。假如她没有被骗，那就没有趣味了。

44—957 (**14**) *560—46*

当一篇很自然的文章描写出一种感情或作用的时候，我们就在自己的身上发现了我们所读到的那个真理，我们并不知道它本来就在那里，从而我们就感动得要去热爱那个使我们感受到它的人；因为他显示给我们的并不是他本人的所有，而只是我们自身的所有；而正是这种恩惠才使得他可爱，此外我们和他之间的那种心灵一致也必然引得我们要衷心去热爱他的。

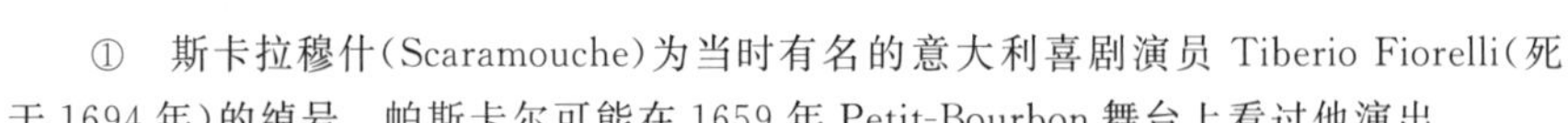

① 斯卡拉穆什(Scaramouche)为当时有名的意大利喜剧演员 Tiberio Fiorelli(死于 1694 年)的绰号。帕斯卡尔可能在 1659 年 Petit-Bourbon 舞台上看过他演出。

② 克莱奥布林(Cléobuline)为传说中古希腊哥林多的公主，长期热爱一个非哥林多血统的臣子米伦德(Myrinthe)而不自觉。

法国剧作家斯居代里(Georges de Scudéry，1601—1668)之妹，作家马德莱娜·斯居代里(Madeleine Scudéry，1607—1701)的传奇剧取材于此。帕斯卡尔把观众对该剧女主角那种错误感情的反应，看作是幸灾乐祸的例子。

244—956(**15**)*194—44*

雄辩是以甜言蜜语说服人，而不是以威权；它是暴君而不是国王。①

24—(**16**②)*560—194*

雄辩就是讲述事物的本领，其方式如下：(一)听讲的人能够毫不勉强高高兴兴地倾听它们；(二)他们对此感兴趣，因而自爱心引得他们格外自愿地要反复思考。

因而，它就在于我们要力图在两者之间建立一种吻合：一方面是我们听众的精神与心灵，另一方面则是我们所运用的思想与表达。这就要求我们能够好好地研究人心以便认识它那全部的力量，以便随后找出我们所要求与之相称的那篇论文的恰当分寸。我们必须把自己放在听讲人的地位，并根据自己的内心来检验我们文章中所加进的曲折，以便看出二者是否相称，以及我们能否有把握使得听众就好像是不得不折服那样。我们必须尽可能地把自己限于自然的简朴事实；是小的就不要夸大，是大的就不要缩小。一件事物光说得漂亮是不够的；它还必须扣题，它应该是一点也不多，一点也不少。

① 据布伦士维格的解说：国王是合法的，而暴君是非法的；说服力的威权是合法的，但雄辩的甜言蜜语却足以败坏人的意志。可参阅本书第310、311节。

② 本节布伦士维格本作第15节附录。

45—925(**17**)*556—7*

河流就是前进着的道路，它把人带到他们想要去的地方。[①]

*147，44—926**，*927**(**18**)*419—8*

当人们不理解一桩事物的真相时，能有一种共同的错误把人们的精神固定下来，那就最好不过了，例如人们把季节的变化、疾病的传播等等都归咎于月亮；因为人之大患就在于对自己不能理解的事物怀有不安的好奇心；他犯错误还远比不上那种徒劳无益的好奇心那么糟糕。

艾比克泰德、蒙田和图尔吉的萨罗门[②]的写作方式乃是最平易的、最富启示性的、最足以令人回味的并且最为人所称引；因为它们完全是由日常生活谈话而产生的思想所构成的；正像当我们谈到世人所存在的共同错误时，例如说月亮是一切的原因，我们就永远都少不了要说：图尔吉的萨罗门说过，当我们不理解一桩事物的真相时，能有一种共同错误等等就最好不过了，那也就是前面的思想。

*63—8**(**19**)*243—866*

我们写一部著作时所发现的最后那件事，就是要懂得什么是

---

① 布伦士维格解说：事实上，文章对帕斯卡尔来说就是一条前进着的道路，它把我们的精神带到我们想要达到的结论。

② 艾比克泰德(Epictéte，古希腊斯多噶派哲学家，鼎盛于公元2世纪)和蒙田两人对帕斯卡尔的思想都有很大的影响；但艾比克泰德并无著作传世。图尔吉的萨罗门(Salomon de Tultie)即作者自己。

必须置之于首位的东西。

68—46(**20**)*198—912*

次序——何以我宁可把我的道德教诫分作四条而不是六条？何以我宁可把德行定为四条、两条或一条？何以宁可是“abstine et sustine”[①]而不是“遵循自然”，[②]或是像柏拉图那样“处理私事要公正无私”，[③]或者是其他的东西？你可以说，这里是一切都包罗在一言之中了。诚然如此，可是若不加以解释，则它便是枉然无益的；然而当我们要加以解释时，只要我们所提出的是包括其他一切都在内的这样一条教诫，则它就正是出自于你所想要避免的那种原始的混沌。因此，当它们都包罗在一句话之中的时候，它们就是被隐蔽起来的而且是枉然无益的，就像是装在盒子里面一样，它们永远只能表现为它们自然的混沌状态。自然规定了它们彼此并不能互相包罗。

69—45(**21**)*196—1*

自然安排其全部的真理，乃是每一个都在其自身之中；而我们的办法却是要使它们彼此一个包罗着一个，但这是不自然的；每一个都有其自己的地位。

① 〔“节制与自持”〕，为斯多噶派的格言。

② “遵循自然”为伊壁鸠鲁派与斯多噶派两派的共同口号，但两派对此有不同的解释。

③ 按这一句并不是柏拉图的话，而是托名为《柏拉图书信集》中的话。

*65—4(**22**)193—2*

但愿人们不要说,我并没有说出什么新东西:题材的处理就是新的;在我们打网球的时候,双方打的只是同一个球,但总有一个人打得更好些。

我非常喜欢听人对我讲,我使用的是前人的文字。正如同样的思想用另一种讲法并不就构成另一篇文章,同样的是:同样的文字用另一种写法却构成另一种思想!

*66—944(**23**)191—3*

文字的不同排列便形成了不同的意义,而意义的不同排列便形成了不同的效果。

*46—990(**24**)596—4*

语言——若不是为了休息,我们绝不把精神转到别的上面去,然而在适宜于休息的时候,只要是有此需要,就必须休息而不能不休息;因为不能适时休息的人就会疲倦;但并不适时感到疲倦的人却会得到休息,因为他们早已心不在焉了。邪恶的欲念总喜欢与人们所愿意得之于我们的东西背道而驰,而又并不给我们带来任何快乐;这就是我们做出别人所愿意的一切时的代价。

*49—958(**25**)227—5*

雄辩——它必须是使人悦意的而又是真实的;然而那种使人悦意其本身又必须是出自真实。

48—955(**26**)*244—6*

雄辩是思想的一幅图画;因而那些画过之后又添上几笔的人,就是在写意而不是在写真了。

49—971(**27**)*184—120*

杂记。语言——凡是雕琢字句讲求对仗的人[①]就像是开假窗户讲求对称的人一样:他们的准则并不是要正确讲述而只是要做出正确的姿态。

50—974(**28**)*247—114*

我们一眼就看到的东西,其对称乃是以没有理由可以成其为别的样子为基础的,也是以人体的形象为基础的;由此可见,我们要求对称就只是在广度方面,而不是在高度与深度方面。

36—3(**29**)*60—115*

当我们阅读一篇很自然的文章时,我们就感到又惊又喜,因为我们期待着阅读一位作家而我们却发现了一个人。反之,那些趣味高级的人阅读一本书时原以为能发现一个人,却出乎意外地发现了一位作家。Plus poetice quam humane locatus es.〔“你以诗人发言更有甚于以人发言”[②]。〕那些在教导说自然能讲述一切甚

① 此处系指当时诺埃尔神父(Pére Noël)所写的一部书,题名为《真空的实体》。

② 按为罗马诗人彼得罗尼(Petronius,? —66)的诗句,见所著《讽刺诗》,90。

至于能讲述神学的人，就是好好地在尊敬自然了。

32—799，986（**30**）*248—45*

我们仅只请教于耳朵；因为我们缺乏心灵。

准则就在于诚恳。

删节之美，判断之美。

33—966（**31**）*602—119*

凡是我们所指责于西塞罗的那些虚伪的美[①]，都有其崇拜者，并且有大量的崇拜者。

*37—931**（**32**）*291—38*

喜悦以及美都有一定的典型，它就在于我们的天性（无论它实际的情况是强是弱）与令我们喜悦的事物两者之间的一定的关系。

凡是根据这种典型所形成的一切东西都使我们喜悦，无论是建筑，是歌曲，是论文，是诗歌，是散文，是女性，是飞鸟，是河流，是树木，是房屋，是服装以及其他。凡不是根据这种典型而构成的一切东西，都会使趣味高级的人感到不快。

正犹如根据好典型而谱成的一首歌曲和一座建筑之间，会有一种完美的关系一样，因为它们都类似于那个独一无二的典型，尽管它们各属一类；同样地根据坏典型而构成的各种事物之间也有

---

① 蒙田、默雷与帕斯卡尔均指责古罗马作家西塞罗（Cicéron，公元前106—前43）的著作铺张扬厉，违反了简洁朴素的原则。

一种完美的关系。并不是坏典型也是独一无二的，因为坏典型是无穷无尽的；然而比如说任何一首坏的商籁体诗，无论它是根据什么样荒诞的典型而写成的，都十足像是一个按照那种典型而打扮出来的女人一样。

最能使人理解一首荒诞的商籁体诗是何等之可笑的，就莫过于先考察一下自然以及那种典型，然后再想象一下一个女人或者一座建筑就是按那样的类型被塑造出来的。

*38—932** (**33**) *167—31*

诗歌美。正如我们谈论着诗歌之美，我们也应该谈论几何学之美以及医药学之美，然而我们却不谈论它们：其原因就在于我们很了解几何学的对象是什么，以及它得包括证明；我们也了解医药学的对象是什么，以及它得包括治疗；然而我们却并不了解成其为诗歌对象的那种美妙都包括些什么。我们并不了解我们所应模仿的那种自然的典型究竟是什么；并且由于缺乏这种知识，我们就发明了种种稀奇古怪的名词：诸如“黄金时代”，“我们当代的奇迹”，“命运的”，等等；并且我们就把这类莫名其妙的话称之为诗歌美。①

然而谁要是就根据这种无非是以大话在谈论琐事的典型来想象一位女性的话，那他就会看到一位漂亮的姑娘堆满了珠翠和首饰，他会觉得好笑的；因为我们对于什么算是一个女性的漂亮要比

① 据阿韦(M. Havet)说，作者这里是指法国诗人马雷柏(François de Malherbe, 1555—1628)及其诗派。

对于诗歌的漂亮懂得更多。然而不懂得这一点的人却会赞赏她这种打扮;还有不少乡村会把她当成女王呢;而这就是我们之所以要把按照这种典型而写成的商籁体诗称之为乡村女王的原因了。

39—984 * (**34**) *246—41*

一个人如果没有做出诗人或数学家等等的标志,他就不会以诗歌闻名于世。然而普通人却根本不愿意有什么标志,并且几乎也不会在诗人的行业与刺绣的行业之间加以区别的。

普通人既不能被称为诗人,也不能被称为几何学家或其他的什么;但他们却是所有这一切人,而又是这一切人的评判者。谁也猜不出他们。他们来到人们中间,谈论人们所谈论的事物。除了必要时拿出来应用而外,我们看不出他们有哪种属性没有哪种属性,但到了必要时我们就会想起它来;因为这两种说法同等地都是他们的特性:当其不是个语言问题时,我们就不说他们谈得很好,而当其是个语言问题时,我们就说他们谈得很好。

因而,当一个人一走进来,人们就说他极其擅长作诗的时候,人们给他的就是一种虚伪的赞扬;而且当人们要评判某些诗却又不去请教他的时候,那就更是一种恶劣的标志了。

40—987 * (**35**) *187—39*

我们绝不能〔说〕某个人:“他是数学家”,或者“他是宣教士”,或者“他长于雄辩”;而只能说:“他是个诚恳的人”。唯有这种普遍性的品质才使我高兴。当我们看到一个人就想起他的著作,这就是一种恶劣的标志了;我愿意我们不会发现什么品质,除非是遇到了它而又有机会运用它(Ne quid nimis[①]),否则恐怕某一种品质就会占上风,并会给人施洗的;我们千万别想到他谈得很好,除非确实是谈得很好的时候,唯有这时候我们才可以这样想。

*41—985(**36**)241—29*

人充满了各种需要:他只爱能够满足一切需要的人。人们说:“这是一位优秀的数学家。”然而我却用不着什么数学,他会把我当成一个命题吧。“这是一位优秀的战士”,——他会把我当成一个围攻着的据点吧。因而就必须是一个诚恳的人才能普遍地适合于我的一切需要。

*42—386(**37**)442—32*

〔既然我们不可能是通才并且懂得一切可能懂得的事物,所以我们就必须对一切事物都懂得一些。因为对一切都懂得一些,要比懂得某一件事物的一切更好得多;这种博通是最美好不过的。我们若能两者兼而有之,当然更好;但假如必须选择的话,那就必须选择前者;并且大家也都觉得如此,也都是这样做的,因为大家往往是很好的评判人。〕

*32—988(**38**)290—33*

是诗人,而不是诚恳的人。[②]

① 〔“什么事都不过分”〕,为古希腊格言。

② 关于本段的含义,见以上各段。

35—967*(**39**)421—34

假如雷电打到地面上来,等等,诗人以及只会论证那类性质的事物的人,就缺乏证明了。

67—912(**40**)74—35

我们用以证明其他事物的那些例证,如果我们也想要加以证明的话,则我们就得以其他的事物作为这些例证的例证;因为既然我们总是相信困难只在于我们所要加以证明的东西,所以我们就发现有了例证会更加清楚明白并且有助于对它的论证。

因此,当我们想要论证一件一般事物时,我们就必须给出一个个案的特殊规律;但是如果我们想要论证一个特殊的个案时,我们又必须从〔一般的〕规律着手。因为我们总是发觉我们所要加以证明的东西是模糊不清的,而我们所用以作为证明的东西则是清楚明白的;因为,当我们提出一件要加以证明的事物时,我们首先就充满着一种想象,以为它当然是模糊不清的,而反之要用以证明它的东西则是清楚明白的,这样我们便很容易理解它了。

34,132—939(**41**)494—36

马提雅尔[①]的箴言——人都喜欢心怀恶意;但那并不是要反对一目失明的人或者是不幸的人,而是要反对高傲的幸运者。否则的话,我们就会犯错误。

---

① 马提雅尔(Martial,43—104),罗马诗人。

因为欲念乃是我们全部行动的根源,而人道[1]等等。

我们必须让那些具有人间的温情的人感到喜悦。

有关两个一目失明的人的那条〔箴言〕[2]是一文不值的,因为那并不能慰藉他们,而只不过是给作者添上一丝光荣罢了。凡是仅只为了作者自己的,都是一文不值的。Ambitiosa recidet ornamenta〔他删掉了野心的装饰〕。[3]

132—977 * (**42**) *449—37*

把亲王加给国王是令人高兴的,因为这降低了他的身份。[4]〔鲍修注本,附录2〕

64—(**43**) *562—10*

有些作家一谈到自己的著作,就说:“我的书”、“我的注释”、“我的历史”,等等。他们感到的是小市民在街头有了个亭子间,就总是满口“在我家里”。但鉴于其中往往是别人的东西比他们自己的还要多,所以他们最好还是说:“我们的书”、“我们的注释”、“我们的历史”等等吧。

---

① 阿维认为这里的下半句话应读作:“而人道则平息欲念。”布伦士维格的解释是:欲念能引起恶意,而人道则限制恶意。

② 按这条箴言并不是马提雅尔的,而是出自1659年波·罗雅尔所出版的一部拉丁文的《箴言选集》。据阿维说,作者这里引述的,大概是有关两个一目失明的人在争论他们哪一个更漂亮的一段寓言。

③ 按语出罗马诗人贺拉斯(Horace,公元前66—前8)《致比松书》,第447行。

④ “把亲王加给国王”,读作“把亲王的称号加给国王”。因为“人都喜欢心怀恶意”,所以“这降低了他的身份”就“是令人高兴的”。

15—923(**44**)*373—14*

你愿意别人相信你的东西吗？那你就不要提它。

30—989(**45**)*21—17*

语言是密码，其中并不是把一种文变成另一种文，而是把一种字变成另一种字，从而一种为人所认识的语言就成为可以译识的了。

14—965(**46**)*20—24*

甜言蜜语的人，品格恶劣。

62—963(**47**)*61—25*

有些人说得好而写不好。那是由于场合和人群炙暖了他们，从他们的精神里引出了缺乏这种温暖时他们所不会具有的东西。

61—969(**48**)*62—26*

当一篇文章里出现了重复的字，我们试图加以修改，却发现它们是如此之妥帖以至于我们有可能糟蹋这篇文章时；那就只好让它照旧不动了。这就是它的标志；①而我们在这一点上却是出于盲目的忌妒了，这种忌妒并不了解用字重复在这种地方并不是错误；因为根本就没有什么普遍的规律。

---

① “它的标志”即“只好让它照旧不动”的标志。

*52—968(**49**)242—27*

若是掩饰起人性来并加以伪装。有更多的国王、教皇、主教——乃至威严的君主等等;没有巴黎——王国的首都。那就有许多地方都要称为巴黎,巴黎,还有许多别的地方都要称为王国的首都了。

*51—950(**50**)133—28*

同一个意义随着表达它的词语而变化。意义从词语中获得它的尊严,而不是赋给词语以尊严。这样的例子必须求之于……

*386—296(**51**)338—50*

皮浪学派[①]主张固持己见。

*54—979(**52**)410—49*

没有人会提到笛卡尔派,除非他本人就是笛卡尔派;[②]提到学究的,除非是学究,提到外省人的,除非是外省人;我敢打赌一定是出版商才给加上了《给外省人的信》[③]这个书名的。

① 皮浪学派指古希腊怀疑主义哲学家皮浪(Pyrrhon,公元前 334? —前 288)所创立的学派。

② 可参看本书第 78 节。

③ 《给外省人的信》系作者本人当时与耶稣会论战所匿名发表的书信集。“打赌”原作“相信”。作者此处故弄玄虚,表示似乎不知道该书的作者是谁。

53—973(**53**)*161—53*

按其含义，一辆车或是翻倒了，或是推翻了。

按其含义，或是流溢，或是灌注。[①]〔梅特尔先生以强力为托钵僧申辩。〕[②]

55—972(**54**)*113—52*

杂记。讲话的方式："我有意致力于此。"

53—980(**55**)*955—54*

钥匙的开启性，钩子的吸引性。

57—975(**56**)*318—55*

猜一猜："你的烦恼我也有份。"但红衣主教[③]先生是不愿意让人猜透的。

"我的精神充满着不安。"说我充满了不安，要更好一些。

---

① "按其含义"指视其有意或无意。一辆车可以是无意翻倒，也可以是有意推翻；水可以是无意流溢，也可以是有意灌注。

② 指当时波·罗雅尔著名的辩护士梅特尔(Antoine de Maitre)于1657年所出版的《申辩与演说》一书第六章。"托钵僧"指圣方济派。

③ "红衣主教"指17世纪的法国权相红衣主教马扎然(Mazarin，1602—1662)。拉·罗煦福哥(La Rochefoucauld，1613—1680)《格言集》第300节："人们都喜欢猜别人，而不喜欢让人猜。"

58—970(**57**)*292—56*

我对这类客气话总感到不快:“我给你添了很多麻烦;我怕搅得你不安;我怕打搅得太久了。”我们要么就是引进,要么就是扰乱。[①]

59—978(**58**)*381—57*

你的做法不文雅:“请您原谅我。”没有这句原谅话,我还一点也不会察觉有什么冒犯呢。“有渎尊听……”最糟糕的莫过于他们这句原谅的话。

*60—976**(**59**)*367—58*

“扑灭叛乱的火焰”,太雕琢了。

“他那天才的激荡”;两个太夸张的字样。

① 本书第105节:“我们就把想象引进了那个判断,要么就是相反地扰乱了那个判断。”

第　二　编

73—29（**60**）*67—59*

第一部：人没有上帝时的可悲。

第二部：人有了上帝时的幸福。

或：

第一部：论天性是腐化的。根据天性本身。[①]

第二部：论有一位救主的存在。根据圣书。

*70—47**（**61**）*127—48*

顺序——我很可以处理顺序这一段[②]如下：证明所有各种情况的虚妄，证明日常生活的虚妄，然后再证明怀疑主义者与斯多噶派的哲理生活的虚妄；然而并不一定要严格保持这种顺序。我略微知道一点它是什么，可是懂得它的人又何其之少。人世的科学没有一种是能够把握住它的。圣托马斯[③]也没有把握住它。数学把握住了它，但数学在深度上也是徒劳无功的。

---

① “根据天性本身”指以天性本身为证。

② 可参见本书第283段。“处理顺序这一段如下”意谓“把这一段的顺序处理如下”。

③ 圣托马斯，即托马斯·阿奎那（Thomas d'Aquin，1225—1274），为中（接下页）

*76—48*** **(62)** *308—47*

第一部的序言——要谈论那些探讨过自我认识的人；谈论沙伦那令人烦恼与厌倦的分目[①]；谈论蒙田的混乱，蒙田深深感到缺乏〔正确的〕方法[②]，便从一个题目跳到另一个题目以图避免它；他力求风雅。

他那进行自我描绘的愚蠢设计！而这一点绝不是附带的或违反他的准则的，正如人人总会犯错误那样；而是出于他本人的准则，并且是出于一种主要的、根本的计划。因为出于偶然与弱点而讲了愚蠢的话，只是一种常见的毛病；但有计划地要讲愚蠢的话，那却是不可容忍的了，何况讲的还是那些诸如……

77—936 **(63)** *330—19*

蒙田——蒙田缺点太大。轻佻的词句；那是毫无价值的，不管古尔内女士怎么说。[③]没有眼睛的人——这是轻信。由圆求作方、更大的世界——这是无知。还有他对于蓄意杀人、对于死的感情。

(接上页)世纪经院哲学的代表人。经院哲学的方法(顺序)系以繁琐的形式推论为其特征而并不涉及人类如何认识真理的问题；因此笛卡尔与帕斯卡尔都谴责经院哲学的方法，而力图代之以数学的方法。

① 沙伦(Pierre Charron，1541—1603)为蒙田的友人，此处所说沙伦的分目系指沙伦的《智慧论》一书；该书分 117 章，每章又分若干节。与此相反，蒙田的《文集》没有任何次序，每篇均系随手写成。

② 按“〔正确的〕方法”原手稿作“方法的正确”，此处据伏哲尔(Faugère)版本改正。

③ 按蒙田《文集》系蒙田死后，由他的养女古尔内(Marie le Jare de Gournay)于1595 年编定出版。此处系指古尔内为蒙田《文集》一书所写的序言。

他鼓励人对于得救漠不关心，既不畏惧也不悔改。他的书不是为了维护虔信而写的，所以他就无须涉及虔信：然而我们却永远有义务不可背离虔信。我们可以原谅他那种对人生某些场合（730、331）[①]的有点自由而又放荡的感情；然而我们却不能原谅他那种纯属异教的对于死的感情；因为假如一个人一点都不想要像基督徒那样死去，那他就必定抛弃一切虔信了。因而蒙田在其全书里想到死的时候，总是优柔怯懦的。[②]

79—758（**64**）*354—43*

并不是在蒙田的身上而是在我自己身上，我才发现了我在他那里面所看见的一切。[③]

*78—935**（**65**）*436—22*

蒙田具有的优点是只有非常之辛苦才能获得的。他具有的劣点，——我是指除了道德而外，——却是立刻就可以改正的；假如能告诫他说，他引的掌故太多并且谈自己也太多。

---

① 指1635年古尔内编蒙田《文集》第二版，第730页及331页（即该书第2卷、第37章及第2卷、第4章）。

② 按本节所谈内容均系针对蒙田的《文集》。“没有眼睛的人”见蒙田《文集》第2卷、第12章，“由圆求作方”见同书，第2卷、第14章，“更大的世界”见第2卷、第14章，“蓄意杀人”见第2卷、第3章，“既不畏惧也不悔改”见第3卷、第2章，“死”见第3卷、第9章、第12章。

③ 按这是蒙田本人的说法。见蒙田《文集》第1卷、第25章，第3卷、第2章。

81—120(**66**)*156—23*

人必须认识自己：如其这不能有助于发现真理，至少这将有助于规范自己的生活；没有别的比这更为正确的了。

196—60(**67**)*320—40*

科学的虚妄——有关外物的科学不会在我痛苦的时候安慰我在道德方面的愚昧无知的；然而有关德行的科学却永远可以安慰我对外界科学的愚昧无知。

82—716(**68**)*149—20*

我们不会把人教成为正直的人，但我们可以教给人其他的一切；而他们夸耀自己懂得其他任何事物永远都比不上夸耀自己的正直。他们仅仅夸耀自己懂得他们所根本不曾学会的那种唯一的东西。[①]

*84—78***(**69**)*317—21*

两种无限，中道——当我们阅读太快或太慢的时候，我们就会什么也没有理解。

① “那种唯一的东西”即正直。

84—251(**70**)*374—61*

自然不……[①]——〔自然把我们那么妥善地安置于中道，以致我们如果改变了平衡的一边，也就改变了另一边：我行动，*Τά ζῶα τρέκει*[②]。这使我相信，我们头脑里的弹力也是这样安排的，谁要是触动了其中的一点，也就触动了它的反面。〕

84—75(**71**)*376—373*

酒太多和太少：一点都不给他，他就不可能发现真理；给他太多，也会一样。

84—390(**72**[③])*117—283*

人的比例失调——〔这就是我们的天赋知识引导我们所达到的：假如它们不是真的，那么人就根本没有真理了；假如它们是真的，那么人就被迫不得不以这种或那种方式低头，从而发现有极大理由应该谦卑。而且，人既然不能不相信它们而生存，所以我希望

① 按此处标题原文不全，据布伦士维格说，大概应该是："自然不会停止于一端"；作者似乎是以物理学上的摆动法则来说明人类思想的运动规律。

② 这里所引用的两句话：前一句法文：我行动，其主词为单数，动词为复数；后一句为希腊文：动物跑，其主词为复数，动词为单数。

③ 按本节文字各版本出入甚多，布伦士维格本此处大体上是依据1877年莫里尼蔼(Molinier)本。括号内的一段文字，波罗雅尔本原作：当人观察自己的时候，向他呈现出来的第一件事便是他的身体，也就是说属于他自身的某一部分物质。然而要了解那是什么，他就必须拿它和一切在他之上的东西以及在他之下的东西相比较，以便认识其确切的界限。因而，他不能停留于单纯地观察周围的种种对象。他还得思考，等等。

他在进行大规模探讨自然之前，先能认真地而又自在地考虑一下自然，并且也能返观一下自己，认识他具有着怎样的比例[①]……〕那么就让人思索自然界全部的崇高与宏伟吧，让他的目光脱离自己周围的卑微事物吧！让他能看看那种辉煌灿烂的阳光就像一座永恒不熄的爝火在照亮着全宇宙；让地球在他眼中比起太阳所描扫的巨大轨道来就像是一个小点；并且让他震惊于那个巨大轨道的本身比起苍穹中运转着的恒星所环绕的轨道来，也只不过是一个十分细微的小点罢了。然而假如我们的视线就此停止，那么就让我们的想象能超出此外吧；软弱无力的与其说是提供材料的自然界，倒不如说是我们的构思能力。整个这座可见的世界只不过是大自然广阔的怀抱中一个难以觉察的痕迹。没有任何观念可以近似它。我们尽管把我们的概念膨胀到超乎一切可能想象的空间之外，但比起事情的真相[②]来也只不过成其为一些原子而已。它就是一个球，处处都是球心，没有哪里是球面[③]。终于，我们的想象力会泯没在这种思想里，这便是上帝的全能之最显著的特征。

让一个人返求自己并考虑一下比起一切的存在物来他自身是个什么吧；让他把自己看作是迷失在大自然的这个最偏僻的角落

① “比例”指人对自然的比例。

② 事情的真相，指宇宙的无穷。

③ 按这句话在中世纪时是归之于古希腊哲学家恩培多克勒(Empedocles，公元前500—前430)的名下的，有时也归之于赫耳墨斯·特雷美奇斯特(Hermes Tremigeste)。古尔内(Gournet)为蒙田《文集》所写的序言中曾有如下的话：“特雷美奇斯特(希腊神话)说：上帝是一个圆，处处都是圆心，没有哪里是圆周。”

里[1];并且让他能从自己所居住的这座狭隘的牢笼里——我指的就是这个宇宙——学着估计地球、王国、城市以及他自身的正确价值吧！一个人在无限之中又是什么呢？

但是为了给他展示同样可惊可讶的另一幅壮观，让他能探讨一下他所认识的最细微的东西吧。让我们给他一枚身躯微小而其各个部分还要更加微小无比的寄生虫吧，它那关节里的肌肉，它那肌肉里的脉络，它那脉络里的血液，它那血液里的黏汁，它那黏汁里的一微一毫，它那一微一毫里的蒸气；并且把这些最后的东西再加以分割，让他竭尽这类概念之能事，并把他所可能达到的最后的东西当作我们现在讨论的对象；他或许会想，这就是自然界中极端的微小了吧。可是我要让他看到这里面仍然是无底的。我要向他描述的不仅仅是可见的宇宙，并且还有他在这一原子略图的怀抱里面所可能构想的自然的无限性。让他在这里面看到有无穷之多的宇宙，其中每一个宇宙都有它自己的苍穹、自己的行星、自己的地球，其比例和这个可见的世界是一样的；在每个地球上也都有动物，最后也还有寄生虫，这些他将发现都和原来所曾有过的一样；并且既然能在其他这些里面可以无穷尽地、无休止地发现同样的东西，那么就让他在这些渺小得可怕、正如其他那些同样巨大得可怕的奇迹里面销魂吧；因为谁能不赞叹我们的躯体呢，它在宇宙中本来是不可察觉的，它自身在全体的怀抱里本来是无从觉察的，而与我们所不可能到达的那种虚无相形之下却竟然一下子成了一个

① 蒙田《文集》第 2 卷、第 12 章：“你看到的只是你所居住的小洞里的秩序和政治。”又可参看同书，第 1 卷、第 25 章。

巨灵、一个世界，或者不如说成了一个全体[①]！

凡是这样在思考着自己的人，都会对自己感到恐惧，并且当他思考到自己乃是维系在大自然所赋予他在无限与虚无这两个无底洞之间的一块质量之内时，他将会对这些奇迹的景象感到战栗的；并且我相信随着他的好奇心之转化为赞仰，他就会越发倾向于默默地思索它们而不是怀着臆测去研究它们。

因为，人在自然界中到底是个什么呢？对于无穷而言就是虚无，对于虚无而言就是全体，是无和全之间的一个中项。他距离理解这两个极端都是无穷之远，事物的归宿以及它们的起源对他来说，都是无可逾越地隐藏在一个无从渗透的神秘里面；他所由之而出的那种虚无以及他所被吞没于其中的那种无限，这二者都同等地是无法窥测的。

然则，除了在既不认识事物的原则又不认识事物的归宿的永恒绝望之中观察它们〔某些〕中项的外表而外，他又能做什么呢？万事万物都出自虚无而归于无穷。谁能追踪这些可惊可讶的过程呢？这一切奇迹的创造主是理解它们的。任何别人都做不到这一点。

人们并没有思索这些无穷，就贸然地着手去研究自然，竟仿佛他们对于自然有着某种比例似的。他们根据一种有如他们的对象

① 按此处涉及作者给默雷的一封信，答复其有关无限小的存在的证明。1654年7月29日帕斯卡尔致费马(Fermat，1601—1665，法国数学家)信中说："我没有时间给你看使默雷先生大为震惊的一种困难的证明：因为他有很好的头脑，但他并不是几何学家；这是——你是知道的——一个大缺点，他甚至于不理解一个数学上的线段是可以无限分割的，他坚决认为那是由有限数目的点所构成的，我始终无法使他自拔于此；假如你能做到这一点，那就太好了。"

那样无穷的臆测，想要理解事物的原则，并由此而一直达到认识一切，——这简直是怪事。因为毫无疑问，若是没有臆测或是没有一种与自然同样无限的能力，我们就不可能形成这一计划。

当我们领会了之后，我们就会理解，大自然是把它自己的影子以及它的创造主的影子铭刻在一切事物上面的，一切事物几乎全都带有它那双重的无穷性。正是因此，我们就可以看到，一切科学就其研究的领域而言都是无穷的，因为谁会怀疑例如几何学中有待证明的命题乃是无穷无尽的呢？并且就其原理的繁多和细密而言，它们也是无穷的；因为谁不知道我们当作是最后命题的那些原理，其本身也是不能成立的，而是还得依据另外的原理，而另外的原理又要再依据另外的原理，所以就永远都不容许有最后的原理呢？可是我们却规定了某些最后的原理，其理由看来就正如我们对于物质的东西所作的规定一样；对于物质的东西，凡是超乎我们的感官所能察觉之外的，我们就称之为不可分割的质点，尽管按其本性来说，那是可以无限分割的。

在科学的这种双重的无穷之中，宏伟的无穷性是最易于感觉到的，而这也就是何以居然竟有少数人自命为认识一切事物。德谟克利特[①]就说过："我要论述一切。"

然而微小的无穷性却并不那么显而易见。哲学家们往往自诩已经达到了这一点，但正是在这上面，他们都绊倒了。这就产生了像《万物原理》、《哲学原理》之类这样一些常见的书名，这些名字尽

① 德谟克利特(Democrrite，公元前460—前362)古希腊哲学家。这里所引的这句话见蒙田《文集》，第2卷、第12章。

管表面上不如但实际上却正如另一本刺眼的书《De omniscibili》[①]是一样地夸诞。

我们很自然地相信自己足以能够到达事物的中心，而不仅是把握着它们的周径而已；世界可见的范围显而易见是超出我们之外的；但既然我们是超出微小的事物之外的，于是我们就自信我们是能够掌握它们的。可是达到虚无却并不比达到一切所需要的能力为小；二者都需要有无穷的能力，并且在我看来，谁要是能理解万事万物的最后原理，也就能终于认识无穷。二者是互相依赖的，二者是相通的。这两个极端乃是由于互相远离才能互相接触与互相结合，而且是在上帝之中并仅仅是在上帝之中才能发现对方的。

因此就让我们认识我们自身的界限吧；我们既是某种东西，但又不是一切。我们得以存在的事实就剥夺了我们对于第一原理的知识，因为第一原理是从虚无之中诞生的；而我们存在的渺小又蒙蔽了我们对无限的视野。

我们的理解在可理解的事物的秩序里，只占有我们的身体在自然的领域里所占有的同样地位。

我们在各方面都是有限的，因而在我们能力的各方面都表现出这种在两个极端之间处于中道的状态。我们的感官不能察觉任何极端：声音过响令人耳聋，光亮过强令人目眩，距离过远或过近有碍视线，言论过长或过短反而模糊了论点，真理过多使人惊惶失

① 拉丁文《论可知的一切》。1486年意大利人皮柯·米兰多拉（Pic de la Mirandole，即 Pico della Mirandola）在罗马提出九百条命题，以《论可知的一切》为名；后被教会查禁。

措(我知道有人[1]并不能理解零减四还余零[2]),第一原理使我们感到过于确凿,欢乐过多使人不愉快,和声过度使音乐难听;而恩情太大则令人不安,我们愿意有点东西能超偿债务:Beneficia eo usque laeta sunt dum videntur exsolviposse;ubi multum antevenere,pro gratia Odium redditur.[3]我们既感觉不到极度的热,也感觉不到极度的冷。一切过度的品质都是我们的敌人,并且是不可能感觉的:我们不再是感觉它们,而是忍受它们。过于年轻和过于年老都有碍于精神,教育太多和太少也是一样;总之,极端的东西对于我们仿佛是根本就不存在似的,我们根本就不在它们的眼里:它们回避我们,不然我们就回避它们。

这便是我们的真实情况;是它使得我们既不可能确切有知,也不可能绝对无知。我们是驾驶在辽阔无垠的区域里,永远在不定地漂流着,从一头被推到另一头。我们想抓住某一点把自己固定下来,可是它却荡漾着离开了我们;如果我们追寻它,它就会躲开我们的掌握,滑开我们而逃入于一场永恒的逃遁。没有任何东西可以为我们停留。这种状态对我们既是自然的,但又是最违反我们的心意的;我们燃烧着想要寻求一块坚固的基地与一个持久的最后据点的愿望,以期在这上面建立起一座能上升到无穷的高塔;但是我们整个的基础破裂了,大地裂为深渊。

---

① 可能是指默雷。

② 按这里的“零”指虚无,虚无减掉任何数量仍余虚无。

③ 〔唯有我们认为能够报答的恩情才是惬意的,超出此外,感激就要让位给怨恨了。〕——按原文为拉丁文,语出塔西佗(Tacite,55—120)《编年史》Ⅳ,18。蒙田《文集》第3卷、第8章转引。

(72)

因此就让我们别去追求什么确实性和固定性吧。我们的理性总是为表象的变化无常所欺骗，并没有任何东西能把既包括着有限但又避开有限的这两种无限之间的有限固定下来。

这一点很好地加以理解之后，我相信我们每个人就都会安定在大自然所安排给自己的那种状态的。既然我们被注定的这种中间状态永远与极端有距离，那么人类多了解一点东西又有什么意义呢？假如他多有了一点，他就了解得更高一点。但他距离终极，岂不永远是无穷地遥远吗？而我们的一生就再多活上十年，岂不同样地〔距离〕永恒仍是无穷地遥远吗？

在这种无穷的观点之下，一切的有限都是等值的；我看不出为什么宁愿把自己的想象放在某一个有限上而不是放在另一个有限上。单是以我们自身来和有限作比较，就足以使我们痛苦了。

如果人首先肯研究自己，那么他就会看出他是多么地不可能再向前进。部分又怎么能认识全体呢？可是，也许他会希望至少能认识与他有着比例关系的那些部分了吧。但是世界的各部分又全都是这样地彼此相关系着和相联系着，以至于我确信没有某一部分或者没有全体，便不可能认识另一部分。

例如，人是和他所认识的一切都有关联的。他需要有地方可以容身，有时间可以存续，有运动可以生活，有元素可以构成他，有热和食物可以滋养他，有空气可以呼吸；他看得见光明，他感觉到物体；总之，万物都与他相联系①。因而，要想认识人，就必须知道

① 赛朋德(Raymond Sebond，死于1432年)《自然神学》第二章："人和其他一切创造物都有着一种伟大的联盟、协约和友谊。"

何以他需要有空气才能生存；而要认识空气，又须知道它与人的生命何以有着这种关系，等等。火焰没有空气就不能存在；因之，要认识前者，就必须认识后者。

既然一切事物都是造因与被造者，是支援者与受援者，是原手与转手，并且一切都是由一条自然的而又不可察觉的纽带——它把最遥远的东西和最不相同的东西都联系在一起——所连结起来的；所以我认为不可能只认识部分而不认识全体，同样地也不可能只认识全体而不具体地认识各个部分。①

〔事物在其自身之中或在上帝之中的永恒性，也应该使我们短促的生命惊讶不已。大自然之固定而持久的不变性，比起我们身中所经历的不断变化来，也应该产生同样的效果。〕

而使得我们无力认识事物的，就在于事物是单一的，而我们却是由两种相反的并且品类不同的本性，即灵魂与身体，所构成的。因为我们身中的推理部分若竟然是精神之外的什么东西，那就是不可能的事；而如其我们认为我们单纯是肉体，那就越发会排斥我们对事物的知识，再没有比说物质能够认识其自身这一说法更加不可思议的了；我们不可能认识，物质怎么会认识它自己。

因而，如果我们单纯〔是〕物质，我们就会什么都不认识；而如果我们是由精神与物质所构成的，我们就不能够充分认识单纯的事物，无论它是精神的还是物质的事物。

由此可见，几乎所有的哲学家全都混淆了对事物的观念，他们从精神方面谈论肉体的事物，又从肉体方面谈论精神的事物。因

① 可参看蒙田《文集》第2卷、第12章。

为他们大肆谈论着肉体倾向于堕落,它们在追求自己的中心,它们在躲避自己的毁灭,它们害怕空虚,并且它[①]也具有倾向、同情与反感之类属于精神的各种东西。而在从精神出发的时候,他们又把精神认为是存在于某个地点,并且把从一个位置到另一个位置的运动也归之于精神,这些却都是纯属于肉体的东西。

我们并不去接受有关这些纯粹事物的观念,反而是给它们涂上了我们自己的品性;并且对一切我们所思索着的单纯事物,都打上我们自身那种合成生命的烙印。

鉴于我们是以精神和肉体在合成一切事物的[②],谁会不相信这样一种混合对于我们乃是十分可以理解的呢?然而正是这种东西,我们却最不理解。人对于自己,就是自然界中最奇妙的对象;因为他不能思议什么是肉体,更不能思议什么是精神,而最为不能思议的则莫过于一个肉体居然能和一个精神结合在一起。这就是他那困难的顶峰,然而这就正是他自身的生存:Modus quo corporibus adhaerent spiritus comprehendi ab hominibus non potest,et hoc tamen homo est.[③]〔精神与肉体相结合的方式乃是人所不能理解的,然而这就正是人生。〕

最后,为了完结关于我们脆弱性的证明,我就以这样的两点考虑而告结束……

① “它”指自然。

② 读作:“鉴于我们是以精神和肉体的合成来解释一切事物的。”

③ 原文为拉丁文,语出奥古斯丁(Augustin,354—430)《上帝之城》XXI,10。蒙田《文集》,第2卷、第12章转引。

189—124(**73**)164—60

〔可是,也许这个题目是超出理性的能力之外的。因而,让我们就来考察它对自己力所能及的事物的创见吧。如果有任何东西以其自身固有的兴趣便可以使它对于自己加以最严肃[①]的运用的话,那就是对于至善的探讨了。因而,就让我们来看看这些强而有力的、明察秋毫的灵魂是把至善安置在什么地方的吧,并且看看它们是不是一致吧。

有人说,至善就在于德行,另有人则把它归之于享乐;有人认为在于对自然的知识,另有人则认为在于真理[②]:Felix qui potuit rerum cognoscere causas,[③](能够认识事物的原因的人是有福的),又有人认为在于无知无识,还有人认为在于闲散,也有人认为在于摒除假象,另有人认为在于无所企慕,nihil admirari prope res una quae possit facere et servare beatum[④](不稀罕任何事情,哪怕是那种能带来并维护幸福的东西。),而真正的怀疑主义者[⑤]则认为在于他们的不动心、怀疑与永恒的悬而不决;另有更聪明的人还想要发现一点更好的东西。我们有这些,已经是受益匪浅了。

① “最严肃的”,意谓最好的。

② 蒙田《文集》第2卷、第12章说过同样的话。

③ 语出罗马诗人维吉尔(Virgile,公元前70—前19),“高尔吉克”诗Ⅱ,489。蒙田《文集》第3卷、第10章转引。

④ 语出罗马诗人贺拉斯《书翰集》Ⅰ,Ⅵ,1,蒙田《文集》第2卷、第10章转引。

⑤ “怀疑主义者”原文为皮浪主义者(Pyrrhonien)。见前第51节。

(73)

按规律调整为如下的纲目。[①]

总该可以看出，假如这类美妙的哲学经过如此之漫长而又如此之艰辛的努力，还得不到任何确切可靠的东西的话，那么至少灵魂也许该认识它自己了吧。让我们听听世上的权威是怎样讨论这个题目的吧。他们对它的实质是怎么想的呢？394[②]。他们安排它是不是更幸运些呢？395[③]。他们对于它的起源、它的存续和它的消亡都发现了什么呢？399[④]。

可是，灵魂这个题目对于他们薄弱的知识来说，是不是太高贵了呢？那么就让我们把它降低到物质上来吧，让我们看看它理解不理解它所赋之以生气的那个身体本身是由什么构成的，理解不理解它所思考着的并能随心所欲加以移动的那些其他物体吧。那些无所不晓的大独断论者们，他们对于这些又知道些什么呢？Harum sententiafum，393[⑤]。

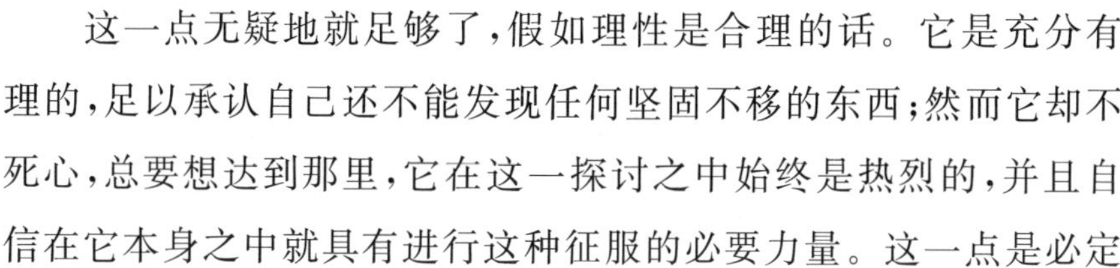

这一点无疑地就足够了，假如理性是合理的话。它是充分有理的，足以承认自己还不能发现任何坚固不移的东西；然而它却不死心，总要想达到那里，它在这一探讨之中始终是热烈的，并且自信在它本身之中就具有进行这种征服的必要力量。这一点是必定

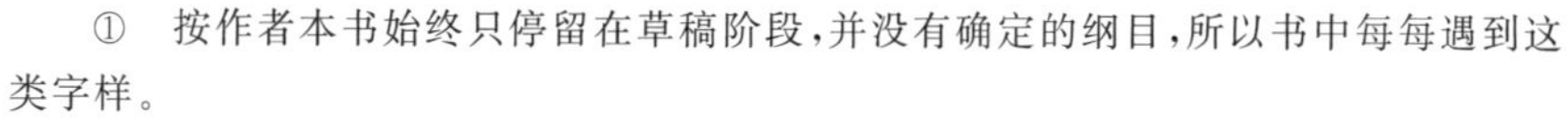

① 按作者本书始终只停留在草稿阶段，并没有确定的纲目，所以书中每每遇到这类字样。

② 指蒙田书394页，即《文集》第2卷、第12章："那么就让我们看看人类的理性所教给我们的自我和灵魂都是些什么吧。"

③ 同上："关于把它安排在哪里，分歧和争端也并不少。"

④ 同上书随后各段。

⑤ 按此处数字指作者所要加以补足的原文出处，引文全文应作"Harum sententiarum quae vera sit，Deus aliquis viderit."〔"关于这些意见哪一个才是真的，唯有上帝可以明鉴。"〕语出西塞罗《塔斯库兰争论》Ⅰ，Ⅱ；蒙田《文集》第2卷、第12章转引。

要达到的，并且让我们就其效果考察过它的能力之后，再来认识它们本身吧；让我们看看它是否具有可以掌握真理的某些形式[①]和某些能力吧。〕

188—40，303 (**74**) *158—562*

一篇论人类科学与哲学的愚蠢的书信。

这篇书信置于论娱乐之前。

Felix qui potuit... Nihil admirari。[②]

蒙田的书中有280种至善[③]。

191—761 (**75**) *71—527*

第一部，1，2，第一章·第四节。[④]

〔猜测。把它降低一级并且使它显得荒唐可笑，这并没有什么困难。因为为了从它本身而开始，〕还有什么能比如下的说法更加荒谬的呢？说是没有生气的物体也有感情、畏惧和恐怖，说是没有感觉的、没有生命的、甚至于不可能有生命的物体也有感情（这至少得先假设有一个能感觉的灵魂可以感受他们），甚而还说这种恐

---

① “形式”(formes)一词，莫里尼埃本作“力量”(forces)。

② 见前第73段注。

③ 蒙田《文集》第2卷、第12章：“哲学家之间的争论没有比关于人类的至善这个问题更为激烈、更为尖锐的了，据瓦罗的统计，它们共有二百八十八派之多。”按蒙田所引瓦罗(Varro，公元前116—前27年，罗马作家)的这句话亦见奥古斯丁的《上帝之城》及冉森的《奥古斯丁》。

④ 此处数字系指作者的《真空论》(作于1647—1651年)的章节。

怖的对象就是空虚。空虚里面有什么可以使它们害怕的呢?[①] 还能有什么比这更浅薄、更可笑的吗?这还不够,而且还说它们自身就具有一种运动的原则要想避免空虚,难道它们也有臂、有腿、有肌肉、有神经吗?

193—92(**76**)*141—62*

要写文章反对那些对科学穿凿过分的人。笛卡尔。

194—(**77**)*134—63*

我不能原谅笛卡尔;他在其全部的哲学之中都想能撇开上帝;然而他又不能不要上帝来轻轻碰一下,以便使得世界运动起来;除此之外,他就再也用不着上帝了。

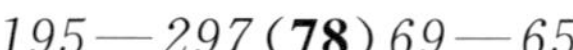

195—297(**78**)*69—65*

笛卡尔既无用而又不可靠。[②]

192—174(**79**)*207—64*

〔笛卡尔——大体上必须说:“它是由数目与运动所构成的”,

① 按本段系针对中世纪的传统信条“自然畏惧真空”而发的,据说自然界并不存在真空,是因为“自然畏惧真空”的缘故;帕斯卡尔于1646年以他有名的气压实验粉碎了这一中世纪的教条。

② 布伦士维格注:“无用,是因为他的形而上学并没有触及‘唯一的必然’;不可靠,是因为他的万物体系是建立在只能是假说的先天原则之上。……帕斯卡尔既不相信简单观念的证据,也不相信以理性来构造世界的可能性。他的几何学是综合的、具体的,他的物理学是实验的、反形而上学的。人们所理解的那种绝对意义上的笛卡尔式的帕斯卡尔,只不过是传说罢了。”

因为这一点是真的。然而要说出究竟是什么,并且要构造出这架机器来,那就荒唐可笑了。因为那是无用的、不可靠的而又令人苦恼的。如果那是真的,我们就会把所有的哲学都评价为不值得去费一点力气了。〕

101—188(**80**)*136—144*

一个跛脚的人并不使我们烦恼,但一个跛脚的精神则使我们烦恼[①];这是什么缘故呢？是因为一个跛脚的人承认我们走得正直,而一个跛脚的精神却说跛脚的乃是我们自己;若不是如此,我们就会可怜他们而不会恼怒他们了。

艾比克泰德[②]格外强而有力地问道:“为什么如果有人说我们头上有毛病,我们并不生气;而有人说我们的推论有毛病,或者我们的抉择有毛病,我们就要生气了呢?”其缘故就在于,我们完全可以确定我们的头并没有毛病,我们的脚并不跛;可是我们是否抉择了真理,我们却并不那么有把握。既然我们之有把握,只不过是由于我们以我们的全部视线看到了它的缘故;从而当别人也以其全部的视线却看到情形相反的时候,那就要使我们犹疑与惊讶了;而当成千上万的人都在讥笑我们的抉择时,我们就会更加如此;因为我们非要偏爱自己的智慧有甚于所有别人的智慧不可,而这一点却又是艰辛而困难的。但对于一个跛腿的人的感觉,却永远都不

① 蒙田《文集》第3卷、第8章:“当真,为什么我们遇到一个畸形怪状的身体就无动于衷,但遇见一个头脑不清的精神我们就不能忍受而不能不使自己感到愤怒了呢?”

② 艾比克泰德(Épictète,即 Epictetus 约公元60—100)希腊斯多噶派哲学家,以下引文见艾比克泰德《谈话录》Ⅳ,6。

会有这种矛盾。

*103—256(**81**)82—66*

精神自然而然要信仰，意志自然而然要爱慕；从而在缺少真实的对象[①]时，它们就非附着于虚妄不可。

*104,92—81(**82**)83—68*

想象[②]——它是人生中最有欺骗性的那部分，是谬误与虚妄的主人；而它又并不总是在欺骗人，这就越发能欺骗人了；因为假如它真是谎言的永远可靠的尺度的话，那么它也就会成为真理的永远可靠的尺度。可是，它虽则最常常都是虚妄的，却并没有显示出它的品质的任何标志，它对于真和假都赋予了同样的特征。

我不是在说愚人，我是说最聪明的人；而正是在最聪明的人中间，想象力才具有伟大的、能说服人的本领。理性尽管在呼吁，却不能规定事物的价值。

这种高傲的力量、这位理性的敌人，是喜欢驾驭理性并统治理性的；它为了显示自己是何等万能，就为人类奠定了一种第二天性。[③] 它使人幸福，使人不幸，使人健康，使人患病，使人富有，使人贫困；它使人信仰、怀疑或否认理性；它可以断绝感官，也可以使之感受；它有它的愚蠢和它的明智。而最使我们困惑的，就莫过于

① 蒙田《文集》第1卷、第4章“当灵魂错过了真实的东西时，它是怎样把自己的感情寄托于谬妄的对象的”。

② 关于本节，可参阅蒙田《文集》第3卷、第8章。

③ 可参阅蒙田《文集》第3卷、第8章。

看到它远较理性更能使它的主人们充满一种充实而又完整的心满意足了。聪明人由于想象力而自得其乐，远远超过深思者仅仅在理智上之能够自得其乐。他们睥睨人世；他们满怀勇气与信心地进行辩论，而别人却是满怀畏缩与犹疑。并且这种欢畅自得的神情往往会使他们在听众的意见里先声夺人，这种想象中的智者在同样天性的评判者的面前也具有同样的优势。想象并不能使蠢人聪明，然而它却能使他们幸福，这是理智所企羡莫及的，因为理智只能使它自己的朋友不幸；想象力使人蒙受光荣，而理智则使人蒙受羞耻。

若不是这种想象的能力，又有谁能来分配名誉呢？又有谁能把尊重和崇敬加之于人，加之于作品，加之于法律，加之于伟大的事物呢？没有它的批准，世上全部的财富都会是多么地不足啊！

这位以其可敬的高龄而博得全体人民肃然起敬的官长，你能说他不是被一种纯洁而崇高的理智所支配的吗？你能说他不是根据事物的性质在判断事物，而并没有纠缠于只能刺伤弱者们的想象的那些虚幻的境况吗？你看他走进教堂听道，他在那儿满怀虔敬的热诚，并以他那热烈的仁爱加强了他那理智的坚定性。他在这里以一种典范的敬意准备听道。假设传道师出场了，假设自然赋给他以一条粗哑的喉咙和一副古怪的面容，假设他的理发师没有把他的胡子刮整齐，假设他偶尔恰好弄得格外肮脏；那么不论他宣讲怎样伟大的真理，我敢打赌我们的元老就会丧失自己的庄严了。

世界上最伟大的哲学家，假如是站在一块刚好稍微大于所必需的板子上面而下面就是悬崖；那么不管他的理智怎么样在向他肯定他的安全，但他的想象必然要占上风。[①] 大多数人绝不会承受这种想法而不面色苍白、汗出如浆的。

我不想叙述它的全部后果了。

谁不知道看见了猫或老鼠或者碾碎了一块煤等等，就会使得理智脱缰呢？说话的语调可以左右最明智的人，并且能改变一篇文章或一首诗的力量。

爱或者恨可以改变正义的面貌。一个事先得到优厚报酬的律师，将会发现他所辩护的案件是多么格外正当啊！他那坚定的姿态在受这种假象所欺骗的法官看起来，会使他显得是多么格外优越啊！轻佻的理智啊！你是随风倒的，而且可以倒向任何方面。

那些除了受到想象的侵袭而外几乎绝不动摇的人们，我却几乎可以叙述他们的全部行为。因为理智是不得不让步的，而最聪明的人也会以人类的想象随时都在轻率地介绍给他的那些东西作为自己的原则的。

〔仅仅愿意遵循理智的人，在一般人的判断里，就是蠢人。而我们又必须根据世上最大多数的人的判断来下判断。因为这样才会讨人喜欢，所以我们就必须整天都在为了想象之中的好处而辛劳；并且当睡眠消除了我们理智的疲劳之后，我们又得马上爬起来去追求这类的过眼烟云，去伺候这位世上女主人的颜色。这就是错误的缘由之一，但它还不是唯一的。〕

我们的行政长官很懂得这个奥秘。他们的大红袍、他们用以把自己裹得像个毛猫一样的貂皮氅、他们进行审判的那些厅堂、那

① 这个例子是根据赛朋德在《自辩篇》中的一个类似的例子。

些百合花的旗帜，所有这一切堂皇的仪表都是十分必要的。假如医生没有自己的外套和骡子，假如博士没有方帽子和四边肥大不堪的袍子，他们就永远也无法愚弄世人了，而世人却是抵抗不住这种如此之有权威的炫示的。如果他们[①]真正主持公道，如果医生真正有治病的本领，他们就用不着戴方帽子；这些学识的尊贵性其本身就足以令人崇敬了。可是他们既然只有想象之中的学识，所以就非得采用这些打动别人想象力的虚荣工具不可，他们只好在想象力上打主意；事实上，他们就是靠这个来博得人们的尊敬的[②]。唯有战士才不用这种方式来伪装，因为事实上他们那种角色是最本质性的，他们是凭力量而自立的，别人却要凭装模作样。

正是这样，我们的国王们便不寻求这些伪装。他们并不用特别乔装打扮来显示自己；可是他们有卫士和金吾前呼后拥。那些有拳有勇专门侍卫着他们的武装的红脸大汉们，那些走在他们前面开路的喇叭和大鼓，以及那些簇拥着他们的卫队，这一切都使得最坚强的人也要战栗的。他们不只是有服饰，他们还有武力。必须是异常之清醒的理智，才能把那位住在自己精美的后宫里、拥有四万名禁卫军簇护着的大公爵也看成是一个凡人。

我们简直不可能看到一位身穿礼服、头戴方帽子的律师而对他的才干不怀好感。

想象力安排好了一切；它造就了美、正义和幸福，而幸福则是

① “他们”指行政长官。

② 可参看蒙田《文集》第 3 卷、第 8 章。

(82)

世上的一切。我衷心地向往阅读一部意大利的作品，这部作品我只知道它的书名，但仅凭这个书名就抵得过多少部作品了：Della opinione regina del mondo〔《论意见，世上的女王》〕。[①] 我虽不知道这部书，却赞赏这部书，除了它的缺点——假如有缺点的话——而外。

这大体上也就是那种欺人的能力[②]的作用了，它仿佛是故意赋给了我们，好把我们引入必然的错误似的。但我们也还有许多其他的错误缘由。

不仅是旧的印象可以欺弄我们；新奇性的魅力也具有同样的能力。[③] 由此便产生了人们各式各样的争论；人们在互相谴责时，不是遵循着自己幼年的错误印象，便是轻率地追求着新奇的印象。谁能把握住正中呢？就请他出来加以证明吧！没有什么原则——不管它可能是多么地自然，哪怕是从儿时就已有的——是不能被我们看成一种教育上的或者是感官上的错误印象的。

有人说："因为你从小就相信在你看到箱子里没有东西的时候，箱子就是空的；所以你就相信真空是可能的。这是我们感官的一种幻觉，是被习惯所巩固下来的一种幻觉，它必须由科学来纠正。"另有人又说："因为在学校里人们就告诉你们说，根本就没有

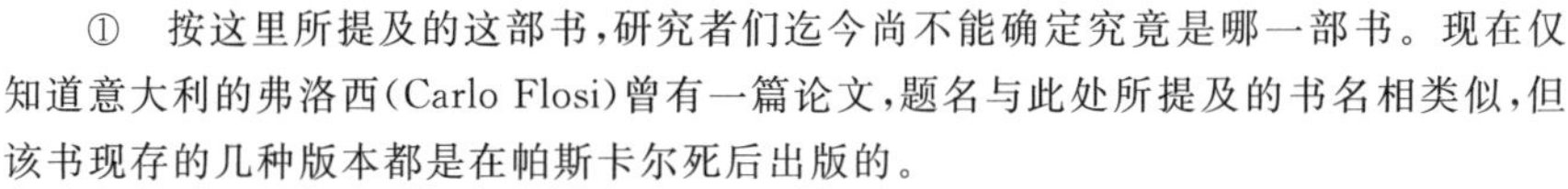

① 按这里所提及的这部书，研究者们迄今尚不能确定究竟是哪一部书。现在仅知道意大利的弗洛西(Carlo Flosi)曾有一篇论文，题名与此处所提及的书名相类似，但该书现存的几种版本都是在帕斯卡尔死后出版的。

② "欺人的能力"即想象力。

③ 拉·布鲁意叶(La Bruyère，1645—1696)《论判断》："有两件完全相反的东西在同样地左右着我们，即习惯与新奇。"

真空，你们的常识若是竟然那么清晰地理解到了这种坏观念，你们的常识就是被人败坏了；并且必须恢复你们原来的本性，才能纠正它。”[①]到底是谁在欺骗你们呢？是感官呢？还是教育呢？

我们还有另一种错误的缘由，即种种疾病[②]。它们可以损坏我们的判断和感官；如果大病显而易见地变更了我们的判断和感官，那么我就绝不怀疑，小病也会按比例地在这方面造成同样的痕迹。

我们自身的利益也是一种奇妙的工具，足以使我们眼花缭乱。就是世界上最公正的人，也不可以担任他自己案件的审判官；我知道曾有人为了不致陷于这种自爱，竟出于相反的偏见而成为世界上最不公正的人：要使一件完全公正的案情败诉，最可靠的办法就是让他们的近亲来劝告他们。

正义和真理乃是如此之精微的两个尖端，以至于我们的工具总会过于粗糙而无法确切地接触到它们[③]。假如我们的工具居然能做到这一点，它们也会撞坏尖端，并且会整个倒在错误上面而不是倒在真理上面。

〔因而人是构造得如此之幸运，以致他并不具备任何有关真理的正确原则或者某些有关谬误的优秀原则。现在就让我们来看究竟有多少……然而这些错误之最强而有力的原因，则是感官与理

① 这段话指的是作者自己的真空实验。中世纪的经院哲学家（下迄笛卡尔）都坚持“自然畏惧真空”这一教条，认为他们可以先验地证明不可能有真空。帕斯卡尔则坚持诉之于观察与实验，并承认真空存在。

② 可参看蒙田《文集》，第2卷、第12章。

③ 可参看帕斯卡尔《给外省人的信》第三书。

智之间的战争。〕

92—82(**83**)*163—779*

必须就从此处开始写论欺骗的力量这一章。人不外是一个充满着错误的主体,假如没有神恩,这些错误就是自然而然的而又无法免除的。没有任何东西可以向他显示真理。一切都在欺弄他;真理的这两个根源,即理智和感官,除了两者都缺乏真诚性而外,并且还在彼此互相欺弄。感官以虚假的表象在欺弄理智;而正是感官所加之于理智的那种骗局,又轮到感官自己从理智那里接受过来:于是理智就对感官进行了报复。灵魂的热情搅乱了感官,给感官造成了虚假的印象。它们都在撒谎并竞相欺骗。[①]

然而除了这些由于偶然与由于缺乏智慧而产生的错误以及它们性质不同的能力……

108—138(**84**)*172—72*

想象力以一种狂幻的估计而把微小的对象一直膨胀到充满了我们的灵魂;它又以一种粗鲁的狂妄而把宏伟的对象一直缩小到它自己的尺度之内,例如在谈到上帝的时候[②]。

① 可参看蒙田《文集》,第 2 卷、第 12 章。

② 按波·罗雅尔派有一条虔敬的准则即不得以人间的方式谈论上帝。可参看本书第 789,799 节。

109—135(**85**)*366—38*

最能抓住我们的事情,例如保藏好自己的那一点财产[①],往往都是微不足道的。正是虚无,我们的想象却把它扩大成一座山。想象力多绕一个弯子,就不难使我们发现这一点了。

110—387(**86**)*132—382*

〔我的幻想使我恨一个哇哇喊叫的人和一个吃东西喘气的人。幻想具有很大的压力。我们从它那里得到什么好处呢?因为它是自然的,所以我们就要跟随这种压力吗?不。而是我们就要抗拒它[②]……〕

106—(**87**)*305,133—383*

Quasi quidquam infelicius sit homini cui sua figmenta dominantur. (普林)[③]

111—153(**88**)*293,154—205*

孩子们害怕他们自己所涂的鬼脸[④],那是孩子;但是做孩子时是如此脆弱的人,有什么办法年纪大了就可以真正坚强起来呢!

---

① 米肖(Michaut)以为这里可能是指作者1653—1654年亲身经历的一次金钱纠纷。

② 按此句读作:"而是我们就要抗拒它,因为它是幻想。"

③ 〔仿佛是有比一个人被自己想象所左右更加不幸的事情似的。〕语出蒙田《文集》第2卷、第12章引普林尼的话。

④ 蒙田《文集》第2卷、第12章引赛涅卡的话。

我们只不过是在改变着幻想而已。凡是由于进步而完美化的东西,也可以由于进步而消灭。凡是曾经脆弱过的东西,永远不可能绝对坚强。我们尽可以说:“他长成人了,他已经变了”;但他还是那同一个人。

449—194 (**89**) *388—208*

习惯是我们的天性。习惯于某种信仰的人就相信这种信仰,而不再惧怕地狱,也不相信别的东西。习于相信国王可怕的人……,等等。因而谁能怀疑,我们的灵魂既然是习惯于看到数目、空间、运动,所以就会相信这些而且是仅仅相信这些呢?①

105,117—113 (**90**) *162—207*

Quod crebro videt non miratur, etiamsi cur fiat nescit; quod ante non viderit, id si evenerit, ostentum esse censet. (西塞. 583)②

Nae iste magno conatu magnas nugas dixerit. ③

① 可参看本书第233,308节。

② 〔“一桩常见的事,人们就不会奇怪,尽管他们并不理解其原因;若是一件他们以前从未见过的事,他们就会当做是一桩稀奇了。”〕语出西塞罗《论神》,Ⅱ,49;蒙田《文集》第2卷、第12章转引。

③ 〔“就是以最大的努力说了最无聊的话的人。”〕语出戴伦斯(Terence,公元前195—前159),Ⅳ,1,8;蒙田《文集》第3卷、第1章转引。

*118—922(**91**)404—206*

Spongia solis[①]——当我们看到一种效果总是照样出现时，我们就结论说其中有着一种自然的必然性，比如说将会有明天[②]，等等。然而大自然往往反驳我们，而且她本身也并不服从她自己的规则。

*19—240(**92**)76—82，83*

我们天赋的原则如其不是我们所习惯的原则，又是什么呢？而在孩子们，岂不就是他们从他们父亲的习惯那里所接受的原则，就像野兽的猎食一样吗？

一种不同的习惯将会赋予我们另一种天赋的原则[③]，这是从经验可以观察到的；假如有习惯所不能消除的天赋原则的话，那也就是有违反自然的、为自然所不能消除的以及为第二种习惯所不能消除的天赋原则了。这一点取决于秉性。

*120—241(**93**)153—9*

父母生怕孩子们的天赋的爱会消逝。可是那种可以消逝的天性又是什么呢？习惯就是第二天性，它摧毁了第一天性[④]。然而

① 拉丁文：〔太阳的斑点。〕

② 据阿维解说，帕斯卡尔根据太阳的斑点认为太阳已开始黯淡并会熄灭，尽管这和一般习惯的想法相反。

③ 布伦士维格以为作者这里预言了拉马克1809年所提出的原则。

④ 可参看蒙田《文集》，第3卷、第10章。

天性又是什么呢？何以习惯就不是天然的呢？我倒非常担心那种天性其本身也只不过是第一习惯而已，正如习惯就是第二天性一样。

*121—162，165** (**94**) *150—368*

人的天性完全是自然，omne animal。[①]

没有任何东西是我们所不能使之自然的；也没有任何自然的东西是我们不能把它消灭的。

*122—914** (**95**) *333—366*

记忆、欢乐都是情操；甚至于几何学的命题也会变成情操，因为理智造成了自然的情操，而自然的情操又被理智所消除。[②]

*123—202** (**96**) *401—367*

当人们习惯于使用坏的推理去证明自然的效果时，人们就不愿意在发现了好的推理时，再接受好的推理了。我们可以举出一个例子，即血液循环之可以用来解说为什么血管被绑扎起来就会发胀。[③]

---

① 〔各种野兽〕布伦士维格以为“各种野兽”，一词出自《旧约·创世记》第七章第十四节的“ipsi et omne animal secundum genus sum”〔他们(挪亚及其后代)和百兽各从其类〕，但此处却被赋予了另一种意义。

② 据布伦士维格解说，作者这里所使用的“理智”系指智力方面的教养，亦即教育，“情操”则指直觉的对象。屈德英译本此处理智译作“教育”，情操译作“直觉”。

③ 这个例子是哈维(Willliam Harvey，1576—1617)在1628年《心血运动论》第11章中所提出的。

127—254(**97**)*436—369*

一生中最重要的事就是选择职业;而安排择业的却是机遇。习俗造成了泥水匠、兵士、石匠。有人说:“这是位优秀的石匠”,而谈到兵士时则说:“他们是十足的蠢材”;另有人正好相反:“没有比战争更加伟大的事了;其他的人都是下贱货”。我们根据幼年时听到人称赞某些行业并鄙视其他各种行业而进行选择;因为我们天然是爱好真理并憎恶愚蠢的,这些话就打动了我们;我们只是在实践上犯了过错。习俗的力量是如此巨大,以至于我们竟从天性只是造成其为人的人们中,造成了人的各种境况;因为有的地方就都是瓦匠,另有的地方又都是兵士,等等。毫无疑问,天性绝不会是如此齐一的。因而造成了这一点的就是习俗,因为习俗束缚了天性;可是也有时候是天性占了上风,并且不顾一切好的或坏的习俗而保存下了人的本能。

124—384(**98**)*390—370*

偏见导致错误——最可哀的事就是看到人人都只考虑手段而不顾目的。每个人都梦想着怎样利用自己的处境;但是选择处境以及选择国度,那便只好听凭命运来支配我们了。

最可怜的事就是看到有那么多的土耳其人、异端和异教徒都在步着他们祖先的后尘,其唯一的理由就是他们人人都先入为主地认定那就是最好的。而正是这一点就决定了每个人的各种处境,如锁匠的处境、兵士的处境,等等。

正是由于这一点，野蛮人就根本不要神明。[1]

*472—375(**99**)100—371*

意志的行为与其他一切行为之间有着一种普遍的和根本的不同。

意志是信仰的主要构成部分之一；并不是它可以形成信仰，而是因为事物是真是假要随我们观察事物的方面而转移。意志喜好某一方面更有甚于其他方面，它转移了精神对意志所不喜欢见到的那些方面的性质的考虑[2]；于是与意志并肩而行的精神也就不去观察它所喜爱的那方面；这样它就只根据它所见到的方面进行判断[3]。

130—99(**100**)275—370*

自爱[4]——自爱与人类的自我，其本性就是只爱自己并且只考虑自己[5]。然而，他又能做什么呢？他无法防止他所爱的这个对象不充满错误和可悲：他要求伟大，而又看到自己渺小；他要求幸福，而又看到自己可悲；他要求完美，而又看到自己充满着缺陷；

① 可参看蒙田《文集》第1卷、第22章。

② 可参看蒙田《文集》第3卷、第2章。

③ 据布伦士维格解说："意志"指物质利益或愿望，"精神"指理智或智慧。意志与精神相对立、亦即利益或愿望与严格意义上的智慧相对立。利益与愿望虽不直接作用于真理，但可以决定人们注意的方向，从而影响到理智的判断。

④ 按本段自成一个单元，是弗热(Faugére)根据圣柏甫(Ste-Beuve，1804—1869)的一个抄本置于《思想集》中的(弗热本，卷2，56页)。

⑤ 拉·罗煦福高(La Rochefoucauld，1613—1680)《箴言集》853："自爱就是爱自己本身以及一切有关自己的事物。"

他要求能成为别人爱慕与尊崇的对象，而又看到自己的缺点只配别人的憎恶与鄙视。他发现自己所处的这种尴尬，便在自己身上产生了一种人们所可能想象的最不正当而又最罪过的感情；因为他对于在谴责他并向他肯定了他的缺点的那个真理怀着一种死命的仇恨①。他渴望能消灭真理，但既然是摧毁不了真理本身，于是他就要尽可能地摧毁他自己认识中的以及别人认识中的真理；这就是说，他要费尽苦心既向别人也向他自己遮蔽起自己的缺点，他既不能忍受别人使他看到这些缺点，也不能忍受别人看到这些缺点。

毫无疑问，充满了缺点乃是一件坏事，但是充满了缺点而又不肯承认缺点，则是一件更大的坏事；因为它在缺点之上又增加了一项故意制造幻觉的缺点。我们不愿意别人欺骗我们；他们若想要得到我们的尊崇有甚于他们的应份，我们就会认为是不正当的：因而我们若是欺骗他们，我们若是想要他们尊崇我们有甚于我们的应份，那也是不正当的。

因此显然可见，当他们不外是发现了我们确实具有的缺陷和罪恶的时候，他们根本就没有损害我们；因为成其为损害原因的并不是他们；并且他们还对我们做了一件好事，因为他们帮助我们使我们摆脱一件坏事，即对于这些缺陷的无知。他们认识到这些并且鄙视我们，我们不应该生气：无论是他们认识到我们的真实面

① 《约翰福音》第7章第7节："世人不能恨你们却是恨我，因为我指证他们所做的事是恶的。"鲍修哀（Bossuet，1627—1704）《论人对真理的仇恨》："人们几乎永远是不正当的，他们是不正当的主要就在于真理在他们看来是可厌的，并且他们不能忍受真理的光明。"

(100)

貌,还是他们鄙视我们,——假如我们是可鄙的——全都是正当的。

这就是一颗充满公道与正义的心所应产生的情操。可是当我们看到自己的心中有着一种全然相反的倾向时,我们对于自己的心又该说什么呢?难道我们不是真的在仇恨真理和那些向我们说出了真理的人吗?我们不是真的喜欢为了我们的利益而让他们受欺骗,并且愿意被他们评价为我们事实上所并不是的那种样子吗?

这里面有一个证明使我恐惧。天主教并不规定我们不加区别地向一切人都坦白自己的罪过:它容许我们向其他所有的人保持秘密;但其中只有一个唯一的例外,对于这个唯一者它却要求我们坦白出自己的内心深处并且让他看到我们的真实面貌。世上只有这个唯一的人,它命令我们不得欺骗并使他有义务担负起一种不可侵犯的秘密,那就是使这种知识仿佛对他根本就不存在似的。难道我们还能想象有什么更加慈爱、更加美好的事了吗?然而人类却是那么腐化,以至于他们还觉得这条法律太严苛;而这就是使得一大部分欧洲都要背叛教会[①]的主要原因之一。

人心是何等不公正而又不讲理啊!——我们只需对一个人做出在某种程度上本来是该向所有的人都做出来才能算公正的事,而我们却还觉得不好。因为,难道我们要欺骗所有的人才是公正吗?

这种对于真理的反感可以有各种不同的程度;但是我们可以说,它在某种程度上是人人都有的,因为他和自爱是分不开的。正

① 指十六七世纪蔓延大部分欧洲的宗教改革运动。

是这种恶劣的娇气，才迫使那些有必要责备别人的人采取那么多的曲折婉转，以免激怒别人。他们一定要缩小我们的缺点；一定要做得好像是原谅我们的缺点，并且要在其中掺进称赞以及爱护与尊重的凭据。尽管有这一切，这付药对于自爱仍然不会是不苦口的。自爱会尽量可能地少服药，而且总是带着厌恶的心情，甚至于往往暗中忌恨那些为他们开药方的人。

因此，就出现了这种情形：如果有人有某种兴趣想讨我们的喜欢，他们就会避免向我们做出一种他们明知是我们所不高兴的事；他们对待我们就正像我们所愿意所受到的那样：我们仇恨真理，他们就向我们隐瞒真理；我们愿意受奉承，他们就奉承我们；我们喜欢被蒙蔽，他们就蒙蔽我们。

这就是形成了每一步使我们在世界上得以高升的好运道都会使我们越发远离真理的原因，因为人们最担心的就是怕伤害那些其好感是极为有用而其反感又是极其危险的人物。一个君主可以成为全欧洲的话柄，但唯有他本人却对此一无所知。我对这一点并不感到惊讶：说出真话来，对于我们向他说出真话来的人是有利的，但是对于那些说出真话来的人却是不利的，因为这使我们遭人忌恨。可是与君主相处的人既然爱其自身的利益更有甚于爱他们所侍奉的那位君主的利益，因而他们就谨防给君主谋求一种利益而有损于他们自己。

这种不幸毫无疑问在最富贵的人们中间要来得更大而又更常见，然而就在下层人中间也并不能避免，因为讨别人喜欢总归是有某些好处的。因而人生就只不过是一场永恒的虚幻罢了；我们只不过是在相互蒙骗、相互阿谀。没有人会当着我们的面说我们，像是他背着我们的面所说我们的那样。人与人之间的联系只不过建立在这种互相欺骗的基础之上而已；假如每个人都能知道他的朋友当他不在场的时候都说了他些什么，那就没有什么友谊是能持久的了，哪怕当时说这些话都是诚恳的而又不动感情的。

因此，人就不外是伪装，不外是谎言和虚伪而已，无论是对自己也好还是对别人也好。他不愿意别人向他说真话，他也避免向别人说真话；而所有这些如此之远离正义与理智的品性，都在他的心底里有着一种天然的根源。

131—154 (**101**) *429—80*

我认为这是事实：如果所有的人都知道他们彼此所说对方的是什么，那么全世界上就不会有四个朋友。根据人们对此[①]所作的流言飞语一再引起种种纠纷看来，这一点是显而易见的。〔我还很可以说，所有的人都将……〕[②]

140—136 (**102**) *102—536*

有些罪恶是只由于别人的缘故才盘踞在我们身上；而抽掉了树干，它们就会像树枝一样地脱落下来。

182—714 (**103**) *111—81*

亚历山大的贞操的范例所造就的贞洁，远不如他的酗酒的范

① “对此”指对“彼此所说对方的是什么”。

② 这里所发挥的思想，可参看莫里哀（Molière，1622—1673）《愤世者》。莫里哀和波·罗雅尔派是有思想联系的。

例所造就的恣纵那么多[①]。比不上他那样有德并不可耻，而没有比他更为罪恶则又似乎情有可原。当我们看到自己也陷于这些伟大人物的罪恶时，我们就相信自己并非全然陷于普通人的罪恶；可是我们并没有注意到，伟大的人物在这方面也是普通人。我们与他们相连接的正好是他们与群众相连接的那一端；因为无论他们是多么高明，他们总还有某些地方是与最卑贱的人联在一起的。他们并没有悬在空中，完全脱离我们的社会。不，不是的；如果他们比我们伟大的话，那乃是他们的头抬得更高，然而他们的脚还是和我们的脚一样低。它们都是在同一个水平上，都站在同一个地面上；根据这一端，他们就和我们、和最渺小的人、和小孩子、和野兽都是同样的低下。[②]

183—723（**104**）*181—82*

当我们的热情引我们去做一件事的时候，我们就忘掉了我们的责任；比如我们喜爱一本书，我们就会读这本书，而这时候我们本该是去做别的事情的。因而，要使自己记得自己的责任，就必须让自己从事某种自己所憎恶的事情；这时候我们就要托词自己还有别的事情要做，并且我们就以这种办法使自己记起了自己的责任。

---

① 按古希腊亚历山大大帝（公元前356—前323）灭波斯之后，对波斯王大流士三世（公元前336—前330年在位）的妻女表现了贞操的范例；亚历山大性喜酗酒，曾于醉中杀死友人克利图，他本人终于以酗酒致死。

② 可参看本书第140段。

161—1(**105**)*379—90*

把一件事提供给另一个人去判断,而又不以我们向他提供这件事的方式而败坏他的判断;那是多么困难啊!如果我们说:"我觉得它美丽;我觉得它模糊"或是其他类似的话,我们便把想象注入了那个判断,要么就是相反地搅乱了那个判断[①]。最好就是什么都不说;这时候别人就可以依照它的本来面貌,也就是说依照它当时的本来面貌以及依照他所处的其他不由我们做主的情况,做出判断了。我们至少可以什么都不加进去;除非是这种沉默也会随别人所高兴赋予它的意向和解释,或者是随他根据行动与颜色或根据声调(这要看他是不是一位面相家了)所猜测的东西,而产生一种效果。要一点都不破坏一个判断的天然地位,真是难之又难:或许不如说,那是多么地难得坚定与稳固啊!

162—962(**106**)*332—87*

知道了支配着一个人的感情,我们就有把握讨他喜欢;可是每个人却都有自己的幻想,而且就在他自己对幸福所抱有的观念上违反了自己的幸福;这就真是一件无从捉摸的怪事了[②]。

---

① 即"把我们的想象注入了相反的判断"。可参看本书第57节。

② 拉·罗煦福高《箴言集》45:"我们的兴趣的变幻,要比我们的幸运的变幻更加无从捉摸。"

163—753(**107**)*296—195*

Lustravit lampade terras[①]——季节和我的心情并没有什么联系；我在自己的心里有我自己的雾霾和晴朗的季节；我的情况本身是好是坏都与它无关。有时候我极力使自己反抗幸运，这种征服幸运的光荣使我兴高采烈地要征服它；反之，有时候我又在美好的幸运之中却弄得不愉快。

*174—149**(**108**)*294—84*

尽管有人对于他们所说的事情根本没有利害关系，可是并不能由此就绝对得出结论说，他们绝没有说谎；因为有人是仅仅为了说谎而说谎的。

166，167—143，144**(**109**)*309—85*

当我们健康的时候，我们会奇怪我们有病时怎么能做出那些事；但当我们有病时，我们就高高兴兴地服药了；病就解决了这个问题。我们再也没有兴致和愿望去进行健康所给予我们的但与疾病的需要不适合的娱乐和漫游了。这时候，大自然就赋给我们以适合于现状的兴致和愿望。使我们烦恼的只是我们自己所加给自

① 〔他用灯照亮大地〕语出西塞罗译荷马史诗《奥德赛》XVIII，136。蒙田《文集》第2卷、第12章："气候的本身和天色的晴朗也有某种力量可以改变我们，照西塞罗所引的希腊诗句是说：人的心情也常常随气候而变化，正如日子有好有坏，有阴有晴。（荷马）"

己的、而不是自然界所加给我们自己的恐惧[①],因为它在我们所处的状态之上又增加了我们并没有处于其中的那种状态的感情。

大自然总是使我们在一切状态之中都不幸,而我们的愿望则为我们勾绘出一幅幸福的状态,因为它在我们所处的状态之上又增加了我们所没有处于其中的那种状态的快乐;可是当我们得到这种快乐时,我们也并不会因此就幸福,因为我们还会有适应于这种新状态的其他愿望[②]。

这一普遍的命题必须加以具体化……

170—121(**110**)*177—86*

感到目前快乐的虚妄而又不知道不存在的快乐的虚幻,这就造成了变化无常。

172—103(**111**)*151—88*

变化无常——我们触及人的时候,自以为是在触及一架普通的风琴。他的确是架风琴,但他是一架奇特的、变动着的、变化着的风琴〔他那乐管并不是按照连续的音阶排列的〕。那些只懂得弹普通风琴的人,在这上面是奏不出和音来的。我们必须懂得〔音触〕在哪里。

① 艾比克泰德《遗书》Ⅳ:“令人烦恼的并不是事物,而是人对于事物所怀的意见。”

② 按本段为对上段的补充,下段又为对本段的补充。拉·罗煦福高《箴言集》49:“我们永远既不如我们所想象的那么幸福,也不如我们所想象的那么不幸。”

171—102(**112**)*295—122*

变化无常——事物有各种不同的性质，灵魂有各种不同的倾向；因为没有任何呈现于灵魂之前的东西是单纯的，而灵魂也从不单纯地把自己呈现于任何主体之前。因此就出现了我们会对同一件事又哭又笑。[1]

173—54(**113**)*115—123*

变化无常与奇异可怪——仅靠自己的劳动而生活和统治世界上最强大的国家，这是两件极其相反的事。两者却结合在土耳其大君主一个人的身上。[2]

28—983(**114**)*326—124*

多样是如此之繁多，正如有各式各样的音调，各式各样的步伐、咳嗽、鼻涕、喷嚏一样。[3] ……我们用果实区别各种葡萄，其中有玫瑰香种，还有孔德鲁种，还有德札尔格[4]种，又有各种接枝。这就尽其一切了吗？一个枝上从没有结过两串葡萄吗？一串葡萄

① 沙伦《智慧集》第1卷、第43章“变化无常”：“人对于同一件事又哭又笑。”

② 按此处这种说法是一个古老的传说，但并没有根据。

③ 可参阅本书第260段。

④ 玫瑰香(muscat)孔德鲁(Condrieu)德札尔格(Desargues)；按数学家德札尔格与帕斯卡尔谊兼师友，德札尔格有别墅在里昂附近之孔德鲁。

就没有过两颗是一样的吗？等等。[①]

我不会同样严格地判断同一件事物。我不能在做我的作品时判断我的作品；我必须做到像画家那样，我要有一个距离，但不能太远。那么，多远呢？请猜猜吧。

*29—113(**115**)879—133*

多样性——神学是一种科学；然而同时它又是多少种科学啊！一个人是一个整体；但如果我们加以解剖，他会不会就是头、心、胃、血脉、每条血脉，血脉的每一部分、血液、血液的每一滴呢？

一座城市、一片郊野，远看就是一座城市和一片郊野；但是随着我们走近它们，它们就是房屋、树木、砖瓦、树叶、小草、蚂蚁、蚂蚁的脚，以至于无穷。这一切都包罗在郊野这个名称里。

*125—244(**116**)205—134*

思想——一切是一，一切又各不相同。人性之中有多少种天性，有多少种禀赋啊！每个人通常之选择他自己听到别人所尊重的东西，又是出于多么偶然啊！转得很好的鞋跟。[②]

*126—72(**117**)174—90*

鞋跟——“啊，它转得多么好，这是多么灵巧的一个匠人，这个

① 自然之中没有两件事物是完全同样的，布伦士维格以为帕斯卡尔的这一思想影响了莱布尼茨。可参看莱布尼茨《单子论》第九节；《人类理智新论》第2卷、第27章、第4节。

② 波·罗雅尔派强调体力劳动，有人是自己做鞋的；布伦士维格以为这里的这几个字可能与此有关。

兵士是多么勇敢,"这就是我们的倾向以及选择境遇的根源了。"这个人多么善饮,那个人多么不善饮,"正是它,才使人清醒或者沉醉,使人成为兵士、懦夫,等等。

129—168(**118**)*165—91*

主要的才智,它规定了所有其他的一切。

31—954(**119**)*405—92*

自然模仿其本身:一粒谷子种在好的土地上就有出产;一条原则种在好的精神里也有出产;数目模仿空间,而空间的性质却是如此之不同。

一切都是由同一个主宰所造就和指导的:根茎、枝叶、果实;原则、结果。

27—953(**120**)*66—93*

〔自然在分化与模仿;人工则在模仿与分化。〕

128—347(**121**)*110—94*

自然总是重新开始同样的事物,年,日,时;空间和数目也同样是从始至终彼此相续。这样就形成了一种无穷和永恒。并不是这一切里面有什么东西是无穷的和永恒的,而是这些有限的存在在无穷地重复着自己。因此,我以为只是使它们重复的那个数目才是无穷的。

112—206(**122**)*454—95*

时间治好了忧伤和争执，因为我们在变化，我们不会再是同一个人①。无论是侵犯者或是被侵犯者都不会再是他们自己。这就好像我们触犯了一个民族，但隔上两个世代之后再来看它一样。它还是法国人，但已不是同样的法国人了。

113—924(**123**)*389—96*

他不再爱十年以前他所爱的那个人了。我很相信：她已不再是同样的那个人了，他也不再是的。他当时是年青的，她也是的；她现在完全不同了。她若像当时那孩子，也许他还会爱她。

114—147(**124**)*73—98*

不仅我们是从不同的方面在观看事物，而且还是以不同的眼光在观看；我们并不存心要发现它们相似。

159—239(**125**)*437—116*

相反性——人天然是轻信的，不信的，畏缩的，鲁莽的。

160—158(**126**)*174—117*

对人的描述：依赖性，独立的愿望，生活需要。

① 可参看拉·封丹(La Fontaine，1621—1695)《寓言集》第6卷、寓言第21。

199—61(**127**)*414—97*

人的状况:变化无常,无聊,不安。

200—159(**128**)*171—121*

我们脱离自己所从事的工作时的那种无聊。一个人在自己家里生活得很高兴;假如他看到一个他所喜爱的女人,或者是他高高兴兴地游玩了五六天之后;这时如果他再回到自己原来的工作上去,那他就要悲惨不堪了。这种事情是最常见不过的。

*198—163**(**129**)*399—118*

我们的本性就在于运动[①];完全的安息就是死亡。

*202—273**(**130**)*411—100*

激动——当一个兵士埋怨自己所受的苦处时,或是一个工人,等等[②],那就让他什么事都不做试试看。

201—160(**131**)*406—101*

无聊——对于一个人最不堪忍受的事莫过于处于完全的安息,没有激情,无所事事,没有消遣,也无所用心。这时候,他就会感到自己的虚无、自己的沦落、自己的无力、自己的依赖、自己的无

① 蒙田《文集》,第3卷、第13章:"我们的生活只不过是运动。"

② "一个工人,等等",读作:"一个工人埋怨自己所受的苦处时。"

能、自己的空洞。从他灵魂的深处马上就会出现无聊、阴沉、悲哀、忧伤、烦恼、绝望[①]。

179—86(**132**)*439—41*

我以为恺撒[②]年纪太大了,是不会以征服世界为乐的。这一种乐趣对于奥古斯都[③]或者对于亚历山大才是最好的;他们都是青年人,因而是难以抑制的;然而恺撒应该是更成熟得多。

115—50(**133**)*90—452*

两副相像的面孔,其中单独的每一副都不会使人发笑,但摆在一起却由于他们的相像而使人发笑。

116—77(**134**)*408—451*

绘画是何等之虚幻啊!它由于与事物相像而引人称赞,但原来的事物人们却毫不称赞。

203—276(**135**)*85—453*

最使我们高兴的莫过于斗争,而并非胜利:我们爱看动物相

① 拉·布鲁意叶《人论》:"人有时候仿佛是不足以支持他自己似的:阴沉和孤独苦恼着他,把他投入琐屑的畏惧之中,投入虚幻的恐怖之中;这时候可能临头的最微小的不幸也会使他对自己感到无聊。"又可参看蒙田《文集》第2卷、第13章。

② 恺撒(César,即Julius Caesar,公元前100—前44)罗马大将、罗马事实上的独裁者。关于恺撒和亚历山大的比较,见蒙田《文集》第2卷、第34章。

③ 奥古斯都(Auguste,即Augustus,公元前63—14年)恺撒的继承者、罗马第一个皇帝。

斗，而不爱看狂暴的战胜者蹂躏战败者；但若不是胜利的结局，我们又想看什么呢？可是当它一旦到来，我们却又对它厌腻了。游戏是如此，追求真理也是如此。我们在争论中爱看意见交锋，但是一点也不肯去思索被发现的真理；为了能满怀高兴地去观察它，就要看到它是从争论之中诞生的。同样，在感情方面，也要看到对立两方的冲突才有趣；但当有一方成了主宰时，那就只不外是残暴而已。我们追求的从来都不是事物本身，而是对事物的探索。所以在喜剧中，仅有称心如意的场面而无须担忧就没有价值了；毫无希望的极端可悲、兽欲的爱情、粗暴的严厉，也都是如此。

175—80 * (**136**) *102—455*

一点点小事就可以安慰我们，因为一点点小事就可以刺痛我们①。

204—274 * (**137**) *107—454*

不用考察各种特殊的行业，只要能以消遣来理解它们就够了。

205—277 (**138**) *84—456*

人除了在自己的屋里而外②，天然就是工匠③以及其他一切的职业。

---

① 蒙田《文集》，第3卷、第4章："一点点小事就可以排遣并转移我们，因为一点点小事就可以抓住我们。"

② 关于本节思想，详见下段。

③ 可参见本书第97段。

*205—269** (**139**) *173—457*

消遣——有时候当我从事考虑人类各种不同的激动时，以及他们在宫廷中、在战争中所面临的种种危险与痛苦、并由此而产生了那么多的争执、激情、艰苦的而又往往是恶劣的冒险，等等时；我就发现人的一切不幸都来源于唯一的一件事，那就是不懂得安安静静地待在屋里。一个有足够的财富可以过活的人，如果懂得快快乐乐地待在自己家里，他就不会离家去远渡重洋或者是攻城伐地了。假如不是因为他们觉得一步也不能出城是难于忍受的，他们就不会购买一个如此昂贵的军职了；假如不是因为他们不能快快乐乐地待在自己家里，他们就不会去寻求交际和娱乐消遣了[①]。

但是当我再进一步思索，并且已经找到了我们一切的不幸的原因之后，还想要发现它的理由[②]时；我就发现它具有一个非常实际的理由，那理由就在于我们人类脆弱得要命的那种状况的天然不幸；它又是如此之可悲，以至于当我们仔细地想到它时，竟没有任何东西可以安慰我们。

无论我们能为自己描绘出什么样的状况，但如果我们能把一切可能属于我们的好处都加在一起，那么王位总是世界上最美好的位置了吧。然而让我们想象一个国王拥有他所能接触到的一切满足，但假如他没有消遣，假如我们只让他考虑和思索他的实际状况，那么这种乏味的幸福就支持不住他，他就必然会由于那些在威

---

① 拉·布鲁意叶《人论》："所有我们的恶行都是出于不甘寂寞：因此才有了赌博、奢侈、挥霍、酗酒、妇人、无知、诽谤、嫉妒，而忘了自身和上帝。"

② "它的理由"指原因本身的理由。

胁着他的前景、可能临头的叛乱、最后还有那种无可避免的死亡和疾病而垮下来；从而假如他没有人们所谓的消遣，他就要不幸了，而且会比他的最卑微的臣民——他们是会寻欢作乐的——还要更加不幸。

正是因此，赌博、交女朋友、战争、显赫的地位才是那么样地为人所追求。并不是那在实际上有什么幸福可言，也不是人们想象着有了他们赌博赢来的钱或者在他们所追猎的兔子里面会有什么真正的赐福：假如那是送上门来的话，他们是不愿意要的。人们所追求的并不是那种柔弱平静的享受（那会使我们想到我们不幸的状况），也不是战争的危险，也不是职位的苦恼，而是那种忙乱，它转移了我们的思想并使得我们开心。

人们之所以喜爱打猎更有甚于猎获品的理由[①]。

正是因此，人们才那么喜爱热闹和纷扰；正是因此，监狱才成为那么可怕的一种惩罚；正是因此，孤独的乐趣才是一桩不可理解的事。因而人们要不断地极力使国王开心并为国王搜求各式各样的欢乐，——这件事终于就成为国王状况之下的幸福的最重大的课题了。

一个国王是被专门要使国王开心并防止他想到他自己的那些人们包围着。因为尽管他是国王，但假如他想到自己，他也会不幸的。

这就是人们为了使自己幸福所能发明的一切了。而在这一点上，成其为哲学家的那些人却相信世人花一整天工夫去追逐一只

① 这句原文并不完整的话是手稿的旁注。

自己根本不想购买的兔子是没有道理的，这就是不认识我们的天性了。这只兔子并不能保证我们避免对死亡与悲惨的视线，然而打猎——它转移了我们的视线——却可以保证我们。

劝告皮鲁斯，要他享受一下他以极大的劳顿在追求着的安宁，那确实是难之又难[①]。

〔祝一个人生活得安宁，也就是祝他生活得幸福，也就是劝他要有一种完全幸福的状况，这种状况他可以自由自在地去思索而不会发现其中有任何苦痛的主题。然而这却是不了解天性。

〔既然凡是自然而然在感受其自身状况的人，躲避什么事都比不上躲避安宁；所以他们为了寻找麻烦，就什么事都做得出来。这倒不是他们具有一种可以使自己认识真正幸福的本能。……虚荣，那种向别人炫耀它的乐趣。

〔因此，我们若责难他们，我们就错了。他们的错误并不在于追求乱哄哄，假如他们只是作为一种消遣而加以追求的话；过错在于他们之追求它竟仿佛是享有了他们所追求的事物就会使他们真正幸福似的，而正是在这一点上我们才有理由谴责他们是在追求虚荣。从而在整个这个问题上，无论是责难人的人还是被责难的人，都没有了解真正的人性。〕

因此，当我们谴责他们说，他们那样满怀热情所追求的东西并不能使他们满足的时候；假如他们回答说：——正如他们若是好好地思想过之后所应该回答的那样，——他们在那里面所追求的只

---

① 事见蒙田《文集》第1卷、第42章。皮鲁斯(Pyrrhus)为伊壁鲁斯国王，曾侵入意大利，击败罗马人，公元前272年死于希腊。皮鲁斯曾准备征服全世界之后再享受安宁，西乃阿斯(Cineas，皮鲁斯大臣，公元前3世纪)劝他不如眼下就享受安宁。

不过是一种猛烈激荡的活动，好转移对自己的思念，并且正是为了这一点他们才向自己提供一种引人强烈入迷的对象；那么他们就会使得他们的对方无言可对了。然而他们并没有这样回答，因为他们自己并不认识自己。他们并不知道他们所追求的只是打猎而不是猎获品[①]。

（跳舞：必须好好地想着我们该把步子往哪里迈。一个绅士真诚地相信打猎是一大乐趣，是高贵的乐趣，但是一个猎户可并没有这种感受。）[②]

他们想象着，如果获得了那个职位，他们就会从此高高兴兴地安宁下来，而并未感觉到自己那贪得无厌的天性。他们自以为是在真诚地追求安宁，其实他们只不过是在追求刺激而已。

他们有一种秘密的本能在驱使他们去追求消遣和身外的活动，那出自于尤怨自己无穷无尽的悲惨；同时他们又有另一种基于我们伟大的原始天性的秘密本能，那使他们认识到，幸福实际上只在于安宁，而不在于乱哄哄。而这两种相反的本能便在他们身上形成了一种混乱的意向，它隐蔽在他们灵魂的深处而不为他们所见，但又驱使着他们力求通过刺激去得到安宁；并且永远使他们在想象着他们所根本就不会有的那种心满意足终将到来，——假如克服了他们所面临的某些困难之后，他们能够从此打开通向安宁的大门的话。

整个的人生就这样地流逝。我们向某些阻碍进行斗争而追求

① 可参见蒙田《文集》第1卷、第19章。

② 括号内的话在原文中为旁注。

(139)

安宁;但假如我们战胜了阻碍的话,安宁就会又变得不可忍受了[①];因为我们不是想着我们现有的悲惨,就是想着可能在威胁我们的悲惨。而且即使我们看到自己在各方面都有充分的保障,无聊由于其秘密的威力也不会不从内心的深处——它在这里有着天然的根苗——出现的,并且会以它的毒害充满我们的精神。

因此,人是那么地不幸,以至于纵令没有任何可以感到无聊的原因,他们却由于自己品质所固有的状态也会无聊的;而他又是那么地虚浮,以至于虽然充满着千百种无聊的根本原因,但只要有了最微琐的事情,例如打中了一个弹子或者一个球,就足以使他开心了。

然而,请你说说,他的这一切都是什么目的呢?无非是明天好在他的朋友们中间夸耀自己玩得比另一个人更高明而已。同样地,也有人在自己的房间里满头大汗,为了好向学者们显示自己已经解决了此前人们所一直未能发现的某个代数学问题。还有更多的人冒着极大的危险,为的是日后——而在我看来也是极其愚蠢地——好夸耀自己曾经攻打过某个地方。最后,还有人耗尽自己毕生的精力在研究这一切事物,并不是为了要变得更有智慧,而仅仅是为了要显示自己懂得这些事物;而这种人则是所有这帮人中最愚蠢的了,因为他们是有知识而又愚蠢的,反之我们却可以想到另外的那些人假如也有这种知识的话,他们就不会再是这么愚

① 按在第一版中,此处尚有如下字句:“由于它所产生的无聊而成为不可忍受的。因此就有必要摆脱它并乞灵于乱哄哄。任何状况没有乱哄哄、没有消遣,就不会是幸福的;而当我们加进了某种消遣之后,一切状况就都是幸福的了。然而但愿我们能判断一下这种抛却想念自己的幸福究竟是什么样的幸福吧!”

蠢了。

每天都赌一点彩头,这样的人度过自己的一生是不会无聊的。但假如你每天早晨都给他一笔当天他可能赢到的钱,条件是绝不许他赌博;那你可就要使他不幸了。也许有人要说,他所追求的乃是赌博的乐趣而并非赢钱。那么就让他来赌不赢钱的博,他一定会感到毫无趣味而且无聊不堪的。因此,他所追求的就不仅是娱乐;一种无精打采的、没有热情的娱乐会使他无聊的。他一定要感到热烈,并且要欺骗他自己,幻想着获得了在根本不赌博的条件之下他绝不会想别人能给他的那些东西自己就会幸福;从而他就得使自己成为激情的主体,并且为了向自己所提出的这个目标而在这方面刺激自己的愿望、自己的愤怒和恐惧,活像是小孩子害怕自己所涂出来的鬼脸一样。

几个月之前刚丧失了自己的独生子并且今天早上还被官司和诉讼纠缠着而显得那么烦恼的那个人,此刻居然不再想到这些事情了;这是什么缘故呢?你用不着感到惊讶:他正一心一意在观察六小时以前猎狗追得那么起劲的那头野猪跑到哪里去了。他别的什么都不再需要。一个人无论是怎样充满忧伤,但只要我们能掌握住他,使他钻进某种消遣里面去,那么他此时此刻就会是幸福的;而一个人无论是怎样幸福,但假如他并没有通过某种足以防止无聊散布开来的热情或娱乐而使自己开心或沉醉,他马上就会忧伤和不幸的。没有消遣就绝不会有欢乐,有了消遣就绝不会有悲哀。而这也就是构成有地位的人之所以幸福的那种东西了,他们有一大群人在使他们开心,并且他们也有权力来维持自己的这种状态。

请注意这一点吧！做了总监、主计大臣或首席州长的人，要不是其所处的地位就是从一清早就有一大群人来自四面八方，为的就是不让他们在一天之内可以有一刻钟想到他们自己；还会是什么别的呢？可是，当他们倒台之后，当他们被贬还乡的时候，——回乡之后，他们既没有财富，又没有仆从在伺候他们的需要，——他们就不能不是穷愁潦倒的了，因为已经再没有人来阻止他们想到自己。①

176—275(**140**)*186—102*

〔那个因为自己的妻子和独子的死亡而那么悲痛的人，或是一件重大的纠纷使得他苦恼不堪的人，此刻却并不悲哀，我们看到他居然能那么摆脱一切悲苦与不安的思念；这又是什么缘故呢？我们用不着感到惊异；是别人给他打过来一个球，他必须把球打回给对方，他一心要接住上面落下来的那个球，好赢得这一局；他既是有着这另一件事情要处理，你怎么能希望他还会想到他自己的事情呢？这是足以占据那个伟大的灵魂的一种牵挂，并足以排除他精神中的其他一切思念。这个人生来是为了认识全宇宙的，生来是为了判决一切事物的，生来是为了统御整个国家的，而对捕捉一头野兔的关心就占据了他并且整个地充满了他。而假如他不肯把

① 尼柯尔(Pierre Nicole，1625—1695，冉森派的另一个代表，曾协助帕斯卡尔作《给外省人的信》)《论对自己的知识》："也许它(指想到自己)是使人们忧患的原因之一，但绝不是唯一的原因"；《致赛维尼(Sévigné)公爵书》："灵魂的快乐就在于思想，……这就是何以一心想念着自己的人可能忧愁，但绝不会是无聊的缘故。忧愁和无聊乃是不同的运动。……帕斯卡尔先生却把它们全都混为一谈了。"

自己降低到这种水平，并且希望永远都在紧张着，那么他也无非是格外地愚蠢不堪而已，因为他在想使自己超乎人类之上；而归根到底，他也不外是一个人，那就是说，他既不能做什么又能做得很多，既能做出一切又不能做任何事：他既不是天使，也不是禽兽，而只是人。〕

177—76（**141**）*455—407*

人们可以专心一意地去追一个球或者一只野兔；这甚至于也是国王的乐趣。

*206—270**（**142**）*214—214*

消遣——君王的尊严是不是其本身还不够大得足以使享有这种尊严的人仅仅观照自己的所有，就可以幸福了呢？他是不是一定也要排遣这种思念，就像普通的人一样呢？我确实看到过有人排遣了自己家庭的困苦景象而一心想念着好好跳舞，以便把自己的全部思想充满而使自己幸福。然而，一个国王也会是这样的吗？他追逐这些虚浮的欢乐，是不是要比欣赏自己的伟大更加幸福呢？人们还能向他的精神提供什么更加称心满意的目标吗？使自己的灵魂专心一意按着曲调的拍子来调节自己的步伐，或者是准确地打出一个〔球〕，而不是使自己安详地享受观赏自己周围的帝王气象；这难道不会有损他的欢娱吗？让我们做个试验吧：假设我们让国王是独自一个人，没有任何感官上的满足，没有任何精神上的操心，没有伴侣，一味悠闲地只思念着自己；于是我们便会看到，一个国王缺少了消遣也会成为一个充满了愁苦的人。因而人们才小心翼翼地要避免这一点，于是在国王的身边便永远都少不了有一大群人，他们专门使消遣紧接着公事而来，他们无时无刻不在注视着国王的闲暇，好向国王提供欢乐和游戏，从而使他绝不会有空闲；这也就是说，国王的周围环绕着许多人，他们费尽心机地防范着国王不要让他单独一个人而陷到思念其自身里面去，因为他们很知道尽管他是国王，但假如他思想其自身的话，他仍然会愁苦的。

我谈到基督教国王的这一切时，绝不是把他们当作基督徒，而仅仅是当作国王。

207—272(**143**)*109—405*

消遣——我们使人从小就操心着自己的荣誉、自己的财富、自己的朋友，甚而至于自己朋友的财富和荣誉。我们把业务、学习语言和锻炼都压在他们身上；并且我们还使他们懂得，除非是他们的健康、他们的荣誉、他们的财富以及他们朋友的这些东西都处境良好，否则他们就不会幸福，并且只要缺少了任何一项就会使他们不幸。我们就这样给他们加以种种担负和事务，使得他们从天一亮起就苦恼不堪。——你也许说，这就是一种奇异的方式，可以使他们幸福！那我们还能做什么使他们不幸呢？——啊，我们还能做什么呢？我们只要取消这一切操心就行了；因为这时候他们就会看到他们自己，他们就会思想自己究竟是什么，自己从何而来，自己往何处去；这样我们就不能使他们过分地分心或者转移注意了。而这就是何以在为他们准备好那么多的事情之后，假如他们还有时间轻松一下的话，我们就还要劝他们从事消遣、游戏并永远要全心全意地有所事事的缘故了。

人心是怎样地空洞而又充满了污秽啊！[①]

*80—756(**144**)109—406*

我曾经长时期从事抽象科学的研究，而在这方面所能联系的人数之少使我失望。当我开始研究人的时候，我就看出这些抽象科学是不适宜于人的，并且我对它们的钻研比起别人对它们的无知来，更会把我引入歧途。我原谅别人对于这些所知甚少。然而我相信至少可以找到不少同志是研究人的，这是真正适宜于人的研究工作。可是我弄错了；研究人的人比研究几何学的人还要少。正是由于不懂得研究人，所以人们才去探讨别的东西；然而是不是这也并不是人所应该具有的知识，而为了能够幸福他就最好是对于自己无知呢？

*209—264(**145**)448—147*

〔只能有一种思想盘踞我们，我们不能够同时思想两件事；在世人看来，我们这样就很好，但却不是在上帝看来。〕

*210—226(**146**)372—152*

人显然是为了思想而生的；这就是他全部的尊严和他全部的优越性；并且他全部的义务就是要像他所应该地那样去思想。而思想的顺序则是从他自己以及从他的创造者和他的归宿而开始。

可是世人都在思想着什么呢？从来就不是想到这一点，而是

① 这句话在原稿中为旁注。

只想着跳舞、吹笛、唱歌、作诗、赌赛等等，想着打仗，当国王，而并不想什么是做国王，什么是做人。

145—169(**147**)*124—18*

我们不肯使自己满足于我们自身之中和我们自己的生存之中所具有的那个生命：我们希望能有一种想象的生命活在别人的观念里；并且我们为了它而力图表现自己。我们不断地努力在装扮并保持我们这种想象之中的生存，而忽略了真正的生存[①]。如果我们有了恬静或者慷慨或者忠实，我们就急于让人家知道，为的是好把这些美德加到我们的那另一个生命上；我们宁肯把它们从我们的身上剥下来，好加到那另一个生存上；我们甘愿做懦夫以求博得为人勇敢的名声。我们自身生存之空虚的一大标志，就是我们不满足于只有这一个而没有另一个，并往往要以这一个去换取另一个！因为谁要是不肯为保全自己的荣誉而死，他就会是不名誉的。

151—235(**148**)*175—159*

我们是如此之狂妄，以至于我们想要为全世界所知，甚至于为我们不复存在以后的来者所知：我们又是如此之虚荣，以至于我们周围的五六个人的尊敬就会使得我们欢喜和满意了。[②]

---

① 沙伦《论智慧》卷Ⅰ、第36章："我们只是靠着对别人的关系而生活。"

② 拉·布鲁意叶《人论》："我们是在我们的自身之外寻求我们的幸福的，是在别人的意见里寻求我们的幸福的。"

152—68(**149**)*108—151*

我们路过一个城镇，我们并不关心要受到它的尊敬。但是当我们在这里多停一些时间，我们就要关心这件事了。需要多少时间呢？那时间只和我们虚荣的、渺不足道的一生成比例。

153—94(**150**)*456—153*

虚荣是如此之深入人心，以至于兵士、马弁、厨子、司阍等等都在炫耀自己并且想拥有自己的崇拜者；就连哲学家也在向往它。写书反对它的人是想要获得写作得好的光荣[①]；而读它的人则是想要获得曾经读过它的光荣；而我在这里写书，或许就具有这种羡慕之情；而读它的人或许就……

149—111(**151**)*258—148*

光荣——从人的幼年起，赞颂就在腐蚀着一切人，啊，这说得多么好，啊，他做得多么好，他是多么明智，等等。

波·罗雅尔[②]的孩子们是没有受过这种羡慕与光荣的刺激的，于是便沦于漠不关心。

---

① 蒙田《文集》第1卷、第41章："因为就像西塞罗所说的那样，正是那些反对它（光荣）的人也在希望着他们所写的书可以在封面上标上他们的名字，他们力图从鄙视光荣之中得到光荣。"塔西佗（Tacitus，55？—117？）《历史》，第4卷、第6章："就是在智者那里，对于光荣的热情也是他们所最难于抗拒的。"

② 按波·罗雅尔修道院为冉森派的活动中心，其教育以训练严格著称。

146—157(**152**)*212—149*

骄傲——好奇心只不过是虚荣。最常见的是，人们之想要认识只不过是为了要谈论它。不然的话，要是为了绝口不谈，要是为了单纯的观赏之乐而并不希望向人讲述，那我们就绝不会去做一次海上旅行了。

*150—93**(**153**)*88—150*

论想要博得与我们相处的那些人尊敬的愿望——在我们的可悲、错误等等当中，骄傲是那么自然而然地占有了我们。我们甚至于高兴丧失自己的生命，只要人们会谈论它。

虚荣：游戏，打猎，拜访，喜剧，虚妄的名垂不朽。

233—88(**154**)*101—158*

〔我根本没有朋友〕于你们有利。[①]

157—919(**155**)*351—156*

有一个真正的朋友，即使是对最显赫的王公们来说，也是一桩异常有利的事，为的是他可以说他们的好话并且在他们本人的背后支持他们，因而他们应该尽一切努力来获得一个真正的朋友。然而他们却须好好地选择；因为，如果他们尽其努力而只是找到了蠢人，那对他们还是没有用，不管这些蠢人是怎样在说他们的好

① 按本段原文在手稿中曾被删去；关于本节的含义可参见下段及本书第798段。

话；何况这些人假如碰巧是最脆弱者的话，就甚至于还不会说他们的好话，因为这些人没有威信；因而这些人在人群中间就是在说他们的坏话了。

155—66(**156**)*165—157*

Ferox gens，mullam esse vitam sine armis rati[①]. 他们爱好死亡更甚于和平；另有人则爱好死亡更甚于战争。

一切意见都可以比生命更值得愿望，虽然爱生命本来显得是那么强烈而又那么自然。

156—238(**157**)*152—155*

矛盾：蔑视我们的生存，无谓的死亡，仇视我们的生存。

154—74(**158**)*126—209*

事业——光荣早有的甜美是如此之大，以至于我们爱它所附丽的无论什么对象，哪怕是死亡。

148—703 *(**159**)*128—125*

美好的行为而隐蔽起来，才是最可尊敬的。[②] 当我在历史上

---

① 〔凶猛的人们，他们认为没有武器，就没有生存〕。语出李维（Titus Livius，公元前59—公元17）《罗马史》第34卷、第17章。

② 拉·罗煦福高《箴言集》第216："完美的价值就在于做出自己所能做的一切，而在举世之前不要任何见证。"

读到其中的某一些时(例如页 184)[1],它们使我异常喜悦。然而它们到底并不曾全然隐蔽起来,因为它们还是被人知道了;并且虽说人们已经尽可能地在隐蔽它们,但它们所显现出来的那一点点却玷污了全体;因为这里面最美好的东西就正是想要把它们隐蔽起来。

267—940(**160**)*131—126*

打喷嚏也吸引了我们灵魂的全部功能,犹如别的工作一样;但是我们却不能从其中得出同样可以反对人的伟大的结论来,因为它是违反人的意愿的。而且尽管是我们自己得到它的,然而我们自己之得到它却是违反自己的意愿的;它并非着眼于这件事的本身,而是为了另一个目的:所以它并不是人的脆弱性以及他在那种行为中处于奴役状态的一种标志。

人屈服于忧伤并不可耻,但是屈服于欢乐就可耻了。这并不是由于忧伤乃是自外加之于我们的,而我们自己则追求的是欢乐;因为我们也可以追求忧伤并有意地向忧伤屈服却并不那么可鄙。那么,又何以屈服于忧伤的力量之下,在理智看来就是光荣的;而屈服于欢乐的力量之下,在理智看来就是可耻的呢?那是因为并不是忧伤在诱惑我们并吸引我们;而是我们自己自愿地选择了忧伤并且要使它主宰我们自己;从而我们就是这件事的主人,并且在这一点上

① “页 184”系指帕斯卡尔本人所阅读的蒙田《文集》第 184 页(1635 年版本),即《文集》第 1 卷、第 40 章。又蒙田《文集》第 3 卷、第 10 章:“一桩好事越是辉煌耀目我就越不相信它好,因为我怀疑做这件事乃是为了辉煌耀目而不是为它本身的好处;一经显示就糟踏了一半。”

也就是人屈服于他自己；但是在欢乐之中却是人屈服于欢乐。因而，造成光荣的就仅仅是主宰和统治，而造成耻辱的则是奴役。

178—53(**161**)*417—105*

虚荣——像世上的虚荣那样一宗显然可见的东西，却会如此之不为人所认识，竟连说追求伟大是桩蠢事都成了一桩稀奇古怪的事了；这才真是最可惊叹的事：

180—90(**162**)*94—106*

谁要是想充分认识人的虚荣，就只消考虑一下爱情的原因和效果。爱情的原因是“我不知道为什么”（高乃依）[①]，而爱情的效果又是可怖的。这种“我不知道为什么”是微细得我们无法加以识别的东西，但却动摇了全国、君主、军队、全世界。

克利奥帕特拉[②]的鼻子：如果它生得短一些，那么整个大地的面貌都会改观。

*180—83，388** (**163**)*129—107*

虚荣——爱情的原因和效果：克利奥帕特拉[③]。

---

① 按语出法国悲剧诗人高乃依（Corneille，1606—1684）《美狄亚》第2幕、第6场，又《罗多恭尼》第1幕、第5场。

② 克利奥帕特拉（Cléopâtre，即 Cleopatra 公元前69—前30）为埃及女王，曾以其美貌先后获得恺撒和安东尼的支持，企图重建希腊化王国。

③ 按原手稿中此处曾有如下的字样，后经删去：“最能显示人类虚荣的，莫过于考察一下爱情有什么样的原因和效果了；因为全宇宙都会为之改观：克利奥帕特拉的鼻子。”

211—73(**164**)*457—181*

谁要是看不见人世的虚荣，他本人就一定是非常之虚荣的。而且除了年轻人完全沉溺于喧嚣、作乐和思念着未来而外，又有谁会看不见它呢？但是，取消他们的作乐吧，你就看到他们也会由于无聊而枯萎的；这时候他们就会感到自己的空虚而又并不认识它：因为一旦人们沦于思考自己而又无以排遣，处于一种不堪忍受的悲哀境地时，那确实是非常不幸的。

212—118，156(**165**)*94—182*

思想——In omnibus requiem quaesivi[①] 假如我们的境遇真正是幸福的，我们就无须排遣自己对它的思想，以求自己幸福了。[②]

218—271(**166**)*359—109*

消遣——没有想到死而死，要比想到没有危险而死更容易忍受。[③]

215—33(**167**)*323—190*

人生的可悲就奠定了这一切；既然他们看到了这一点，他们就从事排遣。

---

① 〔在一切之中，我寻求安息〕。语出拉丁文本圣经《传道书》第24章、第11节。

② 本段原文系单独写在原手稿第73页上。

③ 默雷《箴言集》76："怕死要比死本身更难受。"蒙田《文集》第3卷、第4章："我低着头愚昧不堪地投身于死亡，却不肯去思索它或者承认它。"

213—267(**168**)*118—172*

消遣——人类既然不能治疗死亡、悲惨、无知,他们就认定为了使自己幸福而根本不要想念这些。①

214—266(**169**)*147—174*

尽管有着这些悲惨,人还是想要能够幸福,并且仅仅想要能够幸福而不能不想要幸福;然而他又怎样才能掌握幸福呢?为了要好好做到这一点,他就必须使自己不朽;然而既然不能不朽,所以他就立意不让自己去想到死。②

*216—265**(**170**)*317—110*

消遣——假如人是幸福的,那么他越是不消遣就会越发幸福,就像圣人或者上帝那样。——是的;然而能够享受消遣,难道不也

① 按波·罗雅尔本此处尚有如下的话:"这就是他们在那么多的苦难之中所能够创造出来用以安慰自己的一切了。但这是一种十分可悲的安慰,因为它不能治疗这种苦难,而是简单地在短时间内把苦难隐蔽起来,并且在加以隐蔽时使人不想真正地治疗苦难。这样,由于人性的一种奇特的颠倒,他便可以发现:本来是使他最难受的无聊,在某种方式上也是他最大的福祉所在,因为它比一切事物都更能有助于使他寻求真正的治疗;而他所视为是自己最大福祉的消遣,事实上却是他最大的苦难,因为它比一切事物都更加使他脱离寻求对自己苦难的补救之道。这两者是人的悲惨与腐化、而同时又是人的伟大之一个最可惊异的证明,因为人并不厌倦于一切,而且除了因为他具有他已经丧失的那一幸福观念而外,他也并不寻求大量的操心;幸福既不能在自身之内找到,他就徒劳无益地要在外界的事物之中去寻求,而又永远不可能满足,因为幸福既不是在我们之中,也不是在一切创造物之中,而是在上帝之中。"

② 拉·布鲁意叶《人论》:"死亡只不过到来一次,但在一生之中却无时无刻不使人感到它;理解死亡要比忍受死亡更艰巨得多。"

是幸福吗?[①] ——不是的;因为幸福是从别的地方、是从外部来的;因而它是依赖性的,并且可能受到千百种意外事件的干扰而造成无可避免的痛苦。

217—128(**171**)*299—112*

可悲——唯一能安慰我们之可悲的东西就是消遣,可是它也是我们可悲之中的最大的可悲。因为正是它才极大地妨碍了我们想到自己,并使我们不知不觉地消灭自己。若是没有它,我们就会陷于无聊,而这种无聊就会推动我们去寻找一种更牢靠的解脱办法了。可是消遣却使得我们开心,并使我们不知不觉地走到死亡。[②]

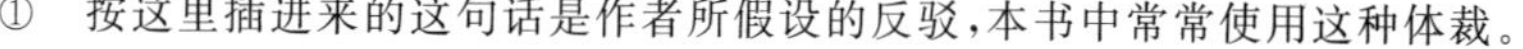

① 按这里插进来的这句话是作者所假设的反驳,本书中常常使用这种体裁。

② 按波·罗雅尔本此处尚有如下的三段话:

“最能使我们深入认识人类之可悲的,莫过于考虑一下他们终生所处于的那种永远的激动状态的真正原因了。

“灵魂之投入身体乃是要做一次短期旅行。它知道那不过是永恒旅程之中的一段路,并且它一生之中只能有很短的时间可以准备。自然的种种必需却消磨了它的大部分时间。只剩下来了很少的时间可以供它支配。然而剩下来的这一小点时间又是那么强烈地使它不安而又那么出奇地使它困恼,以至于它一心想要消灭这点时间。不得不与自己生活在一起并想着自己,这对它成了一种不堪忍受的痛苦。因此,它全部的关怀就是要遗忘自己,并且从事于有碍它想到这些东西的事情,好让这段如此短促而又如此可贵的时间毫无痕迹地消逝。

“这就是人类一切激荡的活动以及人们所称之为消遣或作乐的一切东西的起源了,其实这时人们的目的只不过是要使时间不知不觉地消逝,或者不如说使自己感觉不到自己,并在消灭自己生命中的这一部分时,可以避免当他们在这段时间中若是注意着自己时所必然会随之而来的那种悲苦和不快。灵魂发现在它那里面没有什么东西能使自己满足,当灵魂思想到它时,就会看到其中没有任何东西是不使自己痛苦的。正是这一点才迫使灵魂要向外扩张,要在对外物的追求之中消灭对自己真实状态的记忆。灵魂的欢乐就在于这种遗忘状态;要使灵魂不幸,只消使之能看到自己并与它自己相处就够了。”

168—84(**172**)*271—111*

我们从来都没有掌握住现在。我们期待着未来,好像是来得太慢了,好像要加快它那进程似的;不然,我们便回想着过去,好拦阻它别走得太快:我们是那么轻率,以至于我们只是在并不属于我们的那些时间里面徘徊,而根本就不想到那唯一是属于我们所有的时间;我们又是那么虚妄,以至于我们梦想着那种已经化为乌有的时间,而不加思索地错过了那唯一存在的时间。这乃是由于现在通常总是在刺痛着我们。我们把它从我们的心目之前遮蔽起来,因为它使我们痛苦;假如它使我们愉悦的话,我们就要遗憾于看到它消逝了。我们努力在用未来去顶住它,而且还想把我们无能为力的事物安排到我们并没有任何把握可以到达的时间里去。

假使每个人都检查自己的思想,那么他就会发现它们完全是被过去和未来所占据的。我们几乎根本就不想到现在;而且假如我们想到的话,那也不过是要借取它的光亮以便安排未来而已。现在永远也不是我们的目的:过去和现在都是我们的手段,唯有未来才是我们的目的。①因而我们永远也没有在生活着,我们只是在

① 蒙田《文集》第1卷、第3章:"那些谴责我们永远在追逐未来的事物、并教导我们要把握住并安心于现在的美好的人们,——因为我们对于未来的东西并没有什么把握,而且那比我们所具有的过去还要少——就触及到了人类错误之中最普遍的一种;假如他们敢于把大自然引导着我们为它的作品的连续性所作的服务叫做错误的话。由于大自然忌妒我们的行为更有甚于我们的知识,所以她就给我们烙上了这种虚妄的幻想以及许多其他的幻想。""我们从来不是在我们自己之中的,我们永远是超乎其外的:恐惧、愿望和希冀把我们驱向未来并剥夺了我们对于现有的一切事物的观感和思考,以便使我们沉醉于未来的一切,乃至于是当我们不再存在的时候。"拉·布鲁意叶《人论》:"生命是短促的而又令人无聊的;全部的生命就都在愿望之中度过。人们把自己的安息和欢愉置诸未来,往往是置诸最美好的东西——健康与青春——已经消失之后。"

希望着生活；并且既然我们永远都在准备着能够幸福，所以我们永远都不幸福也就是不可避免的了。

190—139(**173**)*327—113*

他们说日月蚀预兆着不幸；因为不幸是常见的，从而当不幸是如此之经常临头时，他们也就是经常猜中了。反之，假如他们说日月蚀预兆着幸福，那么他们就会是经常撒谎了。他们把幸福仅只归之于罕见的天象遇合，因而他们往往是很少猜不中的。

*169—117，126**(**174**)*79—108*

可悲——所罗门[①]和约伯是最认识而又最善于谈论人的可悲的：前者是最幸福的，后者是最不幸福的；前者从经验里认识到快乐的虚幻，后者则认识到罪恶的事实。

220—148(**175**)*878—136*

我们对自己认识得那么少，以致有许多人在自己身体很好的时候就自以为要死了；又有许多人当他们已临近死亡的时候却以为自己身体很好，并没有感到热病临头或者是肿瘤就要长出来了。[②]

---

① 按此处所罗门系指《传道书》的作者，帕斯卡尔认为旧约《传道书》的作者是所罗门。

② 蒙田《文集》第1卷、第19章："死亡有多少种出人意料的不同方式啊！Quid quisque vivat，nunquam homini satis/ Cautum est in horas!〔没有哪个活人准备过/随时可以临头的疾病〕。我还不用提热症和肋膜炎。"

221—203(**176**)*297—140*

克伦威尔要蹂躏整个的基督教世界:王室被推翻了,而他自己的王朝则是永远强盛的;只是有一小块尿沙在他的输尿管里形成了。就连罗马也在他的脚下战栗;然而这一小块尿沙既经在那里面形成,于是他就死了,他的王朝也垮台了,一切又都平静了,国王又复辟了。[①]

224—110(**177**)*507—141*

〔三个东道主〕一个曾享有英国国王、波兰国王和瑞典女王[②]的友谊的人,难道会相信自己在世上竟找不到一个隐退和容身之所吗?

225—597(**178**)*302—161*

马克罗比乌斯[③]论被希律王所屠杀的无辜者。[④]

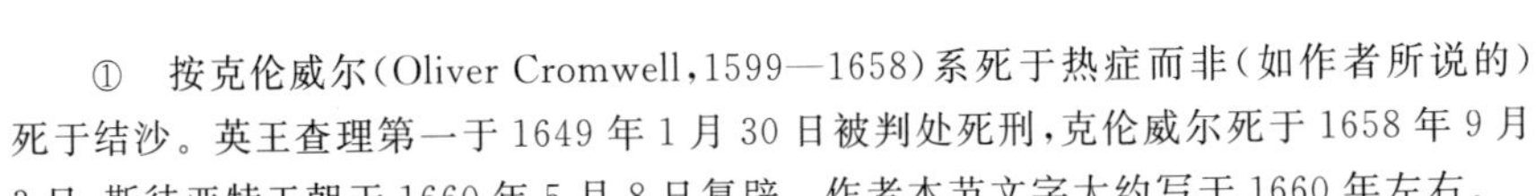

① 按克伦威尔(Oliver Cromwell,1599—1658)系死于热症而非(如作者所说的)死于结沙。英王查理第一于1649年1月30日被判处死刑,克伦威尔死于1658年9月3日,斯徒亚特王朝于1660年5月8日复辟。作者本节文字大约写于1660年左右。

② 按英国国王查理第一于1649年被处死刑,瑞典女王克烈斯蒂(Christine)于1654年逊位,波兰国王卡息米尔(Jean Cesimir)于1656年被推翻。据阿维说,作者本段文字写于1656年。关于作者此处的这一主题思想,伏尔泰(Voltaire,1694—1778)《戆第德》(Candide)第26章中曾有详尽的发挥。

③ 马克罗比乌斯(Macrobe,即 Macrobius)为公元5世纪的作家,属新柏拉图派。

④ 希律(Herod,公元前39—4)为犹太王时,耶稣降生于犹太的伯利恒。希律听说耶稣将做犹太人的王,"就大大发怒,差人将伯利恒城里并四境所有的男孩……凡两岁以里的都杀尽了。"(《马太福音》第2章、第16节)。关于本段的含义详见下段。

*225—612** (**179**) *315—132*

当奥古斯都[①]听说，希律下令把两岁以内的孩子一律处死，而其中也有希律自己的孩子在内时；奥古斯都就说，做希律的猪还比做他的儿子好一些。马克罗比乌斯，《农神节书》第二卷、第四章。

*223—258** (**180**) *337—162*

大人物和小人物有着同样的意外、同样的烦恼和同样的热情；然而一个是在轮子的顶端，而另一个则靠近中心，因而在同样的运动中动荡也就较小。[②]

164—104 (**181**) *336—744*

我们是那么不幸，以至唯有在某件事若搞不好就会使我们烦恼的情况之下，我们才会对于那件事感兴趣[③]；因为我们有千百件事情可以做，并且是时时都在做着。（谁）要是发现了可以享受好事而又不为相反的坏事所烦恼的秘密，他就找到了要害；而那就是永恒的运动。[④]

① 奥古斯都见前第132段。

② 按轮子顶端在运动时所扫过的轨迹为轮摆线，上下摇摆；轮子中心所扫过的轨迹为直线，越靠近中心则扫过的轨迹越接近于直线。帕斯卡尔本人一系列重要的数理科学贡献中，就包括他对轮摆线的专门研究。又可参看蒙田《文集》第2卷，第12章。

③ 作者1661年致多马（Domat）信中曾责备波·罗雅尔教派有人过分热衷于他们为真理进行斗争时所获得的胜利。

④ 据布伦士维格解说，这句话的意思是说：人类的理想与人类实际活动的状况之不相符合，正犹如永恒的理想与地上的运动的状况之不相符合是一样的。

165—307(**182**)*335—103*

凡处于困境之中而总是怀着良好的希望并且享受了幸运之乐的人，假如不是对坏事也同样地感到痛苦的话，就会被人怀疑是幸灾乐祸了；他们喜出望外地发现能有这些希望作借口，以便显示自己对它的关切，并且以他们对此所佯为抱有的快乐，来掩饰他们看到事情失败时所怀有的那种快乐。[①]

226—342(**183**)*328—104*

当我们在自己眼前放一些东西妨碍我们看见悬崖时，我们就会无忧无虑地在悬崖上面奔跑了。

① 按本段词旨颇为晦涩，据布伦士维格解说，本段思想系补充上段者；意谓：当人们仿佛是在实践仅只考虑人事的好的方面而不因坏的方面感受苦痛的这一准则时，那绝不是出于人们的无私或哲学，而只是由于人们对恰好相反的事情感到兴趣并且力求加以掩饰。

第 三 编

*565—27(**184**)313—414*

能引人寻求上帝的一封信。[①]

然后,引人在那些使得寻求他们[②]的人感到不安的哲学家、怀疑主义者和教条主义者那里去寻求上帝。

*9—357(**185**)316—374*

上帝的行动是以慈祥在处置一切事物的,它以理智把宗教置于精神之中,又以神恩把宗教置于内心之中。然而,想要以强制和威胁来把它置于精神和内心之中,[③]那就不是把宗教而是把恐怖置于其中了,terrorem potuis quam religionem[④]。

① 本编中所提出的问题,作者原计划是以一封信的形式来讨论的。

② "他们"布伦士维格以为应读作"他";"寻求他们的人"即寻求上帝的人并为了寻求上帝而寻求哲学的人。

③ "以强制和威胁来把它(宗教)置于精神和内心之中"指犹太教。

④ 〔那就是恐怖而不是宗教。〕冉森派以为基督教的原则在于以仁爱来代替犹太教的恐怖。

9—140(**186**)*329—376*

Nesi terrerentur et non docerentur, improba quasi dominatio videretur①(奥古《书信集》,第 48 或 49 篇,——第四卷:contra mendacium ad consentium。②)。

1—35(**187**)*334—377*

顺序——人们鄙视宗教;他们仇恨宗教,他们害怕宗教是真的。要纠正这一点,首先就必须指明宗教绝不违反理智;指明它是可敬的,使人加以尊敬;然后使之可爱,使好人愿望它能是真的;最后则指明它的确是真的。

可敬,是因为它充分了解人类;可爱,是因为它允诺了真正的美好。

10—959(**188**)*80—74*

在一切的对话和谈论中,我们一定要能够向被触犯的人们说:"你尤怨什么呢?"

11—338(**189**)*536—73*

首先要怜悯不信仰者;他们的状况已经使他们够不幸的了。我们只需以宗教有益的事例来谴责他们;而这就刺伤了他们。

---

① 〔如果他们感到恐怖而没有受到教诲,看来那种统治就是不公正的。〕

② 〔对待谎言,要请示宗教会议。〕

12—332(**190**)*467—173*

要怜悯那些正在寻求之中的无神论者，因为他们岂不是十分不幸吗？要痛斥那些炫耀宗教的人。

13—23(**191**)*324—75*

后一种人要嘲笑前一种人[①]吗？谁才应该受嘲笑呢？然而，前一种人并不嘲笑后一种人，而只是可怜他们。

337—760(**192**)*298—79*

要谴责米东的无动于衷，既然上帝将谴责他。[②]

361—22(**193**)*322—76*

Quid fiet hominibus qui minima contemnunt，majora non credunt[③].

*335，8，16，336—11，15*** (**194**)*89—77*

……但愿他们在攻击宗教之前，至少也要懂得他们所攻击的宗教是什么吧。如果这种宗教自诩能够清楚明白地看见上帝，并

① 按本段系承上节而言。“后一种人”即“炫耀宗教的人”，“前一种人”即“正在寻求之中的无神论者”。

② 据布伦士维格的解释，这句话的意思是：因为上帝以后将要谴责他，所以为了米东本人的好处，最好是现在就谴责他。但据米灼的解释，这句话的标点应作：“要谴责米东的无动于衷。既然上帝将谴责他……”

③ 〔对于既看不起最渺小的事物而又不相信最伟大的事物的人，应该怎么办呢？〕

且能够公开地、毫无隔膜地把握住它;那么要说我们在世界上看不见任何东西可以以这样的证据来表明它,那就是在攻击它了。可是,既然它恰好相反地乃是在说:人是处于黑暗之中并且远离着上帝,上帝把自己向他们的认识隐蔽了起来,而这甚至于就是圣书中上帝所加给自己的名称 Deus absconditus[①];并且最后,如果它还同等地努力确立这样两件事:即,上帝在教会中确立了显明可见的标志,使他自己能为那些真诚在寻求他的人所认识,而他又同时是那样地在蒙蔽着他们,从而他只能被那些全心全意在寻求他的人所察觉;那么当他们在茫然无知之中公然宣称是在追求真理的时候,他们叫喊着并没有什么东西能向他们显示它的时候,既然他们所处的以及他们所用以反对教会的那种蒙昧状态只不过是确定了它所肯定的一件事而且没有触及那另一件事,并且远未能摧毁它的学说反而是确定了它的学说,这时候他们又能得到什么便宜呢?

为了攻击它,他们就一定得大喊大叫他们已经尽了一切努力在到处寻求上帝了,甚至于是在教会准备要指点他们的地方,可是并没有任何满意的结果。假如他们是这样在讲话,那么他们事实上就确实是在攻击它的主张之一。但是我希望在这里指明,没有一个有理智的人是可以这样讲话的;我甚至于敢说,还没有一个人这样做过。我们很知道,具有这种精神的人是以怎样的方式在活动的。当他们花了几小时的工夫阅读了某卷圣书,当他们向某位牧师请教了有关信仰的真理的时候,他们就以为已经做出很大的努力在求学了。在这以后,他们就自诩已经在书籍里并在人们中

---

① 〔隐蔽的上帝。〕按语出《以赛亚书》第 45 章、第 15 节。

间寻求过了，只是毫无结果。但事实上，我要向他们说我常常说过的话，那就是，这种粗疏无知是不能容忍的。这里所涉及的并不是某个陌生人的渺不足道的利害，因而可以使用这种方式；它所涉及的乃是我们自身以及我们所有的人。

灵魂不朽乃是一件与我们如此之重要攸关的事情，它所触及于我们的又是如此之深远；因此若是对于了解它究竟是怎么回事竟然漠不关心的话，那就必定是冥顽不灵了。我们全部的行为和思想都要随究竟有没有永恒的福祉可希望这件事为转移而采取如此之不同的途径，以至于除非是根据应该成为我们的最终目标的那种观点来调节我们的步伐，否则我们就不可能具有意义和判断而迈出任何一步。

因而，我们首要的兴趣和我们首要的义务，就是要向自己阐明为我们的全部行为所依据的这一主题。而这就正是何以我要在那些没有被说服的人们中间划出一种极大的区别的原因，我要区别那些竭尽全力在努力求知的人和那些对之毫不介意也不思想而生活下去的人。

我只能惋惜那些在这场怀疑中真诚在叹息着的人，他们把它视为最终的不幸，并且不惜一切以求摆脱它；他们把这场寻求当作是他们最主要的而又最严肃的事业。

然而对于那些并不思想人生这一最终目的而度过自己一生的人们来说，他们仅仅由于不能在他们自己身上发现那种可以说服他们的光明，便不肯再到别的地方去寻求；他们不肯从根本上去考察这种意见是不是人们出于单纯的轻信而加以接受的一种意见，抑或是尽管它们本身幽晦难明，然而却具有着非常之坚固的、不可动摇的基础的一种意见；对于他们我是以完全不同的另一种态度来考虑的。①

对于涉及他们的本身、他们的永生、他们的一切的一桩事，采取这种粗疏无知的态度，这使我恼怒更甚于使我怜悯；它使我惊异，使我震讶，在我看来它就是恶魔。我这样说，并不是出于一种精神信仰上的虔敬的热诚。② 反之，我是说我们应该出于一种人世利益的原则与一种自爱的利益而具有这种感情：关于这一点我们只消看一看最糊涂的人都看得到的东西。

并不需要有特别高明的灵魂就可以理解：这里根本就不会有什么真正而牢靠的心满意足，我们全部的欢乐都不过是虚幻，我们的苦难是无穷无尽的，而且最后还有那无时无刻不在威胁着我们的死亡，它会确切无误地在短短的若干年内就把我们置诸不是永远消灭就是永远不幸的那种可怕的必然之中。

没有什么比这更加真实又比这更加恐怖的事情了。纵使我们能做到像我们所愿望的那样英勇；然而在等待着世上最美妙的生命的归宿便是如此。让我们在这上面思索一下吧，然后让我们说：在这个生命中除了希望着另一个生命而外就再没有任何别的美好，我们只是随着我们之接近于幸福才幸福，而且正如对于那些对永生有着完全保证的人就不会再有不幸一样，对于那些对永生没有任何知识的人也就绝不会有幸福可言；这些不都是毋庸置疑

① 原稿："我们应该可怜这两种人；然而我们对于前一种人应该是一种由悲悯而产生的可怜，对于后一种人应该是一种由鄙视而产生的可怜。"

② 原稿："我不是依据体系，而是依据构成人心的方式在这样说的。……不是依据信仰的与超然的热诚，而是依据纯人类的原则，依据自爱的利益的运动……"

的吗？

因此，处于这种怀疑状态确实就是一件大恶；可是当我们处于这种怀疑状态的时候，至少进行寻求却是一桩不可缺少的义务；所以那种既有怀疑而又不去寻求的人，就十足地既是非常不幸而又是非常不义的了。假如他对这一点安然自得，公然以此自命，并且甚至引以为荣，假如成为他的快乐和他的虚荣的主题的就是这种状态本身；那么我就没什么话好形容这样一个肆无忌惮的生物了。[①]

我们怎么可能怀有这种感情呢？除了无从解脱的悲惨而外就不能期待别的，这里面又能有什么快乐可言呢？[②] 眼看自己处于无法钻透的蒙昧之中，又有什么虚荣可言呢？如下的这种推理是怎么可能发生在一个有理智的人的身上的呢？

"我不知道是谁把我安置到世界上来的，也不知道世界是什么，我自己又是什么？我对一切事物都处于一种可怕的愚昧无知之中。我不知道我的身体是什么，我的感官是什么，我的灵魂是什么，以及甚至于我自己的那一部分是什么——那一部分在思想着我所说的话，它对一切、也对它自身进行思考，而它对自身之不了解一点也不亚于对其他事物。我看到整个宇宙的可怖的空间包围了我，我发现自己被附着在那个广漠无垠的领域的一角，而我又不

① 原稿："毫无疑义，除了认识上帝而外就不会有幸福；随着我们越是接近于他，我们就越是幸福，而最终的幸福也就是确切地认识他，而最终的不幸则是相反的确切性。因而怀疑便是一种不幸，但在怀疑之中寻求则是一件必不可少的义务。"

② 原稿："除了无从解脱的悲惨而外，就不能期待别的，这还有什么快乐可言呢？对于一切安慰都告绝望，这还有什么安慰可言呢？"

知道我何以被安置在这个地点而不是在另一点，也不知道何以使我得以生存的这一小点时间要把我固定在这一点上，而不是在先我而往的全部永恒与继我而来的全部永恒中的另一点上。我看见的只是各个方面的无穷，它把我包围得像个原子，又像个仅仅昙花一现就一去不复返的影子。我所明了的全部，就是我很快地就会死亡，然而我所为最无知的又正是这种我所无法逃避的死亡本身。

“正像我不知道我从何而来，我同样也不知道我往何处去；我仅仅知道在离开这个世界时，我就要永远地或则是归于乌有，或则是落到一位愤怒的上帝的手里，而并不知道这两种状况哪一种应该是我永恒的应分。这就是我的情况，它充满了脆弱和不确定。由这一切，我就结论说，我因此就应该不再梦想去探求将会向我临头的事情而度过我一生全部的日子。也许我会在我的怀疑中找到某些启明；但是我不肯费那种气力，也不肯迈出一步去寻求它；然后，在满怀鄙夷地看待那些究心于此的人们的同时，我愿意既不要预见也没有恐惧地去碰碰这样一件大事，并让自己在对自己未来情况的永恒性无从确定的情形之下，恹恹地被引向死亡。”①

谁会希望跟一个以这种方式讲话的人做朋友呢？谁会从人群中间挑出他来，好向他倾谈自己的事情呢？谁会在自己的苦痛之中求助于他呢？而且最后，我们又能派定他的一生有什么用处呢？

① 原稿旁注：“无论它们可能有怎样的确定性，那都只是绝望的题材而不是虚荣心的题材。”

(194)

事实上，有着这样不理智的人作为敌人，才是宗教的光荣①：而他们的反对之对宗教的危害又是如此之微不足道，以致它们反而有助于奠定宗教的真理。因为基督教的信仰几乎就仅仅在于确定这两件大事，即人性的腐化和耶稣基督的赎罪。所以我认为：如果他们不是以他们道德的圣洁而有助于显示赎罪的真理，那么至少他们也是出色地在以如此之违反人性的感情而有助于显示人性的腐化。

对于人，没有什么比他自己的状态更为重要的了②，没有什么比永恒更能使他惊心动魄的了；因而，如若有人对丧失自己的生存、对沦于永恒悲惨的危险竟漠不关心，那就根本不是自然的了。他们之为物和其他的一切事物都迥不相同：他们甚至担心着最细微的小事，他们预料着这些小事，他们感觉着这些小事；就是这个人，日日夜夜都在愤怒和绝望之中度过，唯恐丧失一个职位或在想象着对他的荣誉有什么损害，而正是这同一个人明知自己临死就会丧失一切，却毫无不安、毫不动情③。看到在同一颗心里而且就在同一个时间内，既对最微小的事情这样敏感，而对最重大的事情

① 原稿："然而那些看来像是最与宗教的光荣相对立的人们，其本身对于别人也并不是没有用的。我们可以把这当作是第一条论据来论证超自然的事物的存在：因为这种盲目并不是一件自然的事；假如他们的愚蠢使得我们如此之违反他们自身的幸福，它却是以一种如此之可悲的例子与如此之值得可怜的愚蠢的恐惧感而有助于保证别人的幸福。"

② 原稿："最重要的事莫过于此，而最为人所忽略的事也莫过于此。"

③ 原稿："他们是如此之坚定，以致对于一切涉及他们的事都毫无感觉吗？让我们拿丧失财富或者丧失荣誉来考验一下他们吧。……"

又那样麻木得出奇[①];这真是一件邪怪的事。这是一种不可思议的玄妙,是一种超自然的迟钝,它标志着是一种全能的力量造成了这种情况。

人性必定是有着一种奇特的颠倒,才会以处于那种状态为荣,居然会有任何一个人能处于那种状态,看来是无法置信的。然而经验却使我看到了这种人的数量是如此之多,以至于假如我们不知道混在其中的人大部分都是模仿别人而并不是真正那样,这件事的本身就足以令人惊讶不止了。这些人都只是风闻别人说世上最时髦的事就在于这样地行为偏激[②]。这就是他们所谓的摆脱羁绊,他们在极力模仿。然而要使他们理解他们在这样追求别人的尊重时,他们是怎样地在欺骗自己,并不是难事。这绝不是博得别人尊重的办法,我甚至在世俗的人们中间也要这样说,——只有他们能健全地判断事物,懂得能以成功的唯一途径就是使自己表现诚恳、忠实、有见识并且能够为自己的朋友效劳而有用,因为人们天然所爱的只是对自己可能有用的东西。现在,我们听说有一个人摆脱了自己的羁绊,他不相信有一个上帝在监视他的行动,他自以为是自己行为的唯一主宰,并且他认为只对自己本人负责;那么这对我们有什么好处呢?他是不是认为我们因此便感动得对他抱有充分的信仰,并且在一生中的每一次需要的关头都可以指望着他的安慰、劝告和支持了呢?他们是不是自以为告诉了我们,而尤

① 原稿:"然而的确,人是那样地违反人性,以至于在他的心里竟然对这一点有一种快乐的萌芽。"

② 原稿:"这种人就是学院派和学者,是我所知道的最恶劣的人性。"按,"学院派"指有成见的怀疑主义者,"学者"指模仿时髦的人。

(194)

其是以一种傲慢自满的声调告诉了我们,他们只把我们的灵魂当作是一缕过眼烟云,就会使我们高兴了呢? 难道这是一桩说来可喜的事吗? 恰好相反,它难道不是一桩说来可哀的事吗? 不是世界上最可哀的事了吗?[①]

假如他们认真地想过这些,他们就会看到这一点是如此之被人误解、如此之违反情理、如此之有悖于正直、而又以各种各样的方式如此之背离了他们所寻求的那种良好风范;以至于他们与其说是能腐蚀,倒不如说是能纠正那些有着某种追随他们的倾向的人们。事实上,你让他们叙述一下他们的感情以及他们所以要怀疑宗教的理由;他们向你讲的东西就都是那么脆弱而又那么鄙陋,以致他们倒会以相反的东西说服你。这便是某个人有一天非常中肯地向他们所说的话了,他说:“假如你们继续这样地谈论下去,事实上你们就会使我皈依宗教了。”他是有道理的,因为谁不怕看见自己会陷进竟以这样可鄙的人作为自己的同道的那种感情里去呢?

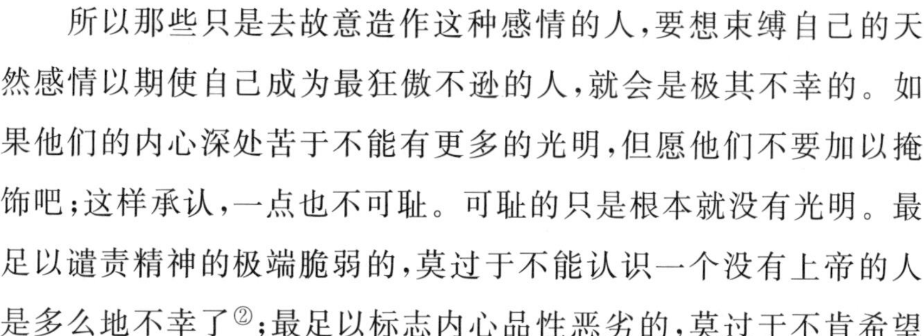

所以那些只是去故意造作这种感情的人,要想束缚自己的天然感情以期使自己成为最狂傲不逊的人,就会是极其不幸的。如果他们的内心深处苦于不能有更多的光明,但愿他们不要加以掩饰吧;这样承认,一点也不可耻。可耻的只是根本就没有光明。最足以谴责精神的极端脆弱的,莫过于不能认识一个没有上帝的人是多么地不幸了[②];最足以标志内心品性恶劣的,莫过于不肯希望

① 原稿:“难道这是一桩说来可喜的事吗? 这是一桩说来可哀的事啊。”

② 原稿:“苦于光明不足而不能爱,……并不是精神脆弱的结果,而是意志邪恶的结果。”

永恒的许诺这一真理了;最懦怯的事,莫过于做反对上帝的勇士了[①]。因此,但愿他们把这类不虔敬留给那些生来就坏得足以能够真正作恶的人们去吧;但愿他们假如不能做基督徒的话,至少也要做诚实的人;并且但愿他们终于能认识只有两种人才是可以称为有理智的,即或者是那种因为认识上帝而全心全意在侍奉上帝的人,或者是那种因为他们不认识上帝而全心全意在寻求上帝的人。

但是,至于那些既不认识上帝又不寻求上帝而生活的人们,他们断定他们自己是那么地不值得自己关怀,以至于他们也不值得别人关怀;[②]于是就一定得有为他们所鄙视的宗教的全部仁爱,才能不至于鄙视他们竟至把他们委之于他们的愚蠢[③]。但是因为这种宗教总是在迫使我们去观察他们;所以只要他们这一生中还能够得到可以照耀他们的神恩,还能够相信他们可以在不久的时间内就比我们更加充满了信仰,而相反地我们却可以陷入他们所处的那种盲目里去,我们就必须对他们做到假如我们是处于他们的地位,我们所愿望他们会对我们做出的事[④],并且呼吁他们能怜悯他们自己,而且假如他们并没有找到光明的话,至少也要迈出几步以企求光明。但愿他们能从他们那么无益消磨掉的时光里抽出几

---

① 原稿:“一个垂死的人面对着全能永恒的上帝,还要坚持在脆弱与苦难之中行走,那难道是勇敢吗?”

② 原稿:“这一点就表明对他们是没有什么话好说的,这并不是出于鄙视,而是因为他们没有常识。必须是上帝才能感动他们。”

③ 原稿:“一定要在为他们所鄙视的宗教之中,才能不鄙视他们。”

④ 原稿:“假如我是处于这种状态,但愿我有幸别人能怜悯我的愚蠢,别人能有善意来挽救我,不管我是怎样的。”

小时来听听这种教诲吧；无论他们对此怀有怎样的反感，但他们或许终将有所邂逅的，至低限度他们也不会丧失多少东西。至于那些对此怀有完全的诚意并怀有真正要邂逅真理的愿望的人，则我希望他们会得到满足，他们会信服如此之神圣的一种宗教的证据的，我这里已经搜集了这些证据，并且其中我已经多少遵循着这种顺序[①]……

*334，107—12** (**195**) *325—78*

在探讨基督宗教的证明之前，我发现有必要先指明那些人的不义，——那些人在对于他们是如此重要而又与他们是那样密切攸关的一桩事情上，竟然对追求真理无动于衷而生活下去。

在他们的全部谬误之中，毫无疑义最足以断定他们的愚蠢与盲目的就是这一点，而在这一点上却又最容易被最初的常识观点和自然的感情所混淆。

因为无可怀疑的是，这一生的时光只不过是一瞬间，而死亡状态无论其性质如何，却是永恒的；我们全部的行为与思想都要依照这种永恒的状态而采取如此之不同的途径，以致除非根据应该成为我们最终鹄的之点的那个真理来调节我们的途径，否则我们就不可能有意义地、有判断地前进一步。

最显而易见的事莫过于此，所以假如人们按照理智的原则而不采取另一条道路的话，他们的行为便完全是没有理智的。

① 关于这里所谓证明的顺序，可参见本书第289、第290段。但布伦士维格认为这两处实际上只是举出证明的项目而非证明的顺序。

因而就让我们在这方面批判那些从不想到生命的这一终极目的而生活下去的人们吧，他们听任自己受自己的嗜好和欢乐的支配，既不加思索也毫无不安，竟仿佛他们只要转移了自己的思想就可以消灭永恒似的①，所以他们一心想念的就只是使自己在目前一瞬间能够快乐。

然而，这种永恒性却始终存在着；并且死——死是一定要打开永恒性的大门并且是时时刻刻都在威胁着他们的——也就无可避免地会在很短的时间内，把他们置诸不是永恒消灾、就是永恒不幸的那种可怖的必然性之中，而他们又不知道这两种永恒性究竟哪一种才是在永远地为他们准备着。

这是一种有着可怕后果的怀疑。他们有沦于永恒悲惨的危险；可是他们对于这一点竟仿佛是不值得去费力的样子，他们不肯去考察这究竟是属于那种人们过分轻信而草率接受的见解呢？还是属于那种其本身虽则幽晦但却有着异常之坚固的尽管是隐蔽的基础的见解呢？所以他们也就不知道这件事情究竟是真理还是谬误，也不知道这类证明究竟是有力还是脆弱？这些就在他们的眼前：他们却拒绝瞩目，于是他们就在这种无知状态里选定了沦于那种不幸状态——如其属实的话——所必须要做的一切，他们等待着死亡来做出有关的验证，并且非常之自满于这种状态，他们公开承认而且居然炫耀这种状态。我们能严肃地想到这件事的重要

① 原稿："我们的想象由于其对目前的时刻不断进行思考而强烈地扩大了目前的时刻，由于其对永恒并不进行思考而又那样地缩小了永恒；以至于我们把永恒弄成了虚无，把虚无弄成了永恒；而这一切都在我们自身之中有其异常活跃的根源，以致我们全部的理智都不能保卫我们免于这一切，并且……"

性，而不对如此之荒诞的一桩行为满怀恐怖吗？

安于这种无知状态就是一件邪恶的事，因此就一定要把这一点向那些终生都在其中度过的人们提出来，好让他们看到自己的愚蠢而惊惶失措，使他们感到它的荒诞和愚昧。因为当人们选择在这种他们实际上所处的无知状态之中生活下去而并不寻求启明的时候，他们的推理就是这样的。他们说："我不知道……"

338—21（**196**）*331—67*

人们缺少心灵；他们不肯和心灵交朋友。

*339—10**（**197**）*303—436*

麻木不仁到了鄙视一切有兴趣的事物的地步，而且变得麻木不仁到了使我们最感兴趣的地步[①]。

340—20（**198**）*312—129*

人们对小事的感觉敏锐和对大事的麻木不仁，这标志着一种奇怪的颠倒。

*341—314**（**199**）*452—127*

让我们想象有一大群人披枷带锁，都被判了死刑，他们之中天天有一些人在其余人的眼前被处决，那些活下来的人就从他们同伴的境况里看到了自身的境况，他们充满悲痛而又毫无希望地面

① 按以上第196、第197段，均指第195段中所说的"安于这种无知状态"的人。

面相觑，都在等待着轮到自己。这就是人类境况的缩影。

342—339(**200**)*311—128*

一个在牢狱里的人不知道自己是否已经被判决，并且只有不到一小时的时间可以获悉它了，但这一小时——假如他知道已经被判决的话——却足以提出上诉；而他把这一小时并不用于探听是否已经作出判决而是用于玩牌，那就是违反自然的了。所以，人……等等[①]，那就是超自然的了。这就是上帝手掌的分量。

因此，不仅仅是那些寻求着上帝的人的热诚可以证明上帝，而且那些不寻求上帝的人的盲目也可以。

420—454(**201**)*301—131*

人们彼此之间的一切辩难都只是在互相反对他们自己，而不是在反对宗教。不信教者所说的一切……[②]

572(b)—*322*(**202**)*96—130*

〔从那些看到自己没有信仰而陷于悲伤的人的身上，我们看到了上帝并没有照亮他们；然而其余的人，则我们看到了有一个上帝在使他们盲目。〕

---

① 此处"所以，人……等等"读作："所以人在寻欢作乐之中度过一生而不去忧虑十分迫近的判决。"

② 读作："不信教者所说的一切也证明了宗教。"可参考上段的最后一句话。

343—345 (**203**) *176—135*

Fascinatio nugacitatis[①]——为了使这种情感不至于伤害我们，让我们就仿佛只剩下八天的生命那样来行事吧。

*344—335**，*570* (**204**) *306—137*

如果我们应该奉献八天的生命，我们也就应该奉献一百年[②]。

88—116 (**205**) *393—139*

当我思索我一生短促的光阴浸没在以前的和以后的永恒之中，我所填塞的——并且甚至于是我所能看得见的——狭小的空间沉没在既为我所不认识而且也并不认识我的无限广阔的空间之中；我就极为恐惧而又惊异地看到，我自己竟然是在此处而不是在彼处，因为根本就没有任何理由为什么是在此处而不是在彼处，为什么是在此时而不是在彼时。是谁把我放置在其中的呢？是谁的命令和行动才给我指定了此时此地的呢？Memoria hospitis unius diei praetereuntis.[③]

*91—392** (**206**) *122—142*

这些无限空间的永恒沉默使我恐惧。

---

① 〔无益的幻想〕——语出《智慧书》第 4 章、第 12 节。

② 有的版本作：“如果我们应该奉献八天，我们也就应该奉献终生。”

③ 〔对往日客人的回忆〕——按这句话在原稿中写在页旁，语出《智慧书》第 5 卷、第 15 章：“不信教者的希望就像是风中飘扬的茸毛，就像是被浪拍起的泡沫，就像是被风吹散的烟雾，就像是对往日客人的回忆。”

90—79 * (**207**) *304—143*

有多少国度是并不知道我们的啊！

89—385 (**208**) *320—11*

为什么我的知识是有限的？我的身体也是的？我的一生不过百年而非千载？大自然有什么理由要使我秉赋如此，要在无限之中选择这个数目而非另一个数目，本来在无限之中是并不更有理由要选择某一个而不选择另一个的，更该尝试任何一个而不是另一个的。

158—677 (**209**) *342—145*

你由于受主人宠爱就更不是奴隶了吗？奴隶啊，你确乎是交了好运，你的主人宠你，他马上也会鞭挞你[①]。

227—341 (**210**) *403—146*

最后一幕若是流血的，那么无论全剧的其余部分是多么美好；我们最后却把灰土撒到了头上，于是它就只好永远如此了。

351—327 (**211**) *343—164*

我们要想信赖我们同类的那个社会，我们就可笑了：像我们这样可悲，像我们这样无能，他们是不会帮助我们的；我们终将孤独

① 按此处“主人”指欢乐，“交了好运”指生活快乐。

地死去。因此我们就必须像我们是孤独者那样去行事;而那时候,我们还会建筑华丽的住宅,等等吗?我们应该毫不犹豫地追求真理;假如我们拒绝这样做,我们便证明了我们重视别人的重视更有甚于对真理的追求。

350—152(**212**)*339—165*

消逝——感觉到我们所具有的一切都在消逝,这是最可怕的事了。[①]

349—328(**213**)*392—168*

在我们与地狱或天堂之间,只有生命是在这两者之间的,它是全世界上最脆弱的东西。[②]

142—142(**214**)*282—169*

不正义——自以为是可以和可悲结合在一起,那乃是极端的不正义。

219—259(**215**)*339—167*

怕的乃是没有危险的死而非在危险之中死去;因为人总得是人。

① 蒙田《文集》第 3 卷、第 13 章:“我就这样在融解着并逃避自己。”

② 可参阅本书第 347 段。

222—870 *（**216**）*34—170*

唯有突然死亡才可怕，而这就是何以忏悔师总要和大人物们待在一起的原因了。

345—468（**217**）*348—171*

有一个继承人发现了自己家的地契。难道他会说："也许它们是假的"，而置之不顾吗？

346—340（**218**）*397—166*

347—292（*219*）

牢狱[①]——我觉得最好不要深究哥白尼的意见[②]；然而这一点……！知道灵魂究竟有朽还是不朽，这件事关系到整个的人生。

347—292（**219**）*349—215*

毫无疑问，灵魂究竟有朽还是不朽这样一件事，必定会使得道德面貌全然不同。可是哲学家却不顾这一点而引出他们的道德来；他们就在辩论中度过一小时[③]。

柏拉图，倾向于基督教[④]。

---

① "牢狱"可参看本书第200段："一个在牢狱里的人……"

② 按笛卡尔和帕斯卡尔在当时都把哥白尼（Copernic 或 Copernicus，1473—1543）的学说仅仅当作是一种意见。

③ "一小时"指终生，见本书第200段。

④ 布伦士维格认为这指的是柏拉图的灵魂不朽论。

348—288(**220**)*398—175*

那些不曾讨论过灵魂不朽的哲学家们的谬误。蒙田书中有关他们的二难推论的谬误①。

354—337(**221**)*409—176*

无神论者说的应该是十分明白的东西;可是灵魂是物质性的这种说法却不十分明白。

357— 471*(**222**)*402—216*

无神论者——他们有什么理由说我们不能复活?哪一个更困难:是诞生,还是复活?是从未曾有过的要有,还是曾经有过的要再有?出现难道比复现更困难吗?习惯使我们觉得前者容易,不习惯使我们觉得后者不可能:这就是通俗的判断方式!

为什么一个处女就不能生孩子?一只母鸡不是没有公鸡就生蛋吗?从外表上区别这些和其他的都是什么?谁告诉我们说,母鸡不能也像公鸡一样地形成胚种呢?

358—434(**223**)*400—180*

他们反对复活、反对圣贞女生孩子,都有什么可说的呢?哪一个更困难,是生产一个人或一个动物呢,还是使之再生呢?假如他们从不曾见过任何一种动物的话,他们能猜想它们是否无须双方

① 见蒙田《文集》,第2卷、第12章。

互相配合就会生产出来吗?

*359—353(**224**)277—177*

我多么恨这种愚蠢,不肯相信圣餐,等等!如果福音书是真的,如果耶稣基督是上帝,这里还会有什么困难呢?

*360—333(**225**)278—179*

无神论者表现了精神的力量,但仅只到一定的程度。

*361—326(**226**)146—183*

自称是在追随着理智的不敬神者,在理智上应该是异常坚强的。他们又说什么呢?他们说:"难道我们没有看见野兽也像人一样、土耳其人也像基督徒一样有生有死吗?他们有他们的仪式、他们的先知、他们的博士、他们的圣者、他们的教士,和我们一样;等等。"(这一点违反圣书吗?它不是说过这一切吗?)①

假如你对理解真理简直不关心,那么这样就足以使你安心了。然而假如你是全心全意渴望认识真理的,这就不够了;再仔细地观察一下吧。它足以成为一个哲学问题;而这里它要涉及每个人。可是,稍稍地这样想过之后,我们又要逍遥了,等等。让我们来探问一下这种宗教本身,看看它是不是不能说明这种幽晦性的道理吧;也许它会教导我们这些的。

① 括号内的话原稿中为旁注。

353—25(**227**)*411—210*

按照对话的顺序——“我应该做什么呢？我到处都只看到幽晦不明。我要相信我是无物吗？我要相信我是上帝吗？”

“一切事物都在变化，并且彼此相续”。——你错了，也还有……

352—451(**228**)*369—385*

无神论者的反驳：“但我们并没有任何光明。”

*414—13**(**229**)*353—380*

这就是我所看到的并且使我困惑的。我瞻望四方，我到处都只看到幽晦不明。大自然提供给我的，无往而不是怀疑与不安的题材。如果我看不到有任何东西可以标志一位神明，我就会做出反面的结论；如果我到处都看到一位创造主的标志，我就会在信仰的怀抱里心安理得。然而我看到的却是可否定的太多而可肯定的又太少，于是我就陷入一种可悲泣的状态；并且我曾千百次地希望过，如果有一个上帝在维系着大自然，那么大自然就会毫不含混地标志出他来；而如果大自然所做出的关于他的标志是骗人的，那么大自然就会把它们彻底勾销；大自然要么是说出一切，要么是一言不发，从而好让我看出我应该追随哪一方。反之，在我目前所处的状态，我却茫然于我是什么以及我应该做什么，所以我就既不认识我的状况，也不认识我的责任。我全心全意要想认识真正的美好在哪里，以便追随它；为了永恒的缘故，没有任何代价对我是过高的。

我忌妒那些人，我看见他们是那么漫不经意地在信仰之中生活，并且把我觉得我会加以全然不同的运用的那种秉赋运用得如此之糟糕。

447—325(**230**)*341—294*

上帝存在是不可思议的，上帝不存在也是不可思议的；灵魂和肉体同在，以及我们没有灵魂；世界是被创造的，以及它不是被创造的，等等；有原罪，以及没有原罪。①

444—344(**231**)*340—295*

你以为上帝无限而又没有各个部分是不可能的吗？——是的。——那么我要向你指出一件无限而又不可分割的东西来。那就是一个以无限速度在到处运动着的质点；因为它在一切地方都是一，而在每个地点又都是整个的全体。

但愿大自然的这种作用——以前它在你看来似乎是不可能的——能使你认识到，还可能有许多别的东西仍然是为你所不认识的，从你的学习里，不要得出结论说，再也没有什么是还要理解的了；而是要结论说，还有无限之多的东西是有待你去理解的。

445—348(**232**)*365—291*

无限的运动，充满着一切的点，静止的瞬间：不具有数量的无

① 布伦士维格以为这里的四组正题和四组反题构成为帕斯卡尔的四组二律背反；但正题是逻辑上的不可思议，反题则是事实上的不可思议。

限，不可分割的而又无限的。[①]

451—343(**233**)*346—293*

无限—无物——我们的灵魂被投入肉体之中，在这里它发现了数目、时间、度量。它就据此进行推论，并称之为自然、必然，而不能再相信别的东西。

一加无限，并没有给无限增加任何东西，它不过是在无限的尺度上再加一尺。有限消失在无限的面前，变成了纯粹的虚无。我们的精神在上帝之前便是如此；我们的正义在神圣的正义之前便是如此。我们的正义与上帝的正义之间的不成比例，还不如一与无限之间那么巨大。

上帝的正义也必定会像他的仁慈一样广大。[②] 可是，对受惩罚者的正义却不那样广大，而且比起对选民的仁慈来也应该不那么令人反感。[③]

我们虽认识无限存在，但不知道它的性质。既然我们知道数目有限这种说法乃是谬误的，因而数目无限就是真确的了。但我们却不知道它是什么：说它是偶数既是错误的，说它是奇数也是错误的；因为加上一之后它的性质并不改变；然而它是一个数，而一

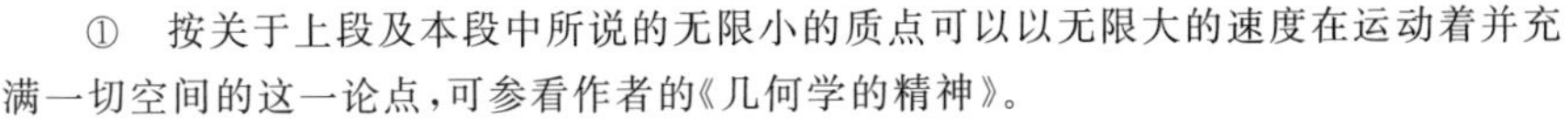

① 按关于上段及本段中所说的无限小的质点可以以无限大的速度在运动着并充满一切空间的这一论点，可参看作者的《几何学的精神》。

② 鲍修哀(Bossuet，1627—1704)《通史论》第 2 部、第 1 章："人间正义的规则并不能有助于我进入神圣正义的深处，前者只是后者的影子，它们不可能向我们揭示那深渊的极底。让我们相信上帝的正义也像他的仁慈一样，是不可以人间的正义和仁慈来加以衡量的吧。"

③ 据布伦士维格注："对受惩罚者的正义"中"令人反感"的东西系指原罪。

切数不是偶数便是奇数(这一点对一切有限数来说,都是真确的)。这样,我们就很可以认识到有一个上帝存在,而不必知道他是什么。

鉴于有这么多的东西全都不是真理本身,是不是根本就没有一个实实在在的真理了呢?[①]

因此,我们认识有限的存在及其本性,因为我们也像它一样是有限的和广延的[②]。我们认识无限的存在而不知道它的本性,因为它像我们一样是广延的,但又不像我们这样是有限的。但是,我们既不认识上帝的存在也不认识上帝的本性,因为他既不广延,也没有限度。

但我们却依据信心而认识他的存在;我们依据光荣而可以认识他的本性。我已经指出,我们很可以认识某一事物的存在而不必认识它的本性。

现在就让我们按照自然的光明[③]来谈谈吧。

假如有一个上帝存在,那么他就是无限地不可思议;因为他既没有各个部分又没有限度,所以就与我们没有任何关系。因而,我们就既不可能认识他是什么,也不可能认识他是否存在。既然如此,谁还胆敢着手解决这个问题呢?那就不能是我们,我们和他没有任何关系。

因而,谁又能谴责基督教徒没有能说出他们信仰的理由来

① 这句话在原稿中写在页旁。

② “广延的”即占有空间的。这个观念始自笛卡尔,见笛卡尔《心智指导法则》规律第 15 以下,《沉思集》第 3,《哲学原理》第 21。

③ “自然的光明”即天赋的知识。

呢？——基督教徒不正是在宣扬一种他们并不能够说出其理由来的宗教吗？他们在向世界阐扬宗教时，正是在宣称那是一种愚蠢、stultitiam[①]：可是你还要埋怨他们没有证明它！假如他们证明了它，他们就是不守约言了：唯其由于缺乏证明，他们才不缺乏意义。——“不错，但是纵令这一点可以原谅这样提出它来的人，纵令这一点可以免除谴责他们毫无道理就得出它来；这一点却不能原谅那些接受它的人”。——那么，就让我们来考察一下这个论点吧，让我们说：“上帝存在，或者是不存在”。然而，我们将倾向哪一边呢？在这上面，理智是不能决定什么的；有一种无限的混沌把我们隔离开了。这里进行的是一场赌博，在那无限距离的极端，正负是要见分晓的。你要赌什么呢？根据理智，你就既不能得出其一，也不能得出另一；根据理智，你就不能辩护双方中的任何一方。

因此，就不要谴责那些已经做出了一项抉择的人们的谬误吧！因为你也是一无所知。——“不；我要谴责他们的，并不是已经做出了这项抉择，而是做出了一项抉择；因为无论赌这一边还是另一边的人都属同样的错误，他们双方都是错误的：正确的是根本就不赌。”

——是的：然而不得不赌；这一点并不是自愿的，你已经上了船。然则，你将选择哪一方呢？让我们看看吧。既然非抉择不可，就让我们来看什么对你的利害关系最小。你有两样东西可输：即真与善；有两件东西可赌：即你的理智和你的意志，你的知识和你

① 〔愚拙〕《哥林多前书》第 1 章、第 18 节：“因为十字架的道理，在那灭亡的人为愚拙。”又可参看蒙田《文集》第 2 卷、第 12 章。

的福祉;而你的天性又有两样东西要躲避:即错误与悲惨。既然非抉择不可,所以抉择一方而非另一方也就不会更有损于你的理智。这是已成定局的一点。然而你的福祉呢?让我们权衡一下赌上帝存在这一方面的得失吧。让我们估价这两种情况:假如你赢了,你就赢得了一切;假如你输了,你却一无所失。因此,你就不必迟疑去赌上帝存在吧。——"这个办法真了不起。是的,非赌不可;不过或许我赌得太多了吧。"——让我们再看。既然得与失是同样的机遇,所以假如你以一生而只赢得两次生命的话,你还是应该打这个赌;然而假如有三次生命可以赢得的话,那就非得赌不可了。(何况你有必要非赌不可;并且当你被迫不得不赌的时候而不肯冒你的生命以求赢得一场一本三利而得失的机遇相等的赌博,那你就是有欠深谋熟算了。[①])然而这里却是永恒的生命与幸福。既然如此,所以在无限的机会之中只要有一次对你有利,你就还是有理由要赌一以求赢得二的;你既然不得不赌而你又不肯以一生来赌一场三比一的赌博,——其中在无限的机遇里,有一次是对你有利的,假如有一场无限幸福的无限生命可以赢得的话——那么你的举动就是头脑不清了。然而,这里确乎是有着一场无限幸福的无限生命可以赢得,对有限数目的输局机遇来说确实是有一场赢局的机遇,而你所赌的又是有限的。这就勾销了一切选择:凡是无限存在的地方,凡是不存在无限的输局机遇对赢局机遇的地方,就绝没有犹豫的余地,而是应该孤注一掷。所以当我们被迫

① 按在科学史上,帕斯卡尔是概率论的奠基人,也是把概率论引用于解决传统形而上学的问题的第一个人。

(233)

不得不赌的时候，与其说我们是冒生命之险以求无限的赢局（那和一无所失是同样地可能出现），倒不如说我们是必须放弃理智以求保全生命。

因为说我们并不一定会赌赢，而我们却一定得冒险，以及说在我们付出的*确定性*与我们必赢的*不确定性*这两者之间的无限距离就等于我们必定要付出的有限财富与无从确定的无限这两者之间距离；这种说法是毫无用处的。事实并不如此；所有的赌徒都是以确定性为赌注以求赢得不确定；然而他却一定得以有限为赌注以求不一定赢得有限，这并不违反理智。说我们付出的这种确定性与赢局的不确定性之间并不存在无限的距离，这种说法是错误的。事实上，在赢局的确定性与输局的确定性之间存在着无限。但是赢局的不确定性则依输赢机遇的比例而与我们所赌的确定性成比例。由此可见，如果一方与另一方有着同等的机遇，那么所赌的局势便是一比一；而这时我们所付出的确定性就等于赢局的不确定性；其间绝不是有着无限的距离。因此在一场得失机遇相等的博弈中，当所赌是有限而所赢是无限的时候，我们的命题便有无限的力量。这一点是可指证的；而且假如人类可能达到任何真理的话，这便是真理。

“我承认这一点，我同意这一点。然而难道再没有办法可以看到牌底了吗？”——有的，有圣书，以及其他，等等。

“是的；但我的手被束缚着，我的口缄默着；我被迫不得不赌，我并不是自由的；我没有得到释放，而我天生来又是属于那种不能信仰的人。然则，你要我怎么办呢？”

确实如此。但是你至少可以领会你对信仰的无力，——既然理智把你带到了这里，而你又不能做到信仰[①]。因而，你应该努力不要用增加对上帝的证明的办法而要用减少你自己的感情的办法，来使自己信服。你愿意走向信仰，而你不认得路径；你愿意医治自己的不信仰，你在请求救治：那你就应该学习那些像你一样被束缚着、但现在却赌出他们全部财富的人们；正是这些人才认得你所愿意遵循的那条道路，并且已经医治好了你所要医治的那种病症。去追随他们所已经开始的那种方式吧：那就是一切都要做得好像他们是在信仰着的那样，也要领圣水，也要领圣餐，等等。正是这样才会自然而然使你信仰并使你畜牲化[②]。——“但，这是我所害怕的。”——为什么害怕呢？你有什么可丧失的呢？

但是为了向你表明它会引向这里，它就要减少你的感情，而你的感情则是你最大的障碍。

本篇讨论的结束——现在，参与了这一边会对你产生什么坏处呢？你将是虔敬的、忠实的、谦逊的、感恩的、乐善的，是真诚可靠的朋友。你确实绝不会陷入有害的欢愉，陷入光荣，陷入逸乐；然而你绝不会有别的了吗？我可以告诉你，你将因此而赢得这一生；而你在这条道路上每迈出一步，都将看到你的赢获是那么地确定，而你所赌出的又是那么地不足道，以至于你终将认识到你是为着一桩确定的、无限的东西而赌的，而你为它并没有付出任何东西。

① 这句话起初写作：“你至少可以领会，你对信仰的无力只是出自你的感情的缺点。你是不会由于信仰而颠倒理智的，因为既然被迫不得不信仰或者是否定信仰，所以就不能……”

② “畜牲化”一词波·罗雅尔本来是不敢刊印的，顾赞(Victor Cousin)本第一个刊印了这个词。据布伦士维格解说，所谓“畜牲化”是指返于婴儿状态，这样才能获得更高级的真理。

——“啊！这种谈论使我销魂，使我醉心，等等。”

——如果这种谈论使你高兴，并且看来坚强有力，要知道它是一个此前和此后都在屈膝祈求着那位无限而又无私的上帝的人所说出来的，他向上帝奉献了他的一切，以便使你为了你自己的好处以及为了他的光荣也献出你的一切；并且因此力量也才可以与那种卑躬屈节符合一致。[1]

452—346(**234**)*423—296*

如果除了确定的东西之外，就不应该做任何事情，那么我们对宗教就只好什么事情都不做了；因为宗教并不是确定的。然而我们的所作所为又有多少是不确定的啊，例如航海，战争。因此我说那就只好什么事情都不要做了，因为没有任何事情是确定的；可是比起我们会不会看见明天到来，宗教却还有着更多的确定性呢；因为我们会不会看到明天，并不是确定的，而且确实很有可能我们不会看到明天。但我们对于宗教却不能也这样说。宗教存在并不是确定的；可是谁又敢说宗教不存在乃是确实可能的呢？因而，当我们为着明天与为着不确定的东西而努力的时候，我们的行为就是有道理的；因为根据以上所证明的机遇规则，我们就应该为着不确定的东西而努力。[2]

① 此处“力量”指本篇谈话的逻辑力量，“卑躬屈节”指对上帝的“屈膝乞求”。

② 按作者在本编系企图引入概率论的观念来解决传统形而上学的问题，这一工作是由帕斯卡尔解答默雷向他所提出的问题而开始的。在科学史上，帕斯卡尔本人和费尔玛(Fermat，1601—1665)以及惠更斯(Huygens，1629—1695)是概率论的创始人，但默雷很可能最初提示了这门科学。

圣奥古斯丁看到了我们是在为着不确定的东西而努力的，如航海，作战等等；然而他并没有看到证明我们应该这样做的那条机遇规则。蒙田看到了一个缺陷的精神引人反感，[①]以及习惯能做到一切；然而他没有看到这种效果的原因。

所有这些人都看到了效果，但他们并没有看到原因；他们比起那些已经发现其原因的人们来，就像是只具有眼睛的人之于具有精神的人一样；因为效果是可感觉的，而原因却唯有对于精神才是可见的。尽管这些效果可以被精神看得见，但这种精神比起看得见其原因的那个精神来，就又像是感官之于精神了。

452(a)—*400*(**235**)*148*—*297*

Rem viderunt, causam non viderunt. [②]

453—*334*(**236**)*418*—*312*

根据机遇，所以你就应该使自己不辞辛苦去追求真理：因为假如你未能崇拜真正的原理便死去，你就整个都完了。——你说："如果上帝愿意我崇拜他，他就会留给我他那意志的标志。"——他已经这样做过了；但你却错过了它们。因此，努力去追求它们吧；这才是最值得的事。

① 见本书第 80 段。

② 〔他们看到了事物，但没有看到原因。〕——按为奥古斯丁论西塞罗语。

454—330(**237**)*416—309*

机遇——按照如下不同的假设,世上的生活也就必定随之而异:(一)假如我们能永远生存在世上,(二)假如确实知道我们在世上不会生存很久,但不能确定我们是否会在世上生存一小时①。这后一种假设才是我们的假设。

*455—329**(**238**)*157—399*

在某些艰辛而外,除了十年(因为十年,这也是机遇)的自爱心竭力在讨好别人而并不成功;你到底又允诺了我什么呢?

456—349(**239**)*125—300*

反驳——希望得救的人在这一点上是幸福的,然而他们也有着对地狱的恐惧作为相反的力量。

答辩——是谁才更有理由恐惧地狱呢?是对于地狱的存在根本无知并且如其有地狱的话,确实会受惩罚的人呢?还是确实信服地狱的存在,并且如其有地狱的话,在希望着得救的人呢?

457—350(**240**)*92—301*

他们说:"假如我有信仰,我会立刻抛弃欢乐。"而我呢,我要向

① 按这段话初版作:"(一)假如确实知道我们将永远生存在世上;(二)假如不能确定我们是否将永远生存在世上;(三)假如确实知道我们不能永远生存在世上,但有把握长期生存在世上;(四)假如能确定我们将不能永远生存在世上,而不能确定我们是否将长期生存在世上。"

你说:"假如你抛弃欢乐,你会立刻就有信仰[①]。"因此,就要由你来开始了。如果我能够,我就给你以信仰;然而我不能够做到,因此也不能够验证你所说的真理。但是你却很可以抛弃欢乐并验证我所说的是不是真的。

458—36(**241**)*93—302*

顺序——我害怕自己犯错误并发现基督教是真理,远过于我害怕自己相信基督教是真理而犯错误。

① 冉森《奥古斯丁》卷2序,第7章:"你希望看见。内心纯洁的人有福了,因为他们将看见上帝。因此首先就要纯洁你的内心。"

第 四 编

366—49 * (**242**) *415—303*

第二部的序言:要谈论那些探讨过这个问题的人[①]。

我羡慕那些人是以怎样的勇敢在从事谈论上帝的。在向不信神的人宣述他们的论点时,他们的第一章就是以大自然的创作来证明神明。[②] 假如他们是在向虔信者宣述他们的论点,我就不会对他们的行事感到惊讶了;因为确实内心怀着活生生的信仰的〔人〕毫不迟疑就可以看出,一切存在都不是什么别的,而只不过是他们所崇敬的上帝的创作罢了。然而对于那些自己身上的这种光明已经熄灭、而我们有意要在他们身上重新点燃这种光明的人,那些缺乏信仰与神恩的人,他们以自己的全部光明在寻求着凡是他们在自然界中所见到而能给他们带来这种知识的一切东西,但所找到的只不过是幽晦与黑暗的人;要向这些人说,他们只消看看自己周围最细微的事物,于是就可以公然窥见上帝,并且还向他们提出月球和行星的运行作为这个重大题目的全部证明,并且自命以

① 可参看本书第 62 段,按本段在原稿中系紧接第 62 段者。

② 按指以自然界的奇迹论证上帝的存在〔西塞罗《论神的性质》、赛涅卡(Seneca,死于公元 65 年)《神恩论》、格老秀斯(Grotius,1583—1645)《基督教真理论》〕;帕斯卡尔本人是反对这种论证的。

这样一种论证就完成了他那证明;——那就只不外是提供了一个理由使他们相信我们宗教的证据竟是那样地脆弱罢了。我根据理智和经验可以看出,没有别的东西更适宜于使他们产生这种蔑视的了。

这不是圣书谈论上帝的那种方式,圣书是更懂得上帝的各种事情的。恰好相反,圣书是说上帝是一个隐蔽的上帝:并且自从天性腐化以来,上帝就使人处于盲目之中:除了依靠耶稣基督而外,人就不能脱离盲目:没有耶稣基督,与上帝的一切联系就会中断:Nemo novit patrem,nisi Filius,et cui voluerit Filius revelare。[1]

这就是圣书在许多地方谈到凡是寻求上帝的人就将找到上帝[2]时,向我们所指出的。这绝不是人们所说的"好像正午的阳光"的那种光明。我们并不说,凡是寻找正午的阳光或海水的人,就会找到它们;因此上帝的证据就一定不会是自然界中的这些东西。所以,它在另外的地方就告诉我们说:Vere tues Deus absconditus。[3]

*6—19** (**243**) *396—311*

经书的作者从不引用大自然来证明上帝,这真是桩可赞叹的

① 〔除了子和子所愿意指示的,没有人知道父。〕语出《马太福音》,第 11 章、第 27 节。按作者在本书中所引经文为拉丁文本,且多凭记忆,往往不准确;译文尽可能附注《新旧约全书》的中文译文以资对照。

② 《马太福音》第 7 章、第 7 节:"你们寻找,就可以找到。"

③ 〔你实在是隐蔽的上帝。〕《以赛亚书》,第 45 章、第 15 节:"你实在是自隐的上帝。"

事。他们全都力图使人信仰上帝。大卫、所罗门等等[①]从不曾说："因为绝不存在真空，所以上帝是存在的。"[②]他们一定比他们以后出世的最聪明的人——这些人全都引用过这种论证——还要聪明得多。这一点是非常值得深思的。

*362—26(**244**)116—332*

"什么！你这个人居然不说天体与飞鸟证明了上帝么？"[③]我不说。"你的宗教不是这样说的吗？"不是的。因为尽管这在某种意义上，对于上帝赋之以这种光明的某些灵魂来说，乃是真实的；然而它对于大部分人来说，却是虚妄的。

*482—396(**245**)420—310*

信仰有三种方法：即理智，习俗，灵感。[④] 基督宗教——它是唯一具有理智的——并不承认那些没有灵感而信仰的人是它真正的儿女；这并不是说它要摒斥理智与习俗，而是相反地它一定要向证明开放自己的精神，一定要由习俗来加以证实[⑤]，一定要以谦卑献身于灵感，唯有这样才能得出真正而有益的结果：Ne evacuetur

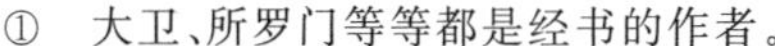

① 大卫、所罗门等等都是经书的作者。

② 按此处引述的这一论证见格老秀斯《基督教真理论》第1部、第1卷、第7章。

③ "天体"指天体运动的和谐性，古希腊毕达哥拉斯派把天体看作是神明；"飞鸟"指使鸟得以飞翔的奇妙的机体构造。

④ "灵感"最初作"启示"，后改为"灵感"。"启示"是对一切人而言的，"灵感"则只对选民而言。

⑤ "证实"最初作"安排"。

crux Christi。①

*441—34(**246**)434—314*

顺序——在《论我们应该寻求上帝》的那封信之后,再写一封《扫除障碍》的信,这封信要讨论的是"机器"②,是准备这架机器,是以理智去寻求③。

*442—28(**247**)438—334*

顺序——给友人一封勉励的信,劝他从事寻求。他会回答说:"可是寻求对我有什么用呢? 一无所得。"于是回答他说:"不要灰心。"于是他会回答说,他很高兴能找到某种光明,但是按照这种宗教本身来说,当他这样相信了的时候,那会对他毫无用处,因而他还是宁愿根本不去寻求。而对于这一点,就可以回答他说:机器④。

*471—30(**248**)424—261*

说明以机器作证的用处的一封信——信仰与证明不同:一个

① 〔以免基督的十字架落了空。〕《哥林多前书》第1章、第17节:"基督差遣我原不是为施洗,乃是为传福音。并不用智慧的语言,以免基督的十字架落了空。"又见冉森《奥古斯丁》第1卷、第1部、第24章。

② 此处系引用笛卡尔的概念,"机器"指人的身体(不受思想所支配的活机器),"障碍"指来自身体方面的障碍。

③ 可参看本书第233、234段。此处意谓:妨碍自由思想者认识信仰的真理的乃是感情,因此就要以理智去寻求真理。

④ 此处"机器"指扫除了障碍之后的机器。

是属于人的，另一个则是上帝的恩赐：Justus ex fide vivit[1]：上帝亲手置于人心之中的正是这种信仰，而它的证明则往往是工具，fides ex auditu[2]；然而这种信仰就在人心之中，它使人不说 scio[3]，而是说 credo[4]。

467—680（**249**）*413—260*

把自己的希望寄托于仪式，这就是迷信；然而不肯顺从仪式，这就是高傲了。

469—722（**250**）*588—384*

一定要使外表和内心结合起来才能获得上帝；这就是说，我们得亲身下跪、亲口祈祷等等，以便使不肯顺从上帝的骄傲的人也可以顺从被创造物。期待着这种外表的帮助，就成为迷信；而不肯把它和内心结合起来，则成为高傲。

834—415（**251**）*70—902*

别的宗教（例如各种异教）都更通俗，因为它们只在于外表；然而它们不能为智者说法。一种纯理智的宗教虽然更能适合于智者，然而它又不适用于民众。唯有由外表和内心合成的基督宗教，才能适合于一切人。它把民众提高到内心，又把高傲者降低到外

① 〔义人必因信得生。〕语出《罗马书》第 1 章、第 17 节。

② 〔信道是从听道来的。〕语出《罗马书》第 10 章、第 17 节。

③ 〔我知道。〕

④ 〔我信仰。〕

表；缺少了这二者就不会完美，因为常人必须要理解文字的精神，而智者则必须使自己的精神顺从于文字。

470—7（**252**）*443—375*

因为我们一定不可误解自己：我们乃是自动机，正如我们是精神一样；[①]由此可见，进行说服的工具就不单纯是证实。被证实的事物是何等地少见啊！证明只能使精神信服。习俗形成了我们最强而有力的、最令人相信的证明；它约束那个能使精神就范而不进行思索的自动机。有谁证实过，将会有明天或者是我们将会死亡呢？而又还有什么是更能令人相信的呢？因而，正是习俗才能说服我们相信这些；正是它才造就了那么多的基督徒，正是它才造成了土耳其人、异教徒、工匠、兵士等等。（基督徒在洗礼中接受了比土耳其人更多的信仰。）最后，当精神一旦窥见了真理的所在，也还是得诉之于习俗才能使我们消渴，并使我们浸染上那种无时无刻不在躲避着我们的信心；因为若总是要有现成的证明，那就太费事了。我们一定得有一种更简易的信仰，而那就是习惯的信心，它不用强力、不用技巧、不用论辩就能使我们相信种种事物，并能使我们全部的力量都倾向于那种信仰，从而使我们的灵魂自然而然地浸沉于其中。当人们仅只是由于见证的力量才相信，而自动机却倾向于相信其反面的时候，那是不够的。因此就必须使我们这两部分都相信：对于精神便以理智，那是一生中只要看到一次就够了的；而对于自动机则以习俗，并且不让它倾向于反面。Inclinacor

① “自动机”指身体，“精神”指理智或思想。可参看以上第246段。

meum, Deus。[①]

理智行动得非常迟缓，它有那么多的看法，根据那么多的原则，而这些又必须经常呈现：只要它的全部原则并没有都呈现，它就随时都会昏然沉睡或者是走入歧途。感情却并不如此行动；它是立即就行动的。因此我们就必须把我们的信仰置于感情之中；否则的话，它就永远会摇摆不定。

3—368(**253**)*412—264*

两种过分：排斥理智，仅仅承认理智。

280—372(**254**)*97—415*

世人过分驯服，有必要加以谴责——这并非罕见的事。它是一桩天生的邪恶，就像不信仰一样，而且是同样地有毒：迷信。

780—366(**255**)*377—397*

虔诚与迷信不同。

维护虔诚到了迷信的地步，那就是毁坏虔诚。

异端们谴责我们这种迷信式的顺从，那就是要做到他们所谴责我们的……[②]

---

① 〔上帝啊，求你使我倾心。〕《诗篇》第119篇、第36节："耶和华啊，……求你使我的心趋向你的法度。"按作者此处所用并非引文的原意。

② 弗热(Faugère)认为本句下文应读为："在不是属于顺从的事情上，要求做到这种顺从。"

不虔诚，不相信圣餐，其根据是我们没有看见它。[①]

相信各种命题的这一迷信。[②] 信仰，等等。

781—364（**256**）*81—399*

我要说，真正的基督徒是罕见的，即使就信仰而言。确乎有很多人是在相信着，然而是出于迷信；也有很多人不相信，然而是出于放浪；但很少有人是在这两者之间的[③]。

在这里面，我不包括那些有着真正虔诚的心性的人，以及所有那些出于一种内心的感情而信仰的人[④]。

364—336（**257**）*353—346*

只有三种人：一种是找到了上帝并侍奉上帝的人；另一种是没有找到上帝而极力在寻求上帝的人；再一种是既不寻求上帝也没有找到上帝而生活的人。前一种人是有理智的而且幸福的，后一种人是愚蠢的而且不幸的，在两者之间的人则是不幸的而又有理智的。

---

① 尼柯尔（Pierre Nicole，1625—1695）注："其根据是我们没有看见耶稣基督；因为尽管他存在，我们却根本不能看见他。"

② 尼柯尔注："相信各种命题都在一部书里，尽管我们并没有看见它们（因为假如它们是在书里，我们是应该看得到它们的）。"

③ "在这两者之间的"即"真正的基督徒"。

④ 可参看下段及第282、第284段。

363—151 * (**258**) *180—339*

Unus quisque sibi Deum fingit。[①]

厌恶。[②]

483—400 (**259**) *215—341*

常人有能力不想自己所不愿想的事。犹太人对他的儿子说:“不要去想有关弥赛亚的那些篇章。”[③]我们有许多人往往都是这样。假宗教,而且对许多人来说甚至于真宗教,就是这样保存下来的。

然而也有些人并没有能力防止自己这样去想,而且别人越是禁止他们,他们就想得越多。这种人就取消了假宗教,而且甚至于真宗教,假如他们并没有找到坚固的论据的话。

249—374 ,*790* (**260**) *532—342*

他们把自己藏在印刷品里,并且请数量来帮他们的忙。混乱。

权威——绝不能把道听途说的事情当作你的信心的准则;而是你不应该相信任何事情,除非你能把自己置于就像是你从不曾听说过它的那样一种状态。

使你相信的,应该是你所赞同于你自己的,以及你那理智的经

① 〔每个人都为自己制造了一个上帝。〕语出《智慧书》第15章、第8节与第16节。

② “厌恶”一词为下一段的提要,指假宗教使理智感到厌恶。

③ “有关弥赛亚的那些篇章”指《圣经》中预言弥赛亚来临的那些篇章。

常不断的声音，而不是别人的。

信仰是如此之重要！千百种矛盾都可能是真的。①

如果古老性就是信心的准则，那么古人岂不是没有准则了吗？如果是普遍的同意，那么假使人类绝灭了呢？②

虚假的谦逊，骄傲。③

揭开这个幕吧。假如必须是要么信仰，要么否定，要么怀疑；你就白费气力了。然而，我们就没有准则了吗？我们判断动物说，它们所做的都做得很好。可是就没有一条准则可以判断人类了吗？

好好地否定、信仰和怀疑之于人，就正如驰骋之于马一样。

惩罚犯罪的人，那是错误。

248—361（**261**）*386—343*

不爱真理的人所采取的借口是说，尚有争论，还有很多人在否定它。因此，他们的错误无非是出于他们并不热爱真理或者仁爱；因此他们是无可原谅的。

282—351（**262**）*580—340*

迷信与欲念。顾虑，坏的愿望。坏的恐惧：这种恐惧不是出

---

① 布伦士维格解说：假如没有信仰的准则，则千百种矛盾着的事物就可能同时都是真的。

② “如果是普遍的同意”，指如果人类普通的同意可以成为信仰的准则的话。按经院学派认为权威与普通的同意乃是真理的标准。

③ “虚假的谦逊”指自己不下判断而盲从别人的判断；这就是“骄傲”。

自人们信仰上帝，而是出自人们怀疑上帝是否存在。好的恐惧出自信仰，假的恐惧出自怀疑。好的恐惧和希望结合在一起，因为它是由信仰产生的，并且因为我们希望着我们所信仰的上帝；而坏的恐惧则和绝望结合在一起，因为我们恐惧着我们对之根本就没有信仰的上帝。前一种是恐惧失去上帝，后一种则是恐惧找到上帝。

440—474(**263**)*490—365*

有人说，“奇迹会坚定我的信心。”他们这样说，是在他们并没有看到奇迹的时候。理智从远处看来，好像是限制了我们的眼界；然而当我们达到那里的时候，我们就又开始看到更远的了。没有任何东西可以阻止我们精神的流转。可以说，没有一种准则是没有某些例外的，也没有一种真理是如此之普遍，竟没有某些方面是它会失效的。只要它并不是绝对的普遍，而可以让我们对当前的题目有援引例外的余地，并且说：“它并不永远是真的，因而就有些情况并非如此”，——这样就够了。另有待于指出的就只是，这一点本身也是如此；而这就是为什么假如有一天我们并没有发现例外，我们就会非常之尴尬或者非常之不幸的缘故了。

253—725(**264**)*145—347*

我们绝不会对天天都要饮食和睡眠感到无聊，因为饥饿是反复出现的，困倦也是的；如若不然，我们就要对它们感到无聊了。同样，没有对于精神事物的饥渴，我们也会感到无聊的。渴望正义:这是第八福。[①]

*459—370(**265**)170—348*

信仰确乎说出了感官所没有说出的东西,但绝不是和它们所见到的相反。它是超乎其上,而不是与之相反。

*460—942(**266**)169—345*

望远镜已经为我们发现了多少颗星是对于我们以前的哲学家根本就不存在的啊![②]人们依据大量的星坦率地指责圣书说:“我们知道的,只有一千零二十二个。”[③]

地球上有草;我们看见了这些草。——但从月亮上我们却看不见这些草。而且草上还有脉;而且脉中还有小虫;然而除此之外,再就什么都没有了。——啊,狂妄的人啊,——化合物是由元素合成的,而元素却不是的。——啊,狂妄的人啊,这就是一条微妙的线索了。——绝不能说,有我们看不见的东西存在。——因而,我就必须照别人那样说,但不可照别人那样想。[④]

① 按《圣经》中所提到的八福,见《马太福音》,第5章、第3节至第10节;其中第八福为“为义受逼迫的人有福了”,第四福为“饥渴慕义的人有福了”。作者此处所说的“第八福”应作第四福。

② 伽里略(Galileo,1564—1642)于1609年制造望远镜观测天体,发现了木星的卫星及其他银河系星座。

③ 按1022为中世纪托勒密(Ptolemaeus,鼎盛于公元127—151年)天文学所著录的星辰数目;经院学派的理论系以托勒密的宇宙构图为依据。

④ 按本段为一篇假想的对话的一部分。假想中对话者的一方为经院学者,另一方为帕斯卡尔本人。经院学派根据亚里士多德的形而上学的假设,主张事物是有限的,是由绝对的元素构成的。帕斯卡尔本人则反对这种见解。关于本段的思想,可参看下一段。

*466—373(**267**)168—160*

理智的最后一步,就是要承认有无限的事物是超乎理智之外的;假如它没有能达到认识这一点,那它就只能是脆弱的。

假如自然的事物是超乎理智之外的,那么我们对超自然的事物又该说什么呢?

461—355(**268**)469—409*

顺从——我们必须懂得在必要的地方怀疑,在必要的地方肯定,在必要的地方顺从。[①] 不这样做的人,就不理解理智的力量。有些人是反对这三项原则的;或则由于未能认识证明而肯定一切都是可证明的,或则由于不懂得在什么地方必须顺从而怀疑一切,或则由于不懂得在什么地方必须下判断而对一切都顺从。

*463—352(**269**)139—398*

顺从就是运用理智,真正的基督教就在其中了。

*462—359(**270**)142—437*

圣奥古斯丁[②]——如果理智不曾判断在某些场合它是应该顺

---

① 此处最初写作:"我们必须具备三种品质:怀疑主义者,几何学家,顺从的基督徒;他们互相调协于怀疑……"手稿中又加入:"怀疑主义者,几何学家,基督徒;怀疑,肯定,顺从。"

② 圣奥古斯丁致孔桑提乌斯(Consentius)书(《书信集》第120书、第3节):"但愿信仰一定要走在理智的前头,这本身就是理智的原则。"

从的,那么它就永远不会顺从。因而当它判断它应该顺从时,它那顺从就是正当的。[①]

464—172(**271**)*166—396*

智慧把我们带回到童年。Nisi efficiamini sicut parvuli.[②]

465—367(**272**)*143—344*

最符合理智的,莫过于这种对理智的否认。

4—358(**273**)*130—395*

如果我们使一切都顺从理智,我们的宗教就不会有什么神秘或超自然的了。如果我们违犯理智的原则,我们的宗教又将是荒谬可笑的。

474—2(**274**)*137—411*

我们一切的推理都可以归结为向情感让步。

然而幻想与感情是相似的但又相反的,从而我们不能分辨这些相反性。一个说我的感情就是幻想,另一个又说他的幻想就是感情。所以一定要有一条准则。理智就把它自己提出来;然而它

---

① 此处原稿尚有:"并且当它判断它不应该这样做的时候,它就不会顺从。"

② 〔若不变成小孩子的样子。〕《马太福音》第18章、第3节:"你们若不回转,变成小孩子的样式,断不得进天国。"这是波·罗雅尔派所熟悉的一条教诫。近代思想史上,弗·培根(Francis Bacon,1561—1626)第一个把它引用于科学方法论,认为人们必须在自然的面前成为小孩子,顺从自然,然后才能更好地征服自然。

对一切感官都是驯服的[①]，于是就没有准则了。

*475—100** (**275**) *140—427*

人们往往把自己的想象当作是自己的心；于是只要他们一想到皈依，他们就自以为是皈依了。

*473—9** (**276**) *135—404*

罗安奈[②]说：“理智对我是事后才出现的，一开头是一件事使我高兴或刺激了我，却不知道其原因何在；可是它刺激我乃是由于我后来才发现的那种原因。”然而我相信，并非那件事是由于事后所发现的那些原因才刺激人的，反而是仅只因为它刺激人，所以人们才发现那些原因的。

477—224 (**277**) *138—401*

人心有其理智[③]，那是理智所根本不认识的；我们可以从千百种事情知道这一点。我要说，人心天然地要爱普遍的存在者，并且随着它之献身于此而天然地也要爱它自己；但它却随心所欲地要考验自己反对这一个或者另一个。你摒弃了这一个而保存了另一个[④]：难道这是你在以理智爱你自己吗？

① 蒙田《文集》第2卷、第12章：“它（理智）是广种加封盖印的工具，对一切偏见和对一切尺度都是柔顺的、驯服的和适应的。”

② 罗安奈（Roannez）为作者友人。

③ “理智”（raison）指“道理”或“理性”。

④ 据布伦士维格解说：“你摒弃了这一个而保存了另一个”指不信宗教的人摒弃了普遍的存在者（上帝）而保存了人心（自我）。

481—225(**278**)*466—400*

感受到上帝的乃是人心,而非理智。而这就是信仰:上帝是人心可感受的[①],而非理智可感受的。

480—376(**279**)*509—408*

信仰乃是上帝的一种恩赐;千万不要相信我们说的:它是推理的一种恩赐。其他宗教关于他们的信仰并不这样提;他们只是进行推理以期达到这一点,然而推理却没有引他们达到这一点。

476—727(**280**)*463—254*

认识上帝距离爱上帝又是何其遥远!

478—331(**281**)*464—816*

内心、本能、原理。

*479—214**(**282**)*360—262*

我们认识真理,不仅仅是由于理智而且还由于内心[②];正是由于这后一种方式我们才认识到最初原理,而在其中根本就没有地

① 赛维宜夫人(Mme de Sévigné,1626—1696)1692年10月29日致吉陶夫人(Mme de Guitaut)书:"上帝是人心可感受的,你的幸福状态就在于此。我从不曾读到过这样的话,而这就是帕斯卡尔先生的话。"

② 此处"内心"指与理智或推理相对立的直觉。可参看作者的《论几何学的精神》。

位的推理[1]，虽然也在努力奋斗，但仍是枉然。怀疑主义者却正是把这一点当作目标的，所以他们就徒劳无功了。我们知道我们绝不是在做梦；无论我们要以理智来证明这一点是多么地无能为力，但这种无能为力所得的结论只不过是我们理智的脆弱性，而并不是——像他们所提出的——我们全部知识的不可靠。因为有关最初原理的知识，例如空间、时间、运动、数量的存在，正如我们的推理所给予我们的任何知识〔是〕一样地坚固。理智所依恃的就必须是这种根据内心与本能的知识，并且它的全部论证也要以此为基础。(内心感觉到了空间有三维，以及数目是无穷的；然后理智才来证明并不存在两个平方数，其中之一为另一个的一倍。原理是感觉到的，命题是推论得出的；而它们全都是确切的，尽管通过不同的方式。)理智若向内心要求其最初原理的证明才肯加以承认，那就犹如内心要求理智先感觉到其所证明的全部命题才肯加以接受是同样地徒劳无益而又荒唐可笑的。

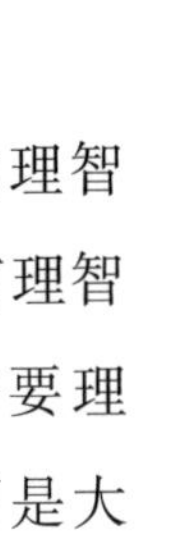

因而，这种无能为力就只应该用以使那企图判断一切的理智谦卑下来，而不应该用以攻讦我们的确切可靠性，竟仿佛唯有理智才能教导我们似的。但愿上帝使我们能相反地永远都不需要理智，并且使我们只凭本能和感情便可以认识一切事物吧！可是大自然却又拒绝给我们以这种恩惠；反之它所给予我们的只有极少数的这类知识；而其余的一切便都只能凭推理获得。

而这就是何以上帝曾通过内心的感受而赋给他们以宗教的那些人之所以是十分幸运而又是十分当然地要信从的原因了。然而

① “推理”原作“理智”。

对那些不曾获得它的人，我们就只能通过推理给〔他们〕以宗教，同时等待着上帝通过内心的感受来给他们以宗教；否则信仰就只能是人间的，而且对得救毫无裨益。

72—575(**283**)*461—403*

顺序。反对反驳圣书没有顺序——内心有其顺序；精神[①]有其顺序，那要靠原理和证明，而内心的则是另一种[②]。摆出爱的各种原因的顺序[③]，并不能证明我们就应该被爱[④]；这种做法会是荒唐可笑的。

耶稣基督、圣保罗都有着仁爱的顺序，但不是精神的顺序；因为他们是要炙暖人，而不是要教诲人。圣奥古斯丁也一样。这种顺序主要地就在于：在涉及归宿的每一点上都要离题，以便始终指明归宿。

835—730(**284**)*550—402*

看到普通人不加推理便能信仰，你无须惊讶。上帝给了他们以对上帝的爱和对他们自己的恨。上帝引他们倾心信仰。假如上帝不引人倾心，人们就永远也不会以有益的信念和信心来信仰的；而只要上帝一引人倾心，人们就会信仰。这是大卫所非常了解的，

① “精神”此处指理智活动，主要地是指几何学式的推论。

② 默雷《谈话集》卷1、261：“内心有其自己的语言，正如精神有其自己的一样，而这种内心的表现往往起着极其巨大的作用。”

③ 可参看本书第61段。

④ 蒙田《文集》第3卷、第5章：“爱是不知道顺序的。”

他说:上帝啊,求你引我倾心(I)……

836—472(**285**)*525—285*

宗教是与各种各样的精神成比例的。第一种人停留在单纯的组织上①,于是这种宗教就成为一种单凭它的组织便足以证明它的真理的宗教。另有人追溯到使徒。最有学识的人追溯到世界的开始。天使则看得更高更远。

*837—731**(**286**)*465—393*

那些不曾读过《新旧约》就信仰的人,是因为他们具有一种完全神圣的内在的心性,又因为他们所听到的我们的宗教与此相符。他们感觉到有一位上帝造就了他们;他们只愿爱上帝;他们只愿恨他们自己。他们感觉自己是没有力量的,他们无力趋向于上帝;并且假如上帝没有到他们里面来,他们就不能与上帝有任何联系。他们又听到我们的宗教说,一定要只爱上帝,只恨自己;然而既然所有的人都已经腐化而无力接近上帝,于是上帝就使自己成为人,好让他自己与我们结合。内心里具有这种心性的人、对自己的义务与自己的无能具有这种认识的人,就不再需要什么别的来说服自己了。

*838,840—732***(**287**)*395—325*

我们见到的那些并不认识预言与证据就成为基督教徒的人,

① “组织”指基督教教会的组织。

并不妨碍他们对基督教所做的判断正如具有这种知识的人是同样地好。他们是以内心来判断的,正如别人是以精神来判断一样。使他们倾心信仰的乃是上帝本身;因而他们的信服就是十分有效的。

我的确承认,一个这种不以证据而信仰的基督徒也许并没有什么东西可以说服另一个对自己说着同样的话的不信仰者。然而那些懂得宗教的证据的人却会毫不困难地证明,这种信徒才是真正被上帝所感召的,尽管他们自己并不能证明这一点。

因为既然上帝曾在他的预言(那是无可置疑的预言[①])里说过,在耶稣基督的治下他会把他的精神遍布于万国,并且教会的儿女和孩子们都要说预言[②];所以毫无疑问上帝的精神就在这些人身上,而绝不是在别人身上。

*839—310(**288**)220—326*

你不可埋怨上帝隐蔽了他自己,反而要感激他把自己显现得那么多;你还应该感激他的是,他并不把自己显现给不配认识如此之神圣的一位上帝的高傲的智者们。

有两种人能认识[③]:一种是有着谦卑的心的人,不管他们具有怎样的精神程度,高也罢、低也罢,他们都爱卑贱;另一种是具有充

---

① 此处原稿页旁尚有如下字样:"eorum qui amant/Deus inclinat corda eorum"〔凡爱他的人/上帝都引他们倾心。〕

② 《约珥书》第2章、第28节:"我要将我的灵浇灌凡有血气的,你们的儿女要说预言。"

③ "认识"指认识上帝。

分的精神可以看到真理的人，不管他们在这上面会遇到什么样的反对。

487—459 * **(289)** *378—304*

证明——1.根据其组织、根据其本身，基督宗教既是那样地违反自然而又是建立得那样有力、那样温良。2.一个基督徒灵魂的圣洁、高尚与谦卑。3.圣书的奇迹。4.特别是耶稣基督。5.特别是使徒。6.特别是摩西与先知。7.犹太民族。8.预言。9.永恒性：没有别的宗教具有永恒性。10.那种能解释一切事物的道理的学说。11.那种法律的神圣性。12.根据世界的行为。

无可置疑的是，在考虑了什么是生命、什么是这种宗教之后，我们就不应该拒绝追随那种要追随它的倾向（假如它进入我们内心的话）；并且确实也没有任何可以嘲笑那些追随它的人的余地。

486—38 **(290)** *375—306*

宗教的证明——道德、学说、奇迹、预言、象征。

第 五 编

232—32(**291**)*387—305*

在《论不正义》的信中[①]可能出现滑稽剧，即前人已经有了一切。“我的朋友，你生在山的这一边，因而你的前人已有的一切便是正义的。”

“你为什么杀我？”[②]

233(b)—* *57*(**292**)*219—307*

他住在河水的那一边。

233—88(**293**)*394—308*

“你为什么杀我？”——“为什么！你不是住在河水的那一边吗？我的朋友，如果你住在这一边，那么我就会是凶手，并且以这种方式杀你也就会是不正义的；但既然你是住在那一边，所以我就是个勇士，而这样做也就是正义的。”

---

① 按：原书计划中讨论正义的基础的那一部分，作者曾准备采取书信的形式。当时的自由思想者反对冉森派关于正义的学说，此处的几段均系针对当时自由思想者而发。

② 关于此处第 291、292、293 各段的思想，详见以下第 294 段。

230—108(**294**)*391—331*

……企图统治世界的那种经纶，是以什么为基础的？[①] 是根据每一个人的心血来潮吗？那该多么混乱！是根据正义吗？而人们是不顾正义的。

的确，假如他认识正义的话，他就不会奠定人间一切准则中最普遍的那条准则了，即每个人都得遵守本国的道德风尚；真正公道的光辉就会使得一切民族都俯首听命，而立法者也就不会以波斯人或德国人的幻想和心血来潮为典范来代替那种永恒不变的正义了。我们就会看到正义植根于世界上的一切国家和一切时代，而不会看到所有正义的或不正义的东西都在随着气候的变化而改变其性质。纬度高三度就颠倒了一切法理，一条子午线就决定了真理；根本大法用不到几年就改变；权利也有自己的时代，土星进入狮子座就为我们标志一种这样或那样罪行的开始。以一条河流划界是多么滑稽的正义！在比利牛斯山的这一边是真理的，到了那一边就是错误。[②]

他们承认正义并不在这些习俗之中，而是正义就在为一切国度所周知的自然法之中。假如那散播了人世法律的鲁莽的机遇性碰巧居然有一度是带普遍性的，他们就一定要顽固地坚持这一点了；然而滑稽的却是，人类的心血来潮竟是那样地歧异多端，以至于根本就没有这种法律。

① 关于本段内容，可参看蒙田《文集》，第 2 卷、第 12 章。

② 指 1639—1659 年法国与西班牙的战争，比利牛斯山为法、西两国的边界。

盗窃、乱伦、杀子和弑父，这一切在有德的行为中都有其地位。一个人可以有权杀我，就因为他住在河水的那一边而他的君主又和我的君主有争执，尽管我和他并没有任何争执；难道还能有比这更加滑稽的事情吗？

毫无疑问自然法是有的；然而这种美好的理智一旦腐化，就腐化了一切；Nihil amplius nostrum est；quod nostrum dicimus，artis est. [①]Ex senatus consultis et plebiscites crimina exercentur. [②]Ut olim vitiis，sic nunc legibus laboramus。[③]

由于这种混乱，就有人说，正义的本质就是立法者的权威；又有人说，就是君主的方便[④]；还有人说，就是现行的习俗[⑤]；而最确切的却是：按照唯一的理智来说，并没有任何东西其本身便是正义的；一切都随时间而转移。习俗仅仅由于其为人所接受的缘故，便形成了全部的公道；这就是它那权威的奥秘的基础了[⑥]。谁要是

① 〔没有什么东西是我们自己的，我们所称之为我们自己的都是人为的。〕蒙田《文集》第 2 卷、第 12 章引西塞罗语。

② 〔人们犯罪是由于元老院和人民的缘故。〕蒙田《文集》第 3 卷、第 1 章引赛涅卡语。

③ 〔从前我们受罪恶之苦，现在我们受法律之苦。〕蒙田《文集》第 3 卷、第 13 章引塔西佗语。

④ 蒙田《文集》第 2 卷、第 12 章："普罗泰戈拉和亚里斯东所赋予法律正义的并没有别的本质，就只有立法者的权威和意见。……柏拉图(《国家篇》I，338)书中的特拉西玛库斯认为，除了在上者的方便而外根本就没有别的权利。"

⑤ 蒙田《文集》第 3 卷、第 13 章："昔兰尼派也认为并没有什么东西其本身是正义的，习惯和法律就形成了正义。"

⑥ 蒙田《文集》第 3 卷、第 13 章："法律之维持自己的信用，并不是因为它们是正义的，而是因为它们是法律。这就是它们权威的奥秘的基础了，它们并没有别的基础。……没有什么别的是像法律那么严重地而又那么经常地在犯错误的了。谁要是因为它们是正义的而服从它们，就并没有按它们所应得的那样在正当地服从它们。"

(294)

把它拉回到原则上来,也就是消灭了它。没有什么是比纠正错误的法律更加错误的了;谁要因为它们是正义的而服从它们,就只是在服从自己想象中的正义而并非服从法律的本质;法律完全是靠着自身而汇集起来的;它只是法律,而不再是什么别的。谁要想考察它的动机,就会发现它是那样的脆弱而又轻浮,以至于假如他并不习惯于观赏人类想象力的奇妙,他就要惊叹一个世纪的工夫竟能为它博得那么多的威严和敬意。攻讦或颠覆一个国家的艺术,就是要动摇已经确立的习俗,对它们追根问底,以便表明它们是缺乏权威和正义的。据说,我们应该追溯到被不正义的习俗所消灭了的那种国家原始的根本大法。这准会是一场输光一切的赌博;在这个天平上,没有什么东西会是公正的。然而人民却很容易听信这类议论。他们一旦认识枷锁,立刻就会摆脱枷锁;而大人物们则由于人民的毁灭以及对于既成习俗怀着好奇心的考察者们的毁灭而大蒙其利。这就是何以有一位最聪明的立法者要说,为了人民的福祉,就必须经常欺骗他们[1];而另一位优秀的政治学家则说:Cum veritatem qua liberetur ignoret, expedit quod fallatur。[2]绝不能使人感觉到篡位的真理;那本来是毫无道理地建立起来的,但却变成有道理的了;我们一定要使人把它看成是权威的、永恒的,并且把它那起源隐瞒起来,假如我们并不想要它很快地就告结

① 语出柏拉图《国家篇》第2卷、389,第5卷、459;蒙田《文集》第2卷、第12章转引。

② 〔既然一个人不理解那种可以解放他的真理,那就最好让他受骗吧。〕语出奥古斯丁《天城论》第4卷、第27章;蒙田《文集》第2卷、第12章转引。按以上两条引文均与原文有出入。

束的话。

231—112(**295**)*432—313*

我的,你的——这些可怜的孩子们说:“这条狗是我的;这儿是我的太阳地。”这就是整个大地上篡夺的起源和缩影。[①]

234—107(**296**)*51—320*

当问题是要判断应不应该宣战并杀死那么多人、把那么多西班牙人判处死刑的时候,却只是由一个人在进行判断,并且他还是利害的关系人;那本来应该是一个无关的第三者。

235—176(**297**)*78—330*

Veri juris.[②]我们不再有这种东西了;假如我们有的话,我们

① 据赖那克(S. Reinach)解说,“这条狗是我的”应读作“这个角落是我的”,“狗”(chien)字系“角落”(coin)之误。卢梭《论人类不平等的起源与基础》,第二部分:“谁第一个把一块土地圈起来并想到说这是我的,而且找到一些头脑十分简单的人居然相信了他的话,谁就是文明社会的真正奠基者。假如有人拔掉木桩或者填平沟壕,并向他的同类大声疾呼:‘不要听信这个骗子的话,如果你们忘记土地的果实是大家所有的,土地是不属于任何人的,那你们就要遭殃了!’这个人该会使人类免去多少罪行、战争和杀害,免去多少苦难和恐怖啊!”

② 〔真正的法律〕西塞罗《论职守》第3卷、第17章:“关于真正的权利和实在的正义,我们并没有什么牢固的积极的典型,我们有的只不过是它的阴影罢了。”蒙田《文集》第3卷、第1章:“真正的正义是自然的而普遍的,比起受我们政府的需要所限制的那些特殊的、民族的正义来,有着不同的规定而且要更加高贵。关于真正的权利和实在的正义,我们并没有什么巩固的积极的典型,我们有的只不过是它的阴影罢了。(西塞罗)。”

便不会以遵循自己国度的道德风尚作为正义的准则。①

正是在不能发现正义的地方，我们就发现了强力，等等②。

285—192(**298**)*385—316*

正义，强力——遵循正义的东西，这是正当的；遵循最强力的东西，这是必要的。正义而没有强力就无能为力；强力而没有正义就暴虐专横。正义而没有强力就要遭人反对，因为总是会有坏人的；强力而没有正义就要被人指控。因而，必须把正义和强力结合在一起；并且为了这一点就必须使正义的成为强力的，或使强力的成为正义的。

正义会有争论，强力却非常好识别而又没有争论。这样，我们就不能赋予正义以强力，因为强力否定了正义并且说正义就是它自己。因而，我们既不能使正义的成为强而有力的，于是我们就使强力的成为正义的了。

238—171(**299**)*361—315*

唯一普遍的准则，就是对通常事物有国家的法律以及对其他事物取决于多数。这是从哪里得出来的呢？就是得自其中所具有的强力。由此可见，格外具有强力的国王也就会不听从他的大臣们的大多数。

毫无疑问，财富的平等是正义的；然而人们既不能使服从正义

① 可参看本书第296段，又蒙田《文集》第2卷、第12章。

② 见下段。

成为强力，于是他们就使得服从强力成为了正义；他们既不能强化正义，于是他们就正义化了强力，为的是好使正义与强力二者合在一起，并且能获致成其为至善的和平。

239—899(**300**)*425—329*

“当武装的强者保有他的财富时，他所保有的就可以安全。”①

240—201(**301**)*426—333*

我们为什么要遵从大多数？是因为他们更有道理吗？不是的，而是因为他们更有强力。

我们为什么要遵从古老的法律和古老的意见？是因为它们是最健全的吗？不是的，而是因为它们是独一无二的，并可以消除我们中间分歧的根源。

*241—178*** (**302**)*544—319*

……这是强力的作用，而不是习俗的作用；因为有能力创造的人是罕见的；在数量上最有强力的人都是只愿意趋从而拒绝把光荣给予那些以其自己的创造而在追求光荣的创造者们；假如有创造力的人坚持要获得光荣并蔑视那些不曾创造的人，别人就要给他们加以种种揶揄的称号，就会打他们一顿棍子的。因而，但愿人们不要以那种巧妙自诩吧，或者说，但愿他们对自己知足吧。

---

① 《路加福音》第 11 章、第 21 节：“壮士披挂整齐，看守自己的住宅，他所有的都平安无事。”

*242—197(**303**)74—317*

强力是世上的女王,而意见却不是。——然而意见之为物是要运用强力的。[①] ——那是强力形成了意见。按我们的意见,柔和是美好的。为什么?因为想要在绳索上跳舞的人只是单独的[②],而我却可以纠聚更有强力的一伙人来说它不好看。

*289—207(**304**)363—321*

维系人们彼此互相尊敬的绳索,一般说来,乃是需要这一绳索[③];因为既然人人都想能统治,而又不能人人都做到,只有某些人才能做到,所以就一定会有各种不同的级别。

因而,让我们想象我们看到人们是在开始互相结合。毫无疑问他们要互相作战,直到最强的一方压倒了最弱的一方为止,终于便有了统治者的一方。[④] 然而当这一点一旦确定,这时候做主人的就不愿意让战争继续,便规定自己手中的强力要按自己的意思承继下去;有的是把它付之于人民的选举,另有的则付之于世袭,等等。

正是在这里,想象力便开始扮演它那角色。迄今为止,是权力在强迫着事实;如今则是强力被想象力固定在某一方,在法国是贵

① 本段为问答体;这句话的文义与上句和下句都相反,是作者假设反对者所作的诘难。

② 艾比克泰德《论文集》第3卷、第12章:"走绳索是件困难而危险的事。我一定要在绳索上走吗?"

③ 此处"绳索"指纽带,"需要的绳索"指由需要而产生的纽带。

④ 按关于此处论国家与社会的起源,可参看霍布斯《利维坦》第13章。

族，在瑞士则是平民，等等。

因而维系对于某一个别人的尊敬的绳索，乃是想象的绳索。

291—87(**305**)*462—322*

瑞士人被人称为贵族是要冒火的，他们要证明自己是平民出身，才好被评为有资格担任要职。①

290—204(**306**)*422—323*

既然由于强力统御着一切的缘故而使得王公贵族和达官显宦都成为实在的②和必要的，所以就无时无处没有这类人。然而，又因为使得某某人之成为统治者的只不过是幻想，所以这一点就是不稳固的，它很容易变化不定，等等。

292—177(**307**)*182—324*

财政大臣既端庄严肃而又装饰华丽，因为他的地位是假的；国王却不如此：他有强力，他用不着想象力。法官、医生等等，都只不外是想象力而已。

*293—62***(**308**)*488—327*

总是看到国王扈从着卫队、鼓乐、官吏以及各种各样使人尊敬与恐惧的机器，这种习惯就使得他们的仪容——当他们即或是独

---

① 伏尔泰《风俗论·论贵族》："在〔瑞士〕巴赛尔，任何贵族都不能担任共和国的公职，除非他放弃自己的贵族特权。"

② "实在的"指具有实在的权力，系与上文中"想象中的尊严"相对而言。

自一个人而没有这些扈从时——给他们的臣民留下了尊敬与畏惧的印象;因为人们在思想上不能把他们本人和经常看到与他们联在一起的随从分开。世人不懂得这一作用是由于这种习惯产生的,于是便相信它是出于一种天赋的力量;从而便有这样的话:"仪表非凡,神姿天纵"等等。

237—109 * (**309**) *430—328*

正义——正如时尚造成了漂亮[①],同样它也造成了正义。

245—918 (**310**) *288—335*

国王与暴君——我头脑的深处也有自己的想法。

我每次旅行都小心警惕着。

创立[②]的伟大,对创立的尊敬。

大人物的乐趣就在于有能力造就幸福的人。

财富的特性就是可以被人慷慨地施舍。

每种事物的特性都应该加以探求[③]。权力的特性就是能够保护。

当强力攻击了愁眉苦脸的时候[④],当一个普通士兵摘下大法官的方帽子并把它扔到窗子外面去的时候。

---

① 帕斯卡尔《爱情论》:"时尚本身以及国度就往往规定了我们所谓的美丽。"

② 此处"创立"指创立风尚,约定俗成。

③ 布伦士维格解说:按正当办法进行统治的就是国王,超出正当办法的就是暴君。因此"每种事物的特性都应该加以探求",以便区别国王与暴君。

④ 布伦士维格解说:"当强力攻击了愁眉苦脸的时候",它就超出了自己正当的范围之外。

243—200(**311**)*478—336*

在意见和想象的基础上建立起来的国家可以统治若干时期，并且这种国家是恬适的、自愿的；但基于强力的国家却可以永远统治下去。因而，意见就有如世上的女王，而强力则是世上的暴君[①]。

*236—198**(**312**)*427—337*

正义就是已经确立的东西；因而我们全部已经确立的法律就必然要被认为是正义的而无须检验，因为它们是已经确立的。

295—184(**313**)*477,606—338*

健全的人民的意见——最大的灾害是内战[②]。假如我们要想论功行赏，内战就是无可避免的，因为人人都说自己值得奖赏。但是一个根据出生权利而继位的傻瓜，则其为害之可怕既不那么大，也不那么无可避免。

246—917(**314**)*190—416*

上帝为自己创造了一切，赋予了自己以苦与乐的权力。

你可以把这应用于上帝，也可以应用于你自己。假如是应用于上帝，福音书就是准则。假如是应用于你自己，你就取代了上帝

① 按关于意见与强力之不同、国王与暴君之不同，见本书第15段、第303段、第310段。

② 见本书第320段，又蒙田《文集》第3卷、第12章。

的地位。既然上帝是被满怀仁爱的人们所环绕,他们向上帝要求属于上帝权力的那种仁爱的幸福,所以,……因而,你就应该认识并且懂得,你只不过是一个多欲的国王,并且走的是多欲的道路。

299—179(**315**)*557—417*

作用的原因——这一点是值得赞美的:人们并不要我尊敬一个浑身锦绣、跟随有七八个仆从的人。为什么?假如我不向他致敬,他就会给我一顿鞭子。这种习惯就是一种强力。这就正像一匹马装配得比另一匹马更好一样!蒙田好笑得竟看不到这里有着怎样的不同,竟赞叹人们居然能发现这一点并且追问它的原因。他说"的确,怎应会发生……"①

298—185(**316**)*558—412*

健全的人民的意见——精心打扮并不都是虚饰;因为它还显示有一大堆人在为自己工作;它是在以他们的头发显示他们有佣人,有香粉匠,等等;以他们的镶边显示他们有丝带、金线,等等。因此,占用很多人手这件事并不是单纯的虚饰,也不是单纯的装配②。人们所拥有的人手越多,他们就越有力量。精心打扮就是

① 指蒙田《文集》第1卷、第42章:"谈到对人的估价时,最奇怪的是:除了我们自己之外,并没有什么是不按其自身的品质加以估价的。我们称赞一匹马的力量和速度,而不是着眼于它的鞍辔,称赞一条猎狗的敏捷而不是它的颈圈,称赞一头鹰的翅膀而不是它的系脚带和铃铛。那么为什么我们并不根据人而估价人呢?他有一长串的扈从,有精美的宫殿,有那么大的威望,有那么多的收入:而这一切都是在他的身外而不是在他自身之内的。"

② 可参看蒙田《文集》,第1卷、第42章。

在显示自己的力量。

303—170,69(**317**)*586—413*

尊敬也就是:“麻烦你”。这在表面上是虚文,但却是非常正确的;因为这就是说:“我愿意麻烦自己,假如你需要的话;尽管它对你无用,我还是这样做。”此外,尊敬还能用以鉴别大人物:假如尊敬就是坐在扶手椅上,那么我们就会对人人都尊敬了,这样我们也就不能鉴别什么;但是我们既然非常麻烦,所以我们也就非常有力地作出了鉴别。

302—56(**318**)*769—354*

他有四名仆从。[①]

302—(**319**)*559—355*

我们是以外表的品质而不是以内心的品质在鉴别人的,这做得多么好啊,我们两个人应该谁占先呢?应该谁向另一个让步呢?应该是不聪明的那一个吗?可是我像他一样聪明,在这上面就一定会争执不休的。他有四名仆从,而我只有一名:这一点是看得见的,只消我们数一下;于是让步的就应该是我。假如我要抗争,我就是个笨伯了。我们就是以这种办法得到和平的;这就是最大的福祉。

---

① 本段含义见下段。

296—208 67*(**320**)*574—356*

世界上最没有道理的事，可以由于人们之不讲规矩而变成为最有道理的事。还有什么事能比选择一位王后的长子来治理国家更加没有道理的呢？我们是不会选择一个出身于最高门第的旅客来管理一艘船的。

这种法则会是滑稽可笑的而又不公正的，然而由于人们就是这样并且总是这样，所以它就变成为有道理的和公正的了；因为我们要选择谁是最有德而又最聪明的人吗？我们在这上面马上就会挥拳相向的，人人都自以为是那个最有德而又最聪明的人。因而，就让我们把这种品质附着在某些无可争辩的东西上吧。这位是国王的长子；这一点是道道地地的，绝没有争论的余地。理智不能做得更好了，因为内战是最大的灾祸。

304—920 (**321**)*575—351*

孩子们看到自己的同伴受人尊敬，就大为诧异。

*304—193(**322**)202—352*

贵族身份是一种极大的便宜，它使一个人在十八岁上就出人头地、为人所知并且受人尊敬，就像别人要到五十岁上才配得上那样。这就不费气力地赚了三十年。

*306—167**（**323**）*445—353*

什么是我？[1]

一个人临窗眺望过客，假如我从这里经过，我能说他站在这里是为了要看我吗？不能；因为他并没有具体地想到我。然则，由于某个女人美丽而爱她的人，是在爱她吗？不是的；因为天花——它可以毁灭美丽而不必毁灭人——就可以使他不再爱她。

而且，假如人们因我的判断、因我的记忆而爱我，他们是在爱我吗？不是的，因为我可以丧失这些品质而不必丧失我自己本身。然则，这个我又在哪里呢？假如它既不在身体之中，也不在灵魂之中的话。并且，若不是由于有根本就不构成其为我的这些品质（因为它们是可以消灭的），又怎么能爱身体或者爱灵魂呢？因为难道我们会抽象地爱一个人的灵魂的实质，而不管它里面可以是什么品质吗？这是不可能的，也会是不公正的。因此，我们从来都不是在爱人，而仅只是在爱某些品质罢了。

因而，让我们不要再嘲笑那些由于地位和职务而受人尊崇的人们吧，因为我们所爱于别人的就只不过是那些假借的品质而已。

307—191（**324**）*857—357*

人民有着非常健全的意见，例如：

1. 宁愿选择消遣与狩猎而不选择诗。半通的学者们加以讥嘲，并且得意扬扬地显出高于世上的愚人；然而由于一种为他们所

① 可参看本书第 483 段。

窥测不透的理由，人民却是有道理的。

2. 以外表来鉴别人物，例如以出身或者财富。世人们又得意扬扬地指出这一点是多么没有道理；但这一点却是非常有道理的（吃人的生番才会嘲笑一切年幼的国王呢）。[①]

3. 受到打击就要恼怒，或者是那样地渴求光荣。但是由于还有与之结合在一起的其他根本的好东西，所以这一点就是十分可愿望的：一个人受到打击而并不因此怀恨的，乃是一个被损害和需要所压垮了的人。

4. 努力追求不确定的东西；要去航海，要在舷板上行走。

287—195(**325**)*430—359*

蒙田[②]错了。习俗之所以为人遵守，就仅仅因为它是习俗，而并非因为它是有道理的或者是正义的；然而人民却是由于相信它是正义的这一唯一的理由而遵守它。否则，尽管它是习俗，他们也不会遵守它；因为人们只能是服从理智和正义。习俗缺少了这种东西，就会成为暴政；然而理智与正义的王国并不比欢乐的王国更暴虐：它们对人类都是自然的原则。

因而，人们服从法律与习俗就是好事，因为它们是规律；但是要知道，其中并没有注入任何真实的与正义的东西，要知道我们关

---

① 蒙田《文集》第 1 卷、第 31 章："（野蛮人）到了卢昂，恰好当时查理第九（法国国王，1574—1589）也在那里。国王和他们进行了长时间的谈话。……他们说首先他们觉得非常奇怪的是，国王周围有这么多长着胡子、身强力壮、手执武器的大人（他们或许指的是国王的瑞士卫队）竟然屈身服从于一个小孩子，而他们则宁愿选择其中的一个来号令他们自己的。"

② 本段有关蒙田的论点见蒙田《文集》第 1 卷、第 23 章。

于这些，一无所知，所以就只好遵循已为人所接受的东西；靠了这种办法，我们才永不脱离它们。可是人民并不接受这种学说；并且既然他们相信真理是可以找到的，而且真理就在法律和习俗之中；所以他们便相信法律和习俗，并把它们的古老性当作是它们的真理——而不仅仅是它们那并不具有真理的权威——的一种证明。于是，他们就服从法律和习俗；然而只要向他们指出它们是毫无价值的，他们马上就会反叛；从一定的角度加以观察，一切都可以使人看出这一点。

*288—114** (**326**) *226—379*

不正义——告诉人民说法律并不是正义，这是很危险的事；因为他们服从法律仅只是由于他们相信法律是正义。这就是何以一定也要同时告诉他们说，之所以必须服从法律，就因为它们是法律；正如必须服从在上者，并非因为在上者是正义的，而是因为在上者乃是在上者。这样一来，就可以预防一切叛乱，假如我们能使这一点（以及正确说来，正义的界说究竟是什么）为人所理解的话。

308—173 (**327**) *211—378*

世人对种种事物都判断得很好，因为他们处于天然的无知之中，而那正是人类真正的领域。[①] 科学有两个极端是互相接触的。一个极端是所有的人都发现自己生来就处于其中的那种纯粹天然的无知。另一个极端则是伟大的灵魂所到达的极端，他们遍历人

---

① 关于本段内容，可参看蒙田《文集》第1卷、第54章。

类所能知道的一切之后，才发现自己一无所知，于是就又回到了他们原来所出发的那种同样的无知；然而这却是一种认识其自己的、有学问的无知。那些介乎这两者之间的人，他们既已脱离了天然的无知而又不能到达另一个极端，他们也沾染了一点这种自命不凡的学识，并假充内行。这些人搅乱了世界，对一切都判断不好。人民和智者构成世人的行列；这些人则看不起世人，也被世人看不起。他们对一切事物都判断得不好，而世人对他们却判断得很好。

309—183(**328**)*213—418*

作用的原因——从赞成到反对的不断反复。

我们已经根据人对于毫无根本意义的事物所做的推崇而证明了人是虚妄的；而所有这些见解都被推翻了。然后，我们又已经证明了所有这些见解都是非常健全的，而既然所有这些虚妄都是非常之有根据的，所以人民就并不像人们所说的那么虚妄；这样我们又推翻了那种推翻了人民意见的意见。

但现在我们就必须推翻这个最后的命题，并且证明人民是虚妄的这一说法永远是真确的，尽管他们的见解可以是健全的；因为他们并没有在真理所在的地方感受到真理，并且既然他们把真理置诸于它所不在的地方，所以他们的见解就总是非常之谬误而又非常之不健全的。

300—186(**329**)*238—358*

作用的原因——人的脆弱性才是使得我们确定了那么多美妙

事物的原因,例如善于吹笛。[①]

它之所以是桩坏事[②],只是由于我们脆弱的缘故。[③]

297—63(**330**)*237—420*

国王的权力是以理智并以人民的愚蠢为基础的,而尤其是以人民的愚蠢为基础。世界上最重大的事情竟以脆弱为其基础,而这一基础却又确凿得令人惊异;因为没有什么比这一点、比人民永远是脆弱的这一点更加〔确凿〕的了。以健全的理智为基础的东西,其基础却异常薄弱,例如对于智慧的尊崇[④]。

294—196(**331**)*281—423*

我们就只会想象柏拉图和亚里士多德总是穿着学究式的大袍子。他们是诚恳的人,并且也像别人一样要和自己的朋友们在一起欢笑。当他们写出他们的《法律篇》和《政治学》[⑤]作为消遣的时候,他们是在娱乐之中写出来的;这是他们一生之中最不哲学、最不严肃的那一部分;最哲学的部分则只是单纯、恬静地生活。假如他们写过政治,那也好像是在给疯人院订章程;并且假如他们装作仿佛是在谈论一桩大事的样子,那也是因为他们知道听他们讲话的那些疯人都自以为是国王或者皇帝。他们钻研他们的原则,是

① 可参看本书第310段。"善于吹笛"原作"不善于吹笛",意谓善于吹笛是件好事,不善于吹笛便是坏事。

② "它之所以是一桩坏事"读作"不善于吹笛之所以是一桩坏事。"

③ 本段含义详见下段。

④ 可参看本书第320段。

⑤ 《法律篇》为柏拉图所著,《政治学》为亚里士多德所著。

为了把这些人的疯狂尽可能缓冲到最无害的地步。

*244—106(**332**)190—419*

暴政就在于渴求普遍的、超出自己范围之外的统治权。

强力、美丽、良好的精神、虔敬，各有其自己所统辖的不同场所，而不能在别地方；但有时候它们遇到一起，于是强力和美丽就愚蠢地要争执它们双方谁应该作另一方的主人；因为它的主宰权是属于不同的种类的。它们相互并不理解，而它们的谬误则在于到处都要求统辖。但什么都做不到这一点，哪怕是强力本身也做不到：它在学者的王国里就会一事无成；它只不过是表面行动的主宰而已。

暴政——……所以下列说法就是谬误的和暴政的："我美丽，因此人们应该怕我。我有强力，因此人们应该爱我。我……"

暴政就是要以某种方式具有我们只是以另一种方式才能具有的东西。我们对各种不同的优点要尽各种不同的义务：对漂亮有义务爱慕，对强力有义务惧怕，对学识有义务信任。

我们应该尽到这些义务；拒绝尽这些义务是不对的，要求尽别的义务也是不对的。因而，"他没有强力，所以我就不尊敬他；他并不聪明智慧，所以我就不惧怕他"；说这些话也同样是谬误的与暴政的。

301—95(**333**)225—421*

你难道从来没有见到过有些人，为了抱怨你小看他们，就向你列举许多有地位的人都是看重他们的吗？对这一点，我就要回答他们说:“拿给我看你博得这些人醉心的优点吧,我也会同样地看重你的。”

247—187(**334**)*236—195*

作用的原因——欲念和强力是我们一切行为的根源:欲念形成自愿的行为;强力形成不自愿的行为。

310—182(**335**)*204—194*

作用的原因——因此,人人都在幻觉之中的这一说法就是真确的:因为,虽然人民的意见是健全的,但那在他们的头脑里可并不是健全的,因为他们以为真理是在它所不在的地方。真理确乎是在他们的意见之中,但并不是在他们所设想的地点。〔因此〕我们的确必须尊敬贵人,但并非因为他们的出生真正优越,等等。

311—181(**336**)*257—194*

作用的原因——我们必须保持一种背后的想法[①],并以这种想法判断一切,而同时却要说得像别人一样。

312—180(**337**)*221—192*

作用的原因——等级。人民尊敬出身高贵的人。学问半通的人鄙视他们,说出生并不是人品优越而只是偶然。但有学问的人则尊敬他们,并不是根据人民的想法,而是根据背后的想法。虔信

① 本书第310段:“我的头脑深处也有自己的想法。”

者的热诚要比知识更多，尽管考虑到有学问的人对他们表示尊敬，但虔信者还是鄙视他们，因为虔信者是依据虔诚所赋给自己的一种新的光明在判断他们的。然而完美的基督徒则根据另一种更高级的光明而尊敬他们。因此，按人们所具有的光明就相继出现了从赞成到反对的各种意见。

313—51（**338**）*189—196*

可是，真正的基督徒却服从愚蠢；并非他们尊重愚蠢，而是上帝的诫命是要惩罚人类，使他们屈服于这些愚蠢：Omnis creatura subjecta est vanitati.[①]Liberabitur.[②]因而圣汤玛斯解释圣雅各论富人优先的那段话时[③]说，如果他们从上帝的观点不这样做，他们就是脱离宗教的诫命了。

① 〔一切被创造物都要服从虚幻。〕《传道书》第3章、第19节："人不能强于兽，都是虚空。"

② 〔他将得到自由〕。《罗马书》第8章、第20—21节："因为受造之物服在虚空之下，不是自己愿意，乃是因那叫他如此的。但受造之物仍然指望脱离败坏的辖制，得享上帝儿女自由的荣耀。"

③ 《雅各书》第2章、第1—4节："我的弟兄们，你们信奉我们荣耀的主耶稣基督，便不可按着外貌待人。若有一个人戴着金戒指穿着华美衣服，进你们的会堂去；又有一个穷人穿着肮脏衣服也进去；你们就看重那穿华美衣服的人说，请坐在这好位上，又对那穷人说，你站在那里；或坐在我脚凳下边。这岂不是你们偏心待人，用恶意断定人么？"

第 六 编

*258,355—212**,*215*(**339**)*200—197*

我很能想象一个人没有手、没有脚、没有头(因为只是经验才教导我们说,头比脚更为必要)。然而,我不能想象人没有思想:那就成了一块顽石或者一头畜牲了。[①]

*262—231**(**340**)*218—198*

数学机器得出的结果,要比动物所做出的一切更接近于思想;然而它却做不出任何事情可以使我们说,它也具有意志就像动物那样。[②]

*259—230**(**341**)*210—199*

梁库尔的鱼镖与青蛙的故事:[③]它们总是在那样做,而从来不

---

① 波·罗雅尔版此处尚有:"因而,就正是思想才构成人的生存,没有思想我们便不可能设想人的生存"。第一次稿本此处尚有:"在我们身内感受快乐的是什么?是手吗?是臂吗?是肉吗?是血吗?我们可以看得出它必定是某种非物质的东西"。笛卡尔《方法论》第一部:"理性或者良知……是唯一使我们成为人,并且使我们有别于禽兽的东西。"

② 布伦士维格以为这段话并不表示帕斯卡尔认为动物也具有意志,而只是表示理智活动与意志倾向二者有别而已。

③ 按此处所提及的这个故事,内容已不可考。只知道梁库尔公爵(Duc de Liancourt)青年时生活放荡,后来受妻子的感化,皈依宗教,成为波·罗雅尔派的坚(接下页)

会别样，也没有任何别的精神的东西。

260—209(**342**)*183—200*

假如一个动物能以精神做出它以本能所做出的事，并且假如它能以精神说出它以本能所说出的事，在狩猎时可以警告它的同伴说，猎物已经找到或者已经丢失了；那么它就一定也能说那些它所更为关怀的事情，例如说："咬断这条害我的绳子吧，我咬不到它。"

*261—211**(**343**)*233—203*

鹦鹉的嘴总是在搓，尽管它很干净。

*272—216**(**344**)*231—204*

本能与理智，两种天性的标志。

*266—377**(**345**)*203—217*

理智之命令我们，要比一个主人更专横得多；因为不服从主人我们就会不幸，而不服从理智我们却会成为蠢材。①

257—233(**346**)*234—218*

思想形成人的伟大。

(接上页)决拥护者。布伦士维格以为此处所引的这个故事或许是要辩明动物也有理智而反对所谓自动机的说法。

① 布伦士维格注：因此人更能忍受自己的不幸，而不能忍受自己的愚蠢；不幸是由外部原因造成的，而愚蠢则由于我们自身。

264—391(**347**)*121—219*

人只不过是一根苇草,是自然界最脆弱的东西;但他是一根能思想的苇草。用不着整个宇宙都拿起武器来才能毁灭他;一口气、一滴水就足以致他死命了。然而,纵使宇宙毁灭了他,人却仍然要比致他于死命的东西更高贵得多;因为他知道自己要死亡,以及宇宙对他所具有的优势,而宇宙对此却是一无所知。

因而,我们全部的尊严就在于思想。正是由于它而不是由于我们所无法填充的空间和时间,我们才必须提高自己。因此,我们要努力好好地思想[①];这就是道德的原则。

265—217(**348**)*232—220*

能思想的苇草——我应该追求自己的尊严,绝不是求之于空间,而是求之于自己思想的规定。我占有多少土地都不会有用;由于空间,宇宙便囊括了我并吞没了我有如一个质点;由于思想,我却囊括了宇宙。[②]

356—219(**349**)*239—213*

灵魂的非物质性——哲学家[③]驾驭自己的感情,有什么物质

① 默雷《全集》第1卷,第262页:"我们首先必须要坚持好好地思想。"

② 按此处"囊括"原文为comprendre;此字有两解,一为囊括,一为理解;意谓:我既被囊括在宇宙的时空之中,宇宙也被囊括在我的思想之中。末一个"囊括"为双关语,既指包括,又指理解。

③ "哲学家"指斯多噶派哲学家;斯多噶派强调人的意志对外界的独立性,作者以此证明灵魂的非物质性。

能做到这一点呢？

374—284(**350**)*240—212*

斯多噶派——他们结论说，我们永远能做到我们一度所能做到的事，并且既然对光荣的愿望已经为那些被光荣所占有的人做了一些事，所以别人也很可以同样如此。但这些是病热的行动，健康是无从模仿的。

艾比克泰德结论说，既然有始终一贯的基督徒，所以每个人就都可以如此。[①]

321—155(**351**)*262—211*

灵魂所时而触及的那些伟大的精神努力，都是它所没有把握住的事物；它仅仅是跳到那上去的，而不像在宝座上那样是永远坐定的，并且仅仅是一瞬间而已。[②]

322—711(**352**)*269—228*

一个人的德行所能做到的事不应该以他的努力来衡量，而应该以他的日常生活来衡量。

323—229(**353**)*224—227*

我绝不赞美一种德行过度，例如勇敢过度，除非我同时也能看

① 见艾比克泰德《论文集》第4卷、第7章。

② 关于本段及下段的内容，见蒙田《文集》第2卷、第29章。

到相反的德行过度，就像在伊巴米农达斯[①]的身上那样既有极端的勇敢又有极端的仁慈。因为否则的话，那就不会是提高，那就会是堕落。我们不会把自己的伟大表现为走一个极端，而是同时触及两端并且充满着两端之间的全部。然而，也许从这一个极端到另一个极端只不外是灵魂的一次突然运动，而事实上它却总是只在某一个点上，就像是火把那样。即使如此，但它至少显示了灵魂的活跃性，假如它并没有显示灵魂的广度的话。

318—64(**354**)*812—221*

人性并不是永远前进的，它是有进有退的。

激情是有冷有热的；而冷也像热本身一样显示了激情的热度的伟大。

一个世纪又一个世纪的人们的创作也是一样。世上的好和坏，总的说来，也是一样。Plerumque gratae principibus vices.[②]

319—961(**355**)*268—339*

滔滔不断的雄辩使人感到无聊。

诸侯们、国王们有时候也游戏。他们并不总是坐在他们的宝座上；他们在宝座上也感到无聊：伟大是必须被舍弃之后，才能感觉到。连续不断会使人厌恶一切；为了要感到热，冷就是可爱的。

---

① 伊巴米农达斯(Épaminondas，？—前362)古代希腊底比斯有名的统帅和政治家。关于伊巴米农达斯的德行的叙述，见蒙田《文集》第2卷第36章及第3卷第1章。

② 〔变化几乎总会使大人物高兴〕。语出贺拉士《颂歌集》，蒙田《文集》第1卷第42章转引。

自然是通过进步在行动的，itus et reditus[①]。它前进，又后退，然后进得更远，然后加倍地后退，然后又比以前更远；如此类推。

海潮就是这样在进行的，太阳似乎也是这样[②]运行的。

320—921（**356**）*696—349*

身体的营养是一点一点来的。充分的营养但少量的食物。[③]

324—943（**357**）*185—222*

当我们想要追随德行直到它的两个方面的极端时，就出现了罪恶，它在其沿着无限小这方面的不可察觉的道路上是不知不觉暗暗钻进来的；而在其沿着无限大这方面，罪恶则是大量地出现；从而我们便陷没在罪恶里面而再也看不到德行。[④] 我们就在完美的本身上被绊住了。[⑤]

329—257（**358**）*273—223*

人既不是天使，又不是禽兽；但不幸就在于想表现为天使的人

① 〔有进有退的〕。

② 手稿在“这样”的旁边画有一条曲线，表示前进的行程。

③ 布伦士维格解说：吃得太多，就吸收不了，慢慢地前进才是真正的前进。

④ 按本段“无限小”和“无限大”的含义不甚明确。据布伦士维格解释：德行两方面的极端都是无限的，它在最小的细节方面是无限的，同时它在最大的领域方面也是无限的。

⑤ 此处原文系旁注。

却表现为禽兽。[1]

325—166(**359**)*270—224*

我们保持我们的德行并不是由于我们自身的力量,而是由于两种相反罪恶的平衡,就像我们在两股相反的飓风中维持着直立那样。[2] 取消这两种罪恶中的一种,我们就会陷入另一种。[3]

376—282(**360**)*563—225*

斯多噶派所提出的东西是那么困难而又那么虚妄。

斯多噶派提出:凡是没有高度智慧的人都是同等地愚蠢和罪恶,就像是那些刚好沉到水面以下的人们一样。

*375—299**(**361**)*261—226*

至善。关于至善的争论——Ut sis contentus temetipso et ex

---

① 按"人既不是天使,又不是禽兽"这句话作者系得自蒙田的启发。蒙田《文集》第3卷、第13章:"在哲学见解方面,我特别愿意接受那些最坚实的见解,也就是说,最人性的并且最为我们所固有的见解。""人们总是想要超出自己之外,要躲避作一个人;这是愚蠢,他们并没有把自己变成为天使,反而把自己变成了禽兽;他们并没有提高自己,反而降低了自己。"

② 拉·罗煦福高《箴言集》第182节:"罪恶也构成德行的组成部分,就像毒药构成解药的组成部分一样;精心把它们搜集起来并加以提炼,于是它们就可以有效地用来对付疾病和生命。"同书第11节:"感情往往产生自己的对立物:吝啬有时候产生挥霍,挥霍有时候产生吝啬;我们往往由于脆弱而坚强起来,由于怯懦而大胆起来。"

③ 拉·罗煦福高《箴言集》第10节:"人心不断在产生着种种感情,从而一个的出现差不多总会奠定另一个。"

te nascentibus bonis[①]。这里有矛盾,因为他们最后劝人自杀。啊!多么幸福的生命,而我们却要摆脱它就像摆脱一场瘟疫那样。[②]

371—803(**362**)*384—244*

Ex senatus consultis et plebiscitis...[③]

要求类似的引文。

371—804(**363**)*747—258*

Ex senatus-consultis et plebiscitis scelera exercentur. 赛,588[④]。

Nihil tam absurde dici potest quod non dicatur ab aliquo philosophorum. 论占卜。[⑤]

Quibusdam destinatis sententiis consecrati quae non probant coguntur defendere. 西。[⑥]

---

① 〔为了你可以满足于你自己以及出自于你的美好。〕语出赛涅卡《致普西里乌斯集》第20卷、第8章,书中赛涅卡曾为自杀辩护;赛涅卡的这一观点蒙田《文集》第2卷、第3章中曾加以发挥。帕斯卡尔认为这种理论与斯多噶主义相矛盾。

② 冉森《论纯自然状态》第2卷、第8章:"啊,真正幸福的生命,为了享受它我们就追求死亡的帮助。"

③ 〔是元老院和人民……〕,见下第363段。

④ 〔是元老院和人民造成了罪恶。〕语出赛涅卡《致鲁西里乌斯书》第15卷。蒙田《文集》第3卷、第1章转引。

⑤ 〔没有任何东西是如此荒谬,以至于不能被某一位哲学家所谈到。〕语出西塞罗《论神明》第2卷、第58章。蒙田《文集》第2卷、第12章转引。

⑥ 〔投身于成见的人,就不得不辩护他们所不能证明的东西。〕语出西塞罗《托斯库兰论》第2卷、第2章。蒙田《文集》第2卷、第12章转引。

Ut omnium rerum sic littararum quoque intemperantia laboramus. 赛。①

Id maxime quemque decet, quod est cujusque suum maxime. ②

Hos natura modos primum dedit. ③

Paucis opus est litteris ad bonam mentem. ④

Si quando turpe non sit, tamen non est non turpe quum id a multitudine laudetur. ⑤

Mihi sic usus est, tibi ut opus est facto, fac. 戴。⑥

372—802 (**364**) *256—257*

Rarum est enim ut satis se quisque vereatur. ⑦

① 〔在文学上,正像在一切事物上一样,我们也会操劳过度的。〕语出赛涅卡《书信集》第106。蒙田《文集》第3卷、第12章转引。

② 〔对每一个人最合适的东西,也就是对他最好的东西。〕语出西塞罗《论职守》第1卷、第31章。蒙田《文集》第3卷、第1章转引。

③ 〔自然首先给了他们这些界限。〕语出维吉尔(Virgilius,罗马诗人,公元前70—前19)《高尔吉克》第2篇20。蒙田《文集》第1卷、第30章转引。

④ 〔美好的心性并不需要读很多的著作。〕语出赛涅卡《书信集》第106。蒙田《文集》第3卷、第12章转引。

⑤ 〔一件并不可耻的事,一旦受到群众的赞扬,就难免成为可耻的了。〕语出西塞罗《论至善》第2卷、第15章。蒙田《文集》第2卷、第16章转引。

⑥ 〔这是我的习惯,而你可以做你所想做的事。〕语出戴伦斯(Terence,罗马诗人,公元前195—前159)《自苦者》第1幕、第5场、第21行。蒙田《文集》第1卷、第27章转引。

⑦ 〔一个人能充分尊重自己,是罕有的事。〕语出昆体良(Quintillian,罗马作家,40—118)《语言论》第10卷、第7章。蒙田《文集》第1卷、第38章转引。

Tot circa unum caput tumultuantes deos. [1]

Nihil turpius quam cognitioni assertionem praecurrere. 西。[2]

Nec me pudet ut istos fateri nescire quid nesciam. [3]

Melius non incipiet. [4]

263—232(**365**)*838—184*

思想——人的全部的尊严就在于思想。

因此，思想由于它的本性，就是一种可惊叹的、无与伦比的东西。它一定得具有出奇的缺点才能为人所蔑视；然而它又确实具有，所以再没有比这更加荒唐可笑的事了。思想由于它的本性是何等地伟大啊！思想又由于它的缺点是何等地卑贱啊！

然而，这种思想又是什么呢？它是何等地愚蠢啊！

95—85(**366**)*255—242*

这位主宰人世的审判官，他的精神也不是独立得可以不受自己周围发出的最微小的噪音所干扰的。并不需要有大炮的声响才能妨碍他的思想；只需要有一个风向标或是一个滑轮的声响就够

---

① 〔那么多的神都围绕着一个人在骚动。〕语出赛涅卡《劝诫书》第 1 卷、第 4 章。蒙田《文集》第 2 卷、第 13 章转引。

② 〔最可耻的事莫过于还不认识就先肯定。〕语出西塞罗《论学园派》第 1 卷、第 45 章。蒙田《文集》第 3 卷、第 13 章转引。

③ 〔我不像他们那样耻于承认不懂得自己所不懂的东西。〕语出西塞罗《托斯库兰论》第 1 卷、第 25 章。蒙田《文集》第 3 卷、第 11 章转引。

④ 〔最好是不开始。〕按全句应作“最好是不开始，而不是中止。”语出赛涅卡《书信集》第 72 篇。蒙田《文集》第 3 卷、第 10 章转引。

了。假如它此刻并没有好好地推理,你也不必惊讶;正好有一只苍蝇在他的耳边嗡嗡响,这就足以使得他不能好好地提出意见了。如果你想要他能够发现真理,就赶走那个小动物吧;是它阻碍了他的理智并且干扰了他那统治着多少城市和王国的强大的智慧。这里是一位恶作剧的上帝啊! O ridicolosissimo eroe![1]

96—59(**367**)*272—389*

苍蝇的威力:它们能打胜仗,[2]能妨碍我们灵魂的活动,能吃掉我们的肉体。

94—937(**368**)*253—426*

当有人[3]说热只不过是某些微粒的运动,光只不过是我们所感觉的 conatus recedendi[4];这就使我们大为惊异。什么?难道欢乐不是别的,只不过是精神的芭蕾舞而已么?我们对它怀有多么不同的观念啊,而这些感觉和当我们加以比较时可以称之为同样的其他那些感觉,看来距离得又是何其遥远啊!火的感觉,那种热以一种与触觉全然不同的方式作用于我们,还有对声和光的感受;这一切对我们都仿佛是神秘的,然而它们却粗糙得就像一块石头打下来。钻进毛细孔里去的精神,它那细微是可以感触其他神经

① 意大利文:〔啊,最滑稽可笑的英雄。〕

② 葡萄牙军进攻唐里(Tanly)时曾因多蜂而解围。事见蒙田《文集》第 2 卷、第 12 章。

③ “有人”指笛卡尔。

④ 〔反射的作用。〕

的——这一点是真的[1];但却总得要有某些被感触的神经。

*97—228(**369**)811—469*

对一切的理智运用来说,记忆都是必要的。[2]

*98—952(**370**)265—425*

〔偶然的机会引起了思想,偶然的机会也勾销了思想;根本没有可以保留思想或者获得思想的办法。

思想逃逸了,我想把它写下来;可是我写下的只是它从我这里逃逸了。〕

*99—754(**371**)947—363*

〔在我小时候,我紧抱着我的书;因为有时候我觉得……相信是抱住了书的[3],这时我却犹疑……〕

*100—146(**372**)254—364*

正要写下我自己的思想的时候,它却时而逃逸了;然而这使我记起了自己的脆弱,以及自己时时刻刻都会遗忘;这一事实所教导我的并不亚于我那被遗忘的思想,因为我祈求的只不过是要认识自己的虚无而已。

---

① 见笛卡尔《感情论》,第1部第10—13款。

② 见笛卡尔《心智指导法则》第11条。

③ 弗热认为此处应读作:“因为有时候我觉得我欺骗自己使自己相信是抱住了书的。”

71—44(**373**)*267—461*

怀疑主义——我要在这里漫无顺序地写下我的思想,但也许并非是一种毫无计划的混乱不堪:这才是真正的顺序所在,它将永远以无顺序的本身表明我的对象。假如我把它处理得有序井然,我就对我的题目给予了过分的荣誉,因为我正是想要显示它是不可能有顺序的。

*185—70***(**374**)*260—350*

最使我惊讶的,就是看到每个人都不惊讶自己的脆弱。人们在认真地行动着,每个人都追随自己的情况;并非因为追随它事实上有什么好处(既然它只不过是时尚),而是仿佛每个人都确凿地知道理性和正义在哪里。他们发现自己没有一次不受骗;可是由于一种可笑的谦逊,他们却相信那是他们自己的过错,而不是他们永远自诩有办法的过错。然而最妙的就是世上的这种人竟有那么多,他们为了怀疑主义的光荣而不作怀疑主义者,以便显示人是很可能具有最奇特的见解的;因为他居然能够相信自己并不处于那种天赋的、不可避免的脆弱之中,反倒相信自己是处于天赋的智慧之中。①

最能加强怀疑主义的,莫过于有些人根本就不是怀疑主义者;假如人人都是怀疑主义者,那么他们就错了。

---

① 据布伦士维格解说:此处"脆弱"指人们自以为并非根据习俗而是根据理智与正义在行动。

252—290(**375**)*99—361*

〔我一生中曾有过很长的时期是相信有正义的，而在这一点上我并没有错；因为按照上帝愿意向我们所作的启示来说，的确是有正义的。然而我却不是这样加以理解的，而正是在这上面我犯了错误；因为我相信我们的正义本质上是公正的，并且我有办法认识它和判断它。然而我却多少次都发现自己的正确判断是错的，终于我就走到了不信任自己，然后也不信任别人。我看到所有的国家和所有的人都在变化；于是在我对真正正义的判断经过许多次变化之后，我就认识到我们的天性也只不过是一场不断的变化而已，而我从此以后却再也没有变化；假如我有变化的话，我就可以证实我的见解了。

怀疑主义者的阿赛西劳斯[①]变成了教条主义者。〕

186—71 * (**376**)*279—360*

这一派被它的敌人所加强远甚于被它的友人所加强；因为人的脆弱性在那些不认识它的人的身上要比在那些认识它的人的身上表现得格外显著。

187—255(**377**)*345—509*

谈论谦卑，这对于虚荣的人乃是骄傲的材料，对于谦卑的人则

① 阿赛西劳斯(Arcésilas，即 Arcesilaus)公元前 3 世纪希腊哲学家，创建雅典新学园，宣传皮浪主义。

是谦卑的材料。因此谈论怀疑主义，对于坚信的人便是坚信的材料；很少有人是在谦卑地谈论谦卑的，很少有人是在贞洁地谈着贞洁的，很少有人是在怀疑中谈论怀疑主义的。我们只不外是谎话、两面性和矛盾而已，我们在向自己隐瞒自己并矫饰着自己。

327—289（**378**）*561—462*

怀疑主义——极端的精神就被人指责为癫狂，[①]正像极端缺少精神一样。除了中庸之外，没有别的东西是好的。是大多数人确定了这一点，谁要是无论在哪一端想躲开它，他们就会咬住不放。我在这方面并不固执己见，我很同意人们把我安置在这里，而且我拒绝居于下端，并非因为它在下面，而是因为它是一端；因为我也要同样地拒绝把我放置在上面。[②] 脱离了中道就是脱离了人道。人的灵魂的伟大就在于懂得把握中道；伟大远不是脱离中道，而是绝不要脱离中道。

*326—105**（**379**）*604—463*

自由过分并不是好事。享有一切必需品并不是好事。

229—913（**380**）*547—386*

一切良好的格言，世界上都有了；只是有待我们加以应用。例如：

---

① 见蒙田《文集》第 2 卷、第 12 章。

② 拉·布鲁意叶《论幸运》："如果我能够，我既不愿意幸福，也不愿意不幸；我要置身于中庸。"又可参看蒙田《文集》第 2 卷、第 12 章有关部分。

我们并不怀疑:为了保卫公共幸福应该不惜自己的生命;但是为了宗教,却不如此。

人与人之间存在着不平等是必要的,这一点是真的;但是承认了这一点就不仅是对最高的统治权,而且也是对最高的暴政,大开方便之门。

放松一下精神是必要的;然而这就向最大的恣纵无度打开了大门。——让我们标志出它的限度来吧。[①] ——可是事物是根本没有界限的:法律虽想把它们安置在那里面,而精神却不能忍受它。

*85—58(**381**)543—388*

如果我们太年轻,我们就判断不好;[②]如果太年老,也一样。如果我们想得不够,如果我们想得太多,我们就会顽固不化,我们就会因而头脑发昏。如果我们完成了自己的作品之后仓促之间加以考察,我们对它就一心还是先入为主的成见;如果是时间太长之后,我们又再也钻不进去了。站得太远或是太近来观看绘画,也是这样;仅仅有一个不可分之点才是真正的地方:其余的则不是太近,就是太远,不是太高,就是太低。在绘画艺术上,透视学规定了这样一个点。然而在真理上、在道德上,有谁来规定这样一个点呢?[③]

---

① 这句插话是本书中常见的虚拟反问句。

② 默雷《文集》第1卷、第240页:“我们年纪太轻,就不能健全地判断任何事物。”

③ 关于此处的这一论点,可参看蒙田《文集》第2卷、第12章。

86—707(**382**)*549—387*

当一切都在同样动荡着的时候,看来就没有什么东西是在动荡着的,就像在一艘船里那样。当人人都沦于恣纵无度的时候,就没有谁好像是沦于其中了。唯有停下来的人才能像一个定点,把别人的狂激标志出来。

87—706(**383**)*527—392*

生活没有规律的人向生活有秩序的人说,正是这些人背离了自然,而他们却自信是在遵循自然的;正像坐在船里的人自信是岸上的人在移动那样。这种说法对一切方面都是类似的。一定要有一个定点,才好做出判断。港岸可以判断坐在船里的人;可是我们在道德方面又以哪里为港岸呢?

250—362(**384**)*98—432*

矛盾[①]是真理的一个坏标志:有许多确凿的事物是有矛盾的;有许多谬误的事物又没有矛盾。矛盾既不是谬误的标志,不矛盾也不是真理的标志。

228—298(**385**)*208—390*

怀疑主义——每件事物在这里都是部分真确的,部分谬误的。

① 据布伦士维格解说:"矛盾"此处系指事实与表述之间的矛盾,而非指两种相反的事实或两种相反的表述之间的矛盾。

根本真理却不是这样；它是完全纯粹的而又完全真确的。这种混杂玷污了真理并且消灭了真理。没有什么是纯粹真确的；因而当真确是指纯粹真确的时候，也就没有什么是真确的了。人们说，杀人千真万确是坏事；是的，因为我们十分清楚坏事和谬误。然而人们所说的好事又是什么呢？是贞洁吗？我说不是的，因为世界将会绝种的。是婚姻吗？不是的，节欲要更好得多。是戒杀吗？不是的，因为无秩序将是可怕的，而且坏人将会杀死所有的好人。是杀人吗？不是的，因为那会毁灭人性。我们只不过具有部分的真和善，同时却掺杂着恶和假。

380—261(**386**)*37—51*

如果我们每夜都梦见同一件事，那么它对我们的作用就正如同我们每天都看到的对象是一样的。如果一个匠人每晚准有十二小时梦见自己是国王，那么我相信他大概就像一个每晚十二小时都梦见自己是匠人的国王是一样地幸福。

如果我们每夜都梦见我们被敌人追赶并且被这种痛苦的幻象所刺激，又如果我们每天都在纷繁的事务里面度过，像是我们旅行时那样；那么我们受的苦就和这些是真的时大概是一样的；并且我们就会害怕睡觉，正像我们怕当真会遇到这类不幸时我们就要担心睡醒是一样的。而且实际上它也差不多会造成像真实情况一样的恶果。

但是因为梦是各不相同的，而且同一个梦也是纷乱的，所以我们梦中所见到的就比我们醒来所见到的，其作用要小得多；这是由于醒有连续性的缘故，但它也并不是那么地连续和均衡乃至于绝无变化，仅只是并不那么突然而已，除非它是在很罕见的时候，例如在我们旅行时，那时我们就说："我好像是在做梦"；因为人生就是一场稍稍不那么无常的梦而已。

382—291（**387**）*86—391*

〔可能有真正的证明；但这一点并不确定。因而这一点并没有证明别的，只不过证明了连一切都不确定也并不确定而已；这是怀疑主义的光荣。〕

381—89（**388**）*163—431*

良好的意识——他们被迫不得不说："你并不是根据良好的信仰在行事的，我们并没有睡觉，等等。"我多么爱看这种高傲的理性却屈辱不堪地在祈求着啊。因为这不是一个旁人对他的权利有争论而他手里又有武器和力量可以保卫自己权利的人所说的话语。他并不高兴说，人们的行事不是根据良好的信仰，而他却要用武力来惩罚这种恶劣的信仰。

367—123（**389**）*693—394*

《传道书》指出，人若没有上帝就会沦于对一切都无知，并且沦于无可避免的不幸。① 因为既有愿望而又无能为力乃是不幸的事。现在，他想能够幸福并把握某些真理；可是他却既不能知道，

① 《传道书》第 8 章、第 17 节："我就看明上帝的一切作为，知道人查不出日光之下所作的事，任凭他费多少力寻查，都查不出来。就是智慧人虽想知道，也是查不出来。"

又不能不希望知道。他甚至于也不能怀疑。

385—98(**390**)*72—464*

我的天！这都是些多么愚蠢的说法："上帝创造世界是为了使它沉沦吗？他会向如此之脆弱的人们要求得那么多吗？等等。"①怀疑主义就是这种病的解药，它可以扫除这种虚荣。

387—294(**391**)*347—465*

谈话——伟大的字样：宗教，我否认它。

谈话——怀疑主义为宗教服务。

383—213(**392**)*206—525*

反对怀疑主义——〔……因而这是一件奇怪的事，即我们不能对这些东西加以界说，而又不把它们弄得模糊不清，虽则我们是完全明确地在谈它们。〕我们假设所有的人都以同样的方式理解它们；然而我们假定这一点却是毫无理由的，因为我们对这一点并没有任何证据。我的确看到人们在同样的情况下都在使用这些字眼，而且每当有两个人看到一个物体改变位置时，他们两个人就都以同样的字眼来表达对这同一个客体的看法，他们双方都在说它移动了；于是我们便从这种使用字句的一致性里得出了一种有关思想一致性的强烈推测。然而这一点在最后定案时却不是绝对令

① 按此处引号中的话为作者假设理性主义对于基督教与对于冉森主义所做的反驳。

人信服的，尽管我们很可以打赌说它是肯定的，因为我们知道我们常常会从不同的前提之中得出同样的结论来。

这一点至少足以混淆问题，并非这一点可以绝对地扑灭向我们保证着这些事物的那种天赋光芒，学院派[①]或许会胜利；然而这一点却使得它黯然无光，并困扰了教条主义者，这是怀疑主义党徒的光荣；怀疑主义者正在于这种含混不清的含混性以及某种令人可疑的蒙昧性，我们的怀疑并不能消除其中全部的光芒，而我们天赋的光明也不能扫清其中全部的阴霾。

286—205 * (**393**) *517—693*

最有趣的事情就是考虑一下：世界上有许多人已经抛弃了上帝的和自然的全部法律，却又自己制造了法律，并且严格地遵守这些法律，例如穆罕默德的兵士以及强盗、异端等等。逻辑学家[②]也是这样。鉴于他们已经突破了那么多如此之正当而又如此之神圣的法律，所以看来他们的放肆不羁就仿佛是没有任何界限，也没有任何障碍的。

389—293 (**394**) *431—591*

怀疑主义的、斯多噶派的、无神论者的等等，他们全部的原则都是真确的。但他们结论却是谬误的，因为相反的原则也是真确的。

---

① 据布伦士维格解说：怀疑主义者怀疑其自身的怀疑，因此认为一切知识都不可靠，一切选择都不可能；但“学院派”则认为有些意见有着更大的或然性，因此下赌注是合理的。

② “逻辑学家”此处指推理过分的怀疑主义者。

*273—287*** (**395**) *660—590*

本能、理性——我们对于作证是无能为力的，这是一切教条主义所无法克服的。我们对真理又具有一种观念，这是一切怀疑主义所无法克服的。

271—243 (**396**) *245—592*

有两件东西把全部的人性教给了人：即本能和经验。①

255—218 (**397**) *595—593*

人的伟大之所以为伟大，就在于他认识自己可悲。一棵树并不认识自己可悲。

因此，认识〔自己〕可悲乃是可悲的；然而认识我们之所以可悲，却是伟大的。

269—220 (**398**) *592—594*

这一切的可悲其本身就证明了人的伟大。它是一位伟大君主的可悲，是一个失了位的国王的可悲。

*256—129** (**399**) *489—595*

我们没有感觉就不会可悲；一栋破房子就不会可悲。只有人

① 据布伦士维格解说，此处“本能”指对于幸福的渴望，“经验”指对于人类不幸与堕落的知识。

才会可悲。Ego vir videns[①]。

278—223(**400**)*235—598*

人的伟大——我们对于人的灵魂具有一种如此伟大的观念，以致我们不能忍受它受人蔑视，或不受别的灵魂尊敬；而人的全部的幸福就在于这种尊敬。

277—96(**401**)*597—597*

光荣——畜牲绝不会互相羡慕。一匹马绝不会羡慕它的同伴；这并不是它们在比赛中彼此间没有竞争，而是那并不起作用：因为到了马厩里，就是最笨最蠢的马也不会把自己的燕麦料分给另一头的，像是人所愿望别人会对自己做出的那样。它们的德行本身就是自足的。

284—222(**402**)*435—599*

人的伟大是哪怕在自己的欲念之中也懂得要抽出一套可赞美的规律来，并把它绘成一幅仁爱的画面。

283—210(**403**)*599—660*

伟大——作用的原因就标志着能从欲念之中抽出一套那么美丽的秩序来的人类的伟大。

① 〔我是遭遇过的人。〕《耶利米哀歌》第3章、第1节："我是……遭遇困苦的人。"

*276—91*** (**404**) *451—596*

人的最大的卑鄙就是追求光荣,然而这一点本身又正是他的优异性的最大的标志,因为无论他在世上享有多少东西,享有多少健康和最重大的安适,但假如他不是受人尊敬,他就不会满足。他把人的理智尊崇得那么伟大,以致无论他在世上享有多大的优势,但假如他并没有在别人的理智中也占有优势地位,他就不会惬意的。那是世界上最美好的地位,无论什么都不能转移他的这种愿望;而这就是人心之中最不可磨灭的品质。

而那些最鄙视人并把人等同于禽兽的人们,他们也还是愿望着被人羡慕与信仰的,于是他们就由于自己本身的情操而自相矛盾了;他们的天性来得比一切都更加有力,他们的天性之使他们信服人的伟大要比理智之使他们信服人的卑鄙更加有力得多。

143—119 (**405**) *453—602*

矛盾——骄傲可以压倒一切可悲。人要么是隐蔽起自己的可悲;要么是假若他揭示了自己的可悲,他便认识了可悲而光荣化了自己。

*144—131*** (**406**) *528—618*

骄傲压倒了并且扫除了一切可悲。这是一个出奇的怪物,也是一种显然易见的偏差。他从自己的座位上跌了下来,他又在焦灼不安地寻求它。这就是人人都在做着的事情了。就让我们看谁会找到它吧。

141—137(**407**)*551—619*

当恶意有了理智在自己这一边的时候，它就变得傲慢并以其全部的光彩来炫耀理智。当严肃性或严厉的选择并没有能成就真正的美好，而必须回过头去追随天性时，它就由于这场向后转而变得傲慢。

279—134(**408**)*491—620*

恶是容易的，其数目无限之多；而善却几乎是唯一无二的。[①]然而有某种恶却和人们所谓的善是一样地难于发现；因此之故，人们就往往把那种特殊的恶当作了善。简直是需要有超凡伟大的灵魂才能够很好地达到它也像达到善一样。

268—221(**409**)*433—621*

人的伟大——人的伟大是那样地显而易见，甚至于从他的可悲里也可以得出这一点来。因为在动物是天性的东西，于我们人则称之为可悲；由此我们便可以认识到，人的天性现在既然有似于动物的天性，那么他就是从一种为他自己一度所固有的更美好的天性里面堕落下来的。

因为，若不是一个被废黜的国王，有谁会由于自己不是国王就

---

① 蒙田《文集》第1卷、第9章："毕达哥拉斯派认为善是确定的和有限的，恶则是无限的和不确定的。千百条道路都错过了洁白，唯有一条道路通向洁白。"

觉得自己不幸呢？人们会觉得保罗·哀米利乌斯[①]不再任执政官就不幸了吗？正相反，所有的人都觉得他已经担任过了执政官乃是幸福的，因为他的情况就是不得永远担任执政官。然而人们觉得柏修斯[②]不再做国王却是如此之不幸，——因为他的情况就是永远要做国王，——以致人们对于他居然能活下去感到惊异。谁会由于自己只有一张嘴而觉得自己不幸呢？谁又会由于自己只有一只眼睛而不觉得自己不幸呢？我们也许从不曾听说过由于没有三只眼睛便感到难过的，可是若连一只眼睛都没有，那就怎么也无法慰藉了。

268(a)—*52*(**410**)*493*—*622*

马其顿王柏修斯，保罗·哀米利乌斯——人们责备柏修斯不曾自杀。

274—*227*(**411**)*650*—*634*

尽管我们全部的可悲景象窒息着我们、紧扼着我们的咽喉，但我们却有一种自己无法压抑的本能在引我们上升。

316—*253*(**412**)*598*—*628*

人的理智与感情之间的内战。

① 保罗·哀米利乌斯(Paul Émile，即 Paul Emilius)于公元前 182 年与前 168 年曾两度任罗马执政官，第二次任执政官时击败马其顿王柏修斯。

② 柏修斯(Persée，即 Perseus)为马其顿末代国王，公元前 179—前 168 年在位，公元前 168 年为保罗·哀米利乌斯击败被俘。

假如只有理智而没有感情，……

假如只有感情而没有理智，[①]……

但是既有这一个而又有另一个，既要与其中的一个和平相处就不能不与另一个进行战争，所以他就不能没有战争了；因而他就永远是分裂的，并且是自己在反对着自己。

317—249(**413**)*251—601*

这场理智对感情的内战就把向往和平的人分成两派。一派愿意否定感情而变为神明；另一派则愿意否定理智而变为禽兽。〔戴巴鲁[②]〕然而他们无论是哪一派都做不到这一点；于是理智就永远逗留着，它控诉感情的卑鄙和不义，它搅乱了那些委身于其中的人们的安宁；同时感情也是永远活跃在那些想要否定它的人们的身上。

184—127(**414**)*468—629*

人是那么地必然要愚妄，以至于不愚妄竟以另一种愚妄的姿态而成为了愚妄。[③]

---

① “假如只有理智而没有感情”，或者“假如只有感情而没有理智”，那么就不会有“人的理智与感情之间的内战”。

② 戴巴鲁(Des Barreaux，1602—1673)当时以荡子闻名，塔莱芒(Tallemant)保留下来了他的这样一句话：“我跟着自己的理智颠簸而变为禽兽。”

③ 拉·罗煦福高《箴言集》第231：“要想成为完全的智慧乃是一桩最大的愚妄。”据布伦士维格解说，本段意谓愚妄乃是人的天然状态，人不愚妄就不会有生活的地位或生存的理由，因而人的存在本身就变成了另一桩愚妄。

254—242(**415**)*628—438*

人性可以通过两种方式加以考察:一种是根据他的目的,这时候人就是伟大无比的;另一种是根据群体,[①]正如我们要成群地来判断马性和狗性就得看它的驰骋 et animum arcendi[②] 那样,这时候人就是邪恶下流的。这是两种方式,它们使我们对人作出了不同的判断,并引起了哲学家们那么多的争论。

因为每一方都否认了另一方的假设;一方说:“人并不是为了那种目的而生的,因为他的一切行为都与之背道而驰”;另一方则说:“当他做出这些卑鄙的行为时,他就背离了他的目的。”

314—237(**416**)*594—580*

为波·罗。[③] 伟大与可悲——可悲是从伟大里面结论出来的,伟大是从可悲里面结论出来的:一方是以伟大为证据而格外结论出可悲来,而另一方则正是根据可悲本身推论而格外有力地结论出伟大来;凡是一方所能用以说明伟大的一切,就只是为另一方提供了结论出可悲来的论据;因为我们越是从高处跌落下来,也就越发可悲,而在另一方则恰好相反。[④] 他们每一方都被一场无休止的循环带到了另一方;能够确定的就只是:随着人们之具有光

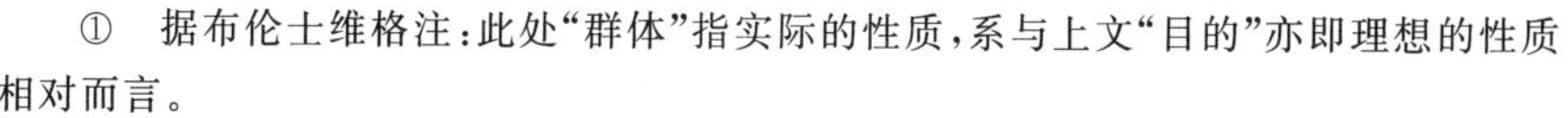

① 据布伦士维格注:此处“群体”指实际的性质,系与上文“目的”亦即理想的性质相对而言。

② 〔与守卫的本能。〕按驰骋为马性,守卫的本能为狗性。

③ 读作“为波·罗雅尔而作”。

④ “恰好相反”指越是可悲,就证明我们站得越高。

明，他们就会发现人身上既有伟大又有可悲。总之，人认识自己是可悲的：他是可悲的，因为他本来就是的；但他又确实是伟大的，因为他认识可悲。

315—161(**417**)*479—448*

人的这种两重性是如此之显著，以至于有人以为我们具有两个灵魂。[①] 一个单一的主体，在他们看来仿佛是不可能这样的，并且如此之突然地使内心从一种过分的傲慢转化为一种可怕的沉沦。

*328—236**(**418**)*492—449*

使人过多地看到他和禽兽是怎样的等同而不向他指明他的伟大，那是危险的。使他过多地看到他的伟大而看不到他的卑鄙，那也是危险的。让他对这两者都加以忽视，则更为危险。然而把这两者都指明给他，那就非常之有益了。

绝不可让人相信自己等于禽兽，也不可等于天使，也不可让他对这两者都忽视；而是应该让他同时知道这两者。

*332—18**(**419**)*589—450*

我不能容许人依赖自己，或者依赖别人，为的是好使他们既没

---

① "有人"指蒙田。蒙田《文集》第2卷、第1章："我们如此之柔顺表现出来的这种变化和矛盾，就使得有些人想象着我们具有两个灵魂，又使得另一些人想象着我们具有两种能力，每一种各以其自己的方式在跟随着我们并推动着我们，一种是推向善，另一种是推向恶；如此截然的歧异是不会调和在一个单一的主体之内的。"

有依靠又没有安宁……

330—245 * (**420**) *259—201*

如果他抬高自己，我就贬低他；如果他贬低自己，我就抬高他；并且永远和他对立，直到他理解自己是一个不可理解的怪物为止。

333—39 (**421**) *593—441*

我要同等地既谴责那些下定决心赞美人类的人，也谴责那些下定决心谴责人类的人，还要谴责那些下定决心自寻其乐的人；我只能赞许那些一面哭泣一面追求着的人。

693—306 (**422**) *487—439*

最好是由于徒劳无功地寻求真正的美好而感到疲惫，从而好向救主伸出手去。

331—234 * (**423**) *774—440*

对立性。在已经证明了人的卑贱和伟大之后——现在就让人尊重自己的价值吧。让他热爱自己吧，因为在他身上有一种足以美好的天性；可是让他不要因此也爱自己身上的卑贱吧。让他鄙视自己吧，因为这种能力是空虚的；可是让他不要因此也鄙视这种天赋的能力。让他恨自己吧，让他爱自己吧：他的身上有着认识真理和可以幸福的能力；然而他却根本没有获得真理，无论是永恒的真理，还是令人满意的真理。

因此，我要引人渴望寻找真理并准备摆脱感情而追随真理（只要他能发现真理),既然他知道自己的知识是怎样地为感情所蒙蔽;我要让他恨自身中的欲念,——欲念本身就限定了他,——以便欲念不至于使他盲目做出自己的选择,并且在他做出选择之后也不至于妨碍他。

437—248(**424**)*747—486*

所有这些对立,看来仿佛是最使我远离对宗教的认识的,却是最足以把我引向真正宗教的东西。

第 七 编

370—300（**425**）*590—447*

第二部。**论人没有信仰就不能认识真正的美好，也不能认识正义**。——人人都寻求幸福，这一点是没有例外的；无论他们所采用的手段是怎样的不同，但他们全都趋向这个目标。使得某些人走上战争的，以及使得另一些人没有走上战争的，乃是同一种愿望；这种愿望是双方都有的，但各伴以不同的观点。意志除了朝向这个目的而外，就绝不会向前迈出最微小的一步。这就是所有的人，乃至于那些上吊自杀的人的全部行为的动机。

可是过了那么悠久的岁月之后，却从不曾有一个没有信仰的人到达过人人都在不断瞩望着的那一点。人人都在尤怨：君主、臣民，贵族、平民，老人、青年，强者、弱者，智者、愚者，健康人、病人，不分国度，不分时代，不分年龄和境遇。

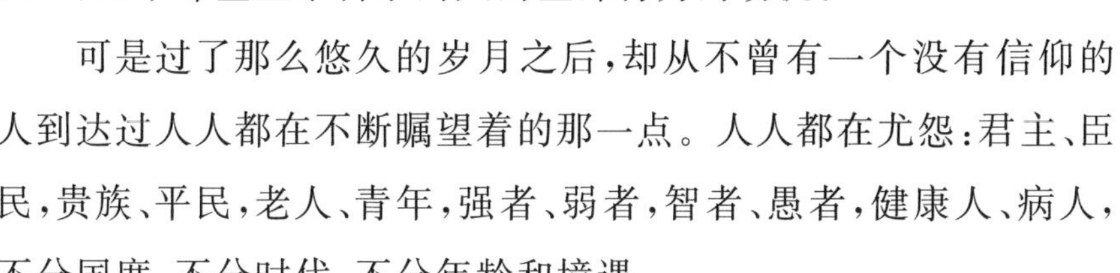

一场如此悠久、如此持续而又如此一致的验证，应该是很可以令我们信服，我们是无力凭借自己的努力而达到美好的了；然而先例并没有教导我们什么。从来都不会有那么完全的相似，乃至于竟不存在某些细微的分歧；因此之故，我们就期望着我们的期望在这种场合之下将不至于像是在别的场合那样受欺骗。从而，既然当前永远都满足不了我们，经验[①]便捉弄我们，并引导我们从不幸到不幸，直到构成它那永恒峰顶的死亡为止。

然则，这种渴求以及这种无能向我们大声宣告的又是什么呢？——假如不是说人类曾经一度有过一种真正的幸福，而现在人类却对它仅只保留着完全空洞的标志和痕迹，人类在徒劳无益地力求能以自己周围的一切事物来填充它，要从并不存在的事物之中寻求他所不能得之于现存事物的那种支持。然而这一切都是做不到的，因为无限的深渊只能是被一种无限的、不变的对象所填充，也就是说只能被上帝本身所填充。

唯有上帝才是人类真正的美好：而自从人类离弃了上帝以后，那就成了一件稀罕的事了；自然界中没有任何东西能够取代上帝的地位：星辰、天空、大地、原素、植物、白菜、韭菜、动物、昆虫、牛犊、蝮蛇、病热、疫疠、战争、饥馑、罪行、浪荡、乱伦。而且自从人类丧失了真正的美好以来，一切对他们就都可能显得是同等地美好，甚至于他们自身的毁灭，[②]尽管这是那样地违背上帝、违背理智而又违背整个的自然。

有人求之于权威，另有人求之于好奇心或求之于科学，又有人求之于肉欲。还有人事实上已经是更接近它了，他们以为人人都在渴求着的那种普遍的美好，必然不应该只存在于任何个别的事物；个别的事物只能为一个人所独享，若是分享时，则它使它的享有者由于缺少了自己所没有的那部分而感受到的痛苦，将更有甚

① 此处“经验”(expérience)一词，波・罗雅尔本作“希望”(espérance)。布伦士维格认为“希望”一词字面上较通顺，却并不符合作者原意，因为经验才是真正的教训。

② 指自杀，斯多噶派认为人可以自杀。

于它由于带给它的享有者的那部分欢愉而使之感受到的满足。他们认识到真正的美好应当是那种为所有的人都能同时享有的美好,既不会减少,也不会使人嫉妒,也没有人会违背自己的意愿而丧失它。而他们的理由是,这种愿望既然对人是天赋的,——因为它必然是人人都有的,并且是不可能没有的,——所以他们就由此结论说[①]——。

368—301 * (**426**) *780—433*

真正的本性既经丧失,一切就都变成了它的本性;正如真正的美好既经丧失,一切就都变成了它的真正的美好。

275—312 (**427**) *450—443*

人类并不知道要把自己放在什么位置上。他们显然是走入了歧途,从自己真正的地位上跌下来而再也找不到它。他们到处满怀不安地而又毫无结果地在深不可测的黑暗之中寻找它。

7—456 (**428**) *798—442*

如果以自然来证明上帝乃是脆弱性的一种标志[②],那就不该轻视圣书;如果认识到这些相反性乃是力量的一种标志,那就应该尊重圣书。

① 据布伦士维格解说:权威、好奇心与肉欲三者在本质上均属于个人,唯有理性的思想系以普遍的美好为其对象,它只在于内心的自由,所以每个人都可以同等地获得它而不必伤害或嫉妒别人。

② 可参看以上有关"一个隐蔽的上帝"各段。

369—101(**429**)*615—448*

人类的卑贱，竟至于向禽兽屈服，竟至于崇拜禽兽。

483—309，437(**430**)*570—487*

为波·罗[①](在已经解说过不可理解性之后再开始)——人类的伟大与可悲是那样地显而易见，所以真正的宗教就必然要教导我们：人类既有着某种伟大的大原则，同时又有着一种可悲的大原则。因而它就必须为我们说明这些可惊可异的相反性的原因。

为了使人幸福，它就必须向人们揭示：上帝是存在的；我们有爱上帝的义务；我们真正的福祉就存在于上帝之中，而我们唯一的罪过就是脱离上帝；它应该承认我们是被黑暗所充满着，黑暗妨碍了我们去认识上帝和热爱上帝；这样我们的义务就迫使我们要爱上帝，而我们的欲念却使我们背弃上帝，我们是被不正义所充满着。它必须能向我们说明，我们之所以要对上帝并对我们自己的美好做出这种反对的原因。它必须能教导我们如何去补救这些无能为力以及获得这些补救的办法。让我们就据此来检察世界上的各种宗教吧，让我们看看除了基督教而外，有没有任何一种别的宗教是能满足这些的。

提出我们自身之内的美好作为全部的美好，这就是哲学家了吗？真正的美好就在这里面吗？他们找到了对我们苦难的补救之

① “为波·罗”读作“为波·罗雅尔而作”。本段系帕斯卡尔为参加波·罗雅尔的一次会议而写的论纲。

道吗？把人置于与上帝相等的地位[①]，是不是就可以医治好人们的虚妄了呢？把我们等同于禽兽的那些人，以及给了我们地上的欢乐作为全部的美好、甚至于是在永生中的美好的那些回教徒，他们是不是就给我们的欲念带来了补救之道呢？可是，又有哪种宗教能教导我们医治好骄傲和欲念呢？到底又有哪种宗教能教导我们认识我们的美好、我们的义务、使我们背弃宗教的种种脆弱性、这些脆弱性的原因、能够医治它们的补救之道以及获得这些补救之道的办法呢？

其他一切的宗教都做不到这一点。让我们来看上帝的智慧能做出什么吧！

他说："不要期待真理，也不要期待人们的慰藉。我就是那个曾经造成了你的人，唯有我才能教导你知道你是谁。然而你现在已经不是我当初造成你的那样子了。我创造的人是神圣的、无辜的、完美的；我使他充满光明和智慧；我把我的光荣和奇迹传给他。那时候人的眼睛看见过上帝的庄严，他那时候还没有陷入使他盲目的种种黑暗之中，也没有陷入使他痛苦的那种死亡和种种可悲之中。然而他却不能承受这样大的光荣而不沦于虚妄。他想使自己成为自己的中心，而不靠我的帮助。他躲避我的统辖；于是，由于他渴望在自身之中寻求自己的福祉而使他自己能与我对等，我就把他委弃给了他自己；并且我使原来对他俯首听命的被创造物都起来反抗，使它们都成了他的敌人：从而人类今天就变得有似于

① 指艾比克泰德与赛涅卡；艾比克泰德认为智者是上帝的客人，赛涅卡认为智者超出上帝。

禽兽，并且是那样地远离了我，以至于他差不多再也没有一点对他的创造者的朦胧的光明了；他的全部知识都已经熄灭与混乱到了那种地步！独立于理智之外并且往往成为理智的主宰的感官，把他引向追求欢乐。一切被创造物不是在刺痛他就是在引诱他，并且不是在以其力量屈服他就是在以其甜蜜迷惑他，从而便统治了他；这是格外可怕而又格外横暴的一种统治。

“这便是人类今天所处的状态。他们也还残存着他们第一天性之中的某些微弱无力的幸福本能，但他们却已投身于已经成为他们第二天性的那种盲目与欲念的可悲状态之中了。

“从我向你们所指示的这条原则，你们就可以认识那么多的相反性的原因了；这些相反性曾经使得人人都惊异，并把他们分为如此之分歧的各种情操。现在就来观察一下那么多可悲的考验所无法窒息的那种伟大与光荣的全部运动吧，就来看看其原因是不是必定不会在另一种天性之中吧。”

为明天的波·罗而写（**拟人式**）——“人们啊！你们在你们的自身之中寻求对你们那种可悲的补救之道，那是枉然的。你们全部的光明所能达到的只不过是认识到，你们绝不会在你们自身之中找到真理或者美好。哲学家们曾向你们这样允诺过，而他们并没有做到。他们既不知道你们真正的美好是什么，也不知道你们真正的状态是什么。[1] 他们对你们的祸患连认都不认得，又怎么

① 按初稿中此处尚有如下的话：“我是唯一能使你们认识这些东西的人；凡是谛听我的，我就把这些教给他们。我所付给人们手中的书籍将十分明晰地揭示这些；但我并不愿意这些知识如此公开。我教给人们以可能使他们幸福的东西。为什么你们拒绝谛听我呢？不要在大地上寻求满足吧，不要希望人间的任何东西吧；你（接下页）

能提供补救之道呢？你们的大患就在于引你们脱离上帝的骄傲和把你们束缚于地上的欲念；而他们所做的事却无非至少也是在培养这两种大患中的一种。如果他们向你们提出以上帝为目的，那也不过是为了激起你们的高傲；他们使你们想到，你们由于你们的本性就类似于并且吻合于上帝。而那些看出了这种提法的虚妄的人，则又把你们投上了另一个悬崖绝壁；他们使你们理解到你们的本性和禽兽的本性是相像的，并引你们到动物也享有的种种欲念里面去追求你们的美好。可以治疗你们不义的办法并不在这里，那是这些聪明人根本就不认识的。唯有我才能使你们理解到你们是什么，而[①]……

亚当，耶稣基督。

如果你们与上帝合一，那乃是由于神恩，而不是由于天性。如果你们屈卑，那乃是由于忏悔，而不是由于天性。

因而，这种双重的能力……

你们并不是处于你们被创造时的状态。

这两种状态既然都是公开的，所以你们就不可能不认识它们。追索你们的行动吧；观察你们自己吧，看看你们是不是不能发现这两种天性的活生生的特征吧。在单一的主体里能发现有这么多的矛盾吗？

不可理解。——一切不可理解的并没有中止其存在[②]。无穷

(接上页)们的美好只在上帝之中，最高无上的福祉就在于认识上帝，就在于使自己在永恒之中永远与上帝结合。你们的义务就是要全心全意爱上帝。他创造了你们……”

① 此处页边原有下列字样，后被涂掉：“我并不要求你们盲目信仰。”

② 这句话在手稿中是单独写在页旁的。

数。无限的空间等于有限。

——上帝与我们合一，这是无法置信的。[①] ——这种想法仅只是从我们卑贱的观点得出来的。但假如你对它的确是真诚的话，那么就请追随它也像我走得一样远吧；就请承认我们确实是那样卑贱，以致我们只凭自己并不能认识上帝的仁慈是否会使我们配得上他。因为我很愿意知道这种动物——他们承认自己是那么地脆弱——何以能有权来衡量上帝的仁慈并给他加以自己的幻想所提示的种种限制。他对于上帝是什么知道得那么少，以至于他也并不知道他自己是什么；而且他对于他自己状态的看法也是完全混乱的，所以他不敢说上帝就不能使他有能力与上帝交通。

可是我要问他，除了认识上帝因而爱上帝之外，上帝是否还向他要求别的东西；他既然天生能够热爱又能够有知识，何以他相信上帝就不能使自己为他所认识并为他所热爱？毫无疑问，他至少认识他自己是存在的并且是热爱某些东西的。因而，假如他在自己所处的黑暗之中窥见了某些东西，假如他在地上的事物之中发现了有某些可爱的主题；那么——假使上帝给了他以上帝自己的本质的某些光芒的话，——为什么他就不能用使得上帝高兴与我们相交通的那种方式来认识上帝并热爱上帝呢？因此，在这类推理过程之中毫无疑问地包含有一种站不住脚的假设，尽管它看来仿佛是奠立在一种外表上很谦逊的基础之上的样子，但假若它不能使我们承认：我们自身既不知道我们是什么，所以只能是从上帝那里学到这一点，那么它就既不是真诚的，也不是合理的。

① 这是作者所假设的反诘，下面是作者对这一反诘的答复。

(430)

“我的意思并不是要你把自己的信仰毫无理由地屈从于我，我也不是想以专制来压服你。我也并不自命能向你说明一切事物的道理。为了调和这些相反性，我想以令人信服的证明使你明确地看到我身上的神圣的标志，它们会使你信服我是什么，并以你所不能拒绝的奇迹和证明而给我带来权威；于是你就可以毫不……[①]地相信我所教导你的那些东西，当你除了根据你自身并不能认识它们的是非而外就再也找不到别的理由可以拒绝它们的时候。

“上帝愿意救赎人类，并对追求得救的人们敞开得救之门。然而人类却使他们自己那样地不配得救，以至于上帝由于某些人的顽固不化的缘故，便拒绝给他们以他出于仁慈——这种仁慈本不是这些人的应份——而赐给别人的东西；这是完全正当的。假设他曾愿意克服最顽固不化的人的扭执的话，那么他只消向他们那么昭彰地显示出自己来，使得他们无法怀疑他那本质的真实，就可以做到这一点了；就像到了世界末日将会出现的那样，那时将充满着雷霆的巨响与自然界的颠倒混乱，以致死者将要复活而最盲目的人也将要看见。

“他想在他的仁慈来临之中显现，但不是以这种方式：因为既然有那么多的人都使自己配不上他的仁恩，所以他就愿意让他们被剥夺了他们所并不想要的那种美好。因而，他若是以一种昭彰显著的神明的方式而出现并绝对能令所有的人都信服，那便是不恰当的了；然而，他若以如此之隐蔽的一种方式而到来，以致他竟

① 按此处原手稿中“毫不”下遗漏一个副词。舍瓦里埃《帕斯卡尔全集》本此处作“毫不迟疑”。

不能被那些真诚在追求他的人们所认识，那也是不恰当的。对那些人，他确曾愿意使他自己完全能被认识；这样，他既愿意公开地向那些全心全意在追求他的人显现，而又要向那些全心全意在躲避他的人隐蔽起来，他便节制了人们对他的认识，从而他就使得自己的标志为那些追求他的人看得见，而又为那些不追求他的人看不见。对那些一心渴望看得见的人，便有足够多的光明；而对那些怀着相反的心意的人，便有足够多的幽晦。”

388—394(**431**)*816—489*

没有任何别的宗教曾经认识到人是最优越的被创造物。有的宗教很好地认识到了人的优越性的真实，便把人类对自己本身天然所怀有的卑贱情操当作是卑鄙可耻和忘恩负义；而另有的宗教很好地认识到了那种卑贱是何等地有效，便以一种高傲的讥讽来对待同样是属于人们天然所有的那些伟大的情操。

有的宗教说：“抬起你的眼睛仰望上帝吧；看看上帝吧，你是和他相类似的，而他创造了你就是为了崇拜他。你可以使自己和他类似；只要你愿意追随智慧，智慧就将使你和他相同。”艾比克泰德说：“自由的人们啊，抬起你们的头来吧。”[①]另有的宗教则向人说：“低下你们的眼睛俯视地面吧，你们只是一些可怜的虫豸，看看禽兽吧，你们就是它们的同伍。”

然则，人类将会变成什么呢？他们将等同于上帝呢，还是等同于禽兽呢？何等可怕的距离啊！然则，我们将成为什么呢？从这

---

① 引文见艾比克泰德《谈话录》卷1、第18章、第20节。

一切里，谁还能看不到：人类已经走入歧途，人类已经从自己的位置上堕落下来，他们满怀不安地在追求他，但再也不能找到他。然则，谁能引导他们到那里呢？最伟大的人也没有能做到这一点。

384—295(**432**)*789—491*

怀疑主义是真确的。因为毕竟人类在耶稣基督的面前并不知道自己究竟是在哪里，也不知道自己究竟是伟大还是渺小。而那些曾说过是前者或者是后者的人们，也对此一无所知，只是毫无道理地根据偶然在猜测；而且他们在摒弃前者或者后者时，总是会犯错误的。

Quod ergo ignorantis quaeritis，religio anuntiat vobis。[①]

426—409(**433**)*523—479*

在已经理解了全部的人性以后——要使一种宗教成为真的，它就必须认识我们人性。它就应该认识人性的伟大与渺小，以及这两者的原因。除了基督教徒而外，谁又曾认识这些呢？

438—246(**434**)*223—492*

怀疑主义者的主要力量[②]——我撇开次要的——就是，在信

① 〔凡是你们无知无识而在寻求着的东西，宗教就会告诉你们。〕《使徒行传》第17章、第23节："你们所不识而敬拜的，我现在告诉你们。"按引文与原文意义显然不同。

② 波·罗雅尔本在本段开头尚有如下的话："人性之中最奇怪的东西莫过于我们在一切事物里都会发现相反性了。人是为了认识真理而生的，他热烈地渴望真理，他寻求真理；然而当他力图掌握真理时，他就缭乱颠倒到这样的地步，以致对于（接下页）

仰与启示之外，除非我们根据自己身上天然所感受到的东西，否则就无从确定这些原则是不是真理。然而这种天然的感受并不是有关它们真理的一种令人信服的证明；因为既然除了信仰而外就不能确定人类究竟是被一个善良的上帝、还是被一个作恶的魔鬼[①]所创造的，抑或只是出于偶然，所以我们所接受的这些原则究竟（就我们的根源来说）是真是假还是不确定，也就有疑问了。还有，除了信仰而外就没有人能有把握说自己究竟是醒着的还是睡着的；这是由于我们在睡梦中坚信自己是醒着的，正如我们真正醒着时一样，我们相信看到了空间、数目和运动，我们感到了时间流逝，我们计算着它；并且最后我们还像醒着一样地在行动着；从而根据我们的自白，一生就有一半是在睡梦中度过的，这时不管它向我们表现什么样子，但我们并没有任何真确的观念；既然我们这时的一切感受都是幻象，那么谁又能知道一生中我们自以为是醒着的那一半，就不是另一场与前一次（当我们自以为是睡梦时，我们却从其中醒了过来的）略有不同的梦了呢？

〔假如我们梦见在一起，而这些梦又偶然相符，——这是常有的事，——而我们醒来却是孤独的，那么谁又能怀疑我们竟会不相信事情是被颠倒过来的呢？最后，我们既然常常梦见我们在做梦，梦上加梦，那么难道不可能我们一生中自以为是醒着的那一半，其

（接上页）是不是掌握了真理竟然引起了争论。这就是产生了怀疑主义者与教条主义者这两派的原因，其中一派想要取消人对真理的一切知识，另一派却力图肯定它，然而两者的理由都是如此薄弱，所以它们就只会增加人的混乱与惶惑，因为人除了在自己天性中所发现的光明而外，就再没有别的光明。”

① 笛卡尔《沉思录》第一编曾提示可能存在一个作恶的魔鬼，此处的论证全仿笛卡尔。

本身也就只不过是一场梦境而已么？其他的梦就都是嫁接在这场梦上面，这场梦我们要到死才会醒过来，而在这场梦中我们所具有的真与善的原则，就正像在自然的梦里是同样地稀少；或许这些激荡着我们的种种不同的思想都只不过是幻念，正如时间的流逝或者我们梦中的幻景那样？〕

以上便是双方的主要论据之所在。

我将撇开次要之点，例如怀疑主义者所提出的反对习俗、教育、风尚、国度的影响以及诸如此类的言论；这些东西尽管束缚着绝大部分只会根据这类虚幻的基础而进行教条化的普通人，却被怀疑主义者不费吹灰之力就给推翻了。如果这还不足以说服我们，那么我们只消看一看他们的书，我们立刻就会被说服的，或许还嫌太多了呢。

我要谈一下教条主义者独一无二的强点，那就是当我们满怀信心并真诚地在讲话的时候，我们是无法怀疑自然的原则的。怀疑主义者则用我们起源（其中包括我们天性）的不可靠性这些字样来反驳这一点；而教条主义者自从世界存在以来就一直在对此进行答辩。

这是一场人与人之间的公开战争，每个人都必定要参与这场战争的，并且必然地不是站到教条主义的行列，就是站到怀疑主义的行列。因为凡是想要保持中立的人首先就是怀疑主义者；这种中立性就是犹太神秘哲学的本质：凡不反对他们的人就是出色地在拥护他们。〔他们的优点就表现在这里〕他们并不拥护他们自己，他们是中立的、无动于衷的、对一切都置身局外，对自己也不例外。

然则,人在这种状况之下该怎么办呢?他将怀疑一切吗?他将怀疑自己是醒着的吗?是有人在针刺他吗?是有人在火烧他吗?他要怀疑自己是否在怀疑吗?他将怀疑自己是否存在吗?[①]我们并不能达到这种地步;并且我还要指出,事实上从来就不曾有过完全彻底的怀疑主义者。天性在支持着软弱无力的理性,并且禁止它夸大到那一步。

然则反之,他将要说他确实是掌握了真理么?但禁不起别人一追究,他就只好表明自己并没有任何资格这样说,并且不得不放弃自己的据点。

因而,人是怎样的虚幻啊!是怎样的奇特、怎样的怪异、怎样的混乱、怎样的一个矛盾主体、怎样的奇观啊!既是一切事物的审判官,又是地上的蠢材;既是真理的贮藏所,又是不确定与错误的渊薮;是宇宙的光荣而兼垃圾。

谁能来排解这场纠纷呢?[②] 天性挫败了怀疑主义者,而理智又挫败了教条主义者。人们啊,你们在以你们的天赋的理智探索你们的真实情况到底是什么样子,但你们自己将会变成什么样子呢?你们既不能躲避这两派之中的一派,又不能支持任何一派。

高傲的人们啊,就请你们认识你们自己对于自己是怎样矛盾的一种悖论吧!无能的理智啊,让自己谦卑吧;愚蠢的天性啊,让

---

① 可参看笛卡尔《沉思录·沉思Ⅰ》,《哲学原理》第一部,原理Ⅰ—Ⅶ。

② 按此处原作:“毫无疑问,这一点是超乎教条主义者与怀疑主义以及人间的一切哲学之上的。人是超乎人之上的。但愿我们承认怀疑主义所那么大声疾呼的东西吧:真理并不是属于我们的能力和我们的活动范围之内的,它并不在地上,它的家在天上,它居住在上帝的怀里,我们只有按他所高兴启示给我们的,才能认识它。因此,就让我们从这种不是被创造的,而是道成肉身的真理里面学习我们真正的本性吧。”

(434)

自己沉默吧；要懂得人是无限地超出于自己的，从你的主人那儿去理解你自己所茫然无知的你那真实情况吧。谛听上帝吧！

因为归根结底，假如人从来就不曾腐化，那么他就会确有把握在他的清白无辜之中既享有真理又享有福祉了；而假如人从来就只是腐化的，那么他就既不会对真理也不会对赐福具有任何观念了。然而，尽管我们是不幸的，——这更有甚于假如我们的境况之中根本就没有伟大，——我们却既有着对幸福的观念，而又不能达到幸福；我们既感到真理的影子，而又只掌握了谎言；我们既不能绝对无知，而又不可能确实知道，所以我们曾经处于一种完美的境界而又不幸地从其中堕落下来，也就是再明显不过的了。[①]

然而最可惊异的事却是：距离我们知识最遥远的神秘——也就是罪恶的传递这一神秘[②]——竟是这样一种东西，没有它我们就不能够对我们自己具有任何知识！因为毫无疑问，没有什么比这种说法更能震惊我们理智的了，说是最初的人的罪恶竟使得那些如此之远离这一根源并且似乎是不可能参与这一罪恶的人也要有罪。这种传授在我们看来不仅是不可能的，而且甚至于似乎是非常之不公正的；因为为着一个不可能有意志的婴儿似乎是那么与之无关的一种罪恶——那是在他尚未出生的六千年[③]之前就犯下了的——而永恒地惩罚一个婴儿；还能有什么比这更加违反我们

① 此处原有如下字样："因此让我们想象，人的境况乃是双重的。因此让我们想象，人是无限地超出于人之外的，而且不靠信仰的帮助他自己对于自己就是不可思议的。因为谁能看不出若是没有这种对于人性的两重境况的知识，我们就要对于我们自己的人性陷于无法克服的无知之中呢。"

② "罪恶的传递这一神秘"指原罪。

③ "六千年之前"为传说中亚当的年代。

可怜的正义准则的呢？的确没有什么能比这种学说更粗暴地触犯我们了；然而，没有这一切之中最不可理解的神秘，我们就对于我们自己是不可理解的。我们境况的症结在这一深渊里是回环曲折的；从而人如果没有这一神秘，就要比这一神秘对人之不可思议更加不可思议。

〔由此看来，仿佛是上帝愿意使有关我们生存的难题为我们本身所不能理解似的，所以他才把这个症结隐蔽得那么高，或者最好是说隐蔽得那么深，以至于我们完全不可能达到它；从而就不是由于我们理智的高傲的活动而是由于理智的朴素的屈服，我们才能真正认识自己。

这些根据宗教之不可侵犯的权威而牢固奠定的基础，就使我们认识到信仰有两条同等永恒不变的真理：一条是人类处于创世记的状态或者说处于神恩的状态时，是被提高到整个自然界之上的，他们被创造得有似于上帝并且分享上帝的神性；另一条是人类在腐化与罪恶的状态时，他们就从前一种状态之中堕落下来并且沦为与禽兽相似。

这两条命题是同样地坚固而确实。圣书明明白白向我们宣布过它们，圣书在有些地方说：Deliciae meae esse cum filiis hominum[①]。Effundam spiritum meum super omnem carnem[②]。Dii estis。[③] 等

① 〔我的喜悦与世人在一起。〕《箴言》第 8 章、第 31 节："喜悦住在世人之间。"

② 〔我要把我的精神倾注在一切肉身上。〕《以赛亚书》第 44 章、第 3 节："我要将我的灵魂灌你的后裔。"《约珥书》第 2 章、第 28 节："我要将我的灵浇灌凡有血气的。"

③ 〔你们是神。〕《诗篇》第 82 篇、第 6 节："你们是神。"

等;而在另外的地方又说:Omnis caro foenum。[①] Homo assimilatus est jumentis insipientibus,et similis factus est illis[②]。Dixi in corde meo de filiis hominum。《传》第 3 章[③]。

由此看来,显然人类是由于神恩而被创造得有似于上帝并分享他的神性;但没有神恩,人类就有似于赤裸裸的禽兽了。〕

*439—402(**435**)751—493*

没有这种神圣的知识,则除了要么就是在他们以往的伟大所遗留给他们的那种内心的情操之中提高自己,要么就是在他们现有的脆弱的景象之中自甘堕落,此外人类又还能做什么呢?[④] 因为看不见全盘的真理,他们就不能达到完美的德行。有人把天性看成是完美无瑕的,另有人则看成是不可救药的,于是他们就无法逃避一切邪恶的这两大根源:即,不是骄傲,便是怠惰;因为〔他们〕只〔能〕要么是由于怯懦而委身于它,要么便由于骄傲而脱离它。因为如果他们认识人的优异性,他们就会忽视人的腐化,从而他们

① 〔一切血肉都是腐草。〕《以赛亚书》第 40 章、第 6 节:"凡有血气的尽都如草。"

② 〔人没有思想就可以比作禽兽,并且变成它们的同类。〕《诗篇》第 49 篇、第 20 节:"人在尊贵中而不醒悟,就如死亡的畜类一样。"

③ 〔我心里在说为了世人。〕《传道书》第 3 章、第 18 节:"我心里说这乃为世人的缘故。"

④ 此处初稿作:"他们处在无力窥见完全的真理之中,又能做什么呢? 假如他们认识我们境况的尊严,他们就会忽视其中的腐化;否则,假如他们认识其中的不坚定,他们就会忽视其中的优异性;并且无论追循这两条道路中的哪一条来观察天性,无论把天性看作是完美无瑕的或者是看作不可救药的,他们都会随着他们的想法不是堕入高傲,就是陷于绝望;于是除了与错误相混淆而外就再也看不见真理,而他们也就不会有德行。"

虽则很能避免怠惰，却陷入于高傲；而如果他们承认天性的不坚定，他们就会忽视天性的尊严，从而他们虽然很能避免虚荣，但这又坠入于绝望之中。由此便产生了斯多噶派与伊壁鸠鲁派、教务派与学院派等等各式各样的派别。

唯有基督的宗教才能治疗这两种邪恶，但并不是以世俗的智慧，由其中的一种驱除另一种，而是以福音书的朴素同时驱除这两者。因为它教导正义的人说，它可以提高他们直到分享神性本身；但在这种崇高的状态中，他们却仍然带有使他们终生屈从于错误、可悲、死亡、罪恶的全部腐化的根源。它又向最不虔敬的人宣告说，他们也能够得到他们救主的神恩。这样，就既使得为它所认可的那些人战栗而又慰抚了它所惩罚的那些人，于是它就以人人所共同的那种神恩与罪恶的双重能力而那么公正地以希望缓冲了恐惧。从而，它要比单独以理智所能够做到的更加无限地使人谦卑，但又不令人绝望；它又比天性的骄傲更加无限地使人高尚，但又不令人头脑发胀：它使人由此便很好地看到，既然唯有它才能免于错误与邪恶，所以就只有它才既能教诲人类而又能矫正人类。

因而，有谁能拒绝使人信仰它们和崇拜它们的那种上天的光明呢？因为我们在我们自身之中就感到了优异性的不可泯灭的特征，这难道不是比白日还更加明白的事吗？而我们又无时无刻不在体验着我们可哀叹的情况的作用，这难道不也是同样真确无疑的吗？因而，这种混沌与可怕的混乱除了是以一种如此之有力乃至不可能加以抗拒的声音在向我们宣布这两种状态的真理而外，又还能是什么别的呢？

197—65,97(**436**)*444—494*

脆弱性——人的一切职业都是为了获得财富;但他们不会有资格表明他们是根据正义而享有财富的,因为他们有的只不过是人类的幻想,他们也并无力量可以安然享有财富。关于知识[①],情形也是一样。因为疾病就可以把它夺走。我们既不能得到真理,也不能得到财富。

270—125(**437**)*430—424*

我们希望真理,而在自己身上找到的却只是不确定。

我们追求幸福,而我们找到的却只是可悲与死亡。

我们不可能不希望真理和幸福,而我们却既不可能得到确定也不可能得到幸福。这种愿望被留下给我们,既是为了惩罚我们,同样也是为了使我们感到我们是从何处堕落的。

415—247(**438**)*511—434*

如果人不是为了上帝而生的,为什么他又只是在上帝之中才感到幸福呢?[②] 如果人是为了上帝而生的,为什么他又如此之违背上帝呢?

① 手稿中“知识”作“知识、快乐”。

② 奥古斯丁《忏悔录》第1卷、第1章:“你啊,我们是为你而生的,我们的心永远不安,直到它能在你那里安息为止。”

422—132(**439**)*566—435*

腐化了的天性——人根本就不是根据构成他那生命的理智而行动的。[①]

*423—609**(**440**)*796—263*

理智的腐化表现为有那么多的不同而奇异的风尚。为了使人不再留滞于其自身之中，就一定要有真理到来。

*421—130**(**441**)*581—246*

就我而言，我承认当基督宗教一旦指示了这条真理，即人性已经腐化并且是从上帝那里堕落下来的，它就开启了我的眼睛到处都看到这一真理的特征：因为人性是这样的，它处处都标志着一个被失去了的上帝和一个腐化了的天性，既在人身之内，也在人身之外。

428—37(**442**)*771—247*

真正的人性、人的真正的美好和真正的德行以及真正的宗教，都是和知识分不开的东西。

427—252(**443**)*578—469*

伟大、可悲——随着我们所具有的光明愈多，我们所发现人类的伟大和卑贱也就愈多。普通人——那些更高级的人：哲学家，他

① 拉·罗煦福高《箴言集》第62："我们并没有足够的力量来追循我们全部的理性。"

们使得普通人惊异;——基督徒,他们却使得哲学家惊异。

因而,宗教只不过是使我们深刻地认识到我们愈有光明就愈会认得东西而已;谁又会看到这一点而感到惊异呢?

833—4366 (**444**) *795—231*

这种宗教所教给它的儿女的,乃是人类以其最大的光明才能认识的东西。

448—323 * (**445**) *645—232*

原罪在人们面前是愚蠢的,然而它却被给定如此。因而你就不应该责备我在这个学说上没有道理,因为我给定它就是没有道理的。但是这种愚蠢要比人类的全部智慧都更加有智慧,sapientius est hominibus①。因为若没有这一点,我们将会说人是什么呢?他的全部状态都有赖于这一不可察觉之点。既然它是一件违反理智的东西,并且既然人的理智远不能以自己的办法创造它,而当使它向理智呈现的时候,理智也会远离它;那么它又怎么能被人的理智所察觉呢?

421—537 * (**446**) *510—559*

论原罪。犹太人关于原罪的大量传说。②

① 〔要比人更有智慧。〕《哥林多前书》第1章、第25节:"因上帝的愚拙总比人有智慧。"

② 按本节所提及的各种说法都出自一部中世纪的著作,题名为《基督徒之剑:用以刺不虔敬者而尤其是犹太人的奸诈》(Pugio christianorum ad imperiorum (接下页)

关于《创世记》第8章中的话。人从幼时起心性就是恶。[①]

摩西·哈达尔商说:这种恶的酵素是从人一形成的时候,就被置诸人身之中的。

马色赛·苏迦说:这种恶的酵素在圣书中有七个名字,叫作恶、阳皮、不洁、敌人、诽谤、石头的心、北风,这一切都指隐藏并烙印在人心之中的恶意。

米斯德拉·蒂里姆[②]说过同样的话,并且说上帝将从恶的人性中解救出善良的人性来。

这种恶意每天都不断翻新地在反对着人类,就像《诗篇》第37篇所写的:"不虔信者窥伺着义人,乘机杀害他;但上帝绝不会抛弃他。"[③]这种恶意在今生诱惑人心,而在来生则将控诉他。这一切都见于塔尔穆德[④]。

米斯德拉·蒂里姆论《诗篇》第四篇"你们应当战战兢兢,不可犯罪"[⑤]说:你们应当战战兢兢并戒惧自己的欲念,这样它就不会

(接上页)perfidiam jugulandam et maxime judaeorum)。此书原为13世纪时西班牙加泰隆尼亚的多明我派僧徒雷蒙·马丁(Raimond Martin)所作,1651年鲍斯格(Bosquet)刊行于巴黎,被帕斯卡尔误认为是一部同时代人的著作。此处所引的各条均出自该书第三部中有关原罪的部分。

① 《创世记》第8章、第21节:"人从小时心里怀着恶念。"

② 按摩西·哈达尔商(R. Moïse Haddarschan,即 Moses ha-Darshan,约当公元11世纪后半叶)、马色赛·苏迦(Masseahet Succa)、米斯德拉·蒂里姆(Misdrach Tillim,即 Midrasch Tillim)均为犹太经师。

③ 《诗篇》第37篇、第32—33节:"恶人窥探义人,想要杀他。耶和华必不撇他在恶人手中。"

④ 塔尔穆德(Talmud)为有关犹太经典米施那(Mischna,即 Mishnah)的各种著作的结集。

⑤ 《诗篇》第4篇、第4节:"你们应当畏惧,不可犯罪。"

引你们犯罪了。又论《诗篇》第36篇“不虔信者在自己的心里说，但愿我面前不存在什么怕上帝”；[①]这就是说，人的天赋的恶意已经把这一点告诉给不虔信者了。

米斯德拉·柯艾勒。“贫穷而有智慧的孩子，胜于年老、愚昧而不能预见未来的国王”[②]。孩子便是德行，而国王便是人类的恶意。它之所以被称为国王，是因为全部的肢体都服从他；之所以被称为年老，是因为它自幼至老都在人心里面；之所以被称为愚昧，是因为它引人陷入人所没有预见的〔毁灭〕[③]的道路。

米斯德拉·蒂里姆经也有同样的话。

贝莱希·拉比论《诗篇》第35篇“主啊，我的每根骨头都向你感恩，因为你解救穷困者脱离暴君”[④]；难道还有比恶的酵素更大的暴君吗？又论《箴言》第25章“如果你仇敌饿了，就给他吃的”；[⑤]这就是说，恶的酵素如果饿了，就给它吃《箴言》第9章所说到的智慧的面包[⑥]；如果它渴了，就给它喝《以赛亚书》第55章[⑦]所说到的水。

米斯拉德·蒂里姆说过同样的话；并说圣书在这个地方谈到

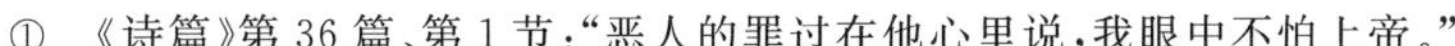

① 《诗篇》第36篇、第1节：“恶人的罪过在他心里说，我眼中不怕上帝。”

② 《传道书》第4章、第13节：“贫穷而有智慧的少年人，胜过年老不肯纳谏的愚昧王。”

③ 按“毁灭”(perdition)一词原文作“情况”(condition)，此处据弗热本改正。

④ 《诗篇》第35篇、第10节：“我的骨头都要说，耶和华啊，谁能像你救护困苦人，脱离那比他强壮的。”

⑤ 《箴言》第25章、第21节：“你的仇敌若饿了，就给他饭吃。”

⑥ 《箴言》第9章、第4—6节：“智慧又对那无知的人说，你们来吃我的饼，喝我调和的酒；你们愚蒙人，要舍弃愚蒙就得存活，并要走光明的道。”

⑦ 《以赛亚书》第55章、第1节：“你们一切干渴的都当就近水来。”

我们的敌人时，就是指恶的酵素：并说在〔给〕它以这种面包和水的时候，我们就把煤炭堆在了他的头上。

米斯德拉·柯艾勒论《传道书》第9章“一位大王围攻一座小城”[①]。那个大王就是恶的酵素，他所用以包围它的那些大营垒便是诱惑，但他却发现有一个贫穷而有智慧的人，——也就是说德行。

又论《诗篇》第41篇：“眷顾穷人的人有福了。”[②]

又论《诗篇》第78篇：“精神是一去不复返的”[③]；有人据此就抓住错误的题目来反对灵魂不朽；然而其意义却是：这种精神就是恶的酵素，它伴随着人直到死，而在复活时也不会再回来。

又论《诗篇》第103篇有同样的话。

又论《诗篇》第16篇[④]。

*425—717(**447**)705—230*

我们能说，由于人们说过正义已经离开了大地，所以人们就已经认识了原罪吗？——Nemo ante obitum beatus est[⑤]；这是说，他们已经认识到永恒而真正的福祉是从死亡开始的吗？

---

① 《传道书》第9章、第14节：“就是有一小城其中人数稀少，有大君主来攻击，修筑营垒，将城围困。”

② 《诗篇》第41篇、第1节：“眷顾贫穷的有福了。”

③ 《诗篇》第78章、第39节：“他想到他们不过是血气，是一阵去而不返的风。”

④ 按抄本中此处附有如下一行：“拉比的原则：两个弥赛亚。”

⑤ 〔没有人在死前是幸福的。〕语出奥维德（公元前43—公元17）《变形集》第3篇，135。

417—145 * (**448**) *765—445*

〔米东〕[①]很好地看出了天性是腐化的，而人类又是与诚实背道而驰的；不过他却不知道他们何以不能飞得更高。

418—42 * (**449**) *585—89*

顺序——在论腐化以后，要说："要所有处于这种状态的人，无论是喜欢它的人还是不喜欢它的人，都认识它，这是公正的；但是要人人都看到得救，那就是不公正的了。"

419—427 (**450**) *601—490*

如果我们并不认识自己充满着高傲、野心、欲念、脆弱、可悲与不义，那么我们就的确是瞎子。但如果我们虽认识它却并不想要得救，那么我们又该说一个人……什么呢？

因此，除了尊重一种对人类的缺点认识得是那么透澈的宗教而外，除了渴望一种能允诺那么值得愿望的补救之道的宗教真理而外；我们还能做什么呢？

134—404 * (**451**) *228—233*

人人都是天然彼此为仇的。我们在尽可能地运用欲念，好使它为公共福利而服务；但这只不过是伪装，是仁爱的假象，因为它

① "米东"(Miton，为作者友人)在手稿中作"马东"(Marton)。这个错误可能因为本段是帕斯卡尔的口授，而非亲笔所写。

归根结底只不外是仇恨。

133—199(**452**)*565—234*

怜悯不幸的人并不违反欲念。相反地,我们可以很容易拿出这种友好的证据来获得温厚的名声而不必付出任何代价。

135—405(**453**)*559—236*

我们根据欲念而奠定了并籀绎出种种值得赞美的政治的、道德的与正义的准则;然而归根结底这一人类的邪恶根源,这一figmentum malum[①],只不过是被遮掩起来而已,它并没有被消除。

137—122(**454**)*201—237*

不正义——他们[②]并没有发现别的办法可以满足欲念而又不伤害别人。

136—141(**455**)*863—238*

自我[③]是可恨的:而你,米东,你却在掩饰它,你并没有因此而取消它;因而你就永远是可恨的。——不然,因为像我们这样在尽义务为所有的人效劳的时候,我们就不再有借口可以恨我们自己

① 〔罪恶的创造〕语出《诗篇》第102篇、第14节。

② 布伦士维格注:"他们"指诚实的人,诚实的人想能够同时满足自己与社会。

③ 波·罗雅尔本此处附有如下的注释:"作者在下述思想中所使用的'自我'一词,仅仅是指自爱心。这个名词是他的一些朋友们所惯用的。"

了。[①] ——的确如此，假如我们所仇恨于自我的只不过是由此而产生的不愉快的话。然而，如果我仇恨它，是因为它是不正义的，是因为它使自己成为一切的中心，那么我就永远都要仇恨它了。

总之，自我有两重性质：就它使自己成为一切的中心而言，它本身就是不义的；就它想奴役别人而言，它对于别人就是不利的，因为每一个自我都是其他一切人的敌人并且都想成为其他一切人的暴君。你可以取消它的不利，却不能取消它的不义；因此你并不能使它对那些恨它不义的人变得可爱，你只能使它对那些在其中不再发现有自己的敌人的不义之人变得可爱。因此你始终是不义的，并且只能讨不义的人的喜欢。[②]

*138—150(**456**)428—239*

没有一个人不是把自己置于世上其余一切人之上的，没有一个人是不爱自己的财富、自己的幸福以及自己生命的延续，更有甚于世上其余一切人的财富、幸福与生命的；这是出于怎样一种颠倒的判断啊！

*139—164(**457**)577—240*

每个人对于他自己就是一切，因为自己一死，一切对于自己就

① 这句插话是作者所假设的反诘。

② 拉·布鲁意叶《人论》："人由于其本性，就要高傲地想着自己，并且只能是这样想着自己。"

都死去了。由此而来的是,每个人都相信自己对于所有的人就是一切,[①]所以我们绝不可根据我们自己来判断天性,而是必须根据天性。[②]

696—696(**458**)*622—241*

“凡是属于世界上的一切,都是肉体的欲念,或眼睛的欲念,或今生的骄傲:libido sentienti,libido sciendi,libido dominandi”[③]。被这三条火流所燃烧而非被它们所灌溉的这个可咒诅的大地是不幸的!那些站在它们岸边但没有被淹没、没有被冲走而是屹立不动的人有福了,他们不是站着而是坐在一个低稳可靠的座位上,他们不是在光明面前站起身来,而是安安稳稳地向那个会提高他们好使他们在耶路撒冷的神圣的大门上能够坚强地站立起来的人伸出手去,那时候骄傲将不再能攻击他们或打倒他们;然而他们却在哭泣,并不是由于看到为洪流所冲走的这一切可毁灭的事物消逝了,而是由于怀念着他们可爱的故土,亦即在他们漫长的流亡中他们所不断回忆着的那个天上的耶路撒冷![④]

① 《哥林多前书》第 9 章、第 22 节:“向什么样的人我就做什么样的人。”布伦士维格以为作者此处系反其意而用之。

② 据布伦士维格解说,这句话的意思是:我们不应根据自己的感觉判断人性,而是应该根据人世生活的现实来判断人性。

③ 〔肉体的欲念、眼睛的欲念、骄傲的欲念。〕《约翰一书》第 2 章、第 16 节:“凡世界上的事,就像肉体的情欲、眼目的情欲,并今生的骄傲,都不是从父来的,乃是从世界来的。”

④ 弗热认为本段思想系出自奥古斯丁对《诗篇》第 137 篇的诠释:“在巴比伦的洪流上。”

697—720(**459**)*289—265*

巴比伦的河水在奔流，它冲刷而下，席卷而去。啊，圣锡安山，在那里一切都是稳固的，在那里没有什么会冲掉。

必须坐在岸边，不是在其下或在其中而是在其上；不是站着而是坐着；是坐着才能谦卑，在其上才能稳固。然而我们将站立在耶路撒冷的大门上。

让我们看看这种欢乐是稳固的还是流逝的吧；假如它消逝，那它就是一条巴比伦的河水。

698—721(**460**)*567—266*

肉体的欲念、眼睛的欲念、骄傲，[①]等等——事物有三等：肉体、精神、意志。肉欲的人是富人、君主：他们以肉体为目的。好奇者和学者：他们以精神为目的。智者：他们以正义为目的。

上帝应该统御一切，一切都复归于上帝。在肉体事物方面，当然由欲念统御着；在精神方面，当然由好奇心；在智慧方面，当然由骄傲。并非我们不能以财富或者以知识为荣，但那不是骄傲的地方；因为承认了一个人有学问，我们就不会使他信服他的高傲乃是错误的。高傲的当然地点乃是智慧：因为我们不能承认一个人使自己有智慧并引以为荣乃是错误的；因为这是正义的。唯有上帝才能赐给智慧；而这就是何以 Qui gloriatur，in

① 见上，第 458 段。

Domino glorietur。①

*373—283(**461**)576—268*

三种欲念就形成了三种派别，而哲学家所做的事无非就是追随三种欲念之中的一种罢了。②

*378—305(**462**)862—270*

探求真正的美好——普通人都把美好寄托在幸运上，在身外的财富上，或者至少是在开心上。哲学家已经指出了这一切的虚幻，而把它寄托在自己力所能及的地方。

*379—280(**463**)583—269*

〔反对只要上帝而不要耶稣基督的那种哲学家。〕

哲学家——他们相信唯有上帝才配为人爱慕，却又愿望自己为人爱慕；他们并不认识自己的腐化。如果他们觉得自己充满了爱慕的感情，并发现了自己主要的快乐就在其中，并且自认为美好；那也很好。然而假如他们发现自己与之格格不入，假如〔他们〕没〔有〕任何别的意图，一心只要树立别人对自己的尊敬；并且他们为了全部完美而做的事就只是虽不强迫别人但却使别人发现自己

① 〔凡以自己为荣的，就在上帝之中以自己为荣。〕《哥林多前书》第1章、第31节："夸口的当指着主夸口"；又可参见《耶利米书》第9章、第23—24节。关于本段内容，可参见本书第793段。

② 指哲学家所特有的欲念为骄傲。拉·罗煦福高《箴言》第639："哲学家们，尤其是赛涅卡，并没有以他们的教诫取消罪恶，他们所做的事无非是以骄傲为基础来运用罪恶罢了。"

的幸福就在于爱慕他们；那么我就要说，这种完美是可怕的。什么！他们认识上帝，而并不是一心愿望人们爱上帝，反倒愿望人们停止在他们的面前！他们愿意成为别人自愿的幸福目标！

*390—281(**464**)568—271*

哲学家——我们充满着种种要把我们投向自身以外的东西。

我们的本能让我们感到，我们的幸福必须求之于自身之外。我们的感情把我们推向身外，即使并没有什么对象来刺激它们。身外的对象其本身就在引诱我们，召唤我们，即使我们并没有想到它们。所以哲学家尽管高谈："返求你自己吧，你将在其中找到自己的美好"；我们却不相信他们，那些相信他们的人乃是最空虚而又最愚蠢的人。

*391—286(**465**)899—272*

斯多噶派说："返求你们自身之内吧！正是在这里面你们将会找到你们的安宁。"但这并不是真的。

又有人说："走出自身之外吧！向你们的欢乐中去寻求幸福吧。"但这也不是真的。祸害会临头的。

幸福既不在我们的身外，也不在我们的身内；它在上帝之中，既在我们身外，又在我们身内。

*692—278(**466**)737—267*

假如艾比克泰德确乎是完全看出了道路，他就该向人说："你在遵循一条错误的道路"；他指出了还有另一条道路，可是他并没有引到那条道路。那就是愿望上帝之所愿望的那条道路;唯有耶稣基督才能引到那条道路:Via,veritas。[①]

芝诺本人的罪恶。[②]

691—190(**467**)*741—249*

作用的原因——艾比克泰德。那些人说:“你的头有病”[③],但这并不是一回事。[④] 我们对健康有把握,而对正义却没有;事实上他自己的话纯属毫无意义。

然而在他说:“它要么是我们的能力所及,要么便不是”的时候,他是相信那是可以证明的。但他却没有察觉到调节内心并不在我们的权力之内,他从基督徒存在的这一事实中所得出的这个结论乃是错误的。[⑤]

700—414(**468**)*217—923*

没有别的宗教曾经提出过人要恨自己。因此也就没有别的宗教能够使那些恨自己并在追求一个真正可爱的上帝的人感到喜悦。而正是那些人,即使他们从不曾听说过有一个谦卑的上帝的宗教,也会马上拥抱它的。

---

① 〔道路,真理。〕《约翰福音》第 14 章、第 6 节:“耶稣说,我就是道路、真理、生命。”

② 芝诺(Zeno,公元前 335—前 263)为斯多噶派的创立人;“芝诺本人的罪恶”指斯多噶派无力保证德行与幸福。

③ 语出艾比克泰德《论文集》第 4 卷、第 6 章。

④ 读作:“这和正义并不是一回事。”

⑤ 见艾比克泰德《论文集》第 4 卷、第 7 章。又可参看本书第 351 段。

443—268 * (**469**) *588—250*

我觉得我可以并不存在，因为这个我就在于我的思想[①]；因此这些思想着的我可以并不存在，假如我的母亲在我出生以前就被人杀害了的话；因而我就不是一个必然的存在者。我也同样既不是永恒的，也不是无限的；然而我却确实看到了自然界中有着一个必然的、永恒的与无限的存在者。[②]

699—728（**470**）*805—252*

有人说："假如我看见了奇迹，我就会皈依。"他们怎么能有把握说，他们会做他们自己所茫然无知的事情呢？他们想象着这种皈依就只在于一种崇拜，这种崇拜犹如是在与上帝进行一场交易和一场谈判，就像他们为自己所描绘的那种样子。但真正的皈依却在于要在为我们所不断激恼着的、并且可以随时合法地毁灭我们的那位普遍存在者的面前消灭我们自己，在于承认我们没有他就什么也做不到，并且承认除了他的羞辱而外我们就配不上他的任何东西。它就在于认识上帝与我们之间有着一种不可克服的对立，并且若是没有一个媒介者就不可能有任何交通。

① 见本书第347—48段，第365—366段。又笛卡尔《哲学原理》第1部第10节。

② 拉·布鲁意叶《论坚强的精神》："我的有生之始、我的继续存在，都是由我以外的某种东西所致；它将在我以后续继存在，并且比我更优越、更有力。假如这个某种东西并不是上帝，那么就请告诉我那是什么吧。"

832—755(**471**)*222—248*

人们依附我,这是不正义的;尽管他们高兴而且自愿这样做。我会欺骗那些我曾使之产生了这种愿望的人们的,因为我并不是任何人的归宿,也并没有任何东西可以满足他们。我难道不是要死去的吗?因此,他们依附的对象也会死去的。所以,正如我若使人相信了一种虚妄便是有罪的,——哪怕我是温和地在说服人,哪怕人们高兴相信它,哪怕这样也会使我高兴,——同样地,我若使自己为人所爱而且假如我能引人依附我的话,我也是有罪的。我应该警告那些准备同意谎言的人们说,他们不应该相信谎言,无论谎言会带给我什么样的好处;同样地,他们也不该依附我,因为他们应该在取悦上帝或者在追求上帝之中度过他们的一生以及他们的关怀。[1]

*702—678**(**472**)*285—99*

自我意志[2]是永远不会满足的,即使它能支配它所愿望的一切;然而只要我们一放弃它,我们立刻就会满足。没有它,我们就不会不满意;有了它,我们就不会满意。

---

① 按本段在原手稿中为一条抄录,其下并附注有下列字样:"本段出自比里埃小姐",系多马的手迹。多马(Domat)为帕斯卡尔晚年密友,比里埃小姐即帕斯卡尔之姊吉尔帕特·比里埃(Gilbert Perier)。

② 布伦士维格注:自我意志指出自我们自己的意志,系与出自上帝的神恩相对而言。

704— 687(**473**)815—276*

让我们想象一个身躯充满了能思想的肢体吧。[1]

*705—684(**474**)263—274*

肢体。**由此而着手**——为了规定我们对于自己应有的爱，就必须想象一个身躯充满了能思想的肢体，因为我们是整体的肢体，并且应该看到每个肢体应该怎样地爱自己，等等……[2]

*706—690(**475**)833—275*

假如脚和手都有自己的个别意志，那么它们除非能以这种个别的意志服从于统治着全身的最高意志，否则就永远不会各得其所。超过了这一点，它们就要沦于混乱和不幸；然而在仅只要求整体的利益时，它们却成就了它们自己的利益。

*707—689(**476**)830—280*

应该仅只爱上帝并且仅只恨自己。

假如脚一直无视于它是属于整体的，并且有一个整体是它所依赖的，假如它只具有对于自己的知识和爱，而它终于认识到自己是属于一个为自己所依赖的整体的；那么对于那个给它注入了生

---

① 《哥林多前书》第 12 章、第 12 节："就如身子是一个，却有许多肢体，而且肢体虽多仍是一个身子"同章，第 27 节，"你们就是基督的身子，并且各自作肢体。"

② 按"身躯"原文为 corps，即"整体"或"集体"；"肢体"原文为 membre 即"成员"或"组成部分"。

命的整体——那个整体假使摒弃了它，使它脱离整体，就像它使自己脱离整体那样，那就会把它消灭的，——它竟然没有用处，那该是多么地遗憾，它以往的生命又该是多么地惭愧啊！多么地祈祷着自己能保全在其中啊！应该以怎样的驯服让自己听命于那个统御着整体的意志啊！直到必要时同意把自己砍掉！否则它就会丧失自己作为肢体的品质了；因为每个肢体都必须甘愿为整体而死，只有整体才是大家都要维护着的唯一者。①

703—313（**477**）*817—277*

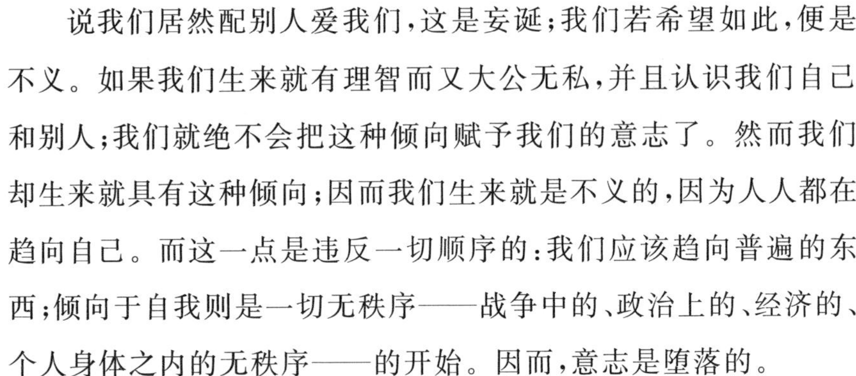

说我们居然配别人爱我们，这是妄诞；我们若希望如此，便是不义。如果我们生来就有理智而又大公无私，并且认识我们自己和别人；我们就绝不会把这种倾向赋予我们的意志了。然而我们却生来就具有这种倾向；因而我们生来就是不义的，因为人人都在趋向自己。而这一点是违反一切顺序的：我们应该趋向普遍的东西；倾向于自我则是一切无秩序——战争中的、政治上的、经济的、个人身体之内的无秩序——的开始。因而，意志是堕落的。

假如自然的或政治的共同体的成员②都趋向整体的福利，那么这种共同体的本身就应该趋向它们自身也只是其中成员的另一个更普遍的整体。因而，我们应该趋向普遍。因而，我们生来就是

① 《哥林多前书》第12章、第15节："设若脚说，我不是手，所以不属乎身子，他不能因此就不属乎身子了。"又艾比克泰德《论文集》第2卷、第4章有相同的比喻。

② 按"组成部分"、"成员"与"肢体"在原文中均为 membre，"共同体""整体"与"身躯"在原文中均为 corps。见上第474段注。以上各段系以人身为喻，故译作"身躯"、"肢体"；以下各节系论集体与个人，故译作"共同体"、"成员"。

不义的和堕落的。

701—311 * (**478**) *818—281*

当我们要思想上帝时,难道没有任何东西会转移我们,引诱我们去思想别的了么?那一切都是坏东西,并且是与我们有生俱来的。

433—417 (**479**) *647—282*

如果上帝存在,我们就必须只能爱他,而不能爱那些过眼烟云的被创造物。《智慧书》中不敬神者的推论都是以根本就不存在上帝为其基础的。他说:“确定了这一点,就让我们来享受被创造物吧。”[①]这就走上了最坏的地步。但是假如有一个上帝可以爱的话,他们就不会做出这种结论,而会做出全然相反的结论了。而这就是智者的结论:“有一个上帝,因此就让我们不要享受被创造物吧!”

因此凡是刺激我们使我们依恋于被创造物的,都是坏的;因为假如我们认识上帝,那就会妨碍我们去侍奉上帝,或者假如我们不认识上帝,那就会妨碍我们去追求上帝。我们既是充满了欲念,因而我们便充满了恶;因此我们就应该恨我们自己,以及一切刺激我们去依恋除了唯一的上帝之外的其他对象的东西。

① 《智慧书》第2卷、第6章:“因此就让我们来享受现有的美好并恣意尽快地享用创造物吧。”

*708—686(**480**)657—279*

为了使成员们能够幸福,就必须使他们只有一个意志,并且使他们以意志服从整体。

*714—675(**481**)—278*

拉西第蒙人[①]以及其他人的慷慨效死的先例,很难打动我们。因为那能给我们带来什么呢?然而殉道者效死的先例却打动了我们;因为他们是"我们的肢体"。[②] 我们和他们有一条共同的纽带:他们的坚决可以构成我们的坚决,不仅是以他们的先例,而且是因为也许那才值得我们坚决。异教徒的先例并没有任何这种东西:我们和他们根本就没有联系;就正好像我们看见一个异邦人富有,并不会自己就变得富有,但看见自己的父亲或丈夫富有,却很可以变得富有一样。

*709—676(**482**)653—245*

道德[③]——上帝造成了天和地,而天和地却并不感到其自身存在的幸福,于是上帝就想要造出既能认识它又能构成一个能思想的成员的整体的那种生命来。因为我们的组成部分根本就不感到他们的结合的幸福、他们可惊叹的智力的幸福、大自然具有以精

---

① 斯巴达位于拉西第蒙,拉西第蒙人即古斯巴达人,以勇武著称。

② 《罗马书》第12章、第5节:"我们这许多人在基督里成为一身,互相联络作肢体也是如此。"

③ 抄本中此处尚有如下字样:"能思想的肢体的开端。"

神灌注他们并使之得以长成与延续的那种关怀的幸福。假如他们能感到这一点,假如他们能看到这一点,他们将会怎样地幸福啊!但是要做到这些,他们就必须有知识可以认识它,并且有善意可以响应一个普遍灵魂的善意。但假如获得了知识之后,他们却用之于把粮食留给自己,而不肯把它传给别的成员,那么他们就不仅是不义的,而且还是可悲的,而且与其说是在爱自己倒不如说是在恨自己了;他们的福祉,正如他们的责任一样,就只在于响应整个灵魂的行动,他们是属于这一整个灵魂的,而这一整个灵魂之爱他们也更有甚于他们之爱他们自己。

710—688(**483**)*681—430*

做一个成员也就是除了根据整体的精神并且为着整体而外,便没有生命,也没有存在和运动。

成员分离开来,就再也看不见自己所属的整体,于是就只不过成为一个消逝的、垂死的生命而已。然而它却相信自己是一个全体,又由于根本就看不见自己所依赖的整体,所以他就相信他只依赖着自己并且想要使自己本身成为中心而兼整体。然而它自身既然没有生命的原则,所以他就只能误入歧途;并且由于确实感到他并不是整体,可是又看不到他是整体的成员,所以他就因自己的存在之无从确定而惊惶无措。最后,当他终于认识了自己的时候,它就好像是又回到自己家中,并且也只是为了整体才爱自己。他会悲泣自己以往的误入歧途。

他由于自己的本性,除了为着自己本身并为着使事物服役于自己而外,就不可能再爱任何别的东西,因为每一种事物都爱其自己胜过爱一切别的。然而在爱整体的时候，他也就是爱自己本身；因为他只是在整体之中、通过整体并且为了整体才得以生存的：qui adhaeret Deo unus spiritus est[①]。

整体是爱手的；而手假如有意志，就应该以灵魂在爱手的那种同样的方式来爱自己。一切超乎此外的爱，都是不义的。

Adhaerens Deo unus spiritus est[②]。我们爱自己，因为我们是耶稣基督的组成部分[③]。我们爱耶稣基督，因为他是我们成为其组成部分的那个整体。一切是一，每一个都在另一个之中，就像三位一体那样。

713—692（**484**）*667—510*

只要两条法律[④]就足以比一切政治法律都更好地统治一切基督教的共和国了。

712—699（**485**）*900—259*

因而，真正唯一的德行就是要恨自己（因为我们有欲念，所以是可恨的），并且要寻求一个真正可爱的存在者来热爱。但是，既然我们不能爱我们自身之外的东西，所以我们就必须爱一个我们

---

① 〔凡是依附上帝的，就与上帝的精神合一。〕《哥林多前书》第 6 章、第 17 节："但与主联合的，便是与主成为一灵。"

② 〔依附于上帝的，就与上帝的精神合一。〕

③ "组成部分"见前第 477 段注。

④ 《马太福音》第 22 章第 35 节以下："你们要尽心、尽性、尽意爱主你的上帝，这是诫命中的第一且是最大的。其次也相仿，就是要爱人如己。这两条诫命，是律法和先知一切道理的总纲。"又见《马可福音》第 12 章、第 28 节以下。

自身之内的存在者，而那又不能是我们自己。这一点对于所有的人之中的每一个，都是真实的。于是，就唯有那位普遍的存在者才能是这样。上帝的王国就在我们身中[1]；普遍的美好就在我们身中，它既是我们自身，又不是我们自身。

*424—949(**486**)648—290*

人的尊严当其清白无辜时，就在于运用和支配被创造物，然而今天则在于使自己与它分离并使自己向它屈服[2]。

*430—422(**487**)679—289*

凡是在信仰方面不把上帝当作是一切事物的原则来崇拜，在道德方面不把唯一的上帝当作是一切事物的鹄的来热爱，这样的宗教是虚妄的。

*429—308(**488**)649—740*

……但是，假如上帝不是原则，那么上帝就永远也不可能成为归宿。我们把自己的眼光朝上看，但我们却站在沙砾上；大地会融化的，我们会仰望着天上而沉沦的。

*431—399(**489**)758—624*

如果万物有一条唯一的原则，万物也就有一个唯一的归宿；万

---

① 《路加福音》第 17 章、第 21 节："上帝的国就在你们心里。"

② 布伦士维格注："使自己与它分离"为的是好使自己依附于上帝，"使自己向它屈服"为的是好使自己谦卑。

物都由于他，万物都为了他。因此，真正的宗教就必须教导我们只能是崇拜他并且只能是热爱他。可是，既然我们发现自己没有能力崇拜我们所不认识的东西或者热爱我们自己之外的其他事物，所以把这些义务教导给我们的那种宗教，也就应该把这种无能教导给我们并且还教给我们学会补救之道。它教导我们说，由于一个人，一切就都丧失了，上帝与我们之间的联系就破裂了；而且由于一个人，联系就又恢复了。[①]

我们生来是如此之违反上帝的这种爱，而这种爱又是如此之必要，以至于我们必须是生而有罪的，否则上帝就会是不义的了[②]。

450—263(**490**)*662—625*

人类既不习惯于创造优点，而仅仅是在他们发现了优点已经创造出来后才加以报偿，所以他们也就根据自己本身来判断上帝[③]。

432—408(**491**)*684—626*

真正的宗教应该以使人负起爱上帝的义务为其标志。这是十分正当的，然而没有别的宗教告诫过这一点；我们的宗教做到了这一点。它还应该认识到我们的欲念与无能；我们的宗教做到了这

① 这句话里前面的“由于一个人”指亚当，后面“由于一个人”指耶稣。

② 布伦士维格以为作者这里是说，原罪对于论证上帝乃是必要的。

③ 据布伦士维格解说，本节意谓人们把正义看作是论功行赏；但正义并不是分配奖赏而是创造优点。

一点。它应该对此提供补救之道;其中一种便是祈祷。没有别的宗教曾要求上帝来热爱他与追随他。①

434—418(**492**)*728—689*

凡是不恨自己身上的自爱,不恨引得自己以上帝自命的那种本能的人,都确乎是盲目的。有谁能看不出:再没有什么是如此之违反正义与如此之违反真理的了呢?因为说我们该当如此的那种说法乃是错误的,而且既然大家都在要求同样的东西,②所以要做到这一点就是不正义的和不可能的。因此,它是一种明显的不正义,我们就生于其中,我们不能摆脱它,而我们又必须摆脱它。

然而却没有任何宗教指出过它是一种罪恶,或者指出过我们是生于其中的,或者指出过我们有义务要加以拒绝,也不曾想到过要给我们以补救之道。

435—410(**493**)*685—690*

真正的宗教会把我们的义务、我们的无能:即骄傲与欲念,以及补救之道:即谦卑、节欲,都教给我们。

*436—41**(**494**)*678—746*

真正的宗教必须教导人的伟大、可悲,必须引人尊敬自己与鄙视自己,引人爱自己并恨自己。

---

① 这句话读作:"没有别的宗教曾要求上帝给人以热爱他与追随他的能力。"

② "同样的东西"指"自爱"和"以上帝自命"。

716—702(**495**)*757—607*

如果说活着而不去探求我们是什么,乃是一种超自然的盲目;那么既信仰上帝而又过着罪恶的生活,便是一种可怕的盲目了。

717—681(**496**)*762—608*

经验使我们看到虔诚与善意之间有着巨大的区别。[①]

725—715 *(**497**)*686—609*

反对那些漫不经心地信赖上帝的仁慈而又不行善事的人——我们罪恶的两大根源既是骄傲与怠惰,上帝便向我们显示了他的两种品质来加以矫治:即,他的仁慈和他的正义。正义的性质是要折服骄傲,不管我们的工作是多么神圣,et non intres in judicium,[②]等等;仁慈的性质是以劝勉善行来克服怠惰,按照下面这段话:"上帝的仁慈引人悔改"[③],以及尼尼微人的那另一段话:"让我们悔改吧,好看他会不会也许垂怜我们。"[④]因此仁慈远不是批准懈怠,反而它那性质乃是正式攻击怠惰;从而它并非说:"如果上

---

① 蒙田《文集》第3卷、第13章:"对一切体制最有毁灭性的教训,其为害更甚于欺骗与诡诈的,就是说服人相信,只要有宗教的信仰而不需要道德风尚便足以满足神圣的正义了。惯例使我们看到,虔诚与良心之间有着巨大的区别。"

② 〔求你不要审问。〕《诗篇》第143篇第2节:"求你不要审问仆人,因为在你面前凡活着的人没有一个是义的。"

③ 《罗马书》第2章、第4节:"他的恩慈是领你悔改。"

④ 《约拿书》第3章、第8—9节:"人要切切求告上帝……或者上帝转意后悔不发烈怒使我们不至灭亡也未可知。"

帝并没有仁慈，我们就必须尽种种努力以求德行”，反倒是必须说，正因为上帝具有仁慈，所以我们就必须尽种种的努力。

723—744(**498**)*746—610*

步入虔敬是艰难的，这是真的。但是这种艰难并非来自我们身中所开始出现的虔敬，而是来自其中所依然存在的不虔敬。如果我们的感官并不反对悔改，如果我们的腐化并不〔反对〕上帝的纯洁，那么这里面就不会有任何对我们艰难痛苦的东西了。我们受苦难仅仅是和我们天赋的邪恶之抗拒超自然的神恩成比例的；我们觉得自己的心在这些相反的努力之间被撕碎了；然而把这种暴力诿过于引我们向前的上帝，而不归咎于滞留我们不前的世界，那就非常不公正了。这就好像一个母亲从强盗的手里夺回自己的孩子一样；孩子在受痛苦之中，应该是爱母亲为他取得自由的那种深情而合法的暴力，而只能憎恨那些不正义地拘留了他的人们那种凶恶专横的暴力。上帝对人们的一生所能进行的最残酷的战争，就是不让他们经受他所要带来的这场战争。他说：“我来是带来战争的”[①]；又教导这场战争说：“我来是带来剑与火的。”[②]在他以前，世界就生活在这种虚假的和平之中。

719—750(**499**)*677—611*

外表的行事——没有什么能像既讨上帝喜欢、又讨人们喜欢

① 《马太福音》第10章、第34节：“你们不要想我来是叫地上太平，我来并不是叫地上太平，乃是叫地上动刀兵。”

② 《路加福音》第12章、第49节：“我来要把火丢在地上。”

那么危险的了；因为这种既讨上帝喜欢又讨人们喜欢的状态，既有一种东西讨上帝喜欢，又有另一种东西讨人们喜欢；例如圣德丽撒[①]的伟大：讨上帝喜欢的是她在自己的启示之中那种深沉的谦卑，讨人们喜欢的则是她的光明。因此，我们想模仿她的状态就拼命模仿她的言谈，而并不那么爱上帝之所爱，把自己置于上帝所爱的状态。

不禁食并因此而谦卑，比禁食并因此而自满要好得多。法利赛人，税吏[②]。

记得这些，对于我又有什么用呢？假如它同样地既能伤害我，又能帮助我；假如一切都有赖于上帝的恩典，而他又只按他自己的规矩并以他自己的方式把恩典赐给为他而成就的事物，并且手段又和事物是同样地重要，也许还更重要[③]；因为上帝可以从恶中引出善来，而没有上帝我们却从善中引出恶来。

715—694 * (**500**) *719—612*

对善与恶这些字样的理解。

① 圣德丽撒(Sainte Thérèse，即 Teresa de Cepeda y Ahumada，1515—1582)西班牙宗教革新者与作家。

② 《路加福音》第 18 章、第 9—14 节："有两个人向殿里去祷告，一个是法利赛人，一个是税吏。法利赛人站着，自言自语的祷告说：上帝啊，我感谢你，我不像别人勒索、不义、奸淫，也不像这个税吏，我一个礼拜禁食两次；凡我所得的都捐上十分之一。那税吏远远的站着，连举目望天也不敢，只捶着胸说：上帝啊，开恩可怜我这个罪人。我告诉你们：这人回家去，比那人倒算为义了，因为凡自高的必降为卑，自卑的必升为高。"

③ 可参看本书第 98 段。

*718—712** (**501**) *680—702*

第一级:作恶而受谴责,为善而受赞扬。第二级:既不受赞扬,也不受谴责。

672—701 (**502**) *683—703*

亚伯拉罕并不为自己博取任何东西,除非仅仅是为了他的仆人[①];因而正义的人就不会为自己博取世上的任何东西,也不会博取世人的喝彩,除非仅仅是为了他用以作为其自身主宰那些热情,他对其中的一种说:去吧,又对另一种说:来吧。Sub te erit appetitus tuus[②]。他的热情这样加以驾驭,便成为德行:贪婪、嫉妒、愤怒,甚至于上帝也使自己赋有这些东西;而这些正像仁爱、怜悯、有恒(它们也是热情)一样地也是德行。对于它们必须像对奴隶那样地加以使用,把它们的粮食留给它们而禁止灵魂取得任何一部分;因为当热情成为主宰的时候,它们便是罪恶,这时它们便把自己的粮食送给灵魂,灵魂便以之为营养并且由此中毒。

673—691 (**503**) *692—701*

哲学家奉献出罪行,并把它们置于上帝自身之中;基督徒则奉献出德行。

---

① 《创世记》第14章、第24节:"只有仆人所吃的,并与我同行的亚乃、以实名、慢利所应得的分,可以任凭他们拿去。"

② 〔你的欲念将屈伏在你下面。〕《创世记》第4章、第7节:"罪就伏在门前,他必恋慕你,你却要制伏他。"

671—740（**504**）*670—704*

正义的人在最细微的事情上也依据信仰而行事；当他谴责他的仆人时，他希望他们能被上帝的精神感化，并祈求上帝纠正他们，而且他期待于上帝的也正像期待于他的自责一样多，他祈求上帝能保佑他们改正。这样，在其他的行为上……

〔……失掉了上帝的精神；那么他的行为就会由于上帝的精神在他身上中断或中辍的缘故而欺骗我们；并且他就会在他的苦痛之中忏悔〕。[①]

656—749（**505**）*545—640*

任何东西对于我们都可以成为致命的，哪怕那些造就出来是为我们服务的东西；例如在自然界中，墙壁可以压死我们，楼梯可以摔死我们，假如我们走得不正当的话。

最细微的运动都关系着全自然；整个的大海会因一块石头而起变化。因而，在神恩之中，最细微的行为也会以其后果而关系着一切。因此，一切都是重要的。[②]

在每一件行为中，我们还必须在行为之外注意到我们目前的、过去的和未来的状态以及其他一切与之有关的状态，并须看出这一切事物的联系。这时，我们便会十分小心慎重了。

---

① 括号内的话米肖认为应该紧接上句；此处译文据布伦士维格本处理。

② 布伦士维格认为帕斯卡尔的这一自然观与笛卡尔的旋涡体理论有密切关系，并且预示了后来牛顿和莱布尼茨的理论。

655—759(**506**)*687—641*

但愿上帝不把我们的罪行归咎于我们，也就是说别追究我们罪恶的一切影响和后果；其中哪怕是最微小的过错，假如我们愿意无情地追究它们到底的话，也都是非常可怕的。

653—708(**507**)*745—637*

神恩的运动，内心的顽固，[①]外界的环境。

654—769(**508**)*642—639*

要使人成为圣者，就一定得有神恩；谁要是对此怀疑，就不懂得什么是圣者、什么是人。

377—279(**509**)*643—638*

哲学家——向一个不认识自己的人大声喊道，他应该由他自己而达到上帝，这是美好的事。而向一个认识自己的人说这些话，也是美好的事。

484—446(**510**)*691—577*

人是配不上上帝的，然而他并不是不可能被转化为配得上上帝。

上帝把自己与可悲的人结合在一起，这是配不上上帝的；然而

① 布伦士维格注：基督徒的灵魂分裂为“神恩的运动”与“内心的顽固”。

上帝把人从可悲之中挽救出来，这却不是配不上上帝的。

605—438(**511**)*794—631*

如果我们可以说，人类太渺小而不配与上帝相通，那么就确乎必须是很伟大才可以这样判断。

639—928(**512**)*644—630*

用俗话来说，它全部是耶稣基督的身体[①]，然而却不能说它就是耶稣基督的全部的身体。两件事物相结合而没有变化，就不能使我们说一件变成了另一件；灵魂就这样与身体相结合，火就这样与木相结合，而并没有变化。然而必须有变化才能使一件事物的形式变成另一件事物的形式；而道[②]与人的结合就是如此。

因为我的身体没有我的灵魂就不会形成一个人的身体；因而我的灵魂无论是与什么物质相结合就都形成我的身体。它并不区别必要条件与充分条件：结合是必要的，但不是充分的。左臂并不是右臂。不可渗透性乃是物体的一种性质[③]。

① 指圣餐礼的变质论，即认为面包变为耶稣的身体，酒变为耶稣的血；见《马太福音》第26章、第26—28节，《马可福音》第14章、第22—24节，《路加福音》第22章、第17—20节。

② 按此处“道”字原文为Verb，“太初有道”的“道”字则法译各本均作Parole；这两个字在拉丁文本中均作逻各斯(Logos)，在各种英译本中均作Word。

③ 按本段讨论的圣餐礼性质，据古图尔(Couture)说系针对笛卡尔致梅朗(P. Mesland)的信而发的，帕斯卡尔曾间接看到过这封信但不知作者是谁。本段大意据布伦士维格解说：笛卡尔认为圣餐中的变质只是由于与物体相结合的灵魂的变化，这就混淆了与同一个灵魂相结合的不同的物种，像是左臂之混为右臂；笛卡尔没有考虑到物性中的不可渗透性，所以其学说不可能应用于实在的物体。

数目的同一性，就同一个时间而论，就要求物质的同一性。因此，如果上帝把我的灵魂结合于一个在中国的身体，那么同一个身体 idem numero① 也就会在中国。在这里奔流的同一条河水，与同一个时间在中国奔流的那条河水乃是 idem numero。

659—763(**513**)*572—759*

为什么上帝规定了祈祷。

(一)为了向他的被创造物传达因果性的尊严。

(二)为了教导我们，我们是从谁那里获得德行的。

(三)为了使我们由于劳动而配得上其他的德行。

然而为了保持他自己的优越性，他就把祈祷给予了他所喜欢的人。

反驳：可是我们相信我们是由于自己而采用祈祷的。

这种说法是荒谬的；因为既然我们有信心却不能就有德行，那么我们又怎么能有信心呢？难道不虔信与信心之间还不大于信心与德行之间的距离吗？②

配得上，这个词句是含混的。③

Meruit habere Redemptorem④。

Meruit tam sacra membra tangere。⑤

① 〔同一个数目。〕

② 按关于祈祷的学说在冉森派的教义中具有重要的地位。

③ 据布伦士维格解说："配得上"可以指人配得上救主，也可以指耶稣基督配得上救主，所以"这个词句是含混的"。

④ 〔他配得上有一个救主。〕

⑤ 〔他配得上触及如此神圣的肢体。〕

Digno tam sacra membra tangere。[①]

Non sum dignus。[②]

Qui manducat indignus[③]。

Dignus est aceipere[④]。

Dignare me。[⑤]

上帝应该只遵守他自己的允诺。他曾允诺把正义赐给祈祷[⑥]，他除了向被允诺的儿女而外就不曾允诺过祈祷。[⑦]

圣奥古斯丁[⑧]曾正式说过，义人的力量将被取消[⑨]。然而他这样说只是偶然；因为也很可能遇到说这话的机缘并未呈现。然而他的原则却使我们看到，一旦机缘出现，他就不可能不说这话，或是说任何相反的话。因而就更其是当机缘正在呈现的时候，就不得不说这话；而不是正当机缘呈现的时候，就已经说过这话。前者属于必然，后者则属于偶然。而这两者便是我们所能追究的一切。

① 〔我配触及如此神圣的肢体。〕

② 〔我们不配。〕《路加福音》第 7 章、第 6 节："我不敢当。"

③ 〔谁要是吃喝就配不上。〕《哥林多前书》第 11 章、第 29 节："因为人吃喝，若不分辨是主的身体，就是吃喝自己的罪了。"

④ 〔配得上接受。〕《启示录》第 4 章、第 11 节："你是配得荣誉尊贵权柄的。"

⑤ 〔认为我配。〕

⑥ 《马太福音》第 7 章、第 7 节："你们祈求，就给你们。"

⑦ 《罗马书》第 9 章、第 8 节："肉身所生的儿女，不是上帝的儿女；唯独那应许的儿女，才算是后裔。"

⑧ 奥古斯丁为冉森派理论的来源之一。

⑨ 布伦士维格注：指义人将自行取消"配得上"的力量。

661,664—774(**514**)[①] *676—749*

“你们要以戒慎而得救。”

祈祷的证明:Petenti dabitur[②]。

因此,我们就有能力要求。反之……它不在我们的能力之内,因为能够获得祈求他这件事并不在我们的能力之内。既然得救并不在我们的能力之内,而获得又在那里[③],所以祈祷就不在我们的能力之内。

因此,义人就不应该再希望着上帝,因为他不应该希望,而应该努力去获得他所要求的东西。

因而,就让我们结论说:既然人自从最初的罪恶以来就是罪过的,而上帝又不愿意他因此就被上帝疏远,所以他就仅仅是由于最初的作用才没有被疏远的。

因而,那些被上帝疏远的人就并没有这种最初的作用,——没有它,人们就要被上帝疏远——而那些并没有被疏远的人则有着这种最初的作用。因此,我们就看见曾有某一个时期由于神恩而享有这种最初的作用的人,缺少了这种最初的作用,就会停止祈求。

从而,上帝就离开了这种意义上的最初。[④]

① 1957年《全集》本及其他一些版本,本段附于前段,而以515段作514段;余类推。此处据布伦士维格本;《全集》本全书共923段,布伦士维格本全书共924段。

② 〔祈求的将被给与。〕《马太福音》第7章、第7节:“你们祈求,就给你们。”

③ “而获得又在那里”读作:“而获得神恩又在上帝那里”。

④ 据布特鲁(Boutroux)解释:人们既有权祈求,又无权祈求。得救的条件有二:一是祈求它,一是获得它。既然已经允诺过给人们以其所祈求的东西,所以获得它就在人们的权力之内;而不在人们权力之内的则是祈求。这就是说:祈祷须以不是人们有权所可以获得的神恩为其前提的。

666—697(**515**)*688—745*

被选的人将忽视他们的德行，被谴责的人将忽视他们的罪行之大："主啊！什么时候我们看到了你又饥又渴，等等"。[①]

*668—766**(**516**)*682—747*

《罗马书》第3章、第27节。[②]光荣被排摒；根据什么法律呢？哪种行事呢？都没有，而只是根据信心。因而，信心就不在我们的权力之内，像是法律的工作那样；它是以另一种方式赋给我们的。

657—393(**517**)*659—748*

安慰你自己吧：你并不是凭你自己就可以期待它的；反之，倒是在无所期待于你自己的时候，你才可以期待它。[③]

*663—724**(**518**)*571—750*

根据圣书，一切境况——甚至于是殉道者——都要戒惧。

净狱[④]中最大的痛苦就是审判无从确定。Deus abscon-

① 《马太福音》第25章、第37节："主啊，我们什么时候见你饿了给你吃，渴了给你喝。"

② 《罗马书》第3章、第27节："既是这样，哪里能夸口呢？没有可夸的了。用何法没有的呢？是用立功之法么？不是，乃用信主之法。所以我们看定了，人称义是因着信，不在乎遵行律法。"

③ "它"指神恩。

④ 净狱(purgatoire)或作炼狱或净土，基督教传说中为介乎天堂与地狱之间的地方。

ditus。[①]

670—528(**519**)*675—760*

《约翰福音》第 8 章：Multi crediderunt in eum. Dicebat ergo Jesus："Si manseritis . . . ，vere mei discipuli eritis，et veritas liberabit vos." Responderunt："Semen Abrahae sumus，et nemini servimus unquam."[②]

信徒与真信徒二者之间是大有不同的。我们只需告诉他们说真理将使他们自由，就能识别他们了；因为假如他们回答说，他们是自由的而且他们自己就能脱离魔鬼的奴役，他们便确实是信徒，但却不是真信徒。[③]

669—762(**520**)*646—761*

法律并不曾摧毁天性，而是教诲了天性；[④]神恩并不曾摧毁法律，而是使得它行动。由受洗所得的信心乃是基督徒与皈依者全

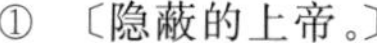

① 〔隐蔽的上帝。〕

② 〔他们有许多人相信他。因此耶稣就说："如果你们信守（我的话）……，你们就将是我真正的信徒，并且真理就会解放你们。"他们回答说："我们是亚伯拉罕的儿女，我们从不是任何人的奴隶。"〕《约翰福音》第 8 章、第 30—33 节："耶稣说这话的时候，就有许多人信他。耶稣对信他的犹太人说，你们若常常遵守我的道，就真是我的门徒；你们必晓得真理，真理必叫你们得以自由。他们回答说，我们是亚伯拉罕的后裔，从来没有作过谁的奴仆。"

③ 《约翰福音》第 8 章、第 34—36 节："我实实在在的告诉你们，所有犯罪的就是罪的奴仆；奴仆不能永远住在家里，儿子是永远住在家里。所以天父的儿子若叫你们自由，你们就真自由了。"

④ 《罗马书》第 3 章、第 31 节："我们因信废了律法么？断乎不是，更是坚固律法。"

部生命的根源。

674—765（**521**）*651—762*

神恩将永远存在于世界，——天性也是如此，——从而它①在某种程度上就是天然的。所以就永远会有皮拉基派②，永远会有天主教徒，并且永远会有斗争；因为第一次的诞生造成了一种人，而第二次诞生的神恩则造成了另一种人。

667—767（**522**）*669—694*

法律责成人去做它所没有给予的。神恩则给予人以它所责成的。

675—433（**523**）*656—698*

一切信仰全在于耶稣基督与亚当；一切道德全在于欲念与神恩。

676—670（**524**）*766—705*

没有什么学说比如下这种学说更适于人类的了：这种学说由于人永远都暴露在绝望与骄傲的双重危险之下的缘故，便教导人认识到自己接受神恩与丧失神恩的双重可能性。

---

① “它”指神恩。

② 皮拉基(Pelagius)为公元5世纪初皮拉基异端派的创始人。此派否认原罪，并认为人类只凭自身的力量便可以得救。

392—285(**525**)*664—699*

哲学家并没有规定相应于这两种状态的情操。

他们鼓舞了纯粹伟大的情绪，而那却不是人类的状态。

他们鼓舞了纯粹卑贱的情绪，而那也不是人类的状态。

卑贱的情绪是必须有的，但不是出自天性而是出自悔罪；不是为了要停滞于其中，而是为了要步入伟大。伟大的情绪是必须有的，但不是出自优异而是出自神恩，并且是在已经经历了卑贱之后。

677—668(**526**)*663—706*

可悲说服人绝望，骄傲说服人自满。道成肉身则以人所需要的补救之道的伟大而向人显示了他的可悲之伟大。

75—383(**527**)*666—707*

认识上帝而不认识自己的可悲，便形成骄傲。认识自己的可悲而不认识上帝，便形成绝望。认识耶稣基督则形成中道，因为我们在其中会发现既有上帝又有我们的可悲。

678—506(**528**)*519—710*

耶稣基督就是一个我们与他接近而不骄傲、我们向他屈卑而不绝望的上帝。

*679—669(**529**)782—711*

……没有一种屈卑使我们不可能获得善,也没有一种圣洁使我们不可能免除恶。

*680—757(**530**)675—712*

曾有一个人有一天向我说起,他做过忏悔出来后是非常愉悦而有信心的。又有一个人向我说起,他仍然怀着恐惧。于是我就想,我们可以把这两个人合为一个好人,他们每一个都缺少自己所并不具备的那另一方的情操。别的事情也往往同样如此。

*662—764(**531**)671—713*

懂得自己主人的意志的人将受到更多的鞭挞,因为他由于有知识而具有权力。Qui justus est,justificetur adhuc,[①]因为他由于有正义而具有权力。对于接受最多的人,就要向他算最大的账,因为他由于有这种帮助而具有权力。

*683—260(**532**)665—726*

圣书中提供了许多段话可以慰藉一切境况,也可以威胁一切境况。

人性似乎也由于它的两种无限,即自然的无限与道德的无限,

① 〔谁是正义的,就让他仍旧有正义。〕《启示录》第22章、第11节:"为义的,叫他仍旧为义。"

而做出了同样的事情：因为我们总是会有高与低、智与愚、贵与贱，既可以贬低我们的骄傲，又可以抬高我们的屈辱。

694—719(**533**)*661—726*

Comminutum cor①(圣保罗)；这是基督教的特性。"阿尔巴给你命了名，我不再认识你了"(高乃依②)；这是非人的特性。人的特性则相反。

681—700(**534**)*658—722*

只有两种人：一种是义人，他们相信自己是罪人；另一种是罪人，他们相信自己是义人。

682—693(**535**)*654—724*

我们深深有负于那些告诫我们有错误的人，因为他们克制我们；他们教给我们说，我们是为人所鄙视的；他们并不防止我们将来不再如此，因为我们还有许多别的错误为人所鄙视。但他们准备让我们做出改正和免于错误。

102—189(**536**)*635—738*

人是这样造成的：就凭向他说他是个笨伯，他就会相信；并且就凭他向自己本身这样说，他就会使自己这样相信。因为人是独

① 〔破碎的心。〕

② 语出高乃依(Corneille，法国诗剧作家，1606—1684)《荷拉士》(Horace)第二幕第三场。

自在与自己进行着一场内心的交谈，这就理当很好地加以规范：Corrumpunt mores bonos colloquia prava[①]。我们必须尽可能地使自己沉默，并且仅仅向自己谈上帝（我们知道他才是真理）；这样我们才能以真理说服我们自己。

684—667（**537**）*446—739*

基督教是奇特的。它吩咐人要认识自己是邪恶的，甚至于是可憎的，但又吩咐人要愿望着有似于上帝。没有这样一种平衡，那种提高就会使他虚骄得可恶，否则那种屈卑就会使他卑贱得可怕。

685—674（**538**）*690—741*

一个基督徒是以多么一点点的骄傲就使自己相信是与上帝结合的！又以多么一点点的屈辱就使自己等同于地上的虫豸的！

这是接受生与死、福与祸的最美妙的方式！

686—672（**539**）*614—743*

一个兵士与一个沙特略派[②]二者之间对于服从是何等地不同啊！因为他们都是同样服从的与依附的，都在同样地苦行。但兵士永远在期望着变成主人却从来也不曾变成主人，因为哪怕是官长和诸侯也都永远是奴隶和附庸；然而他却永远在期望着并且永

① 〔坏的交谈败坏好的节操。〕《哥林多前书》第15章、第33节："滥交是败坏善行。"按这句话原出于希腊诗人米南德（Ménandre，公元前342—前291）。

② 沙特略派（Chartreux）为圣布鲁诺（St. Bruno，1030—1101）于1086年所创建的教派，以其所在地沙特略（Chartreuse）得名；此派注重孤独严肃的清修生活。

远在努力以求达到这一点；反之沙特略派则发誓永远只是依附。因此，他们在永恒的奴役这方面并没有不同，双方都在永远受奴役；但是在希望方面，前者却永远有希望，而后者则永远都没有。

687—747(**540**)*613—742*

基督徒要求享有无限美好的这一希望，是掺和着真正的欢乐以及恐惧的；因为这并不像那些虽然期望着有一个王国而自己却身为臣民所以终于是一无所有的人；他们期望的是圣洁，是免于不义，他们是会得到其中的某些东西的。

688—673(**541**)*616—642*

没有人能像一个真正的基督徒那么幸福，或那么有理智、有德行而且可爱。

693—726(**542**)*655—644*

唯有基督的宗教才能使人完全可爱而又幸福。仅有诚实，我们并不能完全可爱而又幸福。

5—381(**543**)*605—734*

序言——上帝存在之形而上学的证明[①]是如此之背离人类的推理而又如此之混乱，所以很难打动人；并且当其可能对某些人有用时，那也只是在他们看到这种证明的那一瞬间才有用，一个小时

① 关于上帝存在之形而上学的证明，见笛卡尔《方法论》第四部。

以后他们就又要害怕自己被骗了。

Quod curiositate cognoverunt superbia amiserunt[①]。

这就是不要耶稣基督而得出对上帝的认识所产生的东西,这就是不要居间者而与人们不要居间者便已认识到的那个上帝之间的相通。反之,那些靠了居间者而认识上帝的人,则认识自己的可悲[②]。

*721—302** (**544**) *867—701*

基督徒的上帝是这样一个上帝,他使灵魂感到上帝才是灵魂的唯一的美好,灵魂的全部安憩都在上帝之中,灵魂除了爱上帝而外就没有别的欢乐;而同时他又使灵魂憎恶种种阻滞自己并妨碍自己得以尽力去爱上帝的障碍。那些束缚着它的自爱与欲念,对于他都是不堪忍受的。这个上帝使灵魂感到它所具有的这种自爱的根基会毁灭它自己,并且唯有上帝才能拯救它。

689—505 (**545**) *609—700*

耶稣基督所做的事只不过是教诲人们说:他们爱的乃是他们自己,他们是盲目的、病态的、不幸的奴隶和罪人;他必须解救、启发、降福与医治他们;他们通过恨自己本身并根据可悲和死于十字架去追随他,就可以做到这一点。

---

① 〔他们由于好奇而认识的东西,又由于骄傲而失掉了。〕语出奥古斯丁《讲道集》第141。

② “居间者”即耶稣基督,耶稣基督为上帝与人类之间的居间者。关于本节的含义,可参看以下第547段。

690—601(**546**)*607—708*

没有耶稣基督,人类就必定会沦于邪恶与可悲;有了耶稣基督,人就会免于邪恶与可悲。在他那里有着我们全部的德行和我们全部的福祉。离开了他,就只有邪恶、可悲、错误、黑暗、死亡、绝望。

730—380(**547**)[1]*689—709*

我们仅仅由于耶稣基督才认识上帝。没有这位居间者[2],也就取消了与上帝的一切相通;由于耶稣基督,我们就认识了上帝。凡是自命不要耶稣基督就认识上帝并证明上帝的人,只不过具有一些软弱无力的证明罢了。但我们却有着预言——这些预言乃是确凿可知的证明——可以证明耶稣基督。这些已经成就的并为事实所真确证明了的预言就标志着这些真理的确实可靠性,从而也就标志着耶稣基督的神性的证明。因而,我们就在他的身上并且是由于他而认识上帝。除此以外,并且假如没有圣书、没有原罪、没有被允诺了的而且已经到来的必要的居间者,我们就绝对不能够证明上帝,也不能够教给人良好的学说或良好的道德。然而由于耶稣基督并且在耶稣基督之中,我们就证明了上帝,并且能够教给人以道德和学说。因而,耶稣基督就是人类真正的上帝。

① 原稿此处反面写有:“以耶稣基督论证上帝。”

② “居间者”此处原文为大写。

然而我们同时也认识我们的可悲，因为这个上帝并不是别的什么，只不过是我们之可悲的拯救者而已。因此，我们就只能在认识我们的罪过时，才能很好地认识上帝。同样，那些不认识自己的可悲就认识了上帝的人们并没有光荣化上帝，而只是光荣化了他们自己。Quia ... non cognovit per sapientiam ... placuit Deo per stultitiam praedicationis salvos facere.①

*729—602** (**548**) *608—723*

不仅是我们只能由于耶稣基督才认识上帝，而且我们也只能由于耶稣基督才认识我们自己。我们只能由于耶稣基督才认识生和死。离开了耶稣基督，我们就不知道什么是我们的生，什么是我们的死，什么是上帝，什么是我们自己。

因此，若没有仅只以耶稣基督为其对象的圣书，我们就什么也不认识，而只能是在上帝的本性中以及在我们自己的本性中看到蒙昧与混乱。

728—382 (**549**) *630—647*

不要耶稣基督就想认识上帝，这不仅是不可能的，而且是毫无益处的。他们并没有疏远了他，而是接近了他，他们并没有使自己屈卑，而是……

Quo quisquam optimus est, pessimus, si hoc ipsum, quod op-

① 〔因为……人凭智慧并不认识上帝，……所以上帝便喜欢以愚拙的宣教来做出拯救。〕《哥林多前书》第1章、第21节："世人凭自己的智慧既不认识上帝，上帝就乐意用人所当作愚拙的道理，拯救那些信的人。"

timus est, adscribat sibi. [1]

732—748(**550**)*617—648*

我爱贫穷，因为上帝爱贫穷。[2] 我爱财富，因为它们提供了可以帮助不幸者的手段。我对一切人都怀着忠诚，我并〔不〕以怨回报怨我的人；并且我希望他们的情形也和我一样，既不受别人的德也不受别人的怨。我力求对一切人都公正[3]、真实、诚恳并且忠心；对于上帝使我与之格外紧密结合在一起的那些人，我衷心怀着亲切之情；并且无论我是独自一个人、还是在别人的眼前，我的一切行为都有上帝明鉴，上帝会判断它们的，而我也是把它们全部都奉献给上帝的。

这就是我的感情面貌；我一生中天天都在祝福我的救主，他把它们安置在我的身中，他以他那神恩的力量把一个充满了脆弱、可悲、欲念、骄傲和野心的人造就成一个免于这一切恶德的人，这一切光荣都由于神恩，而我自己却只有可悲与错误。

733—406(**551**)*621—649*

Dignior plagis quam osculis non timeo quia amo. [4]

① 〔越是使人好的东西就越会使人坏；假如我们把好的东西归之于我们自身的话。〕

② 此处原有如下字样："我爱一切人有如我的弟兄，因为他们都是被救赎的。"后经作者删去。

③ 此处最初作"我怀着真诚与正义"。

④ 〔尽管我更配鞭挞而不配亲吻，但我并不害怕，因为我有爱。〕这句话大概是作者自己的。

735—520(**552**)*620—650*

耶稣基督的坟墓——耶稣基督死去了，而又被人看见在十字架上。他死去了，并隐藏在坟墓中。

耶稣基督是仅仅被圣徒们所埋葬的。

耶稣基督在坟墓中并没有行过任何奇迹。

只有圣徒才进入过那里。

正是在这里耶稣基督获得了一个新生命，而不是在十字架上。

这就是受难与救赎的最后神秘。[①]

耶稣基督在地上除了坟墓而外，就没有可以安息的地方。

他的敌人只是到了坟墓中才停止折磨他。

736—739(**553**)*631—651*

耶稣的神秘——耶稣在受难中忍受着别人所加给他的苦痛，然而他在忧伤中却忍受着他自己所加给自己的苦痛，turbare semetipsum[②]。那不是出于人手而是出于全能者之手的一种苦难，因为必须是全能者才能承担它。

耶稣寻求某种安慰，至少是在他最亲爱的三个朋友中间，[③]而他们却睡着了。他祈求他们和他一起承担一些，而他们却对他全

① 手稿中此处原有："耶稣基督教诲我们，活着、死去、埋葬、复活。"后经作者删去。

② 〔心里悲叹，又甚忧愁。〕语出《约翰福音》第11章、第33节。按此处所引经文原文应作 turbavit seipsum。

③ "三个朋友"指彼得和西庇太的两个儿子雅各和约翰；事见《马太福音》第26章第36—37节，又《马可福音》第14章、第33—37节。

不在意，他们的同情心是那么少，以致竟不能片刻阻止他们沉睡。[①]。于是耶稣就剩下孤独一个人承受上帝的愤怒了。

耶稣在地上是孤独的，不仅没有人体会并分享他的痛苦，而且也没有人知道他的痛苦；只有上天和他自己才有这种知识。

耶稣是在一座园子里，但不是像最初的亚当已经为自己并为全人类所丧失了的那样一座极乐园，而是在他要拯救自己和全人类的那样一座苦难园里。

他在深夜的恐怖之中忍受这种痛苦和这种离弃。

我相信耶稣从不曾忧伤过，除了在这唯一的一次；可是这时候他却忧伤得仿佛再也承受不住他那极度的悲苦："我的灵魂悲痛得要死了。"[②]

耶稣向别人那里寻求伴侣和慰藉。我觉得这是他一生中独一无二的一次。但是他并没有得到，因为他的弟子们睡着了。

耶稣将会忧伤，一直到世界的终了；我们在这段时间里绝不可睡着。

耶稣处于这种受到普遍遗弃以及被他那些选来和他一起守夜的朋友们所遗弃的状态之中，他发现他们都睡着了，便因他们不是把他而是把他们自己暴露在危险之前而烦恼；他为了他们本身的得救与他们本身的好处而以一种对他们的诚挚的温情在他们不知感恩的时刻来警告他们；他警告他们说，精神是飘忽的而肉体又是软弱的。[③]

① 事见《马太福音》第26章、第40—41节。

② 《马可福音》第14章、第34节："我心里甚是忧伤，几乎要死。"

③ 见《马太福音》第26章、第41节，又《马可福音》第14章、第38节。

耶稣发现他们仍然在睡着，既不为对他的也不为对他们自己的顾虑所萦绕，便满怀善意地不把他们唤醒而让他们好好安息。[①]

耶稣在不能确定父的意志的时候就祈祷着，他害怕死亡；然而当他认识到它之后，他就走向前去献身给死亡：Eamus. Processit.（约翰）[②]。

耶稣祈求过人，但不曾为人倾听。

耶稣在他的弟子们睡觉时，就安排了他们的得救。在义人酣睡的时候，他便造就了每一个义人的得救，既在他们出生之前的虚无之中、也在他们出生以后的罪恶之中。

他仅仅祈祷过一次要这杯离开，然后就顺从了；并且他还会去祈祷第二次的，假如有必要的话。[③]

耶稣在忧烦中。

耶稣看到自己所有的朋友都睡着了而自己所有的敌人都警觉着，就把自己完全交给了他的父。

耶稣在犹大的身上并不是看到他的敌意，而是看到他所爱的、所承认的上帝的秩序；因为他称犹大为朋友。[④]

耶稣摆脱自己的弟子才能进入忧伤；我们必须摆脱自己最亲近的和最亲密的人才能仿效他。

---

① 见《马太福音》第26章、第43—45节，又见《马可福音》第14章、第40—41节。

② 〔我们去吧。我们走吧。〕见《约翰福音》第18章、第4—8节，又《马太福音》第26章、第46节。

③ 见《马太福音》第26章、第39节、第43节，又《马可福音》第14章、第36节、第39节。

④ 见《马太福音》第26章、第50节。

耶稣既是处于忧伤之中、处于最大的痛苦之中，[1]就让我们祈祷得格外长久吧！

我们祈求上帝的仁慈，并非为了要他可以让我们在我们的邪恶之中得到平静，而是为了他可以把我们从其中解救出来。

如果上帝亲手给了我们以主人，啊，那么我们多么有必要应该衷心地服从他们啊！必然性与各种事件是丝毫不爽的。[2]

——“安慰你自己吧，假如你不曾发现我，就不会寻找我。

“我在自己的忧伤中思念着你，我曾为你流过如许的血滴。

“若是想着你会不会做好这样或那样不存在的事，那就是试探我更有甚于考验你自己了：当它到来时，我会在你的身上做出它来的。

“你要让我的规律来引导，看看我把童贞女以及让我在他们身上起作用的那些圣者们引导得多么好吧。

“父爱我所做的一切。

“你愿意它永远以我那人性的血为代价，而你却不流泪吗？

“你的皈依就是我的事业：别害怕，满怀信念地祈祷吧，就像是为了我那样。

“我以我在圣书中的话、以我在教会中的灵，并且以感召、以我在牧师身上的权力、以我在虔敬信者身上的祈祷而与你同在。

“医生不能救治你，因为你终将死去。然而救治你并使你肉身不朽的却是我。

① 见《路加福音》第22章、第44节。

② 布伦士维格以为这里的两句话并不属于本段之内，只是作者随手为自己写下的两条记录。

“要忍受肉体的枷锁与奴役；目前我只从精神上解脱你。

“比起这些和那些人来，我更是你的朋友；因为我为你做的比他们更多，他们不会忍受我所忍受于你的，也不会在你不敬与残酷的时候为你而死，就像我在我的选民中以及在圣体中所曾做过的以及所准备做的和正在做着的那样。

“如果你认识你的罪恶，你就会丧失你的心。”

——主啊！那么我就丧失它吧，因为我依据你的保证而确信它们的毒恶。

——“不，因为我（你是从我这里学到这些的）可以救治你，而我向你所说的正是我要救治你的一个标记。随着你赎这些罪，你就会认识它们，并且你就会听到说：‘看哪，你的罪被解免了。’因此，就为你那隐蔽着的罪行、为你所知道的那些罪行的秘密毒恶而忏悔吧。

——主啊！我把一切献给你。[①]

——“我爱你要比你爱你的污秽——ut immundus pro luto[②]——更热烈。

“让光荣归于我，而不是归于你，你这虫豸与尘土。

“当我亲口说的话对你竟成为恶德与虚荣或好奇心的缘由时，你就去询问你的指导者吧。”

——我看到了自己的骄傲、好奇心与欲念的深渊。我与上帝或与正直的耶稣基督并没有任何关系。然而他却由我而被弄成有

① 雅克琳·帕斯卡尔《根据我们的主耶稣基督之死而树立的思想》（1650 年）第 16 节：“耶稣是赤身裸体死去的。这就教导了我应该剥夺掉自己的一切东西。”

② 〔像沾满了尘土那样不洁。〕

罪的了;所有你的鞭挞都落在他的身上[①]。他倒比我更可憎恶,但他远没有憎恶我,反而使自己受到尊敬,以致我要走向他并且求救于他。

然而他却救治了他自己,而且会更加有理由要救治我。

必须把我的创痛加在他的上面,把我和他结合在一起,他将在拯救他自己时也拯救我。然而这却决不可推给将来。

Eritis sicut dii scientes bonum et malum[②]。在判断"这是善或恶"的时候,每个人就都造就了上帝;并且对于事件不是过分地痛苦便是过分地高兴。

做小事要像大事那样,因为在我们身上做出这些事并过活着我们的生命的耶稣基督是尊贵的;做大事要像轻易的小事那样,因为他是无所不能的。

734—742(**554**)*610—688*

我觉得耶稣基督只是在他复活之后才许人抚摸他的伤痕的:Noli me tangere[③]。我们必须只把我们自己和他的苦难结合在一起。

他在最后的晚餐中把自己奉献给圣餐时好像是要死的,对于在以马忤斯的门徒则是复活了的,[④]而对全体教会则是升了天的。

① 按此处"他"指耶稣基督,"你"指上帝。

② 〔你将知道善与恶,像上帝那样。〕《创世记》第3章、第5节:"你们便如上帝能知道善恶。"

③ 〔不要摸我。〕语出《约翰福音》第20章、第17节。

④ 以马忤斯(Emmaüs)距耶路撒冷约二十五里,事见《路加福音》第24章、第13—35节。

*737—751(**555**)619—687*

“绝不要拿你自己比较别人,而只能比较我。如果你在那些你以自己与之相比较的人们中间并没有发现我,你就是以自己在和一个可憎的人相比较了。如果你在其中发现了我,那么就以你自己来比较吧。然而你将比较什么呢?是比较你自己吗,还是在你身上的我呢?如果是你自己,那就只是一个可憎的人。如果是我,那你就是以我来和我自己相比较。而我是一切中的上帝。

“我在向你讲话并且时时劝导你,因为你的引导者不能向你讲话,而我又不肯让你缺少引导者。

“而或许我是凭他的祈祷这样做的,因此他在引导着你而你却看不见他。如果你里面没有我,你就不会寻找我。

“因而,就不要惶恐不安!”

第 八 编

602—17 * (**556**) *618—659*

……他们亵渎他们茫无所知的东西。基督宗教就在于两点；认识这两点对人类是同等地重要，不认识这两点又是同等地危险；而上帝则同等仁慈地给出了这两者的标志。

可是他们却借题得出结论说，根据使他们应该结论出其中之一的东西，这两者的另一就并不存在的。宣称只有一个上帝的智者们曾经遭受迫害，犹太人遭到仇恨，基督徒则更其如此。他们依据自然的光明看出了，假如大地上有一种真正的宗教的话，那么万物的行动就应该趋向它作为自己的中心。

万物的一切行动都应该以宗教的建立与伟大为其目的。人在自己身上应该有着符合于宗教所教诲于我们的那些感情。① 最后，宗教应该是那样地成为万物所趋向的目的与中心，从而凡是懂得宗教原则的人就都既能特殊地解说全部的人性，又能普遍地解说世界全部的行为。

而在这种基础之上，他们就乘机亵渎基督宗教，因为他们错误

① 布伦士维格注："宗教所教诲于我们的感情"并非指宗教命令我们所应该具有的感情，而是指宗教启示我们并为我们已经具有的感情，即"既伟大而又可悲"的那种感情。

地理解了基督宗教。他们想象着它单纯地就在于崇拜一位被认为是既伟大又全能而又永恒的上帝;确切地说,这是自然神论,它之远离基督宗教差不多就和全然与基督宗教背道而驰的无神论一样。而他们却由此结论说,这种宗教是不真实的;因为他们并没有看到万事万物都一致在确立如下这样一点,即上帝并不以其所可能做出的全部证据来向人们显示他自己。①

然而即使他们得出了他们所要反对于自然神论的那种结论,他们也得不出任何结论来反对基督宗教;基督宗教确切地说就在于救主的神秘,救主一身结合了人性与神性这两种性质,他挽救人类免于罪恶的腐蚀,好让他们在他的神身之中与上帝调谐。

因而,基督宗教就把这两个真理一起教给了人类:既存在着一个上帝是人类能够达到的,又存在着一种天性的腐化使他们配不上上帝。认识这两点的每一点对于人类都是同等地重要;一个人认识上帝而不认识自己的可悲,与认识自己的可悲而不认识救主能够加以救治,乃是同样地危险。这两种认识若只有其一,就会造成要么是哲学家的高傲,他们认识上帝,却不认识自身的可悲;要么便是无神论者的绝望,他们认识自身的可悲但没有救主。

既然人类之认识这两点有着同等的必要性,所以上帝之使我们认识到它们也就有着同等的仁慈。基督宗教做了这件事,它之成为基督宗教也就正在于此。

让我们就根据它来检查一下世界的秩序吧,让我们来看是不是万事万物都趋向于确立这种宗教的这两个要点:即耶稣基督是

① 可参看本书第557,585段。

(556)

万物的目的，又是万物所趋向的中心。凡是认识了他的，也就认识了万事万物的道理。

凡是错了的人，都只不过是错在未能看到这两种东西之中的一种。因而，我们很可能认识上帝而不认识自己的可悲，或认识自己的可悲而不认识上帝；然而我们却不可能认识耶稣基督而不同时既认识上帝又认识自己的可悲的。

这便是何以我并不准备在这里以自然的原因来证明上帝存在或三位一体或灵魂不朽以及任何这类性质的事物的缘故了；不仅是因为我觉得自己没有力量足以在自然界中找到有什么东西可以说服最顽固的无神论者，而且还因为这种知识缺少了耶稣基督便是无用的而又空洞的。当一个人被说服相信数目的比例乃是非物质的、永恒的、依赖于第一真理而存在的真理，而那就叫作上帝；我并不以为这时候他在自己的得救方面就更加前进了多少。

基督徒的上帝并不单纯是个创造几何学真理与元素秩序的上帝；那是异教徒与伊壁鸠鲁派的立场。他并不仅只是个对人类的生命与幸福行使其天命的上帝，为的是好赐给崇拜他的人们以一连串幸福的岁月；那是犹太人的东西。但亚伯拉罕的上帝、以撒的上帝、雅各[1]的上帝、基督徒的上帝，乃是一个仁爱与慰藉的上帝；那是一个充满了为他所领有的人们的灵魂与内心的上帝，那是一个使他们衷心感到自己的可悲以及他的无限仁慈的上帝；他把自己和他们灵魂的深处结合在一起；他以谦卑、以欢愉、以信心、以仁

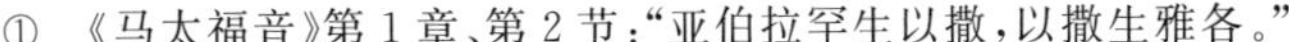

① 《马太福音》第1章、第2节："亚伯拉罕生以撒，以撒生雅各。"

爱充满了他们的灵魂;他使得他们除了他自身而外就不可能再有别的归宿。

凡是到耶稣基督之外去寻求上帝并且停留在自然界之中的人,要么便不能发现任何可以使他们满意的光明,要么便走向为自己形成一套不要媒介者就能认识上帝并侍奉上帝的办法;并且他们便由此不是陷入无神论便是陷入自然神论,而这两种东西几乎是基督宗教所同样憎恶的。

没有耶稣基督,世界是无法生存的;因为那必然要么就是世界毁灭,要么就是世界活像一座地狱。

假如世界的生存就是为了把上帝教给人类,那么上帝的神圣性就会以一种无可辩驳的方式照亮着世界上的每一个部分;然而,既然世界只是因耶稣基督并且为耶稣基督而生存,并且是为了把人类的腐化与人类的赎罪教给人类,所以万物就都在闪烁着这两条真理的证明。

世上所呈现的事物既不表示完全排斥神明,也不表示神明之昭彰显著的存在,而是表示有一个隐蔽的上帝的存在。万物都带有这种特征。

难道唯一认识天性的人之认识天性,就只是为了沦于悲苦吗?难道唯一认识它的人将是唯一的不幸者吗?

他绝不会是根本什么都看不见,他也绝不会是看到多得足以相信自己已经把握到了它,而是他所看到的足以使他认识到自己已经沦亡:因为要能认识我们已经沦亡,就必须是既能看得到而又看不到;而这正好是他天生的状态。

无论他站在哪一边,我都不会让他安安逸逸地……

*603—315** (**557**) *630—660*

因此,这就是真的:万物都在把人的情况教导给人,然而他却必须好好地理解;因为既不是真地万物都显示出上帝,也不是真地万物都隐蔽起上帝。而是上帝既向那些试探他的人隐蔽起自己来,又向那些追求他的人显示出自己来,这两者同时一起都是真的;[①]因为人类既配不上上帝,同时又能得到上帝,由于他们的腐化而配不上,由于他们最初的本性而能得到。

*604—316** (**558**) *591—684*

除了我们的不配而外,我们从自己全部的蒙昧之中还能得出什么结论呢?

606,446—319,453* (**559**) *750—685*

假如上帝从不曾显现过任何东西,那么这种永恒的缺陷就会是暧昧可疑的,并且可以同样联系到并不存在任何神明,正如联系到人们不配认识上帝一样;然而他却有时候——但不是永远——显现,这就勾销了暧昧可疑。假如他显现过一次,那他就是永远存在的;[②]于是我们就只能由此结论说,既存在着一个上帝而人们又配不上他。

① 可参见《马太福音》第4章、第7节,《马可福音》第10章、第15节。

② 此处抄本作:"永恒者是永远存在的,假如他曾一度存在的话。"

*640—14,16** (**560**) *766—643*

我们既不理解亚当的光荣状态,也不理解他罪恶的性质,更不理解它之被传递给了我们。[①] 这些事情所经历的状态,其性质是与我们自己全然不同的并且是超出我们目前的能力状态之外的。

我们之想知道这一切都无补于我们从其中脱身出来;而全部我们所需要认识的就只是我们是悲惨的、腐化了的、脱离了上帝但又被耶稣基督所赎救;而正是关于这些,我们在大地上却有着种种可惊叹的证明。

因此,腐化与赎救这两种证明就是从对于宗教无动于衷而生活着的不信教者那里得来的,也是从成为宗教之不可调和的敌人的犹太人那里得来的。[②]

814—378(**561**)*859—645*

有两种方式可以说服人相信我们宗教的真理:一种是以理智的力量,另一种是以发言者的权威。

我们并不使用后一种方式,而是使用前一种方式。[③] 我们并不说:"必须相信这些,因为叙述它们的圣书乃是神圣的";反倒是说,根据如此这般的原因就必须相信它,而这些原因又都是脆弱的

---

① 此处"亚当的光荣状态"、"他罪恶的性质"以及"它之被传递给了我们",系指乐园、堕落与人类的原罪。可参看《创世记》第 2 章、第 3 章。

② 此处抄本作:"因而全宇宙都教训人说,要么他是腐化了的,要么他是被赎救的;一切都向人教导了他的伟大或他的可悲;上帝的遗弃出现在异教徒中间,上帝的保佑出现在犹太中间。"

③ 可参看冉森《奥古斯丁》第 2 部卷首第 4 章,又帕斯卡尔《真空论》。

论证，因为理智对一切都是百依百顺的。[①]

*74—43** (**562**) *858—654*

大地上的事物无一不在表明：或则人类可悲，或则上帝仁慈；或则人没有上帝就毫无能力，或则人有了上帝就有能力。

2—360 (**563**) *612—675*

沉沦者的迷乱之一就是看到他们遭受自己本身的理智所谴责，而他们本来是想以它来谴责基督宗教的。

831—736 (**564**) *632—676*

我们宗教的预言乃至奇迹本身以及证明并不具有这样的性质，以致我们可以说它们绝对令人信服。然而它们又具有这样一种性质，以致我们不能说相信它们是没有理由的。这样便既有证据，[②]又有蒙昧；既可以照亮某些人，又可以蒙蔽另一些人。然而证据却是这样的：它超过了，或者至少也是相等于相反的证据；从而能够决定不去追随它的就并不是理智，因而那就只能是内心的欲念或恶意了。由于这种方式，所以便有足够的证据可以谴责，却没有足够的证据可以信服；于是就表现为，对于那些追随它的人来说，则使他们追随的便是神恩而不是理智；而对于那些回避它的人来说，则使他们回避的便是欲念而不是理智。

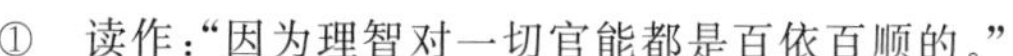

① 读作："因为理智对一切官能都是百依百顺的。"

② 布伦士维格注："证据"(evidence)指人心中的光明。

Vere discipuli，vere Israëlita，vere lieri，vere cibus. [①]

588—452（**565**）*633—677*

因此，就在宗教幽晦不明的本身之中、就在我们对宗教所具有的微弱的光明之中、就在我们对认识宗教所具有的漠不关心之中，去认识宗教的真理吧！

573—439（**566**）*634—678*

假如我们不把上帝有意要蒙蔽一些人和照亮一些人当作是原则，我们就不理解上帝的任何创造物。

791—460（**567**）*626—679*

两种相反的理由。

我们必须由此着手；否则我们就什么都不理解，于是一切就都成为异端；并且甚至于在每个真理的尽头我们也必须补充说，我们要记取相反的真理。

587—916，938，658（**568**）*587—680*

反驳：圣书中显然易见充满着并非由圣灵所口授的东

---

① 〔真的门徒，真的以色列人，真的自由，真的粮食。〕《约翰福音》第 8 章、第 31 节："你们若常常遵守我们的道，就真是我的门徒"；第 1 章、第 47 节："看哪，这是个真以色列人，他心里是没有诡诈的"；第 8 章、第 36 节："天父的儿子若叫你们自由，你们就真自由了"；第 6 章、第 32 节："我实实在在地告诉你们，那从天上来的粮不是摩西赐给你们的，乃是我父将天上来的真粮赐给你们。"

西。——答辩:然而它们一点也无损于信仰。——反驳:但是教会已经断定一切都出自圣灵。——答辩:我答复两点,一是教会从不曾这样断定过,一是如其教会这样断定过,它就可以成立。①

福音书中所引的预言,你以为提出它们来是为了使你信仰吗?不是的,那是为了使你脱离信仰。②

785—590(**569**)*624—683*

教典——异端在教会开始时,是为证明教典而服务的。③

571—430(**570**)*204—692*

在"论基础"这一章之上,必须再增加能构成"论象征"的一章,论述象征的成因:何以要预言耶稣基督的第一次降临;何以在方式上要预言得幽晦不明。

574—518(**571**)*703—570*

何以故的理由。象征——〔他们要接待的乃是一个肉欲的民族,却要使之成为精神约束的受托人。〕④要对弥赛亚有信心就必须要有事先的预言,而预言又应该由无可怀疑的、既勤勉又诚恳、具有非凡的热忱并为举世所知的人们来传布。

---

① 按此处原有如下两条:1."有许多虚妄的精神",(可能即指上述的反驳者)。2."丢尼修是仁爱的,他是正当的",可能指《使徒行传》第17章、第34节。

② 可参见以上第566段。

③ 据布伦士维格解说:异端所依据的是对圣书的错误解释,因此也证明了圣书的权威。

④ 括号中的话原被作者删去,1678年版本又恢复了这句话。

为了成就这一切，上帝便选择了这个肉欲的民族，委托他们来预告弥赛亚是救主并且是这个民族所喜爱的种种肉欲事物的解脱者的那些预言。因此，他们便对他们的先知们怀有一种非凡的热情，并在全世界的面前传播了这些预告他们的弥赛亚的书籍，向一切的邦国保证弥赛亚必当到来，并且将以他们公之于全世界的书籍中所预言的那种方式到来。因此，这个民族便被弥赛亚的不光彩的而又可怜的来临所欺骗，竟成了他的最凶恶的敌人。从而这便是世界上最无可怀疑会偏爱我们的那个民族，并且以其法律及其先知而可能被人称道为最严谨、最热诚的那个民族；他们完好无缺地传播了这些书籍。从而那些摒弃了并钉死了遭受他们诽谤的耶稣基督的人，便是那些传播见证着他并且说他将被人摒弃并遭受诽谤的那些书籍的人。从而他们就表明了，正是他自己在拒绝自己；而且他又同等地既被那些接受了他的正义的犹太人所证实，也被那些摒弃了他的不义的犹太人所证实，两者都是被预言了的。

正是因此，预言才有一种隐蔽的意义，在精神方面这个民族便是它的敌人，但在肉欲方面则这个民族又是它的朋友。假如精神的意义被揭示出来，他们便不可能爱它，他们既不会传播它，也不会有热情来保存他们的书籍与他们的仪式；而且假如他们爱这些精神的诺言，并完好无缺地保存下来直迄弥赛亚的时代，那么他们的见证就不会有力量，因为他们乃是它的朋友。

这就是何以精神的意义最好是被掩盖起来；然而，另一方面，假如这方面的意义竟是那样地隐蔽以致全然不曾显现的话，那么它就不能用以证明弥赛亚了。然则，又是怎么办的呢？它在大部分的章节里都被掩盖在尘世的意义之下，但在有几段里却又被揭示得那么明白；此外，世界的各个时代和国家也都被预告得如此明白，乃至比太阳还要明亮。在某些地方，这种精神的意义是被解说得那么明白，以至于必须是就像精神屈服于肉体时肉体所加之于精神的那样一种盲目，才会认识不到它。

而这就是上帝怎样在行动的了。这种意义在无数的地方都被另一种意义所掩盖着，只是在极其罕见的几个地方才被揭示出来而又是采取那样的方式，从而凡是它被隐蔽的地方都是暧昧的并能适用于两种意义，反之凡是它被揭示的地方都是毫不含混的，并只能适用于精神的意义。

从而它就不可能引向错误，并且唯有那样一个肉欲的民族才能加以误解。

因为当美好大量地被允诺时，若不是他们的贪婪——它把那种意义限定为地上的美好，——又有什么能妨碍他们去理解真正的美好呢？然而那些只在上帝之中才得到美好的人，则把它们整个都归之于上帝。因为有两条原则划分了人们的意志、即贪婪与仁爱。并不是贪婪不能够与信仰上帝同在，或仁爱不可以和地上的事物同在；而是贪婪要利用上帝并享受现世，而仁爱则相反。

最后的目的才是赋予事物以名称的东西。一切妨碍我们达到目的的，便叫作敌人。因此，无论是多么好的人，当其背弃上帝的时候，就都是正义者的敌人；而上帝本身则是上帝打乱了其贪心的那些人的敌人。

这样，敌人这个名词既然取决于最后的目的，所以正义者就以之理解自己的感情，而肉欲者则理解为巴比伦人；[①]因此这些名词就只有对于不义的人才是幽晦难明的。而这便是以赛亚所说的：Signa legem in elctis meis，[②]并且耶稣基督也将成为绊脚石。[③] 但是，“那些在他那里不会绊倒的人有福了”。《何西阿书》末尾说得最好：“智者在哪里？他能理解我说的话。义人将理解它；因为上帝的道是正直的，但恶人却将在那上面跌倒。”[④]

589—513（**572**）*629—673*

使徒是骗子的这一假说。——时间明白确切，方式则幽晦难明。——象征的五项证明。

2000 { 1600 先知。
400 分散者。[⑤]

578—905（**573**）*625—566*

圣书的盲目——犹太人说：“圣书说我们不会知道基督要从哪里来。（《约翰福音》，第 7 章第 27 节与第 12 章第 34 节）圣书说基督永存，而基督却说自己是要死的。”[⑥]

---

① 按“巴比伦”一词为腐化堕落的同义语，《旧约》中屡见。

② 〔法律的封印在我的选民中间。〕《以赛亚书》第 8 章、第 16 节：“在我门徒中间封住教诲。”

③ 《以赛亚书》第 8 章、第 14 节：“向以色列两家作绊脚的石头、跌人的磐石。”

④ 《何西阿书》第 14 章、第 9 节：“谁是智慧人，可以明白这些事。谁是通达人，可以知道这一切。因为耶和华的道是正直的；义人必在其中行走，罪人却在其上跌倒。”

⑤ 关于本段含义，详见以下各段。

⑥ 《约翰福音》第 7 章、第 27 节：“只是基督来的时候，没有人知道他从那里来。”同书，第 12 章、第 34 节：“我们听见律法上有话说，基督是永存的。”

因此,圣约翰说,尽管基督做出了那么多的奇迹,可是他们根本就不相信,为的是使以赛亚的话得以应验[1]:“他使他们盲目”[2]等等。

579—320 * (**574**) *702—571*

伟大——宗教是如此之伟大的一种东西,以致那些不肯费力去追求它的人——假如它幽晦难明——就应该被剥夺其宗教,这是十分公正的。因而,我们又有什么可尤怨的呢,假如它是只要我们去追求便可以找得到的话?

580—321 (**575**) *283—663*

一切都有利于选民,甚至于是圣书中的幽晦;因为他们是由于神圣的明确性而尊崇它们的。一切都不利于其他的人,甚至于是明确性;因为他们是由于他们所不理解的幽晦而亵渎它们的。

581—461 (**576**) *742—664*

世人对教会的一般行为:上帝想要蒙蔽与照亮——事情既已证明了这些预言的神圣性,所以其余的就应该为人相信了。我们由此便看到世界的次序是这样的:创世记与洪水的奇迹既被遗忘,上帝便遣送来了摩西的法律与奇迹、预言具体事物的先知们;并且

① 《约翰福音》第12章、第37节:“他虽然在他们面前行了许多神迹,他们还是不信他。这是要应验先知以赛亚的话。”

② 《以赛亚书》第6章、第9节:“你们听是要听见,却不明白;看是要看见,却不晓得。”

为了准备一场持久的奇迹，他便准备了预言及其实现；但是预言既然可以受到怀疑，所以他就要使得它们不受怀疑，等等。

*510—457** (**577**) *786—662*

上帝使得这个民族的盲目服务于选民的利益。

582—443 (**578**) *772—573*

既有足够的明白确切足以照亮选民，也有足够的幽晦不明足以屈卑他们。既有足够的幽晦不明足以蒙蔽被遗弃者，也有足够的明白确切足以谴责他们并使得他们无可宽恕。圣奥古斯丁，蒙田，赛朋德。[①]

旧约中耶稣基督的家谱掺杂了那么多其他无用的东西，以致成为无法辨别的了。假如摩西仅仅记录下来耶稣基督的祖先，那就会太明显了。假如他不曾指出耶稣基督的祖先，那又会不够明显了。然而凡是仔细阅读它的人终究会看出，耶稣基督的祖先是很可以根据他玛[②]路泽[③]等等辨识出来的。

凡是规定这些牺牲的人，都知道它们无用；凡是宣称它们无用的人，都不曾放弃对它们的实践。[④]

如果上帝仅仅允许有一种宗教，那就太容易认识了；然而我们

---

① 读作：见蒙田书中"赛朋德自辩篇"一章（按即《文集》第 2 卷、第 12 章）有关奥古斯丁的部分。

② 见《创世记》第 38 章、第 24—30 节。

③ 见《路得记》第 4 章、第 17—22 节，又可参阅本书第 743 节。

④ 见《希伯来书》第 10 章、第 5—12 节。

若仔细加以观察的话，我们就很可以从这种杂乱无章之中辨别出真理来。

原则：摩西是个聪明人。因而假如他以自己的精神在控制自己，他就不会明晰地说出任何直接违反精神的话来。

因此，任何非常明显的弱点就都是力量。例如：圣马太①与圣路加②中的两种家谱。难道还能有什么比这一点讲得不一致更加明白的了吗？

787—695(**579**)*809—574*

上帝(以及使徒)预见到骄傲的种子会诞生出异端，又不愿意给它们得以根据适当的词句而诞生的机会，于是就在圣书中和教会的祈祷中安置了相反的字句，③以便到时候可以产生出它们的结果来。

同样地上帝也把仁爱赋给了道德，它产生了与欲念相反的结果。

416—262(**580**)*799—575*

天性具有某些完美，可以显示它是上帝的影子，也具有某些缺陷，可以显示它只不过是上帝的影子。

---

① 见《马太福音》第1章、第2—17节。

② 见《路加福音》第3章、第23—38节。

③ 按作者认为异端的诞生是由于只考虑到真理的一端而不顾真理的另一端；见本书第569，775，845，886，891各段。

596—441(**581**)*743—576*

上帝想要安排意志更有甚于精神[①]。完全的明晰有助于精神而有害于意志。让高傲者[②]谦卑吧。

597—738(**582**)*638—578*

我们使得真理本身成了一种偶像;因为真理脱离了仁爱就不是上帝而只是上帝的影子或者一个偶像,那是我们根本不应该爱也不应该崇拜的;而它的反面,也就是谎言,我们就更不应该爱或者崇拜了。

我很可以爱全然的幽晦;[③]但是如果上帝把我约束在一种半幽晦的状态,那么其中所有的那一点幽晦却使得我不愉快;并且又因为我在其中看不到通体都幽晦不明的那种便利,所以它使得我不愉快。这是一个错误,并且是我把自己弄成为脱离了上帝秩序的一个幽晦不明的偶像的一种标志。我们必须仅只崇拜他的秩序。

*792—463**(**583**)*763—670*

病弱者[④]乃是虽认识真理但其拥护真理却仅以其自己利益所

① “精神”此处指理智。

② “高傲者”稿本中作“骄傲”。

③ 布伦士维格注:因为“全然的幽晦”就意味着完全委身听命于天意。

④ “病弱者”即“脆弱者”。“病弱者”(malingres)一词系手稿中原文,但本段并非出自作者亲笔,故不能确定“病弱者”一词是否有误。阿韦认为“病弱者”应读作“莫里尼派”(molinistes),布伦士维格则认为作者不会同意莫里尼派也认识真理。

涉及的范围为限的那种人;可是超出此外,他们便放弃了真理。

647—734 * (**584**) *764—671*

世界的存在乃是为了要实现仁慈与审判,并不像人类是出于上帝之手而生存在世上,反倒像人类是上帝的敌人;上帝由于神恩而赐给人类以足够的光明可以复归于上帝(假使他们想要寻求他并追随他的话),但是也可以惩罚他们[①](假使他们拒绝寻求他并追随他的话)。

598—449 (**585**) *793—672*

论上帝想要隐蔽自己——假如只有一种宗教,上帝就会很好地在其中显现。假如只有在我们的宗教里才有殉道者,情形也是一样。

上帝既然是这样地隐蔽起来,所以凡是不说上帝是隐蔽起来了的宗教就不是真的;凡是没有对此讲出道理来的宗教,就不是有教益的。我们的宗教则做到了这一切:Vere tu es Deus absconditus[②]。

599—317 * (**586**) *797—673*

如果根本就没有幽晦,人类也就根本不会感到自己的腐化;如果根本就没有光明,人类也就根本不会期望补救之道。因此上帝

---

① 读作:"但是也赐给人类以足够的光明可以让他们受到惩罚。"

② 〔你实在是隐蔽的上帝。〕《以赛亚书》第 45 章、第 15 节:"你实在是自隐的上帝。"

既是部分地隐蔽起来而又部分地显现出来，这就不仅是正义的而且还对我们是有用的；因为只认识上帝而不认识自己的可悲与只认识自己的可悲而不认识上帝，这两者对于人类乃是同等地危险。

827—568(**587**)*801—568*

这种宗教在奇迹、圣者、无可指责的信徒，学者和伟大人物、见证，殉道者，确立的王（大卫），流血的君主以赛亚各个方面，都是那样伟大；在显示了其全部的奇迹与其全部的智慧之后，在知识方面是那样伟大；而它却否定了这一切，并且宣称它既没有智慧也没有标志，而只有十字架和愚蠢。[①]

因为由于这类标志和这种智慧而值得你信仰并曾向你证明了他们自己的特性的那些人在向你宣称，这一切之中并没有任何东西能够改变我们并使我们得以认识上帝与热爱上帝，除非是靠那种既没有智慧又没有标志的十字架的愚蠢的德行；而绝不是靠没有这种德行的那些标志。因此，我们的宗教就其有效的原因[②]来看，便是愚蠢的，而就其为此做准备的智慧来看，则是智慧的。

*828—250**，*469*(**588**)*640—565*

我们的宗教是智慧的而又愚蠢的。智慧，是因为它是最博学的，并且是最建立在奇迹、预言等等基础之上的。愚蠢，是因为使得我们属于宗教的根本就不是这一切；这一切的确使我们谴责不

① 可参看《加拉太书》第 5 章、第 11 节。

② 布伦士维格注：只有十字架才是有效的。

属于宗教的人,然而它却不能使属于宗教的人信仰。使得他们信仰的乃是十字架,ne evacuata sit crux.[①]因此,在智慧与标志之中而到来的圣保罗就说,他既不是在智慧之中也不是在标志之中到来的;因为他是来自变化的。可是那些仅仅是为了使人信服而到来的人,则可以说他们是在智慧与标志之中到来的。[②]

① 〔以免十字架落空。〕《哥林多前书》第1章、第17节:"基督差遣我原不是为施洗,乃是为传福音;并不用智慧的语言,免得基督的十字架落了空。"

② 见《哥林多前书》第1章、第19—25节,第2章、第1—2节。

第　九　编

824—419(**589**)*697—758*

论基督宗教并不是唯一无二的——这远不能成为使人相信它并不是真正的宗教的原因,相反地这正使人看出它就是真正的宗教。[①]

395—425(**590**)*569—757*

各种宗教都得是真诚的:真异教徒,真犹太人,真基督徒。

394—558(**591**)*639—751*

穆罕默德＼
耶·基—对上帝的无知
异教徒／

396—398(**592**)*752—752*

其他宗教的虚妄——它们都没有见证。后者[②]有见证。上帝

① 可参看本书第 817,818 段。

② “后者”指犹太人,系与上段的异教徒相对而言。

不肯让其他宗教产生出这样的标志:《以赛亚书》第 43 章、第 9 节,第 44 章、第 8 节。[①]

397—421(**593**)*800—753*

中国的历史[②]——我仅仅相信凭它那见证就扼杀了它本身的各种历史。

〔两者之中,哪一个才是更可相信的呢?是摩西呢,还是中国?〕

这不是一个可以笼统看待的问题。我要告诉你们,其中有些是蒙蔽人的,又有些是照亮人的。

只用这一句话,我就摧毁了你们全部的推论。你们说:“可是中国使人蒙昧不清”;但我回答说:“中国使人蒙昧不清,然而其中也有明晰性可寻;好好地去寻找吧。”

因此你们所说的一切就构成为一种设计,并且一点也不违反另一种设计。因此它是有用的,也是无害的。

398—416(**594**)*701—754*

违反中国的历史。[③] 墨西哥的历史学家论五个太阳,其中的

① 《以赛亚书》第 43 章、第 9 节:“谁能将此声明并将先前的事说给我们听呢,他们可以带出见证来自显为是。”第 44 章、第 8 节:“我岂不是从上古就说明指示你们么?并且你们是我的见证。”

② 此处系指 1658 年出版的卫匡国(P. Martini,1614—1661)《中国史》一书。此书所叙述的中国纪年,较基督教神话关于洪水的传说(《创世记》第 7 章)早六百年。

③ 此处“中国的历史”指的是什么具体内容,现在尚不能确定。

最后一个才只有八百年。[①]

是一个民族所接受的一部书还是造就出一个民族的一部书，这两者之间的不同。

399—397(**595**)*755—756*

穆罕默德而没有权威。[②] 那时他的道理既然只能凭其本身的力量，就必须是非常之强而有力的。

那时候，他会说什么呢？是说我们必须信仰他么？

404—24(**596**)*699—581*

《诗篇》为全大地所咏唱。

谁给穆罕默德作了见证呢？只有他自己。耶稣基督却要求他自己的见证应该是什么都没有。[③]

见证的性质就使得它们必须是永远存在而且到处存在的；但可怜，他[④]却是孤独的。

401—401(**597**)*178—582*

反穆罕默德——古兰经之属于穆罕默德并不更甚于福音书之

---

① 蒙田《文集》第3卷、第7章："他们（墨西哥王国的居民——译注）相信世界的存在分为五个时代，分为五个相续的太阳的生命，其中四个都已经过去了，现在照耀着他们的乃是第五个。……他们推算第四次的变迁是与大约八百年以前的那场星辰的大汇合相符合，据占星学家的计算那场汇合造成了世上许多重大的变化与革新。"

② 布伦士维格注："没有权威"指没有任何外在的证据。

③ 《约翰福音》第5章、第31节："我若为自己作见证，我的见证就不真。"

④ "他"指穆罕默德。

属于圣马太，因为福音书曾一个世纪又一个世纪地被许多作家所引征，甚至于它的敌人赛尔苏斯和蒲尔斐利[①]也从不曾否认过它。[②]

古兰经说圣马太[③]是个好人。因而，穆罕默德就是个假先知，因为要么他就是把好人称作坏人，要么他就是始终不同意他们所说耶稣基督的那些话。

400—412(**598**)*600—585*

我要求人们判断穆罕默德的，并不是根据他那里面幽晦难明的而我们可以视之为一种神秘意义的东西，而是根据其中清楚明白的东西，根据他的天堂以及其他；正是在这上面，他是荒唐可笑的。正是有鉴于他的明白确切之点都是荒唐可笑的，所以把他的幽晦当作是神秘，就是不公正的了。

圣书却不是这样。我要说其中有些幽晦难明，也像穆罕默德的东西是一样地兀突可怪；然而其中却有令人惊叹的明确性以及已经明显昭彰被成就了的预言。因此双方的情形并不相等。我们绝不可混为一谈，并把仅只是由于幽晦但不是由于明白确切而相似的东西，等同于值得我们去敬仰其幽晦的那种东西。

① 赛尔苏斯(Celse，即 Celsus)公元 2 世纪罗马作家，曾著有《真道》一书反对基督教；蒲尔斐利(Porphyre，即 Porphyry，约公元 232—302)新柏拉图派哲学家，曾著有《反基督徒》十五卷反对基督教。

② 按这一说法出自格老秀斯《论真正的宗教》第 2 卷、第 5 章。

③ 按此处“圣马太”系泛称使徒。

402—403(**599**)*802—586*

耶稣基督与穆罕默德之间的不同——穆罕默德并没有被预告过;耶稣基督却被预告过。

穆罕默德在杀戮;耶稣基督却使他自身被杀戮。

穆罕默德禁止人读书;使徒却命令人读书。[①]

最后,他们是那样地相反,以至于假如穆罕默德采取的是人世上成功的道路,那么耶稣基督采取的便是人世上败亡的道路;而且我们不能结论说,既然穆罕默德是成功的,所以耶稣基督也就很可以成功;反之却必须说,既然穆罕默德是成功的,所以耶稣基督就应该败亡。

*403—598**(**600**)*740—737*

人人都能做穆罕默德做过的事;因为他并没有做出什么奇迹,他根本没有被预告过;但没有人能做出耶稣基督做过的事。

413—450(**601**)*546—765*

异教徒的宗教是没有基础的〔——在今天。据说根据已传过的神谕,它曾一度是有基础的。然而向我们肯定这一点的,又都是些什么书籍呢?凭它们的作者的德行,它们值得信仰么?它们是否被保存得那么谨慎,以致我们可以保证其中绝没有被窜改过?〕

---

① “穆罕默德禁止人读书”见格老秀斯《论真正的宗教》的第 4 卷、第 2 章:“使徒命令人读书”,见《提摩太前书》第 4 章、第 13 节。

穆罕默德的宗教以古兰经和穆罕默德为基础。然而这位应该成为全世界的最后希望的先知曾经被预告过吗？他具备什么为一切别人都没有的标志，可以自称为先知呢？他说他自己行过什么奇迹吗？纵使按照他自己的传说，他曾教导过什么神秘吗？他提出过什么道德和什么福祉吗？

犹太人的宗教在圣书的传说里与在这个民族的传说里，是应该分别看待的。在这个民族的传说里，它的道德与福祉是荒唐可笑的；然而在圣〔书的〕传说里，那却是可赞美的。（而一切宗教都是这样；因为基督教在圣书里与在决疑论者那里，也是大为不同的。）它的基础是可赞美的，那是世界上最古老的书籍又是最权威的书籍；穆罕默德为了使自己的书籍存在而禁止人阅读它，反之摩西为了使自己的书籍存在，却命令所有的人都阅读它。[1]

我们的宗教是那样神圣，以致另一种神圣的宗教[2]只不过是它的基础而已。

405—31(**602**)*548—556*

顺序——要从犹太人的全部状态中观察明白确切的东西以及无可争辩的东西。

(**603**)*714—557*

犹太人的宗教在权威方面、在持久方面、在永恒性方面、在道

① 见《申命记》第 31 章、第 11 节。

② “另一种神圣的宗教”指犹太教。见以下第 603 段。

德方面、在学说方面、在效果方面,都是完全神圣的[①]。

726—379(**604**)*641—558*

唯一违反常识与人性的科学,就只是那种永远存在于人们中间的科学。

727—543(**605**)*792—511*

唯一违反天性、违反常识、违反我们欢乐的宗教,就只是那种永远存在着的宗教。

703—313(**606**)*700—559*

除了我们的宗教而外,没有哪一种宗教教导过人是生于罪恶的,没有哪一派哲学家曾说过这一点;因而也就没有哪一个说出过真理。

除了基督的宗教而外,没有哪一种派别或宗教是永远存在于大地之上的。

495—546(**607**)*784—784*

谁要是根据其粗糙的一面来判断犹太人的宗教,那他就认识错了。这在圣书中以及在先知的传说里都是显然可见的,先知们已经充分地使人理解到他们并不是按文字来理解法律的。所以我们的宗教在福音书、使徒和传说里都是神圣的;然而它在那些把它

① 参看本书第 736 段。

弄错了的人那里却是荒唐可笑的。

按照肉欲的犹太人的说法，弥赛亚应该是一位尘世上的伟大的君主。按照肉欲的基督徒[①]的说法，耶稣基督是来解除我们对上帝的爱，并赐给我们以各种无须我们自身便能推动一切事物的圣礼的。无论是前者还是后者，都既不是基督徒的宗教，也不是犹太人的宗教。

真正的犹太人和真正的基督徒，永远都在期待着一个使他们能热爱上帝并能以那种爱来战胜他们的敌人的弥赛亚。

496—548 * (**608**) *763—665*

肉欲的犹太人居于基督徒与异教徒的中间。异教徒根本不认识上帝，他们只爱尘世。犹太人认识真正的上帝，而只爱尘世。基督徒认识真正的上帝，而根本不爱尘世。犹太人与异教徒爱的是同样的东西。犹太人与基督徒认识的是同一个上帝。

犹太人有两种：一种只具有异教徒的感情，另一种则具有基督徒的感情。

497—545 (**609**) *440—739*

每种宗教里都有两种人：在异教徒之中，有禽兽的崇拜者，又有自然宗教里对唯一无二的上帝的崇拜者；在犹太人之中，有肉欲的人，也有精神的人，后者是古代法律里的基督徒；在基督徒之中也有庸俗的人，他们是近代法律里的犹太人。肉欲的犹太人期待

① “肉欲的基督徒”指莫里尼派与耶稣会士。

着一个肉欲的弥赛亚；庸俗的基督徒相信弥赛亚解除了他们对上帝的爱；真正的犹太教徒与真正的基督教徒则都崇拜一个使他们热爱上帝的弥赛亚。

498—554(**610**)*788—768*

为了表明真正的犹太教徒与真正的基督教徒只能有同一个宗教——犹太人的宗教看来似乎本质上就在于亚伯拉罕的父亲，在于割礼，在于牺牲，在于仪式，在于方舟，在于神殿，在于耶路撒冷，最后还在于法律以及摩西的立约。

我要说：

它并不在于任何这类的东西，而仅仅在于对上帝的爱；并且上帝是鄙弃其余一切东西的。

上帝绝不接受亚伯拉罕的后裔。

犹太人如若冒犯了上帝，也会像异邦人一样地为上帝所惩罚。《申》第 8 章、第 19 节："你们若忘记上帝，追随异邦人的神，我就警告你们说：上帝在你们的面前怎样消灭别的国家，你们也将照样灭亡。"①

异邦人假如爱上帝，也就会像犹太人一样地为上帝所接受。《以》第 56 章、第 3 节："异邦人不要说：'主不会接受我。'异邦人以自己依附于上帝，也就是在侍奉上帝和热爱上帝了：我必引他们到

① 《申命记》第 8 章、第 19—20 节："你若忘记耶和华你的上帝，随从别神、事奉敬拜，你们必定灭亡！这是我今日警戒你们的。耶和华在你们面前怎样使列国的民灭亡，你们也必照样灭亡。"

我的圣山,并接受他们的牺牲,因为我的殿乃是祈祷的殿。"[①]

真正的犹太人认为自己的优异仅仅来自上帝,而不是来自亚伯拉罕。《以》第58章、第16节:"你真正是我们的父,而亚伯拉罕却不认识我们,以色列也不承认我们;然而正是你,才是我们的父和我们的救主。"[②]

摩西本人曾告诉他们说,上帝并不接受什么人。《申》第10章、第17节上说,上帝"不接受什么人,也不接受牺牲"。[③]

安息日只不过是一个标记,见《出》第31章、第15节;[④]并且是纪念逃出埃及的,见《申》第5章、第19节。[⑤] 因而它就不再是必要的,因为一定要忘掉埃及的。

割礼只不过是一个标记,见《创》第17章、第11节。[⑥] 因此之故,他们在沙漠中就不行割礼了,因为他们已不可能与别的民族相混淆;并且在耶稣基督已经到来之后,它就不再是必要的了。

① 《以赛亚书》第56章、第3—7节:"与耶和华联合的外邦人不要说,耶和华必定将我从他民中分别出来。……那些与耶和华联合的外邦人,要侍奉他,要爱耶和华的名,……我必领他们到我的圣山,使他们在祷告我的殿中喜乐,他们的燔祭和平安祭,在我坛上必蒙悦纳,因我的殿必称为万民祷告的殿。"

② 《以赛亚书》第63章、第16节:"亚伯拉罕虽不认识我们;以色列也不承认我们,你却是我们的父。耶和华啊,你是我们的父,从万古以来,你名称为我们的救赎主。"

③ 《申命记》第10章、第17节:"上帝……不以貌取人,也不受贿赂。"

④ 《出埃及记》第31章、第15节:"六日要做工,但第七日是安息圣日,是向耶和华守为圣的。凡在安息日作工的,必要把他治死。"

⑤ 《申命记》第5章、第19节:"你也要纪念你在埃及地作过奴仆。耶和华你上帝用大能的手和伸出来的臂膀,将你从那里领出来,因此耶和华你的上帝吩咐你守安息日。"

⑥ 《创世记》第17章、第11节:"你们都要受割礼,这是我与你们立约的证据。"

内心的割礼也是规定了的。《申》第 10 章、第 16 节;[①]《耶利》第 4 章、第 4 节:“你们要割内心;除掉你们内心多余的东西,不要再硬着心肠;因为你们的上帝是一位伟大的、有力的而又可怖的上帝,他不会接受任何人。”[②]

上帝说,有一天他会这样做。《申》第 30 章、第 6 节:“上帝必将割你和你后裔的内心,好让你全心全意爱上帝。”[③]

内心没有受割的人将受到审判。《耶》第 9 章、第 26 节:因为上帝将要审判没有受割的各族人民和以色列的全体人民,因为他们“心中没有受割”。[④]

仅有外表而没有内心,是毫无用处的。《约珥书》第 2 章、第 13 节:Scindite corda vestra,[⑤]等等。《以赛亚书》第 58 章、第 3、第 4 节,等等。[⑥]

① 《申命记》第 10 章、第 16 节:“所以你们要将心里的污秽除掉,不可再硬着颈项。”

② 《耶利米书》第 4 章、第 4 节:“犹太人和耶路撒冷的居民哪,你们当自行割礼,归耶和华,将心里的污秽除掉。恐怕我的愤怒,因你们的恶行发作,如火着起,甚至无人能以熄灭。”

③ 《申命记》第 30 章、第 6 节:“耶和华你上帝必将你心里和你后裔心里的污秽除掉,好叫你尽心尽性爱耶和华你的上帝,使你可以存活。”

④ 《耶利米书》第 9 章、第 25—26 节:“耶和华说,看哪,日子将到,我要刑罚一切受过割礼、心却未受割礼的,就是埃及、犹大、以东、亚扪人、摩押人和一切住在旷野剃周围头发的;因为列国人都没有受割礼,以色列人心中也没有受割礼。”

⑤ 〔撕裂你们的心〕。《约珥书》第 2 章、第 13 节:“你们要撕裂心肠,不要撕裂衣服,归向耶和华你们的上帝。”

⑥ 《比赛亚书》第 58 章、第 3—4 节:“他们说,我们禁食,你为何看不见呢? 我们刻苦己心,你为何不理会呢? 看哪,你们禁食的日子,仍求利益,勒逼人为你们做苦工。你们禁食却互相争竞,以凶恶的拳头打人,你们今日禁食,不得使你们的声音听闻于上。”

上帝的爱,《申命记》全书中都在教诫着。《申》第 30 章、第 19 节:"我以天和地作见证,我已经把生和死摆在你面前,好让你选择生,好让你热爱上帝并服从上帝,因为正是上帝才是你的生命[①]。"

犹太人缺少这种爱,就会因他们的罪行而被摒弃,并且异教徒就会被挑选出来代替他们。《何》第 1 章、第 10 节[②],《申》第 32 章、第 20 节:"有鉴于他们后来的罪行,我要向他们隐蔽起我自己;因为他们是一个为非作歹不信上帝的民族。他们以种种不属于上帝的事情激起我愤怒,我也将以一族不属于我的子民的人民并以一个无知无识的国家激起他们嫉妒。"[③]《以》第 65 章、第 1 节。[④]

尘世的美好乃是虚假的,真正的美好是与上帝相结合。《诗》,第 143 篇、第 15 节。[⑤]

他们的节日使上帝厌恶。《阿摩司书》第 5 章、第 21 节。[⑥]

① 《申命记》第 30 章、第 19—20 节:"我今日呼天唤地向你作见证,我将生死祸福陈明在你面前,所以你要选择生命,使你和你的后裔都得存活,且爱耶和华你的上帝,听从他的话,专靠他,因为他是你的生命。"

② 《何西阿书》第 1 章、第 10 节:"然而以色列的人数必如海沙,不可量,不可数。从前在什么地方对他们说,你们不是我的子民;将来在那里必对他们说,你们是永生上帝的儿子。"

③ 《申命记》第 32 章、第 20—21 节:"我要向他们掩面,看他们结局如何;他们本是极乖僻的族类,心中无诚实的儿女。他们以那不算为神的触动我的愤恨,以虚无的神惹了我的怒气,我也要以那不成子民的触动他们的愤恨,以愚昧的国民惹了他们的怒气。"

④ 《以赛亚书》第 65 章、第 1 节:"素来没有访问我的,现在求问我;没有寻找我的,我叫他们遇见;没有称为我名下的,我对他们说:我在这里,我在这里。"

⑤ 按作者所引经文系凭记忆,所以往往与经文有出入,甚至错误;此处所引,即是一例。《诗篇》中并无此节。

⑥ 《阿摩司书》第 5 章、第 21 节:"我厌恶你们的节期,也不喜悦你们的严肃会。"

犹太人的牺牲使上帝厌恶。《以》第 66 章、第 1—3 节[①];第 1 章、第 11 节。[②]《耶利》第 6 章、第 20 节。[③] 大卫,Miserere[④]——甚至于是善人方面,Exspectavi[⑤]。《诗》第 49 篇、第 8,9,10,11,12,13 与 14 节。[⑥]

他并没有为了他们的坚忍,而树立起他们。《弥迦书》第 6 章特别可赞叹。[⑦]《列·上》第 15 章、第 22 节;[⑧]《何西阿书》第 6 章、

---

① 《以赛亚书》第 66 章、第 1—3 节:"耶和华如此说:天是我的座位,地是我的脚凳,你们为我要造何等的殿宇,那是我安息的地方呢?耶和华说:这一切都是我手所造的,所以就都有了,但我所看顾的就是虚心痛悔因我话而战兢的人。假冒为善的宰牛好像杀人,献羊羔好像打折狗颈,献供物好像献猪血,烧乳香好像称颂偶像,这等人选择自己的道路,心里喜悦行可憎的事。"

② 《以赛亚书》第 1 章、第 11 节:"耶和华说,你们所献的许多祭物与我何益呢?公绵羊的燔祭和肥畜的脂油,我已经够了;公牛的血,羊羔的血,公山羊的血,我都不喜悦。"

③ 《耶利米书》第 6 章、第 20 节:"从示巴出的乳香,从远方出的菖蒲,奉来给我有何益呢?你们的燔祭不蒙悦纳,你们的平安祭我也不喜悦。"

④ 〔怜悯。〕可参阅《诗篇》第 18 篇。

⑤ 〔希望。〕

⑥ 《诗篇》第 49 篇、第 8—14 节:"叫他长远活着,不见朽坏,因为赎他的生命的价值极贵,只可永远罢休。他必见智慧人死,又见愚顽人和畜类人一同灭亡,将他们的财货留给别人。他们心里思想,他们的家室必永存,住宅必留到万代,他们以自己的名称自己的地。但人居尊贵中不能长久,如同死亡的畜类一样。他们行的这道,本为自己的愚昧,但他们以后的人还佩服他们的话语。他们如同羊群派定下阴间,死亡必作他们的牧者。到了早晨,正直人必管辖他们;他们的美密必被阴间所灾,以致无处可存。"

⑦ 指《弥迦书》第 6 章、第 6—8 节:"我朝见耶和华在至高上帝面前跪拜,当献上什么呢?岂可献一岁的牛犊为燔祭么?耶和华岂喜悦千千的公羊或万万的油河么?我岂可为我自己的罪过,献我的长子么?为心中的罪恶,献我身所生的么?世人哪,耶和华已指示你何为善。他向你所要的是什么呢?只要你行公义,好怜悯,存谦卑的心,与你的上帝同行。"

⑧ 《列王纪上》第 15 章、第 22 节:"于是亚撒王宣告犹太众人,不准一个推辞,吩咐他们将巴沙修筑拉玛所用的石头木头都运去,用以修筑便雅悯的迦巴和米斯巴。"

(610)

第 6 节。[①]

异教徒的牺牲将为上帝接纳，并且上帝将对犹太人的牺牲撤回他的意志。《玛拉》第 1 章、第 11 节。[②]

上帝将由弥赛亚来订立新约，而旧的将被废弃。《耶利》第 31 章、第 31 节。[③]

Mandata non bona[④]。《以西》

旧的东西将被遗忘。《以》第 43 章、第 18—19 节；第 45 章、第 17—18 节。[⑤]

人们将不再记得约柜。《耶》第 3 章、第 15—16 节。[⑥]

神殿将被废弃。《耶》第 7 章、第 12、13、14 节。[⑦]

牺牲将被废弃，而另外的、纯洁的牺牲将被确立。《玛拉》第 1

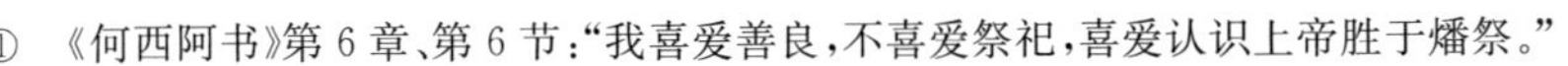

① 《何西阿书》第 6 章、第 6 节："我喜爱善良，不喜爱祭祀，喜爱认识上帝胜于燔祭。"

② 《玛拉基书》第 1 章、第 11 节："万军之耶和华说，从日出之地到日落之处，我的名在外邦中必尊为大，在各处人必奉我的名烧香，献洁净的献物，因为我的名在外邦中必尊为大。"

③ 《耶利米书》第 31 章、第 31 节："日子将到，我要与以色列家和犹大家另立新约。"

④ 〔命令不好。〕

⑤ 《以赛亚书》第 43 章、第 18—19 节："耶和华如此说：你们不要记念从前的事，也不要思想古时的事。看哪，我要做一件新事，如今要发现，你们岂不知道么？我必在旷野开道路，沙漠开江河。"同书，第 45 章、第 17—18 节："唯有以色列必蒙耶和华的拯救，得永远的救恩。你们必不蒙羞，也不抱愧，直到永世无尽。创造诸天的耶和华，制造成全大地的上帝，他创造坚定大地并非使地荒凉，是要给人居住。他如此说：我是耶和华，再没有别神。"

⑥ 《耶利米书》第 3 章、第 17 节："当那些日子人必不再题说耶和华的约柜，不追想，不记念，不觉缺少，也不再制造。"

⑦ 《耶利米书》第 7 章、第 13—15 节："现在因你们行了这一切的事，我也从早起来警戒你们，你们却不听从，呼唤你们，你们却不答应。所以我要向这称为我名下，你们所倚靠的殿，与我所赐给你们和你们列祖的地施行，照我从前向示罗所行的一样。我必将你们从我眼前赶出。"

章、第 2 节。[①]

亚伦的祭司秩序将受谴责，而麦基洗德的祭司秩序将被弥赛亚带来。《诗》Dixit Dominus[②]。

这一祭司职务将是永恒的。同上书。

耶路撒冷将被摒弃，而罗马将被认可。《诗》Dixit Dominus[③]。

犹太人的名称将被摒弃，一个新的名称将被赋予。《以》第 65 章、第 15 节。[④]

这后一个名称将比犹太人的名称更好，并将是永恒的。《以》第 56 章、第 5 节。[⑤]

犹太人应该没有先知（《阿摩司书》），没有国王，没有君主，没有牺牲，没有偶像。

犹太人将永远作为一个民族而存在。《耶》第 31 章、第 36 节。[⑥]

499—685（**611**）*787—770*

共和国——基督教的共和国，以及甚至犹太人的共和国，只能

① 《玛拉基书》第 1 章、第 2 节，见前引。

② 〔主说。〕

③ 〔主说。〕

④ 《以赛亚书》第 65 章、第 15 节："你们必留下自己的名，为我选民指着赌咒。主耶和华必杀你们，另起别名称呼他的仆人。"

⑤ 《以赛亚书》第 56 章、第 5 节："我必使他们在我殿中、在我墙内有记念，有名号，比有儿女的更美。我必赐他们永远的名不能剪除。"

⑥ 《耶利米书》第 31 章、第 36 节："以色列的后裔也就在我面前断绝，永远不再成国，这是耶和华说的。"

是以上帝为主人,正如犹太人菲罗[①]在《君王论》里所说的那样。

当他们作战时,那只是为了上帝;〔他们〕根本只能是希望上帝;他们认为他们的城邦仅只属于上帝,并为了上帝而保全它们。《历代志上》第 19 章、第 13 节。[②]

*500—563(**612**)179—727*

《创世记》第 17 章、第 7 节。Statuam pactum meum inter me et te foedere sempiterno ... ut sim Deus tuus。[③]

第 9 节。Et tu ergo custodies pactum meum。[④]

*776—540(**613**)759—735*

永存性——相信人是从一种光荣的并与上帝相通的状态堕落到一种忧伤、忏悔并远离上帝的状态,然而今生以后我们将被一位应该到来的弥赛亚所复兴,——那种由此所构成的宗教,是始终存在于大地之上的。万物都已成为过去,但万物都为着的他却永远存在。

在世界最初的时代,人类曾沉醉于各式各样的颠倒狂乱,然而

① "犹太人菲罗"(Philon juif,即 Philo Judaeus)生于亚历山大港,于公元 39 年出使罗马;菲罗曾企图调和犹太圣书与柏拉图哲学。

② 《历代志上》第 19 章、第 13 节:"我们都当刚强,为本国的民和上帝的城邑作大丈夫。愿耶和华凭他的意志而行。"

③ 〔我要在你我之间订立一个永恒的约,……使我成为你的上帝。〕《创世记》第 17 章、第 7 节:"我要与你并与你世世代代的后裔坚立我的约作永远的约,是要作你和你后裔的上帝。"

④ 〔而你必将遵守我的约。〕《创世记》第 17 章、第 9 节:"你和你的后裔必世世代代遵守我的约。"

也有过像以诺、拉麦等等[①]那样的圣人,他们耐心地期待着自从世界的开始以来就被允诺了的基督。挪亚看到了人类极度的恶意;而且他由于希望着弥赛亚——,他就是弥赛亚的象征——而配以他自己一身来拯救全世界。[②] 亚伯拉罕被偶像崇拜者所包围着,当上帝使他认识弥赛亚的神秘时,他就遥遥地向他致敬。[③] 到了以撒和雅各的时代,憎恨布满了整个大地,然而这些圣人却生活在信仰之中;雅各临死时祝福他的儿女们,以一种使得自己语不成声的兴奋喊道:"啊我的上帝,我在期待着你所许诺的救主:Salutare tuum exspectabo,Domine。"[④]埃及人是受了偶像崇拜和巫术的传染的,上帝自己的民族。[⑤] 被他们的先例给带坏了;可是摩西和别人却相信为他们自己所看不见的上帝,并且崇拜他,盼望着他为他们所准备的永恒的赠礼。

希腊人以及随后的拉丁人又使假神御位;诗人们写下了几百种不同的神学,哲学家们则分裂为上千种不同的派别;然而在犹太的怀里却永远都有预言这位弥赛亚来临的选民,弥赛亚也仅仅为他们所知。

时候一到,他终于来临了;而且此后人们便看见产生了那么多的分裂和异端,那么多国家被倾覆,一切事物发生那么多的变化;然而崇拜那位永远为人崇拜的上帝的这个教会却屹然存在未曾中

① 见《创世记》第 5 章。

② 见《创世记》第 6—9 章。

③ 见《创世记》第 12—18 章;又见《约翰福音》第 8 章、第 56 节。

④ 〔主啊,我一直期待着你的救恩。〕《创世记》第 49 章、第 18 节:"耶和华啊,我向来等候你的救恩。"

⑤ 指犹太人。

断。并且成其为可赞美的、无与伦比的而又全然神圣的，则是这种始终持续着的宗教又是始终遭受攻击的。它曾一千次地濒临于全部毁灭的前夕；而它每一次处于这种状态，上帝都以其权力的非凡行动扶起它来。这真是令人惊异的事，何况它还维护了自己而并未卑躬屈节于暴君的意志之下。因为一个国家有时候要使自己的法律向需要作出让步才能继续生存，这是不足为奇的；但是……（见蒙田书中的这一段。[①]）

777—539(**614**)*773—730*

国家是会灭亡的，假如不是经常使法律屈从于需要的话。然而宗教却从不曾遭遇过这种事，也不曾采用过这种办法。因此，就必然是有这类的协调或者奇迹了。人们通过屈从而得以自保，这是不足为奇的，严格说来，这也不是维护自己；何况他们还终归都要灭亡：绝没有谁会延续上千秋万代。然而那种宗教却可以永世长存而且坚强不屈；这才是神圣的呢。

830—429(**615**)*730—729*

不管怎么说。我们不能不承认基督宗教有着某种令人惊异的东西。有人会说："那是因为你是生于其中的缘故。"远非如此，我正是由于这种缘故而极力在抗拒它，生怕这种偏见会诱惑我；然而尽管我生于其中，我仍然不能不发现它就是那样。

---

① 阿韦以为"这一段"即蒙田《文集》第 1 卷、第 23 章中如下的一段话："假如幸运——它那权威永远是超出于我们的讨论之上的——居然有一次向我们提出了如此迫切的需要，以致法律有必要向它做出某些让步。"

*774—541** (**616**) *733—733*

永存性——弥赛亚始终都为人所信仰。亚当的传说在挪亚和摩西那时还是新鲜的。此后的先知则在不断地预言着别的事情中预言了他。这些时时出现在人们眼前的事件就标明了他们使命的真理,并且因此之故也就标明了他们有关弥赛亚的诺言的真理。耶稣基督行过奇迹,使徒们也行过奇迹,他们皈化了所有的异教徒;所有的预言既然都由此而完成,所以弥赛亚也就得到了永远的证明。

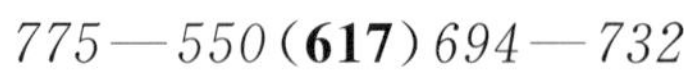

775—550 (**617**) *694—732*

永存性——让我们考虑;自从世界开始以来就一直不间断地存在着对弥赛亚的期待与崇拜;并且我们还发现有人[①]说过,上帝曾向他们启示,会有一个救主降生来拯救他的人民;而且随后又来了阿伯拉罕说他得到过启示,弥赛亚将从他所生的一个儿子那里诞生;而且雅各又宣布在他的十二个孩子之中,弥赛亚将从犹大而诞生;而且随后摩西和先知又来宣布了弥赛亚来临的时间和方式;而且他们说,他们所有的法律只不过是在等待着弥赛亚的法律;并且他们的法律将延续至此为止,但另一种法律则会永恒地继续下去;而且因此他们的法律,或者说他们的法律只不过成为其允诺的弥赛亚的法律,就会永远存在于大地上;而且事实上它是亘古长存

① “有人”指“以诺、拉麦等人”,见以上第 613 段。

的；而且最后耶稣基督就在这一切被预言了的境况之中来临了。[①]这真是值得赞美的。

406—556(**618**)*770—736*

这是事实。正当所有的哲学家分裂为不同的派别时，人们却发现在世界的一隅有着世界上最古老的种族在宣称举世都是错误的，宣称上帝向他们启示了真理，宣称它将永远存在于大地上。事实上，所有其他的派别都不复存在了，唯有这种宗教却四千年以来始终长存。

他们宣称：他们从他们的祖先起，就认为人类是从与上帝相通之中堕落下来的，完全脱离了上帝，但上帝却曾允诺救赎他们；而且这种学说会永远存在于大地上；而且他们的法律有着两重意义；而且在一千六百年之间他们有过他们信为先知的人，向他们预言过时间和方式；[②]而且四百年之后他们到处散布开来，因为耶稣基督是要到处都得到宣告的；而且耶稣基督就在被预言了的方式和时间之中来到了；而且从此之后犹太人就散布到各处，受人咒诅，但却仍然存在。

407—555(**619**)*732—766*

我看到基督宗教建立在一种先行的宗教[③]之上，这就是我所发现的事实。

① 按关于以上所述，见《创世记》中有关各章。

② “时间和方式”指弥赛亚来临的时间和方式。

③ “一种先行的宗教”指犹太教。

我在这里不谈摩西的、耶稣基督的以及使徒们的奇迹，因为它们乍看起来好像不能令人信服，也因为我只想在这里提出成为这种基督宗教之确凿无疑的而又不可能被无论是什么人加以怀疑的全部基础来作为证据。确凿无疑的是，我们在世界上许多地方都看到有一个特殊的民族与世界上所有其他的民族分别开来，他们就叫作犹太民族。

我又看到在世界上许多地方并且在一切时代里都有大量的宗教，然而它们既没有可以使我悦服的道德，也没有可以使我心折的证明；[①]因此，我要同等地拒绝穆罕默德的宗教和中国的宗教，以及古代罗马人的宗教和埃及人的宗教，所依据的唯一理由就是每一种比起另一种来既不具备更多的真理的标志，也没有任何可以必然决定我的东西，所以理智就不可能毋宁倾向于某一种更甚于另一种。

然而，这样在考虑各个不同时代里的风尚与信仰之这种变异无常的多样性时，我却发现在世界的一隅有一个特殊的民族，他们与大地上一切其他的民族分别开来，而且是一切民族中最古老的，他们的历史要比我们所有的最古老的历史还要早许多世纪。

于是我发现了那个源出于单独一个人但又伟大而人数众多的民族，他们崇奉唯一的上帝，他们根据他们说是得之于上帝之手的法律而行事。他们坚持：他们是世界上唯一曾受到上帝启示过他那神秘的人；全人类都腐化了并蒙受上帝的羞辱；他们完全委身听

① 布伦士维格注：此处“证明”系与“学说”相对而言，指外在的证据，亦即预言与奇迹。

任自己的感官和自己本身精神的摆布；由此便产生了在人类中间所出现的种种宗教上以及习俗上的稀奇古怪的错误与连绵不断的变化，而同时他们却在自己的行为中屹然不动；但是上帝不会永恒地让其他的民族处于这种黑暗之中的；有一个全人类的解放者将要到来；他们在世上就是为了要向人们宣告他；而且他们被造就显然就是为了要做这一伟大事件的先驱者和传令官，并为了召唤所有的民族与他们结合起来一道期待着这位解放者。

遇到这个民族真是使我惊异，并且看来也值得我注意。我考虑那种他们自诩为得之于上帝的法律，而我发现它是可赞美的。它是一切法律中最先的法律，从而甚至还早在希腊人使用法律这个名词以前差不多一千年，他们就已经毫不间断地接受并遵守法律了。我还觉得奇异的是，这种世界上最先的法律恰好又是最完美的法律，以致最伟大的立法者们也都借鉴于他们的法律，例如后来为罗马人所采用的雅典十二铜表法[①]就是例子，并且假如约瑟夫[②]和别人不曾充分讨论过这个题目的话，它也会很容易被别人证明的。

408—552(**620**)*734—838*

犹太民族的优异——在这一探讨中，犹太民族首先就以他们中间所呈现的大量可赞美的而又独特无双的事物吸引了我的

① 按十二铜表法为古罗马早期的法律，雅典并无十二铜表法。据阿韦说，这个错误可能是因袭格老秀斯的。

② “约瑟夫”指犹太历史学家弗拉维乌斯·约瑟夫(Flavius Josephus，37—100?)。此处所提及的事，见约瑟夫《驳阿皮安书》第2卷、第16章。

注意。

我首先就看到它是一个完全由兄弟所组成的民族，反之其他一切民族都是由无数家庭的集合而形成的；这个民族尽管是繁庶得那么可惊，却完全源出于单独的一个人，并且既然是这样都属于同一个血胤，人人互相都是肢体[①]，所以〔他们〕就构成了一个强大有力的、独自一家的国家。这一点是独特无双的。

这个家庭或者说这个民族，是人类知识领域中最古老的一个：我觉得这就使它引起人的特别敬意，而尤其是在我们所进行的这一探讨中；因为假如在一切时代里上帝曾与人相通的话，那么就一定要向他们才能求得有关这一传统的知识。

这个民族不仅是以其古老性而值得重视，并且在其悠久性方面也是独一无二的，他们自肇始以来一直延续到现今。因为希腊的和意大利的、拉西第蒙的、雅典的、罗马的各民族以及其他姗姗来迟的民族都早已经消灭了，反之，唯有这个民族却始终生存着；并且尽管有过那么多强大的国王曾经几百次地力图把他们消灭，——正如他们的历史家们所见证的，又正如在如此漫长的一大段年代里根据事物的自然秩序是很容易推断的，——然而他们却始终得以保全（而这种保全是被预言过的）；从他们最初的时代一直延续到最近的那部历史，在其历程之中就包含了我们全部的历史〔而他们的历史又远远早于我们的历史〕。

统治着这个民族的法律同时既是世界上最古老的法律，又是

---

① 《罗马书》第 12 章、第 5 节："我们这许多人在基督里成为一身，互相联络作肢体。"

(620)

最完美的并且也是唯一在一个国家里始终不断被维护着的。这是约瑟夫在《驳阿皮安书》[1]中极可赞美地指明了的,也是犹太人费罗[2]在许多地方证明了的,他们使人看出它是那么地古老,乃至法律这个名词本身也还是一千多年之后才为最古老的民族所知悉的;故而那位曾经写过那么多国家的历史的荷马[3]就不曾使用过这个名词。它那完美性是只消读一遍就很容易判断的,我们从那里面可以看出它对一切事物都是如此之备极智慧、备极公道、备极精审,以致对此略有所知的希腊和罗马的最古老的立法者们也都从其中借取了他们自己的主要法律;这从他们所称之为十二铜表法的法律以及约瑟夫所提出的其他证明中就可以看到。

然而同时这种法律就其宗教的崇拜而言,又是一切法律中最严峻而又最酷烈的;为了约束这个民族遵守他们的义务,它便对他们加以千百条特殊的而又痛苦的、处之以极刑的规定;从而它竟在那么多的世纪里如此之始终一贯地被一个像犹太人那样叛逆不安的民族所保存下来,而同时所有其余的国家却时时都在改变着自己的法律,尽管它们全都要简便得多;这真是一件足以令人惊异不止的事。

包含着一切法律中最先的这种法律的那部书,其本身便是世

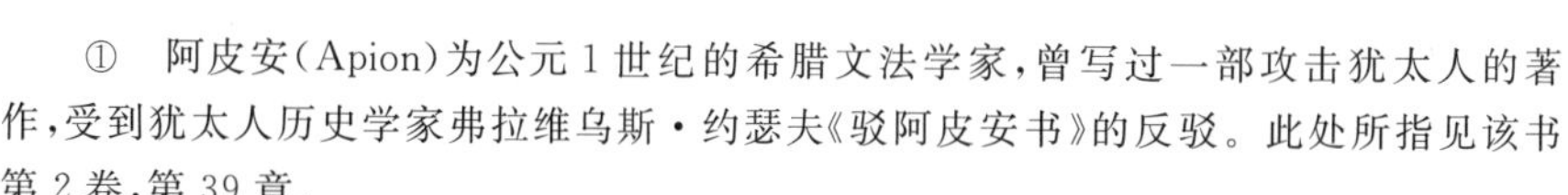

① 阿皮安(Apion)为公元 1 世纪的希腊文法学家,曾写过一部攻击犹太人的著作,受到犹太人历史学家弗拉维乌斯·约瑟夫《驳阿皮安书》的反驳。此处所指见该书第 2 卷,第 39 章。

② 见费罗《摩西传》第 2 卷。

③ 荷马(Homère,即 Homerus,约当公元前 10 世纪)传说为古希腊史诗《伊里亚特》的作者。

界上最古老的书，荷马的、赫西俄德[①]的以及其他人的书，都是六七百年以后的事。

409—551 * (**621**) *725—830*

创世记和洪水既已成为过去，上帝既不再要毁灭全世界，不再要重新创造世界，也不再要做出他自己这些伟大的标志；于是他就着手在地上建立一个故意造就的民族，这个民族要一直持续到弥赛亚以其圣灵而造就的那个民族为止。

410—458 * (**622**) *748—851*

创世记已经开始远去了，于是上帝便提供了一位当时独一无二的历史学家，[②]并委任整个一个民族作为这部书的守护者，为的是好让这部历史成为世界上最有权威的历史，并让一切人都能从那里面学得如此之有必要知道的、并且也只有从那里面才能知道的一件事。

529(a)*—666* (**623**) *710—829*

〔雅弗[③]开始了族谱。〕

约瑟合抱起他的手臂，并且愿意要年轻的。[④]

---

① 赫西俄德(Hésiode，即 Hesiodus)公元前 7 世纪希腊诗人。

② 指摩西。

③ 按挪亚有三个儿子即闪、含、雅弗，他们分别开始了闪族，含族与雅利安族的世系；事见《创世记》第 6 章、第 10 节。

④ 事见《创世记》第 44 章，又可参看本书第 711 段。

*489—569(**624**)708—811*

摩西为什么要把人的生命弄得那么长，而把他们的世代弄得那么少？[①]

因为使得事物幽晦难明的，〔并不是〕年代的悠久而是世代的繁多。因为真理仅仅是由于人的变更才改变的。然而同时他却把所可能想象的最可纪念的两件事，即创世记和洪水，安放得那么近，竟至我们可以触及它们。

*490—573**(**625**)*716—812*

闪见过拉麦，拉麦见过亚当也见过雅各，[②]雅各见过那些曾经见过摩西的人；因而洪水和创世记都是真的。这一点在某些很好地理解了它的人那里乃是定论。

*491—567**(**626**)[③]*706—815*

祖先生命的悠久并没有使过去事物的历史消灭，反而是有助于保存它们。因为使得人们有时候没有充分学习好自己祖先的历史的，就是由于人们几乎从不曾和自己的祖先生活在一起，并由于在人们到达能思考的年龄之前祖先们往往已经死去了。可是，当人们活得如此之悠久的时候，子孙们就可以长时期和他们的父母

① 按圣经所记载的谱系，自亚当至雅各共22代，共2 315年。

② 按此处“也见过雅各”一句与《创世记》中的记载不符；波·罗雅尔版此处作：“至少见过亚伯拉罕，而亚伯拉罕见过雅各。”

③ 手稿中本段开头尚有“重复一遍”的字样。

生活在一起了。他们可以长时期和父母交谈。但是除了他们祖先的历史而外，他们又能交谈些什么呢？因为一切历史都被归结到这上面来，而且他们又并不研究占据了今天大部分日常生活谈话的种种科学与艺术。我们还可以看到，当时各个民族都是特别小心翼翼在保存他们的谱牒的。

524(b)—*946*(**627**)*709*—*808*

我相信约书亚是上帝的人民中第一个有那个名字的[①]，正如耶稣基督是上帝的人民中末一个有那个名字的。

422—*415*(**628**)*753*—*834*

犹太人的古老性——一部书和另一部书有着怎样地不同啊！我并不惊奇希腊人写过《伊里亚特》，[②]也不惊奇埃及人和中国人写过他们的历史。

我们只需看一下这一点是怎样产生的。这种杜撰的历史学家们并不是他们所写的那些事情的同时代人。荷马写了一部传奇，他如是叙述，它也如是为人所接受，因为没有人怀疑特罗伊和阿加米浓也像金苹果一样是并不存在的。[③] 他也并没有想写成一部历史，而仅仅是一种消遣罢了；他是当时唯一写作的人，但这部作品

① 可参见《约书亚记》。“那个名字”指救主。

② 即荷马史诗《伊里亚特》。

③ 按荷马史诗《伊里亚特》系叙述希腊联军进攻特罗伊城的故事，阿加米浓为希腊统帅；战争是由于众神争夺金苹果而引起的。在温克尔曼(J. J. Winckelmann，1716—1768)以前，这部书被人认为只是一部传奇。

之美却使得事情流传下来：人人都读它并且人人都谈它；人人都需知道它，人人都会背诵它。四百年以后，这些事情的见证人已经不复在世，再没有人以自己的知识知道它究竟是神话还是历史了；人们只是从他们的祖先那里学到它，于是它就可能被当成是真的了。

凡不是同时代的历史书，如西倍尔和特利斯美吉斯特[①]的书以及其他许多为世人信任的书籍，都是假的，并且在以后的时间里被人发现是假的。但同时代的作家却并不如此。

一部由一个人所著并公之于全民族的书籍与一部其本身便造就出一个民族的书籍，这两者之间是大为不同的。我们无法怀疑这部书[②]不像这个民族一样古老。

约瑟掩饰他国家的羞耻。

摩西并不掩饰他本人的羞耻。[③]

Quis mihi det ut omnes prophetent?[④]

他已经对人民厌倦了。

---

① 按西倍尔(sibylles)为古罗马的女先知，她们所传的神谕结集为《西倍尔神谕集》(Oracula sibyllina，Libri silyllini)，据说其中包含有对国家命运的预示；特利斯美吉斯特(Trismégiste)为埃及的文艺与科学女神 Thoth 的希腊名称，埃及祭司曾保存以特利斯美吉斯特为名的 42 卷圣书。

② “这部书”指“一部其本身便造就出一个民族的书籍”，即《圣经》。

③ “约瑟掩饰”与“摩西，并不掩饰”等等，事见《出埃及记》有关部分。

④ 〔谁将赋给我们以预言一切的能力?〕《民数记》第 11 章、第 29 节：“唯愿耶和华的百姓都受感说话。”

512—549,557*(**630**)*738—787*

犹太人的真诚——自从他们不再有先知以来，就有《玛喀比书》；自从耶稣基督以来，就有《马苏拉书》。[①]

这部书将为你作见证。[②]

那文字是缺欠的而又是最后的。

真诚地在反对他们自己的荣誉并且为之而死，这是举世绝无先例的，在天性之中也是没有根源的。

511—553(**631**)*720—786*

犹太人的真诚——他们满怀热爱与忠诚保存下来了一部书，在这部书里摩西宣布他们终生都是对上帝忘恩负义的，他还知道在他死后他们会更加如此；然而他召唤天和地作为反对他们的见证[③]，他所〔教给〕他们的是足够了。

他宣布上帝对他们恼怒，终将把他们分散到大地上的一切民族中间去；既然他们由于崇拜根本不是他们的上帝的那些神祇而激恼了上帝，上帝也就同样地称他们为一个根本就不是他的子民的民族来激怒他们，并愿意让他全部的话都能永恒地保存下来并

① 按《玛喀比书》与《马苏拉书》均为犹太经解，前者为公元前 3—前 1 世纪的历史传说，后者为公元后 7—10 世纪的注释。

② 《以赛亚书》第 30 章、第 8 节："现今你去，在他们面前将这话刻在版上，写在书上，以便传留后世，直到永永远远。"

③ 见《申命记》第 30 章、第 19 节；见前第 610 段注。

且他的书籍也能置于约柜之中,[①]以便永远作为反对他们的见证。[②]

《以赛亚书》也说过同样的话,见第30章。

411(a)—*564*** (**632**) *723*—*794*

论《艾斯德拉斯书》[③]——传说:书籍已经与神殿一起被焚毁了。《玛喀比书》证其虚妄[④]:"耶利米给他们以法律"。

传说:他是全部背诵的。约瑟和艾斯德拉斯指出他是读了这部书的。巴伦《编》[⑤]页180:Nullus penitus Hebraeorum antiquorum reperitur qui tradiderit libros periisse et per Esdram esse resititutos,nisi in IV Esdrae。[⑥]

传说:他篡改了文字。

费罗在《摩西传》中说:Illa lingua ac character quo antiquitus scripta est lex sic permansit usque ad LXX。[⑦]

约瑟说,当其被七十贤人[⑧]译出的时候,法律用的是希伯来文。

① 见《出埃及记》有关部分。

② 见《申命记》第31—32章。

③ "艾斯德拉斯"(Esdras,为以斯拉 Ezra 的希腊对音),为经外书(Apocrypha)中的两卷。

④ 见《玛喀比书》第2章、第2节。

⑤ 指意大利教会史学家巴伦尼乌斯(Baronius,即 Cesare Baronio,1518—1607)《教会编年史》(Annales Ecclesiastic)一书。

⑥ 〔除了艾斯德拉斯书第4章之外,古代希伯来的著作中从没有任何地方记载过这些书是在毁灭之后又被艾斯德拉斯所恢复的。〕

⑦ 〔古代书写法律所用的那种语言和文字一直保存到LXX。〕按,LXX即七十贤人,指希腊文译本的《旧约》;可参见下一条译注。

⑧ 按希腊文译文《旧约》传说为七十二人以七十二日译成,故简称LXX。

在安提奥古斯和韦斯巴襄[①]的治下，人们曾想要废除这些书籍，当时并没有先知，然而人们却做不到。而在巴比伦人的治下，当时既没有实行任何迫害，又有着那么多的先知，难道他们还能让这些书被焚毁吗？

约瑟嘲笑那些犹太人，他们不肯忍受……

特尔图良[②]：Perinde potuit abolefactam eam violentia cataclysmi in spiritu rursus reformare，quemadmodum et Hierosolymis Babylonia expugnatione deletis，omne instrumentum judaicae litteraturae per Esdram constat restauratum。[③]

他说挪亚很可能恢复被毁于洪水的以诺[④]一书的精神，正如艾斯德拉斯可能恢复在被俘[⑤]时所毁掉的圣书一样。

（Θεὸς）ἐν τῇ ἐπὶ Ναβουχοδόνοσορ αἰχμαλωσίᾳ τοῦ λαοῦ，διαφθαρεισῶν τῶν γραφῶν... ἐνέπνευσε Εσδρᾷ τῷ ἱερεῖ ἐχ τῆς φυλῆς λευὶ τοῦς προγεγονότων προφητῶν πάντας ἀνατάξασθαι λόγους，καὶ ἀποκαταστῆσαι τῷ λαῷ τὴν διὰ Μωυσέως νομοθεσίαν。[⑥] 他引征这一点是为了证明，七十

① 韦斯巴襄（Vespasien，即 Titus Flavius Vespasianus）为罗马皇帝，公元 70—79 年在位。安提奥古斯（Antiochus 指 Antiochus Epiphanes）曾助韦斯巴襄进攻犹太人。

② 特尔图良（Tertullian，即 Tertullianus，160—230）罗马最早的基督教作家。以下引文见《辩白集》第 2 卷、第 3 章。

③ 〔正像他能重建被毁于洪水肆虐的东西一样，耶路撒冷被巴比伦攻灭之后，艾斯德拉斯也有各种办法恢复犹太的文献。〕

④ 见《创世记》第 5 章。

⑤ “被俘”指犹太人被巴比伦所俘虏，事见《列王纪下》第 25 章。

⑥ 希腊文：〔圣书既然毁于人民被尼布甲尼撒所俘虏的时候，（上帝）就……启示艾斯德拉斯要告诫利未人所有那些来自先知的话，并为人民恢复来自摩西的法律。〕按以上引文出自攸色比乌斯（Eusèbe，即 Eusebius，264—340）《教会史》第 5 卷、第 8 章。

(632)

贤人以我们所崇敬于圣书的那种一致性来解释圣书并不是不可置信的事。他从圣伊林娜[①]书中摘录了这一点。

圣希莱尔[②]在为《诗篇》所写的序言里说,是艾斯德拉斯编定了《诗篇》。

这一传说源出于《艾斯德拉斯书》第四卷、第十四章:Deus glorificatus est,et Scripturae vere divinae creditae sunt,omnibus eamdem et eisdem verbis et eisdem nominibus recitantibus ab initio usque ad fihem,uti et praesentes gentes cognoscerent quoniam per inspirationem Dei interpretatae sunt Scripturae et non esset mirabile Deum hoc in eis operatum:quando in ea captivitate populi quae facta est a Nabuchodonosor,corruptis scripturis et post 70 annos Judaeis descendentibus in regionem suam,et post deinde temporibus Artaxercis Persarum regis,inspiravit Esdrae sacerdoti tribus Levi praeteritorum prophetarum omnes rememorare sermones, et restituere populo eam legem quae data est per Moysen。[③]

① 圣伊林娜(St. Irénée,即 St. Irenaeus),见《教会史》,第 10 卷、第 25 章。

② 圣希莱尔(St. Hilaire,死于公元 367 年)为波瓦迭埃主教。

③ 〔上帝是光荣的,圣书被信为是真正神圣的,自始至终都是用这样的文字和名称,好让现在的各族人民认识圣书是以上帝的启示来解释的,而不必对他的行动感到惊异;当人民被尼布甲尼撒所俘虏的时候,圣书被毁灭了,七十年以后在犹大后裔自己的领土上,在阿塔息修斯君临波斯之后,艾斯德拉斯祭司就向利未族重复了所有先知的教诫并为人民恢复了摩西所制订的法律。〕

阿塔息修斯(Artaxerces)指波斯长手王阿塔息修斯第一(Artaxerxes I,Longimanus,公元前 465—前 424)。

411(b)—*565*(**633**)*637*—*796*

反对艾斯德拉斯的传说,《玛喀比书》第2卷、第2章;——约瑟夫《古事记》第2章、第1节。[①] 居鲁士[②]引用了以赛亚的预言来解救人民。犹太人在巴比伦处于居鲁士的治下,却安然无恙地保有他们的财产,因而他们就很可能也有法律。

在艾斯德拉斯的全部历史中,约瑟夫关于这次恢复没有说过一个字。——《列王纪下》第17章、第27节。

411—*566*(**634**)*695*—*764*

如果艾斯德拉斯的传说[③]是可信的,那么我们就必须相信圣书是一部真圣书;因为这个传说仅仅是以提到七十贤人的权威的那些人的权威为根据的,他们指出圣书是神圣的。

因此,如果这个叙述是真的,这里面就包括了我们的说法;如其不然,我们也可以从别的地方得到它。因此那些人想要摧毁我们这种建立在摩西的基础之上的宗教的真理,他们也就是以他们所攻击的那同一个权威在奠定它了。因此,根据这种天意,它便是永世长存的。

---

① 约瑟夫(Joséphe)即犹太历史家 Flavius Josephus(37—100),《犹太古事记》是他的主要著作。约瑟夫曾参与犹太人反罗马的叛乱,在被韦斯巴襄俘虏后,曾向韦斯巴襄预言罗马帝国终有一天将成为犹太人之子的帝国。

② 居鲁士指波斯帝国的建立者居鲁士大王(Cyrus,公元前600—前529)。

③ 指《艾斯德拉斯书》第4卷第24章中所叙如下的传说:圣书被毁于巴比伦的被俘;艾斯德拉斯又按照上帝的口授,经过四十天记录,恢复了圣书。这一传说与圣书中的许多章节相矛盾,为特伦特(Trent)宗教大会宣布为伪书。

512(a)—*536*(**635**)*756*—*763*

犹太教义的编年。(引文页数见《剑》[①]一书。)

页 27。哈卡多什(公元 200 年)即《米施那》或投票法或第二法的著者。

《米施那》的各种注释(公元 340 年):其一为《西夫拉》
《巴拉意多》
《塔尔穆德·希罗琐》
《多西铎》[②]

俄赛·拉巴著《贝莱希·拉巴》,为对米施那的注释。

《贝莱希·拉巴》、《巴·纳空尼》是精巧有趣的历史与神学的谈话录。这同一位作者又写过一部书叫作《拉博特》。[③]

《塔尔穆德·希罗琐》成书之后一百年(公元 400 年),阿斯又写成了《巴比伦的塔尔穆德》[④]一书,受到全体犹太人的普遍承认,他们就必然有义务遵守其中所包含的一切。

① “《剑》一书”见本书第 446 节译注。

② 按《米施那》(Mischna,即 Mishnah)为犹太经典的重要结集,与其后若干世纪中以《米施那》为中心的各种经说合称《塔尔穆德》(Talmud)。《米施那》为口授法,有别于成文法。西夫拉(Siphra,即 Sifra),巴拉意多(Barajetot,即 Baraitot),塔尔穆德·希罗琐(Talmud Hierosol)与多西铎(Tosiptot,即 Tosefta),均为对《米施那》的注释与补充,属塔尔穆德经说系统。

③ 按,《贝莱希·拉巴》(Bereshit Rabah)《巴·纳空尼》(Bar Nachoni)与《拉博特》(Rabot)均为犹太经师俄赛·拉巴(R. Osaia Rabah)所著的经解。“拉巴”意谓“大”,言其数量之多。

④ 阿斯(R. Ase,即 Rabbi Asi,352—427)为犹太经师。按犹太塔尔穆德又分两个系统,一为巴比伦的塔尔穆德,一为巴勒斯坦的塔尔穆德。阿斯所传为巴勒斯坦塔尔穆德系统。

阿斯增补的部分就叫作《吉玛拉》[①]，也就是说《米施那》的“注释”。

于是《塔尔穆德》就包括着《米施那》和《吉玛拉》两者在一起。

524（a）—*773*（**636**）*727*—*792*

假如并不表示漠不关心：马拉基，以赛亚。

《以赛亚书》，Si volumus，[②]等等。

In quacumque die[③]。

507—*633*（**637**）*729*—*795*

预言——王笏并没有因巴比伦的被俘[④]而告中断，因为他们的归来是被允诺过和预言过的。

509—*582*（**638**）*735*—*789*

耶稣基督的证明——确实有把握会在七十年之内得到解救，这就并不是俘虏。[⑤] 然而现在他们倒成为没有任何希望的俘虏了。

上帝允诺了他们，尽管他把他们散布到世界的尽头，可是假如

---

① 按《塔尔穆德》经包括两部分，一部分为《米施那》，一部分为《吉玛拉》（Gemara）；前者为经文，后者为经说。

② 〔假如我们要〕。

③ 〔在每一次〕。据布伦士维格注：此处系解说上述的“假如”；“假如”表示作用之间的必然关系，并不表示“漠不关心”。

④ 巴比伦的被俘（Captivité de Babylone），指犹太人于公元前6世纪被巴比伦大王尼布甲尼撒所俘虏；事见《列王纪下》第25章，又《历代志下》第36章。

⑤ 巴比伦的被俘为期七十年，事见《历代志下》第36章、第21节。

他们忠于他的法律，他还会把他们聚集在一起。[①] 他们是非常忠于他的法律的并且始终遭受迫害。

508—591(**639**)*718—512*

当尼布甲尼撒由于害怕人民会相信要取消犹大的王笏因而迁走人民时；他事先向他们说，他们在这里[②]将是短期的，并且他们将得到恢复。

他们始终受到先知们的安慰，他们的列王也在继续。然而第二次的毁灭却没有有关于恢复的诺言，没有先知，没有列王，没有安慰，没有希望；因为王笏是永远被取消了。

505—588(**640**)*707—560*

看到这个犹太民族在此后那么悠久的岁月中一直生存着，又看到他们始终是悲惨的，那真是一场惊心动魄而值得特别瞩目的事。为了证明耶稣基督，无论是他们一直生存着以便证明他，还是他们因为曾把他钉死在十字架上而沦于悲惨，这两者都是必要的。而且，尽管生活悲惨与继续生存这两者是相反的，但他们却不管自己的可悲而始终继续生存着。

506—604(**641**)*749—767*

他们显然是一个有意被造就出来好为弥赛亚作见证的民族

① 见《创世记》第 49 章、第 10 节。

② 按本句中“迁走人民”与“在这里”均指“巴比伦的被俘”。

(《以》第 43 章,第 9 节[①];第 44 章,第 8 节[②])。他们保存这些书,热爱这些书,却不懂得这些书。而这一切都是被预告过的:上帝的判断就托付给了他们,但只是作为一部被封住了的书[③]。

① 《以赛亚书》第 43 章、第 9 节:“他们可以带出见证来。”

② 《以赛亚书》第 44 章、第 8 节:“你们是我的见证。”

③ 《以赛亚书》第 29 章、第 11 节:“所有的默示,你们看如封住的书卷。人将这书卷交给识字的,说,请念吧。他说,我不能念,因为是封住了。”

第 十 编

*541—508** (**642**) *783—774*

同时证明新旧两约[①]——要一举而证明这两部书,我们只需看一看其中一部书的预言是不是在另一部书里得到了实现。要检查这些预言,就必须懂得这些预言。因为,假如我们相信它们只具有一种意义,那么的确弥赛亚就没有来临;然而假如它们具有两种意义,那么的确他就是在耶稣基督的身上来临了。

因而,全部的问题就在于要知道它们是不是具有两种意义。

耶稣基督和使徒们所传下的圣书具有两种意义,其证明如下:

1. 以圣书本身为证。

2. 以拉比为证:摩西·梅蒙[②]说它具有两面,而先知们仅仅预言了耶稣基督一面。

3. 以犹太神秘哲学[③]为证。

4. 以拉比们自己对于圣书所作的神秘解说为证。

---

① 冉森《奥古斯丁》第 3 卷、第 8 章:"新约隐蔽在旧约之中,旧约由新约而显现。"

② 摩西·梅蒙(Moise Maymon,即 Moses Maimonides,全名为 Rabbi Moses ben Maimon,1135—1204),为西班牙籍犹太拉比哲学家,理性注疏派的创立者。

③ 犹太神秘哲学(cabale,源出希伯来文 Kabbale),此字原义为传说,指某些拉比(犹太教博士或牧师)对圣书所作的秘密解说。"以犹太神秘哲学为证"亦即以犹太人有关旧约的传说为证。

5. 以拉比们的原则为证：这有两种意义；弥赛亚有两种降临，即光荣的和屈辱的，视他们的功过而定；先知们仅仅预言着弥赛亚，——法律并不是永恒的，而是到了弥赛亚就要改变，——那时候人们就不会再记得红海；犹太人和异教徒也将混合。

〔6. 以耶稣基督和使徒给我们的钥匙为证。[①]〕

560—509（**643**）*717—775*

《以赛亚书》第51章。红海，救赎的影子。Ut sciatis quod filius hominis habet potestatem remittendi peccata，tibi dico：Surge。[②] 上帝要显示他可以塑造出来一个具有看不见的圣洁性的圣洁的民族，并使他们充满永恒的光荣，便造就了种种可见的事物。既然自然界乃是神恩的一个影子，他就在自然界的繁富之中造就了他在神恩的繁富之中所该当造就的东西；为的是好让我们判断，既然他把可见的东西造就得这么好，所以他也可以造就看不见的东西。

因而，他就把这个民族从洪水之中拯救出来；他使他们由亚伯拉罕诞生，他把他们从他们的敌人中间救赎出来并使他们得到安息。

上帝的目的并不是要把他们拯救出洪水并使整个民族由亚伯

① 按本段六条证明均系根据《信仰之剑》一书，其中的第一条与第六条将在下一段中阐明，其余的四条则仅仅在此处提到。

② 〔要知道人子有权赦罪，我向你说，起来吧。〕《马可福音》第2章、第10—11节："但要叫你们知道，人子在地上有赦罪的权柄，就对瘫子说，我吩咐你起来，拿你的褥子回家去吧。"可参看本书第675段，又《以赛亚书》第51章、第10—11节。

拉罕诞生,只不过为了把他们带到一片膏腴的土地上来。

即使是神恩也只不过是光荣的象征,因为它并不是最后的归宿。它是被法律所象征的,而它本身又象征着〔光荣〕。但它是光荣的象征,以及原则或原因。[1]

人们的日常生活和圣者的日常生活是相似的。他们都在寻求自己的满足,不同的只在于他们为它所设置的目标;他们都把妨碍自己目标的人称为自己的敌人,等等。因而,上帝就由于显示出他对于可见的事物所具有的权力而显示了他所具有的赐给人以看不见的福祉的权力。

542—512(**644**)*713—755*

象征——上帝愿意为自己造就一个圣洁的民族,他要把他们和其余的一切国家分开,他要从他们敌人的手里解救他们,他要把他们安置在安憩的地方;上帝允诺了要做这件事,并且由他的先知们预言了他来临的时间和方式。可是为了坚定他的选民的希望,他还使他们在一切的时代里都看其中的影子,永远都不让他们对于他那解救他们的权力和意志缺乏信念。因为在创造人的时候,亚当就是其见证人,并且是救主将要由一个女人而诞生的这一允诺的受托人[2],当时人们距创世记还如此之近,以致他们不可能遗忘自己的被创造和自己的堕落。当见过亚当的人们已经不复在世

① 按冉森派的说法,肉体秩序中的法律象征着精神秩序中的神恩;然而神恩本身又只不过是对于光荣的一种预备状态,变即光荣的象征。

② 见《创世记》第3章、第16节。

的时候，上帝就差遣来了挪亚[①]，上帝以奇迹拯救了他而又淹没了整个的大地，这一奇迹就充分标志了上帝具有拯救全世界的那种权力，以及上帝一定要这样做并使上帝所允诺的救主要从女人的种子而诞生的那种意志。这一奇迹就足以坚定〔人们〕的希望。

当挪亚还活着的时候，对洪水的记忆在人们中间还是那么新鲜，上帝便向亚伯拉罕做了允诺；[②]而且当闪还活着的时候，便差遣来了摩西，等等[③]……

561—445(**645**)*739—781*

象征——上帝想要剥夺自己种种过眼烟云的美好，为了要显示这并不是由于无能的缘故，他便造就了犹太民族。

773—520(**646**)*711—780*

犹太聚会堂并没有消灭，因为它是象征；但因为它仅仅是象征，它就沦于奴役。象征一直要持续到真理到来，好使教会——无论是在允诺过它的那种图画里，还是在实际上——可以永远都被人看得见。

549—479(**647**)*727—584*

但愿法律是象征性的。[④]

---

① 见《创世记》第 6 章。

② 见《创世记》第 12 章。

③ 见《出埃及记》第 2 章。

④ 冉森《奥古斯丁》第 3 卷、第 8 章："旧约的国家是象征性的。"

550—486 * (**648**) *714—668*

有两种错误：(1)从字面上把握一切；(2)从精神上把握一切。[①]

551—488 (**649**) *714—782*

要对过分象征性的东西论战。

552—411 (**650**) *714—772*

有些象征是明白的而又可指证的，但另有一些则有点不合情理，并且只能是向那些已经被说服了的人作证。后一种就像是启示录派[②]，然而这里的不同就在于它根本就没有什么确凿无疑的东西；从而最不正当的事莫过于他们也表明他们的东西和我们的某些东西是同样之有根据的；因为他们并没有什么能像我们的某些东西那样可以指证。因此，双方并不能等同。绝不能把这些东西等同起来并加以混淆，因为它们在一端仿佛是相似的，而在另一端却是那么地不同；正是那些明确性，当其神圣的时候，才值得我们去尊敬那些幽晦不明。

〔这就好像某些人中间的某种幽晦的语言；凡是听不懂它的人，就只能理解一种莫名其妙的意义。〕

---

① 据布伦士维格解说：前一种指肉欲的犹太人的错误，后一种指玄想的启示录派的错误。

② 据波·罗雅尔派的说法，启示录派根据《启示录》建立他们的预言，并按照他们的幻想解说《启示录》。

553—521(**651**)*721—783*

启示录派与前亚当派、千年福派等等的夸诞[①]——凡是想把夸诞的见解建立在圣书的基础之上的人,就会把它们建立在例如这样一点之上:据说"直迄这一切都告成就为止,这一代是绝不会成为过去的"。[②] 对于这一点我就要说,这一代之后还会出现另一代,而且会永远继续下去。

《历代志下》中谈到了所罗门和王,仿佛他们是不同的两个人。[③] 我要说,他们就是两个人。

562(c)*—665*(**652**)*715—769*

特殊的象征——双重法律、双重法律表、双重神殿、双重被俘。

562(d)*—482*(**653**)*778—507*

象征——先知们以腰带、胡须和被烧掉头发[④]等等象征做出了预言。

① "启示录派"见前注;"前亚当派"指信奉1655年拉培莱尔的以撒(Isaac de Lapeyrère)所出版的《前亚当派》一书的人;"千年福派"指相信《启示录》第二十章中所预言的千年福王国的人。

② 《马太福音》第24章、第34节:"这世代还没有过去,这些事都要成就。"

③ 见《历代志下》第1章、第14节。

④ 见《但以理书》第3章、第27节。

562,740—535(**654**)*704—508*

午饭与晚饭的区别[①]。

在上帝，语言与意图是没有区别的，因为他是真实的；语言与效果也是没有区别的，因为他是全能的；手段与效果也是没有区别的，因为他是睿智的。贝；ult. serm in missus。[②]

奥古斯丁《天城论》第五卷，第十章。这条准则是普遍的：上帝能做到一切，除非是有些事情他若能做到，他就不成其为全能的了，例如死亡、被欺骗与说谎，等等。

很多福音传道派都拥护对真理的坚信礼；他们的分歧是有用的。

圣餐礼后于最后的晚餐，真理后于象征。

耶路撒冷的毁灭是耶稣死后四十年全世界毁灭的象征。作为人或者作为使者，“我不知道”。[③]《马可福音》第 13 章、第 32 节。[④]

耶稣被犹太人和异教徒所惩罚。

犹太人和异教徒被两个儿子所象征。奥古·《城》第 20 卷、第 29 章。

① 见《路加福音》第 14 章、第 12 节。

② 〔所罗门之歌中的最后一篇讲道辞〕为克莱伏的圣贝纳尔(St. Bernard de Clairvaux，1090—1153)所著。

③ 读作：耶稣的“我不知道”这句话，只是作为人或者作为使者而说的。

④ 《马可福音》第 13 章、第 32 节：“但那日子、那时辰没有人知道，连天上的使者也不知道，子也不知道，唯有父知道。”又，《马太福音》第 24 章、第 36 节。

549(a)—*542***(**655**)*760*—*506*

六个时代,六个时代的六个父亲,六个时代开始的六种奇观,六个时代开始时的六个东方[①]。

549(b)—*523**(**656**)*736*—*505*

亚当 forma futuri[②]。六天是为了造就一天,六个时代是为了造就另一个时代;摩西叙述的塑造出亚当的那六天,只不过是为了塑造耶稣基督与教会的那六个时代的图画。假如亚当不曾犯罪,而耶稣基督也不曾来临,那么就只会有一个唯一的圣约,就只会有一个唯一的人类时代,而创世记也就会被叙述为是在一个唯一的时刻之内完成的。

562(b)—*480*(**657**)*731*—*517*

象征——犹太民族与埃及民族显然是被摩西所遇到的那两个人预言过的[③]:埃及人打了犹太人,摩西复了仇并杀死了埃及人,而犹太人却对此忘恩负义。

---

① 据阿韦解说:这里所用的比喻出自奥古斯丁《驳摩尼教派论》第1卷、第23章。六个时代相当于创世记的六天;六个父亲即亚当、挪亚,等等;六个东方(即六个早晨)即创世记、方舟等,六种奇观(即六个夜晚)即洪水、语言的混杂等等。

② 〔未来的形象〕。《罗马书》第5章、第14节:"亚当乃是那以后要来之人的豫像。"

③ 事见《出埃及记》第2章、第11—14节。

562(c)—*534*(**658**)*568*—*771*

福音书中病态灵魂的象征便是有病的身体；然而因为一个身体还不能病得足以很好地表现它，所以就必须用许多的身体。因此，就有聋人[①]、哑巴[②]、瞎子[③]、瘫痪[④]、死掉的拉撒路[⑤]、被鬼附着的[⑥]。这一切全都在有病的灵魂里。

556—*517*(**659**)*712*—*513*

象征——用以表明旧约只不过是象征性的，而且先知们所理解的尘世福祉也是指其他的福祉而言的，便是：

首先，这是与上帝不相称的。

其次，他们的言论极其明白地表示对尘世福祉的允诺，可是他们却说他们的言论是幽晦难明的，他们的意义是绝不会为人理解的。由此看来，这种秘密的意义就并不是他们所公开表示的意义；因此之故，他们的意思就是说另外的牺牲、另一个解放者，等等。他们说，只是到了时间的尽头人们才会理解它。《耶》；第三十章，末[⑦]。

第三个证明是，他们的言论是相反相消的，从而我们若是以为

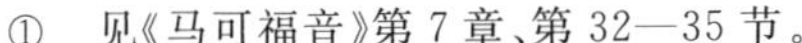

① 见《马可福音》第 7 章、第 32—35 节。

② 见《路加福音》第 11 章、第 14 节。

③ 见《约翰福音》第 9 章。

④ 见《马太福音》第 9 章、第 2—7 节。

⑤ 见《约翰福音》第 11 章。

⑥ 见《路加福音》第 9 章、第 38—43 节。

⑦ 《耶利米书》第 30 章、第 24 节："末后的日子你们要明白。"

他们的法律与牺牲这些字样所指的无非就是摩西的这些字样所指的东西，那就显然会有重大的矛盾了。因此，他们所指的就是别的东西，有时候并且还在同一章之内自相矛盾。

那么，为了理解一个作者的意义[①]……

557—395(**660**)*698—777*

肉欲对我们已经变成天然的了，并且形成了我们的第二天性。因此，我们身上就有两种天性：一种是善良的，另一种是恶劣的。上帝在哪里？就在你所不在的地方，上帝的王国就在你的身中。拉比们[②]。

524—553(**661**)*726—514*

一切的神秘之中唯有忏悔[③]是曾经向犹太人明显地宣告过的，并且是被先驱者圣约翰所宣告过的，然后则是其他的神秘；为的是好标志出这种秩序是每一个人以及全世界都是应当遵守的。

---

① 据布伦士维格解说：此处应读作："为了理解一个作者的意义，就必须是用同时可以解释这些东西的更高一级的理智来调解互相矛盾的各段文字。"这就是说，它同时应该一方面既是根据精神秩序的原则，即这一学说的内在价值加以解说，另一方面又根据字面秩序的原则，即按字面如实地加以解说。可参看本书第803段。

② 布伦士维格注：这一思想以如下的方式而可以引用于拉比们，即对于在圣书中寻求肉欲形象的肉欲的犹太人来说，上帝就不在圣书之中，但对于包括精神意义在内的仁慈来说，则上帝就在圣书之中。

③ 按此处"忏悔"一词，弗热与莫里尼埃本均作图画(peinture)，指形象或图像；阿维及米灼本则均作"忏悔"(pénitence)。

577—490(**662**)*722—531*

肉欲的犹太人[①]既不懂得他们预言中所预言的弥赛亚的伟大，也不懂得他的屈卑。他们误解了他那被预言的伟大，例如当他说弥赛亚将是大卫之主，尽管又是大卫之子[②]的时候，以及当他说他既在亚伯拉罕以前而又看见过亚伯拉罕的时候[③]。他们并不相信他那样伟大；竟至可以永恒；[④]并且他们也同样地误解了他的屈卑和他的死亡。他们说："弥赛亚是永远存在的，而这个人却说他会死亡。"[⑤]因而，他们就相信他既不会死亡，也不会是永恒的：他们在他身上所寻找的只不过是一种肉欲的伟大罢了。

575—526(**663**)*761—518*

象征性的——没有别的东西像贪婪这样有似于仁爱，也没有别的东西与之如此相反。因此，犹太人充满了足以阿谀他们贪婪心的财富之后，就异常之与基督徒相符合，而又异常与之相反。由于这种方式，他们就有了为他们所必须具备的两种品质，即异常之与弥赛亚相符合，以便象征他，而又异常与之相反，以便不会成为

① 此处"肉欲的犹太人"系与精神的犹太人相对而言。

② 《马太福音》第22章、第45节："大卫既称他为主，他怎么又是大卫的子孙呢？"

③ 《约翰福音》第8章、第57—58节："犹太人说，你还没有五十岁，岂见过亚伯拉罕呢？耶稣说，我实实在在的告诉你们，还没有亚伯拉罕就有了我。"

④ 《约翰福音》第12章、第34节："基督是永存的。"

⑤ 《约翰福音》第12章、第32—34节："(耶稣说)我若从地上被举起来，就要吸引万人来归我。耶稣这话原是指着自己将要怎样死说的。众人回答说，我们听见律法上说基督是永存的，你怎么说人子必须被举起来呢？这人子是谁呢？"

可疑的见证人。

*576—525(**664**)713—514*

象征性的——上帝利用了犹太人的肉欲,使之服务于〔那个传播对肉欲的补救之道的〕耶稣基督。

*608—532(**665**)652—744*

仁爱[①]并不是一条象征性的教诫。要说耶稣基督来取消象征以便树立真理,就只是来树立仁爱的象征以便取消此前所存在的真实;那就太可怕了。

"假如光明就是黑暗,那么黑暗又该是什么呢?"[②]

*722—527(**666**)623—515*

幻觉 Somnum suum[③]。Figura hujus mundi[④]。

圣餐。Comedes panemtuum[⑤]。Panem nsotrum[⑥]。

Inimici Dei terram lingent[⑦],罪人舐着土地,那就是说贪恋尘世的欢乐。

---

① 可参看《哥林多前书》第13章。

② 《马太福音》第6章、第23节:"你我头的光若黑暗了,那黑暗是何等大呢。"

③ 〔他们睡着。〕《诗篇》第76篇、第5节:"他们睡了长觉。"

④ 〔这个世界的样子。〕《哥林多前书》第7章、第31节:"因为这世界的样子将要过去了。"

⑤ 〔你吃的食粮。〕《申命记》第8章、第9节:"你在那地不缺食物,一无所缺。"

⑥ 〔我们的食粮。〕《路加福音》第11章、第3节:"我们日用的饮食,天天赐给我们。"

⑦ 〔上帝的仇敌必将舐土。〕《诗篇》第72篇、第9节:"他的仇敌必要舔土。"

《旧约》包含有未来欢愉的象征,《新约》则包含有获得它们的办法。

象征是欢乐,办法则是忏悔;可是逾越节的羊羔是要和野蒿苣一起吃的,cum amaritudinibus①。

Singalaris sum ego donec transeam②,耶稣基督在他死前几乎是唯一的殉道者。

519(a)—*484*(**667**)*537*—*522*

象征性的——剑和盾这些名字。Potentissime。③

648—*745*(**668**)*526*—*516*

只是由于疏远了仁爱,我们才彼此疏远的。

我们的祈祷和我们的德行假如并不是耶稣基督的祈祷和德行,那么它们在上帝的面前就是可憎的。而我们的罪恶假如并不是耶稣基督〔的罪恶〕④,那么它们就永远不会是〔慈悲〕的对象而只会是上帝正义的对象。他容纳了我们的罪恶并且〔让〕我们〔与他〕结合,因为德行是他〔所固有的,而〕罪恶则与他无缘;但德行〔却是〕与我们无缘,而我们的罪恶则是我们所固有的。

让我们来改变一下我们迄〔今〕所采用的准则来判断什么是美

① 〔和苦味同吃。〕《出埃及记》第12章、第8节:“当夜要吃羊羔的肉,用火烤了,与无酵饼和苦菜同吃。”

② 〔我独自得以逃脱。〕《诗篇》第141篇、第10节:“愿恶人落在自己的网里,我却得以逃脱。”

③ 〔极有能力。〕见《诗篇》第45篇、第3节,又见本书第760段。

④ 按原手稿中本页残缺特甚,括号中的字句系据布伦士维格本补入。

好吧。我们曾以我们的意志为其准则,现在让我们采用〔上帝〕的意志吧:他所想要的一切对我们都是好的而且是公正的,他所不想要的一切都是〔坏的〕。

凡是上帝所不要的东西,都是被禁止的。罪恶是被上帝已经做过的普遍宣言所禁止的,他不要罪恶。其他他所不曾加之以普遍的禁令并且因此之故而被人说成是可以允许的事,却也并不就总是可以允许的。因为当上帝对我们疏远其中某一种的时候,并且根据事情——它是上帝意志的一种体现——看来,上帝是并不想要我们有一件事物的时候,那么它就应该作为一种罪恶而加以禁止;因为上帝的意志是说,我们并不应该更有这一件事而没有另一件。这两件事之间只有一个唯一的不同之点,那就是上帝永远不想要罪恶,这是肯定的;反之上帝是否永远不想要另一件,则是不能肯定的。但是只要上帝不想要它,我们就应该把它看成是罪恶;只要没有上帝的意志——唯有它才是全部的善良与全部的正义——就会使它成为不义的和恶劣的。

583(a)—522 (**669**) *529—520*

由于我们脆弱的缘故而改变象征。

583—504 (**670**) *524—519*

象征——犹太人就在如下的尘世思想里面老却了:上帝爱他们的祖先亚伯拉罕,爱他的血肉以及由此而产生的一切;上帝因此便繁殖了他们并把他们与其他一切民族区分开来,不容许他们混淆;当他们在埃及呻吟的时候,上帝就以垂青于他们的全部那些伟大的标志而把他们解救出来；上帝在旷野之中用吗哪[①]喂他们[②]；上帝把他们带到一块非常肥美的土地上；上帝赐给他们以国王和建造完好的神殿，好在这儿奉献牺牲，并且以牺牲流血的办法而使他们得以净化；最后上帝要给他们差遣来弥赛亚，好使他们成为全世界的主人，并且上帝还预告了弥赛亚到来的时间。

当世界在这些肉欲的错误里面老却时，耶稣基督便在预言了的时刻到来了，然而并不是在人们所期待的光辉之中；因此他们并不以为那就是他。他死了后，圣保罗出来教导人们说，这一切事情的来临都是象征[③]，上帝的王国并不在肉体而在精神；[④]又说人们的敌人并不是巴比伦人，而是情感；又说上帝并不喜欢人手造成的神殿，而是喜欢一颗纯洁谦卑的心；[⑤]又说肉体的割礼是无益的，而是必须要行内心的割礼；[⑥]又说摩西并不曾赐给他们以天上的面包[⑦]，等等。

但是上帝既不想向一个不配这些事情的民族揭示这些事情，

① 按吗哪(Manne)即甘露蜜或木蜜。《出埃及记》第 16 章、第 31 节："这食物以色列家叫吗哪，样子像芫荽子，颜色是白的，滋味如同掺蜜的薄饼。"

② 事见《出埃及记》第 16 章。

③ 《加拉太书》第 4 章、第 24 节："这都是比方。"

④ 《哥林多前书》第 3 章、第 16 节："你们是上帝的殿，上帝的灵位在你们里头。"第 17 节："上帝的殿是圣的，这殿就是你们。"

⑤ 《希伯来书》第 9 章、第 24 节："因为基督并不是进了人手所做的圣所（这不过是真圣所的影像），乃是进了天堂。"

⑥ 《罗马书》第 2 章、第 28,29 节："他们既然故意不认识上帝，上帝就任凭他们存邪僻的心，行那些不合理的事，装满了各样不义、邪恶、贪婪、恶毒、满心是嫉妒、凶杀、争竞、诡诈、毒恨。"

⑦ 《约翰福音》第 6 章、第 32 节："耶稣说，我实实在在的告诉你们，那从天上来的粮不是摩西赐给你们的。"

可是又想预告这些事情，为的是让它们为人相信；于是他就明白地预告了它们的时刻，并且有时候是明白地表示了它们，但更多的时候却是以象征[①]，为的是让那些喜爱象征性的事物的人可以把握它们，让那些喜爱象征化的人可以看见它们。

凡不趋向于仁爱的，都是象征。

圣书的唯一目的就是仁爱。

凡是不趋向于唯一的鹄的的，便是它的象征。因为，既然只有一个鹄的，所以凡是不以确切的字句趋向于它的，便是被象征化了的。

上帝就这样地在多方变异着仁爱这一独一无二的教诫，以便用这种变异多端——它永远在把我们引向我们唯一必要的事——来满足我们追求变异多端的那种好奇心。因为只有唯一的一件事是必要的[②]，而我们又喜爱变异多端；于是上帝就以这些能引向唯一必要的事的变异多端来同时满足这两者。

犹太人是那么喜爱象征性的事物，又如此之殷切地期待着它们，以至于当现实是在被预言了的时刻和方式到来的时候，他们竟误解了现实。

拉比们把新娘的乳房[③]以及一切并不表示他们所具有的唯一目标的东西〔即尘世的财富〕都当成是象征。

而基督徒甚至于把圣餐礼也当成是他们所祈求着的那种光荣的象征。

---

① 这句话最初作："于是他就以象征明白地预告了它们的时刻和方式。"

② 《路加福音》第 10 章、第 42 节："但是不可少的只有一件。"

③ 《雅歌》第 4 章、第 5 节："你的两乳好像百合花中吃草的一对小鹿。"

584—531(**671**)*767—504*

被召唤来征服列国与列王的犹太人却成了罪恶的奴隶；而其天职就是要服役和作臣仆的基督徒却是自由的儿女[①]。

*585—683*** (**672**)*539—502*

为形式主义者而写——当圣彼得与使徒们商议要废除割礼时[②]，那就涉及要做出违反上帝法律的事了，[③]但他们却根本不管先知，而只管在未行割礼的人身上接受圣灵。

他们更有把握能断定：上帝会赞许他以自己的灵所充满了的那些人，而不是必须遵守法律。他们知道法律的归宿不外是圣灵；而既然人们很可以不行割礼就获得它，因此割礼就不是必要的。

572,586—30,718(**673**)*541—503*

Fac secundum exemplar quod tibi ostehsum est in monte[④].

犹太人的宗教是根据其有似于弥赛亚的真理而塑造的；弥赛亚的真理则是由于成为其象征的犹太人的宗教而被人认知的。

---

① 《罗马书》第 6 章、第 20 节："因为你们做罪之奴仆的时候，就不被义约束了。"第 8 章、第 14—15 节："因为凡被上帝的灵引导的，都是上帝的儿子。你们所受的不是奴仆的心，仍旧害怕，所受的乃是儿子的心。"

② 见《使徒行传》第 15 章、第 5—10 节。

③ 《创世记》第 17 章、第 10 节："你们所有的男子都要受割礼，这就是我与你并你的后裔所立的约，是你们所当遵守的。"《利未记》第 12 章、第 3 节："第八天要给婴孩行割礼。"

④ 〔要遵循在山上所嘱咐你的范例。〕按，"山"即西乃山。《出埃及记》第 25 章、第 40 节："要照着在山上指示你的样式。"

在犹太人那里，真理只是被象征化；在天上，则它是揭开来的。

在教会那里，它是遮蔽的，并且以其对于象征的关系而被人认知。

象征是根据真理而造就的，真理则是根据象征而为人所认知。

圣保罗亲自说过人们是不许结婚的[①]，他并且亲自以一种成为了捕鼠笼[②]的方式向哥林多人谈过这件事。[③] 因为假如一个先知说的是一件事，而圣保罗后来说的又是另一件事，我们就会指责他了。

572(a)—481(**674**)*538—521*

象征的——你们"做一切事，都要按照保护人在山上所指示你们的那样"。[④] 圣保罗就根据这一点说，犹太人已经描绘了天上的事物。[⑤]

*563—519*** (**675**)*481—523*

……然而这种为了蒙蔽某些人并照亮另一些人而造就的圣约，就正在它所蒙蔽的那些人的身上标志出应该为另一些人所认

① 《提摩太前书》第 4 章、第 3 节："他们禁止嫁娶。"又可参看《哥林多前书》第 7 章。

② 按关于这句话的意义，历来的注释者都没有找到满意的解释。

③ 见《哥林多前书》第 7 章。

④ 《出埃及记》第 25 章、第 40 节："要谨慎做这些物件，都要照着在山上所指示你的样式。"

⑤ 《希伯来书》第 8 章、第 5 节："他们供奉的事，本是天上事的形状和影像，正如摩西将要造帐幕的时候，蒙上帝警戒他说，你要谨慎做各样的物件，都要照着在山上指示你的样式。"

识的真理。因为他们从上帝所接受的种种显然可见的福祉是那么巨大而又那么神圣，以致看来确乎他是能够赐给他们以种种看不见的东西以及一个弥赛亚的。

因为大自然就是神恩的影子，看得见的奇迹就是看不见的东西的影子。Ut sciatis... tibi dico：Surge.[①]

以赛亚说救赎将作为红海中的道路。[②]

于是上帝就以逃出埃及、逃出大海，就以击败了许多国王、就以吗哪、就以亚伯拉罕的全部谱牒而显示了他是能够拯救的，是能够从天上降下粮食的，等等；从而敌对的人民[③]便是他们所不认识的那位弥赛亚本身的象征和表现，等等。

因而他就终于教导了我们，这一切事物都只不过是象征，以及什么才是"真正的自由"[④]、"真正的以色列人"、"真正的割礼"[⑤]、"真正从天上来的粮食"，等等。

就在这些允诺里，每个人都会发现自己内心深处所具有的东西，无论是尘世的福祉、还是精神的福祉，是上帝、还是创造物；然而其中却有着这样的一个区别：即那些在这里面寻求创造物的人虽将在这里找到它们，却要遇到许多矛盾、遇到不得爱它们的禁

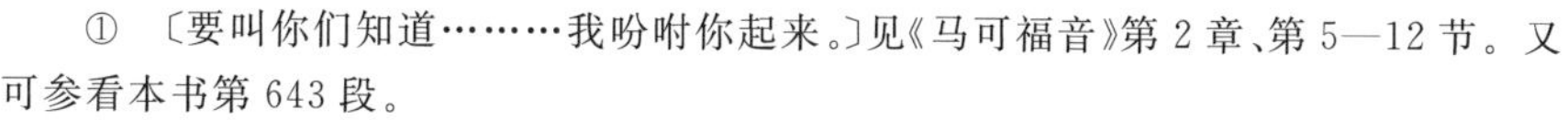

① 〔要叫你们知道………我吩咐你起来。〕见《马可福音》第2章、第5—12节。又可参看本书第643段。

② 《以赛亚书》第51章、第10节："使海的深处变为赎民经过之路的，不是你么？"

③ "敌对的人民"指不认识弥赛亚的人。

④ 《约翰福音》第8章、第36节："所以天父的儿子若叫你们自由，你们就真自由了。"

⑤ 《罗马书》第2章、第28—29节："因为在外面作犹太人的，不是真犹太人；外面肉身的割礼，也不是真割礼。唯有里面做的，才是真犹太人。真割礼也是心里的，在乎灵不在乎仪文。"

令、遇到只能崇拜上帝并只能爱上帝的诫命(这都只是一回事),并且最后还有弥赛亚绝不是为了他们而到来的;反之,那些在这里面寻求上帝的人则将找到上帝,而不会有任何矛盾,并且还有只能爱他这一教诫,以及一位弥赛亚要在预言过的时刻到来以便赐给他们以他们所要求的福祉。

因此,犹太人就有了种种他们亲眼看到其实现的奇迹与预言;而且他们法律的学说也是只能崇拜并只能爱上帝;它也是永存的。这样,它就具备了真正宗教的全部标志;它也就是真正的宗教。然而我们必须区别犹太人的学说与犹太人的法律的学说。犹太人的学说却不是真的,尽管它也有着奇迹、预言和永存性,因为它并不具有那另一点,即只能崇拜并只能爱上帝。

564—514 * (**676**) *482—524*

这些书里为犹太人所设的那层幕幔,也是为坏基督徒而设的,并且是为一切并不恨自己本身的人而设的。

但当人们真正恨自己本身的时候,他们又是多么容易理解它们而又认识耶稣基督啊。

565—499 (**677**) *209—526*

象征有着出现的和不出现的,欢乐的和不欢乐的。——符号具有双重意义:一重是明显的,另一重则据说其意义是隐蔽的。

566—494 (**678**) *472—528*

象征——一幅图画具备了出现的和不出现的,欢乐的和不欢乐的。现实则排除了不出现的与不欢乐的。

要想知道法律和牺牲究竟是真实还是象征，就必须看一看先知们在谈到这些事情时，究竟是把他们的观点和他们的思想停留在这些事情上，从而他们在其中看到的就只不过是那种古代的圣约；还是他们在其中也看见了某些别的东西，而圣约则只不过是它们的图画；因为在一幅画面中，我们看到的乃是被象征化了的事物。关于这一点，我们只消考察一下他们是怎样谈到它们的。

当他们说它将是永恒的，他们的意思是说圣约呢（关于圣约，他们说它是会改变的），还是说牺牲等等呢？

符号具有两重意义[①]。当我们遇到一个重要的字并发现它有一种明白的意义，可是据说它的意义却是遮盖着的和幽晦难明的，它是被隐蔽的，从而使我们对这个字视而不见、说而不解时；那么除了它是一个具有双重意义的符号而外，我们还能想象什么呢？特别是当我们在其字面的意义中发现有明显的相反时，就格外是如此。先知们曾明白地说过，以色列将永远为上帝所爱，并且法律将是永恒的；可是他们又说过人们不会理解它们的意义，并且它是被隐蔽着的。[②]

因而，对于那些向我们揭开了符号并教给我们认识隐蔽的意义的人，我们应该是怎样尊敬他们啊！尤其是当他们对此所引用的原则是十分自然而又明白的时候。这就是耶稣基督以及使徒们所做过的事。他们打开了弥封，他撕下了幕幔并揭示了精神。他

① “符号具有两重意义”，见前第676段。

② 这段话在原稿中写在页旁。

们因此之故就教导了我们：人之大敌乃是自己的感情[①]；救赎主是精神的，他的君临也是精神的；他会有两次来临，一次是悲惨的，以便屈辱高傲的人们，另一次则是光荣的，以便提高屈卑的人们；耶稣基督既是神又是人。

567—487(**679**)*914—529*

象征——耶稣基督开启了他们的精神以便理解圣书。

下面便是两大启示：(1)一切事物对他们都以象征出现：vere Israëlitae，vere liberi[②]，真正来自天上的粮食；(2)一个屈辱得上了十字架的上帝：基督必须受难才能进入他的光荣，"他将以自己的死亡战胜死亡"[③]。两度的来临。

568—501(**680**)*249—530*

象征——只要人们一旦揭发了这个秘密，他们就不可能看不见它。让我们就以这种观点来读一下旧约吧：让我们来看牺牲是不是真的，亚伯拉罕的亲长身份是不是上帝爱宠的真原因，被允诺的土地是不是真正的安息之所[④]。都不是的；因而它们就是象征。让我们同样地来看一看一切被规定的仪式，一切并不是属于仁爱的戒律；那么我们就将看到，它们也都是象征。

---

① 可参看斯宾诺莎《伦理学》第四部分有关命题。

② 〔真正的以色列人，真正的自由。〕

③ 《希伯来书》第2章、第14节："特要借着死，败坏那掌死权的。"

④ 按关于以上几个问题，《旧约》在不同的地方曾有互相矛盾的说法；作者均解释为象征（或隐喻），借以调和表面上相反的各个章节。

因而，一切祭祀与仪式就都是象征，否则就都是胡闹。可是这些东西又都是明白高尚得不能被评价为胡闹。

应该知道先知们是不是把自己的观点仅限于旧约，还是在其中也看到了别的东西[①]。

568(a)—*483*(**681**)*496*—*534*

象征性的——符号的关键。Veri adoratores[②]。——Ecce agnus Dei qui tollit peccata mundi[③]。

568(b)—*516*(**682**[④])*747*—*535*

《以》第1章、第21节。好变为坏[⑤]，以及上帝的复仇，第10章、第1节[⑥]，第26章、第20节[⑦]，第28章、第1节[⑧]。——奇迹：

① 此处原文为写在页旁者。

② 〔真正的崇拜者。〕《约翰福音》第4章、第23节："那真正拜父的，要用心灵和诚实拜他。"

③ 〔这是上帝的羔羊，他将消除世人的罪恶。〕《约翰福音》第1章、第29节："看哪！上帝的羔羊，除去世人罪孽的。"

④ 按本节中所引圣经各书章节，原稿中均录全文。但《全集》本、布伦士维格本及布特鲁本，均将引文略去，仅存章节数目。译文今从以上各本，存其章节数目，另将引文作为附注录入。

⑤ 《以赛亚书》第1章、第21节："可叹忠信的城变为妓女，从前充满了公平，公义居在其中，现在却有凶手居住。"

⑥ 《以赛亚书》第10章、第1节："祸哉，那些设立不义之律例的，和记录奸诈之判语的。"

⑦ 《以赛亚书》第26章、第20节："我的百姓啊，你们要来进入内室，关上门隐藏片时，等到愤怒过去。"

⑧ 《以赛亚书》第28章、第1节："祸哉，以法莲的酒徒，住在肥美谷的山上，他们心里高傲，以所夸的为冠冕，犹如将残之花。"

《以》第 33 章、第 9 节[①]，第 40 章、第 17 节[②]，第 41 章、第 26 节[③]，第 43 章、第 13 节[④]：《以》第 44 章、第 20—24 节[⑤]，第 54 章、第 8 节[⑥]，第 63 章、第 12—17 节，[⑦]，第 66 章、第 17 节[⑧]。

① 《以赛亚书》第 33 章、第 9 节："地上悲哀衰残，利巴嫩羞愧枯干，沙仑像旷野，巴珊和迦密的树林凋残。"

② 《以赛亚书》第 40 章、第 17 节："万民在他面前好像虚无，被他看为不及虚无，乃为虚空。"

③ 《以赛亚书》第 41 章、第 26 节："谁从起初指明这事，使我们知道呢？谁从先前说明，使我们说他不错呢？谁也没有指明，谁也没有说明，谁也没有听见你们的话。"

④ 《以赛亚书》第 43 章、第 13 节："自从有日子以来我就是上帝，谁也不能救人脱离我手。我要行事，谁能阻止呢？"

⑤ 《以赛亚书》第 44 章、第 20—24 节："他以灰为食，心中昏迷，使他偏邪，他不能自救，也不能说，我右手中岂不是有虚谎么？雅各、以色列啊。你是我的仆人，要记念这些事。以色列啊，你是我的仆人，我造就你必不忘记你。我涂抹了你的过犯，像厚云消散；我涂抹了你的罪恶，如薄云灭没。你当归向我，因我救赎了你。诸天哪，应当歌唱，因为耶和华作成这事。地的深处啊，应当欢呼，众山应当发声歌唱，树林和所有的树都当如此，因为耶和华救赎了雅各并要因以色列荣耀自己。从你出胎造就你的救赎主耶和华如此说，我耶和华是创造万物的，是独自铺张诸天，铺开大地的（谁与我同在呢？）。"

⑥ 《以赛亚书》第 54 章、第 8 节："我的怒气涨溢，顷刻之间向你掩面，却要以永远的慈爱怜恤你，这是耶和华你的救赎主说的。"

⑦ 《以赛亚书》第 63 章、第 12—17 节："使他荣耀的膀臂在摩西的右手边行动，在他们前面将水分开，要建立自己永远的名。带领他们经过深处如马行走旷野、使他们不至绊跌的，在哪里呢？耶和华的灵使他们得安息，仿佛牲畜下到山谷，照样你也引导你的百姓，要建立自己的荣名。求你从天上垂顾，从你圣洁的居所观看，你的热心和你大能的作为在哪里呢？你爱慕的心肠和怜恤向我们止住了。亚伯拉罕虽不认识我们，以色列也不承认我们，你却是我们的父，耶和华啊，你是我们的父，从万古以来，你名称为我们的救赎主。耶和华啊，你为何使我们走差离开你的道，使我们心里刚硬不敬畏你呢？求你为你仆人，为你产业支派的缘故转回来。"

⑧ 《以赛亚书》第 66 章、第 17 节："那些分别为圣、洁净自己的，进入园内跟去一个人的后头吃猪肉和仓鼠并可憎之物，他们必一同灭绝，这是耶和华说的。"

《耶》第 2 章、第 35 节[①];第 4 章、第 22—24 节[②];第 5 章、第 4 节[③],第 29—31 节[④];第 6 章、第 16 节[⑤]。

《耶》第 11 章、第 21 节[⑥],第 15 章、第 12 节[⑦],第 17 章、第 9 节:Parvum est cor omnium et incrustabile,quis cognoscet illud?[⑧] 这就是说,谁能认识其中的全部邪恶呢? 因为人们已经知道它是为非作恶的。Ego Dominus[⑨],等等——第 7 章、第 14 节[⑩]:Faciam domui huic[⑪],等等。对外表的圣礼要有信心,——第 7 章、第 22

① 《耶利米书》第 2 章、第 35 节:"你还说:我无辜,耶和华的怒气必定向我消了。看哪,我必审问你,因你自说:我没有犯罪。"

② 《耶利米书》第 4 章、第 22—24 节:"耶和华说,我的百姓愚顽不认识我,他们是愚昧无知的儿女,有智慧行恶,没有智识行善。先知说,我观看地,不料地是空虚混沌,我观看天,天也无光。我观看大山,不料尽都震动,小山也摇来摇去。"

③ 《耶利米书》第 5 章、第 4 节:"我说这里人实在是贫的,是愚昧的,因为不晓得耶和华的作为和他们上帝的法则。"

④ 《耶利米书》第 5 章、第 29—31 节:"耶和华说我岂不因这些事讨罪呢? 岂不报复这样的国民呢? 国中有惊骇可憎恶的事,就是先知说假预言、祭司借他们把持权柄。我的百姓也喜爱这些事,到了结局你们怎样行呢?"

⑤ 《耶利米书》第 6 章、第 16 节:"耶和华如此说,你们当站在路上察看,访问古道;哪是善道,便行在其间,这样你们心里必得安息,他们却说我们不行在其间。"

⑥ 《耶利米书》第 11 章、第 21 节:"所以耶和华论到寻索你命的亚拿突人如此说:他们说,你不要奉耶和华的名说预言,免得你死在我们手中。"

⑦ 《耶利米书》第 15 章、第 12 节:"人岂能将铜与铁、就是北方的铁,折断呢?"

⑧ 〔人心比万物都更曲折隐蔽,谁能识透它呢?〕《耶利米书》第 17 章、第 9 节:"人心比万物都诡诈,坏到极处,谁能识透呢?"

⑨ 〔我就是主〕。

⑩ 《耶利米书》第 7 章、第 14 节:"所以我要向这称为我名下,你们所倚靠的殿与我们所赐给你们和你们列祖的地施行,照我从前向示罗所行的一样。"

⑪ 〔使这成为我的家〕。《耶利米书》第 7 章、第 14 节:"我要向这称为我名下。"

节[①]:Quia non sum locutus[②],等等。最根本的东西并不是外表的圣礼,第 11 章、第 13 节[③]。Secandum numerum[④],等等。大量的学说,第 23 章、第 15—17 节[⑤]。

*569—502(**683**)672—532*

象征——文字杀人[⑥];一切都在象征之中到来。这便是圣保罗所给我们的符号。基督必须受难。一个受屈辱的上帝。内心的割礼[⑦]、真正的守斋、真正的牺牲、真正的神殿。先知们已经指出了这一切都必须是精神的[⑧]。

并不是那消灭的肉,而是那并不消灭的肉。

“你们将真正自由”[⑨]。因而,其他的自由就只不过是自由的

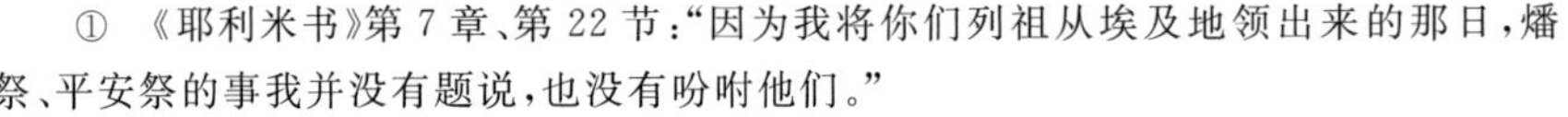

① 《耶利米书》第 7 章、第 22 节:“因为我将你们列祖从埃及地领出来的那日,燔祭、平安祭的事我并没有题说,也没有吩咐他们。”

② 〔因为没有安置我〕。

③ 《耶利米书》第 11 章、第 13 节:“犹大啊,你神的数目与你城的数目相等,你为那可耻的巴力所筑烧香的坛也与耶路撒冷街道的数目相等。”

④ 〔第二数目〕。

⑤ 《耶利米书》第 23 章、第 15—17 节:“所以万军之耶和华论到先知如此说,我必将茵陈给他们吃,又将苦胆水给他们喝,因为亵渎的事出于耶路撒冷的先知,流行遍地。万军之耶和华如此说,这些先知向你们说预言,你们不要听他们的话,他们以虚空教训你们,所说的异象是出于自己的心,不是出于耶和华的口。他们常对藐视我的人说,耶和华说你们必享平安,又对一切按自己顽梗之心而行的人说,必没有灾祸临到你们。”

⑥ 《哥林多后书》第 3 章、第 6 节:“不是凭着字句,乃是凭着精意;因为那字句是叫人死,精意是叫人活。”

⑦ 《罗马书》第 2 章、第 29 节。

⑧ 《约翰福音》第 6 章、第 33 节:“因为上帝的就是那从天上降下来赐生命给世界的。”

⑨ 《约翰福音》第 8 章、第 36 节。

象征而已。

“我是天上来的真正的粮食”。①

558—491 * (**684**) *474—537*

矛盾——我们唯有调协了自身的一切相反性，才能形成一副美好的体质；②而不调协这些相反的东西就无法追循一系列相调协的品质。要理解一个作家的意义，我们就必须调协一切相反的章节。

因此，要理解圣书，就必须有一种意义使全部相反的章节在其中都得以调协。有一种意义可以适应许多相调协的章节，这是不够的；而是要有一种意义可以调协甚至于是相反的各个章节。

每个作家都具有一种可以使一切相反的章节得以调协的意义，否则他便是根本没有任何意义的了。我们不能说圣书和先知们是没有任何意义的；他们确实都是极有意义的。因而，我们必须寻找出一种可以调协这一切相反性的意义来。

因而，真正的意义就绝不是犹太人的意义；但是一切矛盾都在耶稣基督之中得到调协。

犹太人不懂得调协何西阿所预言的王权和君权的中断与雅各的预言③。

① 《约翰福音》第 6 章、第 32 节：“我父将天上来的真粮赐给你们。”第 35 节：“耶稣说，我就是生命的粮。”

② 这句话波·罗雅尔本作：“才能很好地形成一个人的性格。”

③ 《何西阿书》第 13 章、第 10 节：“你曾求我说，给我立王和首领；现在你的王在哪里呢？治理你的在哪里呢？”

如果我们把法律、牺牲与王国当作是真实，我们就无法调协所有的章节。因而，它们就必然只能是象征。我们甚至于无法调协同一个作家的各个章节，或同一部书中的各个章节，或有时候同一章中的各节各段，尽管它们充分指明了一个作家的意义是什么；例如《以西结书》第 20 章说，我们将在上帝的诫律中生活，而我们又将不在其中生活[①]。

*559—493*** (**685**) *611—538*

象征——如果法律与牺牲是真理，那就必定会使上帝高兴而绝不会使他不高兴。假如它们是象征，它们就必定既使人高兴又使人不高兴[②]。

可是在全部的圣书里，它们都是既使人高兴，又使人不高兴。其中说过：法律将要改变，牺牲将要改变，他们将没有法律，没有君主，也没有牺牲，将要缔订一个新的圣约，法律将要更新，他们已经接受的诫命并不美好，他们的牺牲令人厌恶，上帝根本就不曾要求过这些。

相反地，其中又说：法律将永远长存，那个圣约将是永恒的，牺牲将是永恒的，王笏将永远不会离开他们，因为直到永恒的王到来为止，它是绝不会离开他们的。[③]

---

① 《以西结书》第 20 章、第 40 节："主耶和华说，在我的圣山，就是以色列高处的山，所有以色列的全家都要事奉我"，同章，第 25 节："我也任他们遵行不美的律例，谨守不能使人活着的恶规。"

② 本书第 677 段。

③ 本段所列举的各项内容，其出处详见以下两段。

所有这些章节是表示它是真实吗？不是的。然则，这些是表示它是象征吗？也不是的；而是表示它或者是真实，或者是象征。然而前面的章节既然排斥了真实，所以就表示它只不过是象征。

所有这些章节合在一起都不能用以述说真实，所有这些都能用以述说象征；因而，它们说的就不是真实，而是象征。

Agnus occisus est ab origine mundi[①]。献祭者的审判者。

559(a)—*497*(**686**)*480*—*539*

相反性：王笏直到弥赛亚的时候，——没有国王，也没有君主。

永恒的法律，——被改变了。

永恒的圣约，——新的圣约。

好法律，——坏诫命[②]。《以西》。

555—*506*(**687**)*473*—*540*

象征——当上帝的话（他的话是真的）在字面上是假的时，它在精神上却是真的。Sede a dextris meis，[③]这在字面上是假的，因而它在精神上是真的。

这种说法乃是以人的方式在谈论上帝；而它并不是指什么别

① 〔从创世以来就被杀死的羔羊〕。《启示录》第13章、第8节："凡住在地上的、名字从创世以来没有记在被杀之羔羊生命册上的人，都要拜他。"据布伦士维格解说：作者认为这句话是指犹太人法律所规定的牺牲只不过是永恒牺牲的象征。

② 按此处所举的四组相反性，详见以下各段。

③ 〔坐在我的右边。〕《诗篇》第110篇、第1节："耶和华对我主说，你坐在我的右边。"

的东西，无非是指人们具有使之坐在自己右边的那种意图，上帝也是有的；因而，它就是上帝的意图的一种标志，而不是他实现自己意图的方式的一种标志。

因此，当有人说："上帝接受了你的香料的芳馨，他将补偿给你一片肥美的土地"；这就是说，一个喜欢你那香料的人具有要补偿给你一片肥美的土地那种意图，上帝对你也同样具有的；因为你对〔他〕怀着一个人对自己所给予了香料的那个人的同样的意图。因此，iratus est，[①]"心怀忌妒的上帝"[②]等等。因为上帝的事物是不可言传的，它们是不能以别的方式加以述说的；教会今天还在运用它们：Quia confortavit seras，[③]等等。

把圣书未曾向我们显示过为其所具有的那种意义归之于圣书，这是不能允许的。因此，说《以赛亚书》中封闭的 mem 就是指 600，[④]那就是未曾显示过的事了。可能有人说最后的 tsade 和 he deficientes 字样指的是神秘。可是这样说是不能允许的，而且尤其不能说这就是哲人石[⑤]的方式。而是我们要说，字面的意义并不是真正的意义，因为先知们亲自这样说过。

---

① 〔他愤怒了。〕

② 《出埃及记》第 20 章、第 5 节："我耶和华你的上帝是忌邪的上帝。"又，《以赛亚书》第 5 章、第 25 节。

③ 〔因为他加固了门闩。〕《诗篇》第 147 篇、第 13 节："因为他坚固了你的门闩。"

④ 按，犹太圣书中某些特殊的字体，如此处的希伯来字母 mem，有两种写法，一种为开放体，一种为封闭体。《以赛亚》书中所用的为封闭体而非开放体，故其数值亦因而不同。

⑤ "哲人石"为中世纪炼丹术家所寻求的点石成金的丹药。

*554—515** (**688**) *483—541*

我并不说 mem 这个字是神秘的。

492—547 (**689**) *476—545*

摩西(《申》第 30 章)允诺过,上帝将为他们的心行割礼,好使他们能够爱他。[①]

493—538 (**690**) *475—546*

大卫的或摩西的一句话,例如“上帝将为他们的心行割礼”,[②]就能使人判断他们的精神。[③] 即使其他的一切言论都是含糊的,使人怀疑他们究竟是哲学家还是基督徒;但最后有这样性质的一句话就可以断定其他的一切了,正像艾比克泰德的一句话就可以断定其余的一切都相反。暧昧一直延续至今,但今后却不会再有了。

558(a)—*510* (**691**) *503—467*

有两个人都在讲述愚蠢的故事,但其中一个具有犹太神秘哲

① 《申命记》第 30 章、第 6 节:“耶和华你上帝必将你心里和你后裔心里的污秽除掉,好叫你尽心尽性爱耶和华你的上帝。”

② 同上。

③ 布伦士维格注:这就是说,可以使人看出他们是以肉欲的意义还是以精神的意义在理解法律的。

学[①]所理解的双重意义,另一个则只具有一种意义;假如某个不属于这个秘密圈子里的人听到这两个人都以这种方式在谈论,他就会对他们做出同样的判断。但假如随后在其他的谈论里,一个人讲述了天使的东西,另一个则总是在讲述平庸常见的东西,那么他就会判断是前一个人在谈论着神秘,而并非后一个人:前一个人已经充分表明他是不可能这样愚蠢的,并且是可能有神秘的;而另一个则不可能有神秘,并可能是愚蠢的。

旧约乃是一套符号。

*570—503(**692**)484—466*

有些人确乎看到人类除了欲念而外就没有别的敌人,欲念使他们背离上帝,而非上帝背离他们;并且除了上帝就没有别的美好,而不是什么一片肥美的土地。那些相信人类的美好就只在于肉体、而恶就只在于使他们脱离感官欢乐的人们,就让〔他们餍足〕于其中并让他们[②]〔死于〕其中吧。然而那些全心全意追求上帝的人,他们唯有被剥夺了对上帝的向往才会烦忧,他们所愿望的就只在于获得上帝,并且仅仅以使他们背离上帝的人为敌,他们看到自己被这样的敌人所包围、所统治而感到痛苦;让他们感到安慰吧,我要向他们宣布一个幸福的消息:有一个解放者为他们而存在,我要使他们看到他,我要向他们表明有一个上帝为他们而存在;我将不会让别人看到他。我要让他们看到已经允诺了一个弥赛亚,他

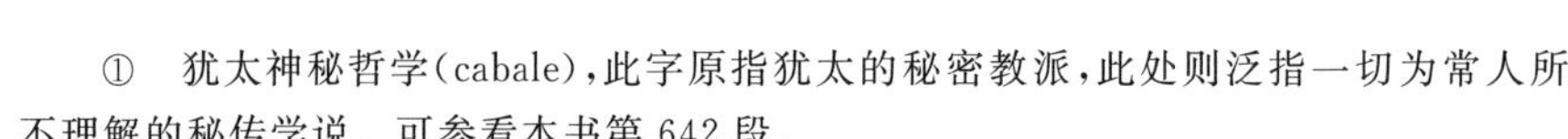

① 犹太神秘哲学(cabale),此字原指犹太的秘密教派,此处则泛指一切为常人所不理解的秘传学说。可参看本书第 642 段。

② 此处“他们”手稿作“他”,译文据布伦士维格本改正。

将从敌人手中解救他们；并且已经到来了一个要从不公正的手中而不是从敌人手中把他们解救出来的弥赛亚。[①]

当大卫预言弥赛亚将把他的人民从他们敌人的手中解救出来时，我们可以相信在肉体上那就是埃及人，但这样我就无法表明这个预言是实现了的。然而我们也很可以相信那就是不公正，因为事实上埃及人并不是敌人，而不公正才是敌人。因而敌人这个名词是含糊的。然而，假如他在别的地方，正如有此必要那样，曾经说过，他将把他的人民从他们的罪恶中解救出来，也像以赛亚[②]和别人一样；那么含糊就可以消除，并且敌人的两重意义就可以归结为不公正这一种意义了。因为假如他的精神里有罪恶，那么他就很可以叫它们作敌人；但是假如人，他却不能称它们为不公正。

可是，摩西与大卫与以赛亚都使用了同样的词句。因而，谁能说他们并不具有同样的意义，而大卫的意义——当他谈到敌人时，那显然是说不公正——与摩西在谈到敌人时的〔那种意义〕并不相同呢？

但以理（第 9 章）为了解救人民免于被他们的敌人所俘虏而祈祷，然而他想着的是罪恶；并且为了表明这一点，他就说加百

① 据布伦士维格解说：本段之难于索解，原因在于“敌人”一词有两义，一为实际的，一为象征的。“他们看到自己被这样的敌人所包围、所统治而感到痛苦”一语中的“敌人”系指欲念；最后一句话中的“敌人”则指精神的敌人，系与不公正相对而言。本编全编都可以这样加以理解。

② 《以赛亚书》第 43 章、第 25 节：“唯有我为自己的缘故涂抹你的过犯，我也不记念你的罪恶。”

列[1]曾来告诉他说，他已经被倾听到了，并且只要等待七十周，然后整个人民就将被解除不公正，罪恶就要结束，而那位圣中之圣的解放者就将带来永恒的正义——不是法律的正义，而是永恒的正义[2]。

① 加百列(Gabriel)为天使长，事见《但以理书》第 9 章、第 20—22 节。

② 《但以理书》第 9 章、第 24 节："为你本国之民和你圣城，已经定了七十个七，要止住罪过，除净罪恶，赎尽罪孽，引进永义，封住异象和预言，并膏至圣者。"

第十一编

393—389(**693**)*535—422*

看到人类的盲目和可悲,仰望着全宇宙的沉默,①人类被遗弃给自己一个人而没有任何光明,就像是迷失在宇宙的一角,而不知道是谁把他安置在这里的,他是来做什么的,死后他又会变成什么,他也不可能有任何知识;这时候我就陷于恐怖,有如一个人在沉睡之中被人带到一座荒凉可怕的小岛上而醒来后却不知道自己是在什么地方,也没有办法可以离开一样。因此之故,我惊讶何以人们在这样一种悲惨的境遇里竟没有沦于绝望。我看到我周围就有一些类似性质的人,我问他们是不是比我懂得更多,他们告诉我说不是;因此之故,这些可怜的迷途者就环顾自己的左右,看到了某些开心的目标,就要委身沉醉于其中。就我而言,我却无法沉醉于其中;并且考虑到还更有多少迹象都在说明除了我所看到的之外还有着另外的东西,于是我就探索是不是这位上帝全然不曾留下来他自己的某些标志。

我看到有许多相反的宗教,由此可见除了一种之外,所有的都是假的。每一种都想以其自己的权威使人相信并威胁着不相信的

① 见本书第206段;又见,第72段。

人。因此，我就不相信这类宗教。每个人都可以说这些话，每个人都可以自称是先知。然而我看到在基督教之中预言得到了实现，而这却是任何宗教所不能做到的事。

522—617(**694**)*500—533*

而冠冕着这一切的便是预告，从而我们绝不能说成就了这些的只是偶然。

任何一个只能再活一星期的人，都不会发现便宜[①]就在于相信这一切并不是一场偶然……

如果感情根本不能操纵我们，那么一个星期和一百年就都是一回事。

524(d)—*634**(**695**)*579—542*

预言——伟大的潘是死去了。[②]

524(c)—*356*(**696**)*458—458*

Susceperunt verbum cum omni aviditate, scrutantes Scripturas, siita se haberent[③].

---

① 可参看本书第236段、237段。

② 语出沙伦《三个真理》第2卷、第8章引布鲁塔克语；按潘(Pan)为古希腊的牧神，此处指基督教以前的异教世界。

③ 〔他们如饥如渴地考察道，钻研圣书，要看究竟它是不是这样。〕《使徒行传》第17章、第11节："天天考查圣经，要晓得这道是与不是。"

524(e)—*589*(**697**)*515*—*459*

Prodita lege. ——Impleta cerne. ——Implenda coilige[①].

523—*660*(**698**)*779*—*460*

我们只是看到事物来临时，才能理解预言；因此，隐居、思考、沉默等等证据就只是向那些知道它们并相信它们的人才作出了证明。

约瑟在一种纯属外表的法律里而竟那么地内心。

外表的忏悔就准备了内心的忏悔，正如屈辱就准备了谦卑。所以这些……

525—*596*(**699**)*485*—*470*

犹太会堂先于教会；犹太人先于基督徒。先知们预言了基督徒；圣约翰[②]预言了耶稣基督。

545—*606*(**700**)*534*—*468*

以信仰的眼光来观察希律的历史和恺撒的历史，确实引人入胜。

① 〔要阅读那已经宣布的。——要究心那已经实现的。——要收集那将要实现的。〕

② 圣约翰，指施洗的约翰。

503,544—594(**701**)*502—478*

犹太人对于他们法律和他们神殿的热诚(约瑟夫,与犹太人菲罗,Ad Caium[①])。还有哪个民族有过这样的热诚?他们必须有这种热诚。

耶稣基督预告了世界的时间与状态:离了腿的主[②]与第四王国。[③] 我们在这种幽晦之中看到了这种光明该是何等幸福啊!

以信仰的眼光观察大流士[④]和居鲁士、亚历山大、罗马人、庞培[⑤]和希律都不知不觉地在为福音书的光荣而行动,那是多么引人入胜啊!

501—574(**702**)*495—472*

犹太民族对于他们法律的热诚,而且主要地是在已经再没有先知以后。

502—571(**703**)*159—477,606*

当先知们还在维护法律的时候,人民是漠不关心的;然而自从不再有先知之后,热诚就随之而来。

---

① 〔《出使盖乌斯》〕犹太人菲罗所著书。

② 《创世记》第 49 章、第 10 节:"圭必不离犹太,杖必不离他两脚之间。"

③ 《但以理书》第 2 章、第 40 节:"第四国。坚强如铁。"

④ 指大流士一世(Darius,公元前 521—前 485),为古波斯王。

⑤ 庞培(Pompée,即 Pompeius Magnus,公元前 106—前 48),罗马前三雄之一。

504—654 (**704**) *911—473*

魔鬼在耶稣基督以前就扰乱了犹太人的热诚，因为耶稣基督会成为他们的救赎者；——但并不是在以后。

犹太民族被异教徒嘲弄；基督教民族则被迫害。

524—447 (**705**) *906—474*

证明——预言及其实现；在耶稣基督之前而来的一切，以及继耶稣基督以后而来的一切。

526—626 ** (**706**) *383—475*

对耶稣基督的最大证明就是预言。也正是在这上面，上帝准备得最多；因为实现了预言的那些事件乃是自从教会的诞生一直贯彻到它的终了的一场奇迹。上帝就这样在一千六百年之中创造了先知们；并且在以后的四百年之中又把所有的这些预言连同所有传播它们的犹太人散布到全世界上的各个地方。① 这便是对于耶稣基督的降生所做的准备，他的福音书要受到全世界的信仰；所以就必须不仅要有预言，好使他为人所信仰，而且还要使这些预言存在于全世界，好使它为全世界所掌握。

① 按，这两段时期，第一段始自亚伯拉罕(约当公元前2000年)，第二段终于耶稣基督。犹太人的散布始自巴比伦的被俘(公元前586—前538)；但预言是在耶路撒冷神殿重建(公元前454年)后七十年才告结束。

527—640(**707**)*382—476*

但仅有这些预言还不够；还必须使它们传布到所有的地方去并且在一切时间里都保存下来。并且为了使人们不至于把这种调协当成是一种偶然的作用，就必须对它做出预言。

对弥赛亚格外光荣的，便是除了上帝保全了他们[①]之外，他们还是观察者，并且甚至于还是他的光荣的工具。

546—624(**708**)*507—480*

预言——时间是被犹太民族的状态，被异教民族的状态，被神殿的状态，被年代的数目所预告过的。

547—627(**709**)*923—482*

必须坚决以那么多的方式来预言同一件事物：必须是四个偶像崇拜者的或异教徒的君主、犹大王权的结束以及七十个星期都在同一个时间到来，并且这一切都要在第二个神殿被毁灭之前。

528—623(**710**)*912—483*

预言——若是有一个人独自写了一部预言耶稣基督的书，预告了时间和方式，并且耶稣基督的到来竟然吻合这些预言；那它就会有无限的力量。

可是这里却还有着更多的东西，在四千年的岁月里有着一系

① “他们”指犹太人。

列的人出来一贯地毫无更改地一个接着一个预言了这同一事件。有着整个一个民族在宣告它，并且他们四千年来始终存在着，为的是对他们关于这事所具有的保证能集体地作出见证来，他们是不可能由于人们所加之于他们的那些威胁与迫害而转变的；这才特别值得重视。

529—646（**711**）*352—*

关于具体事物的预告——他们在埃及乃是异邦人，无论是在那个土地上或是在别的地方都没有任何自己的所有。〔无论是在如此长久以来就存在着的王朝中，还是在他们所称之为辛奈德林[①]的七十法官的最高会议上——这是摩西所创建的，并一直延续到耶稣基督的时代——都没有一点点表现。所有这类的事都已尽可能地远离他们当前的状态了。〕当雅各临死祝福他的十二个孩子时，就向他们宣布，他们将成为一大片土地的所有者；并且特别向犹大的一家预告说，有一天将要统治他们的列王就是出自他的支派，而且所有他的弟兄都将是他的臣民。〔并且就连要成为万邦的期望的那位弥赛亚也将由他诞生，并且绝不会取消犹大的王权或者他的后裔的统治权与立法权，直到期望中的弥赛亚降临他家为止。[②]〕

这同一个雅各处置着这片未来的土地，就仿佛他是那上面的主人似的，他给约瑟的土地比给别人的多一块。他说："我给你的

① 辛奈德林（Synédrin）古犹太的最高会议。

② 以上所述，见《创世记》第 49 章。

要比给你的兄弟们的多一块。”在祝福约瑟带到他面前的两个孩子以法莲和玛拿西[①]时，长子玛拿西在他的右边，幼子以法莲在他的左边；他就交叉伸出他的手臂，把右手放在以法莲的头上，把左手放在玛拿西的头上，他以这种方式祝福了他们。对于约瑟向他表示自己偏爱幼子，[②]他就以一种可赞美的坚定回答他说：“我很知道，我的孩子，我很知道；可是以法莲要比玛拿西更昌大。”[③]后来这在事实上已经是那么真确，他们单独这一支几乎就像构成整整一个王国的整个那两支一样地繁庶，于是他们通常就被单独称作以法莲这个名字。

这同一个约瑟临终时就告诫他的子孙们，在他们走上那片土地时，要带着他的骨骸和他们一起；他们只是两百年以后才到达那里。[④]

在这一切事情到来之前那么久，摩西就写下了这一切事情；并且在他们进入那片土地之前，摩西就亲自把它划分给了每个家庭，仿佛他就是那上面的主人似的。[⑤]〔他最后宣布，上帝要从他们的国家和他们的种族之中创造出一个先知来，他本人只是那个先知的象征，并且他明确地向他们预告了他死之后他们所要进入的这片土地之上一切将要对他们发生的事情，上帝所将赐给他们的胜利，他们对上帝的忘恩负义，他们因此所将受到的惩罚以及他们的

① 此处所述，见《创世记》第48章。

② 见《创世记》第48章、第17节，又本书第623段。

③ 《创世记》第48章、第19节：“我知道，我儿我知道，他也必成为一族，也必昌大，只是他的兄弟将来比他还大。”

④ 见《创世记》第50章、第24—25节。

⑤ 见《利未记》第25章、第15、18、34节。

其他冒险。〕他给了他们以将会做出这种划分的裁判者；他向他们规定了他们在这里所将遵守的政治体制的全部形式，他们在这里所将建立的避难的城市，以及……

530—659(**712**)*501—483*

预言是掺杂着具体的事情和弥赛亚的事情的，为的是使弥赛亚的预言不会没有证明，而具体的预言也不会没有结果。①

*531—644**，*664*(**713**)*11—484*

犹太人永不复返的被俘——《耶》第11章、第11节："我将给犹大带来灾祸，这是他们无从解免的。"②

象征——《以》第5章："上帝有一座葡萄园，他期待那里面结葡萄；但它却只结野葡萄。因此我要把它荒废，把它毁掉；地上将只生长荆棘，我将禁止天在上面〔下雨〕。主的葡萄园就是以色列的家，犹大的人就是他所喜爱的幼芽。我期待他们做出正义的行为，而他们却只造成了不公正。"③

《以》第8章："你们要以畏惧和战栗尊主为圣；你们只应该怕他，他将是你们的圣所，但他对以色列的两家则将是诽谤石和绊脚

① 按本段为针对反对预言的人所做的答复。

② 《耶利米书》第11章、第11节："所以耶和华如此说，我必使灾祸临到他们，是他们不能逃脱的。"

③ 《以赛亚书》第5章、第1—7节："我所亲爱的有葡萄园，……我指望结好葡萄，怎么倒结了野葡萄呢？……我必使他荒废，不再修理，不再锄刨，荆棘蒺藜倒要生长，我也必命云不降雨在其上。万军之耶和华的葡萄园就是以色列家，他所喜爱的树就是犹太人。他指望的是公平，谁知倒是暴虐；指望的是公义，谁知倒有冤声。"

石。他对耶路撒冷的人民将是罗网和毁灭；他们有许多人将在那块石头上绊住，将会跌倒，将会粉碎，并将会陷入罗网而被消灭。你要遮起我的话来并为我的门徒封住我的法律。”[①]

“因而我将耐心期待那在雅各家中遮盖起自己并隐蔽起自己来的主。”[②]

《以》第 29 章：“以色列的人民啊，你们将会迷乱而又惊奇；你们将会踉跄跌倒并且沉醉，但不是因饮酒而沉醉，你们将会跌倒，但不是因沉醉而跌倒；因为上帝给你们造就了沉睡的精神：他将遮住你们的眼睛，他将蒙蔽你们那些具有先见的君主和先知。”[③]（《但以理书》第 12 章：“恶人将不会理解它，唯有教养良好的人才能理解它。”[④]《何西阿书》第末章第末节在谈了好多尘世的赐福之后，说道：“智慧的人在哪里？他将会理解这些事”；[⑤]等等。）[⑥]“而所有这些先知的先见对你们来说，都像是一部被封住了的书，如果我们把它交给一个能够念它的、有学问的人，他就会答道：我不能念，因为它被封住了；而当我们把它交给不会念书的人，他们就会

---

① 《以赛亚书》第 8 章、第 13—16 节：“但要遵万军之耶和华为圣，以他为你们所当怕的、所当畏惧的。他必作为圣所，却向以色列两家作绊脚的石头、跌人的磐石，向耶路撒冷的居民作为圈套和网罗。许多人必在其上绊脚跌倒而且跌碎并陷入网罗被缠住。你要卷起律法书，在我门徒中间封住训诲。”

② 《以赛亚书》第 8 章、第 17 节：“我要等候那掩面不顾雅各家的耶和华。”

③ 《以赛亚书》第 29 章、第 9—10 节：“你们等候惊奇吧，你们宴乐昏迷吧。他们醉了却非因酒，他们东倒西歪却非因浓酒。因为耶和华将沉睡的灵浇灌你们，封闭你们的眼，蒙盖你们的头；你们的眼就是先知，你们的头就是先见。”

④ 《但以理书》第 12 章、第 10 节：“一切恶人都不明白，唯独智慧人能明白。”

⑤ 《何西阿书》第 14 章、第 9 节：“谁是智慧人，可以明白这些事，谁是通达人可以知道这一切。”

⑥ 括号内的话原稿中系写在页旁者。

答道:我不认识这些字。”[①]

“主向我说:因为这个民族用嘴唇尊敬我,而他们的心却远离我(这便是它那理由和原因了,因为如果他们衷心崇拜上帝,他们就会理解预言的),他们仅只以人世的方式服侍我:正是因为这个缘故,我就要在其余一切之外对这个民族再行奇妙的事,做出宏伟而又可怖的奇迹;那就是要使智慧者的智慧消失,使他们的理智将被〔蒙蔽〕。”[②]

预言。神性的证明——《以》第 41 章:“假如你们是神,就请走来向我们宣布未来的事物,我们将倾心听你们的话。请教给我们自从开辟以来所曾发生过的事,请向我们预言将会到来的事。”[③]

“就凭这我们才知道你们是神。假如你们能够,就请降福或者降祸吧。就让我们观看,并且一起论理吧。但你们却是虚无,你们只不过是可憎恶的而已;等等。[④] 你们之中有谁(根据同时代的作家)[⑤]能教给我们从开辟和起源以来所成就的事呢?从而我们可以向他说:你是正义的。并没有任何人能教给我们这些,也没有任

① 《以赛亚书》第 29 章、第 11—12 节:“所有的默示你们看如封住的书卷。人将这书卷交给识字的说,请念吧;他说,我不能念,因为是封住了。又将这书卷交给不识字的人说,请念吧;他说,我不识字。”

② 《以赛亚书》第 29 章、第 13—14 节:“主说,因为这些百姓亲近我,用嘴唇尊敬我,心却远离我。他们敬畏我,不过是领受人的吩咐。所以我在这百姓中要行奇妙的事,就是奇妙又奇妙的事;他们智慧人的智慧必然消灭,聪明人的聪明必然隐藏。”

③ 《以赛亚书》第 41 章、第 22—23 节:“指示我们将来必遇的事,说明先前的是什么事;……要说明后来的事,好叫我们知道你们是神。”

④ 《以赛亚书》第 41 章、第 23—24 节:“好叫我们知道你们是神,你们或降福,或降祸,使我们惊奇一同观看。看哪,你们属乎虚无,你们的作为也属乎虚空,那选择你们的是可憎恶的。”

⑤ 括号内的话原稿中系写在页旁者。

何人能预告未来。”①

《以》第 42 章:“我就是主,我不把我的光荣交给别人。是我预言了已经来临的事,是我还要预言将要到来的事。让整个大地都唱一首新颂歌赞美上帝吧。”②

“把有眼而看不见、有耳而听不见的那种人民带到这里来吧。让所有的国家都聚集在一起。他们之中——以及他们的神—有谁能教导你们种种过去和未来的事呢?让他们拿出可以辩明自己的见证来吧;否则就让他们谛听我,并承认这里就是真理。③

“主说,你们就是我的见证,你们也是我选择的仆人,从而你们可以认识我,并且你们可以相信那就是我。④

“我曾预言,我曾拯救,唯有我曾在你们的眼前做出了这些奇迹;主说,你们就是我的神性的见证。⑤

“是我,为了爱你们的缘故,曾粉碎了巴比伦人的武力;是我把

① 《以赛亚书》第 42 章、第 26 节:“谁从起初指明这事,使我们知道呢?谁从先前说明,使我们说他不错呢?谁也没有指明,谁也没有说明,谁也没有听见你们的话。”

② 《以赛亚书》第 42 章、第 8—10 节:“我是耶和华,这是我的名,我必不将我的荣耀归给假神;……看哪,先前的事已经成就,现在我将新事说明,这事未发以前我就说给你们听。航海的和海中所有的海岛和其上的居民都当向耶和华唱新歌,从地极赞美他。”

③ 《以赛亚书》第 43 章、第 8—9 节:“你要将有眼而瞎,有耳而聋的民都带出来。任凭万国聚集,任凭众民会合,其中谁能将此声明并将先前的事说给我们听呢?他们可以带出见证来,自显为是,或者他们听见便说,这是真的。”

④ 《以赛亚书》第 43 章、第 10 节:“耶和华说,你们是我的见证、我所拣选的仆人;既是这样便可以知道且信服我,又明白我就是耶和华。”

⑤ 《以赛亚书》第 43 章、第 12 节:“我曾指示,我曾拯救,我曾说明,并且在你们中间没有别神,所以耶和华说你们是我的见证,我也是上帝。”

你们神圣化,也是我创造了你们。①

“是我使你们得以渡过河流、海洋和波涛,是我永远地覆没并摧毁了抵抗过你们的强大敌人。②

“但不要记念这些往昔的恩惠,也不要再着眼于过去的事。③

“看哪,我在准备着新的事物,它们就要出现了,你们就要认识它们的;我将使沙漠变为肥美可居的地方。”④

“我为自己造成了这种人民,我奠定他们为的是好赞颂我,等等。”⑤

“然而为了我自己的缘故,我将抹掉你们的罪过,我将忘却你们的罪恶;因为,你们为了自己就该记得你们的忘恩负义,以便看出你们是否有什么可以辨明自己正当的东西。你们的始祖犯了罪,你们的师傅也都是背叛者。”⑥

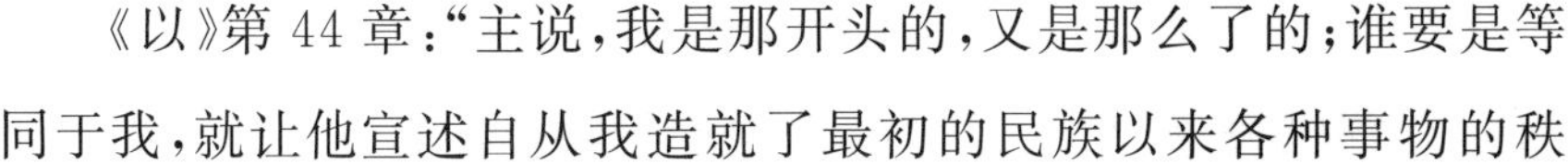

《以》第44章:“主说,我是那开头的,又是那么了的;谁要是等同于我,就让他宣述自从我造就了最初的民族以来各种事物的秩

① 《以赛亚书》第43章、第14—15节:“因你们的缘故,我已经打发人到巴比伦去,……我是耶和华你们的圣者,是创造以色列的,是你们的君主。”

② 《以赛亚书》第43章、第16—17节:“耶和华在沧海中开道,在大水中开路,使牛辆、马匹、军兵、勇士都出来一同躺下不再起来。”

③ 《以赛亚书》第43章、第18节:“你们不要记念从前的事,也不要思想古时的事。”

④ 《以赛亚书》第43章、第19节:“看哪,我要作一件新事,如今要发现,你们岂不知道么?我必在旷野开道路,在沙漠开江河。”

⑤ 《以赛亚书》第43章、第21节:“这百姓是为我为自己所造的,好述说我的美德。”

⑥ 《以赛亚书》第43章、第25—27节:“唯有我为自己的缘故涂抹你的过犯,我也不记念你的罪恶。你要提醒我,你我可以一同辩论,你可以将你的理陈明,自显为义。你的始祖犯罪,你的师傅违背我。”

序吧，让他宣告我曾造就了最初的民族，让他宣告那些将要来临的事物。你们不要害怕；我难道没有使你们理解这一切事物么？你们就是我的见证。”①

居鲁士的预言——《以》，第 45 章、第 4 节：“由于我选择了雅各的缘故，我就用你的名字呼唤你。”②

《以》第 45 章、第 21 节：“让我们来一起讨论吧。是谁自从开辟以来使得这些事物为人所理解的？是谁从那时候起就预言了这些事物的？难道不是作为主的我吗”？③

《以》第 46 章：“你们应当追念最初的世纪，并且应该知道没有什么可以和我相似，我在谈到世界的起源时，从一开头就宣告了最后要来临的事。我的敕令将继续存在，我的全部意志将得到实现。”④

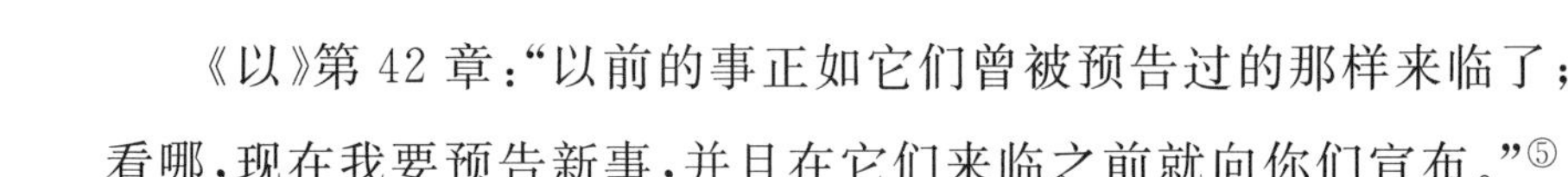

《以》第 42 章：“以前的事正如它们曾被预告过的那样来临了；看哪，现在我要预告新事，并且在它们来临之前就向你们宣布。”⑤

---

① 《以赛亚书》第 44 章、第 6—8 节：“我是首先的，我是末后的，除我以外再没有真神。自从我设立古时的民，谁能像我宣告并且指明又为自己陈说呢？让他将未来的事和必成的事说明。你们不要恐惧，也不要害怕。我岂不是从上古就说明指示你们么？并且你们是我的见证。”

② 《以赛亚书》第 45 章、第 4 节：“因我仆人雅各，我所拣选以色列的缘故，我就题名召你。”

③ 《以赛亚书》第 45 章、第 21 节：“你们要述说陈明你们的理，让他们彼此商议。谁从古时指明，谁从上古述说，不是我耶和华么？除了我以外，再没有上帝。”

④ 《以赛亚书》第 46 章、第 9—10 节：“你们要追念上古的事，因为我是上帝并无别神，我是上帝再没有能比我的。我从起初指明末后的事，从古时言明未成的事说，我的筹算必立定，凡我所喜悦的我必成就。”

⑤ 《以赛亚书》第 42 章、第 9 节：“看哪，先前的事已经成就；现在我将新事说明，这事未发以先，我就说给你们听。”

《以》第48章、第3节："我已经预告了以前的事，后来我又实现了它们；并且它们是以我所说过的方式来临的，因为我知道你们是顽固的，你们的精神是叛逆的，你们的头脑是傲慢的；这就是为什么我要在事情发生以前就宣布它们，为的是你们不能说这是你们神祇的作品，是他们命令的结果"[①]

"你看到曾经被预告过的事情来临，难道不述说它么？现在我要向你宣告新事，那是我保存在我权力之内而为你还不曾看到过的事；只是在现在我才准备它们，而不是长久以来就准备的；我一直向你隐蔽着它们，免得你自诩你已经预见了它们。"[②]

"因为你对它没有任何知识，没有人对你谈到过，你的耳朵也从没有听到过；因为我认识你，我知道你翻云覆雨，自从你诞生的最初时刻起，我就把反复者的名称加给了你"。[③]

对犹太人的谴责与异邦人的皈化——《以》第65章："那些从未请教过我的人，现在寻求我。那些从未寻求过我的人，现在找到我；我说：我在这里，我在这里，在没有呼吁过我的名字的那个民族

① 《以赛亚书》第48章、第3—5节："早先的事我从古时说明，已经出了我的口，也是我所指示的。我忽然行作，事便成就；因为我素来知道你的顽梗的，你的头脑是铁的，你的额是铜的，所以我从古时将这事给你说明，在未成以先指示你，免得你说这些事是我的偶像所行的，是我雕刻的偶像和我铸造的偶像所命定的。"

② 《以赛亚书》第48章、第6—7节："你已经听见，现在要看见这一切，你不说明么？从今以后我将新事就是你所不知道的隐秘事指示你。这事是现今造的，并非从古就有，在今日以先你也未曾听见，免得你说这事我已早知道了。"

③ 《以赛亚书》第48章、第8节："你未曾听见，未曾知道，你的耳朵从来未曾开通。我原知道你行事极其诡诈；你自从出胎以来便称为悖逆的。"

的面前。”①

“我终日伸出手来给那个不信仰的民族，他们追随自己的愿望走上一条坏路，这个民族不断地以他们当我的面所犯的种种罪行在激怒我，他们向偶像献祭，等等。”②

“这些人在我愤怒的日子将会烟消云散，等等。”③

“我要搜集起你们的和你们祖先的罪孽，并按你们的作为一一报应你们。”④

“主这样说：为了爱我的仆人，所以我不消灭整个以色列，我将保留下来其中某些人，正像人们从葡萄中保留下来一粒种子，人们说：不要摘下它来，因为它是赐福和〔果实的希望〕。”⑤

“因此我要从雅各和犹大取出种子，以便享有我的山，它是我的选民和我的仆人所承继的，还有我那肥沃而富饶可羡的原野；但是我要绝灾所有其余的人，因为你们为了侍奉别的神已经忘记了你们的上帝。我呼唤你们而你们却不答应；我说过话而你们却不听从；并且你们已经选择了我所禁止的事。”⑥

---

① 《以赛亚书》第 65 章、第 1 节：“素来没有访问我的，现在求问我；没有寻找我的，我叫他们遇见。没有称为我名下的，我对他们说，我在这里，我在这里。”

② 《以赛亚书》第 65 章、第 2—3 节：“我整天伸手招呼那悖逆的百姓，他们随自己的意念行不善之道。这百姓时常当面惹我发怒，在园中献祭，在坛上烧香。”

③ 《以赛亚书》第 65 章、第 5 节：“主说，这些人是我鼻中的烟，是整天烧着的火。”

④ 《以赛亚书》第 65 章、第 6 节：“必将你们的罪孽和你们列祖的罪孽……一同报应在他们后人怀中。”

⑤ 《以赛亚书》第 65 章、第 8 节：“耶和华如此说：葡萄中寻得新酒，人就说不要毁坏，因为福在其中。我因我仆人的缘故，必将照样而行，不将他们全然毁灭。”

⑥ 《以赛亚书》第 65 章、第 9—12 节：“我必从雅各中领出后裔，从犹大中领出承受我众山的。我的选民必承受，我的仆人要在那里居住。沙仑平原必成为羊（接下页）

“正是因此，主就说了这样的话：看哪，我的仆人将吃饱，而你们却忍饥受饿；我的仆人将欢乐，而你们却羞惭；我的仆人将唱他们衷心里洋溢着欢乐的颂歌，而你们却在你们精神的苦痛之中叫喊哭号。”①

“你们将留下你们的名字为我的选民所憎恶。主将消灭你们，并用别的名字称呼他的仆人；他们之中凡将在地上得福的也将在上帝那里得福，等等，因为从前的忧伤已经遗忘了。”②

“因为看哪，我创造出新天和新地，过去的事将不会再记得，也不再出现在思想中。”③

“然而你们将在我所创造的新事物之中永远欢悦，因为我创造的耶路撒冷不是什么别的，只不外是欢乐，它的人民也就是欢悦。”④

“而我也将在耶路撒冷、在我的人民中间欢乐，并且人们再也

(接上页)群的圈，亚割谷必成为牛群躺卧之处，都为寻求我的民所得。但你们这些离弃耶和华，忘记我的圣山，给时运摆筵席，给天命盛满调和酒的，我要命定你们归在刀下，都必屈身被杀；因为我呼唤，你们没有答应，我说话，你们没有听从，反倒行我眼中看为恶的，拣选我所不喜悦的。”

① 《以赛亚书》第65章、第13—14节：“所以主耶和华如此说：我的仆人必得吃，你们却饥饿：我的仆人必得喝，你们却干渴；我的仆人必欢喜，你们却蒙羞；我的仆人因心中高兴欢呼，你们却因心中忧愁哀哭，又因心里忧伤哀号。”

② 《以赛亚书》第65章、第15—16节：“你们必留下自己的名，为我选民指着赌咒，主耶和华必杀你们另起别的名称呼他的仆人。这样，在地上为自己求福的，必凭真实的上帝求福，在地上起誓的，必指真实的上帝起誓；因为从前的患难已经忘记，也从我眼前隐藏了。”

③ 《以赛亚书》第65章、第17节：“看哪，我造新天新地，从前的事不再被记念，也不再追想。”

④ 《以赛亚书》第65章、第18节：“你们当因我所造的永远欢喜快乐，因我造耶路撒冷为人所喜，造其中的居民为人所乐。”

听不见哀号和哭泣。”①

“他们还没有求告，我就应允；他们刚一说话，我就垂听。狼和羊将在一起饲养，狮子和牛将食同样的草料；蛇将只吃尘土，并且在我整个的圣山上再也不会发生杀人和强暴。”②

《以》第56章、第3节：“主这样说：你应该公平正直，因为我的拯救临近了，我的正义将得到显现。”③

“做这些事并且遵守我的安息日和谨防自己的手不做任何坏事的人们有福了。”④

“让依附我的异邦人不要说：上帝将把我和他的人民分开。因为主这样说：谁要是遵守我的安息日，决心做到我的意志并遵守我的约定，我就将在我的殿中给他们地位，而且我将给他们一个比我所曾给过我的儿女的更好的名称：那将是一个永远不会消灭的永恒的名称。”⑤

《以》第59章、第9节：“正是为着我们的罪行，正义才远离了

① 《以赛亚书》第65章、第19节：“我必因耶路撒冷欢喜，因我的百姓快乐，其中必不再听见哭泣的声音和哀号的声音。”

② 《以赛亚书》第65章、第24—25节：“他们尚未求告，我就应允；正说话的时候，我就垂听。豺狼必与羊羔同食，狮子必吃草与牛一样，尘土必作蛇的食物。在我圣山的遍处，这一切都不伤人不害物。”

③ 《以赛亚书》第56章、第1节：“耶和华如此说，你们当守公平行公义，因我的救恩临近，我的公义将要显现。”

④ 《以赛亚书》，第56章、第2节：“谨守安息日而不干犯、禁止己手而不作恶，如此行、如此持守的人便为有福。”

⑤ 《以赛亚书》第56章、第3—5节：“与耶和华联合的外邦人不要说，耶和华必定将我从他民中分别出来。……因为耶和华如此说：那些谨守我的安息日、拣选我所喜悦的事、持守我约的太监，我必使他们在我殿中、在我墙内有记念有名号，比有儿女的更美，我必赐他们永远的名，不能剪除。”

我们。我们期待着光明,而我们却只遇到黑暗;我们希望着光亮,而我们却在幽晦之中行进;我们摸索墙壁好像是瞎子,我们在正午就跌倒好像是在深夜里,好像在阴暗地方的死人。”①

“我们像熊那样咆哮,我们像鸽子那样哀鸣。我们期待正义,它却并不到来;我们希望得救,它却远离我们。”②

《以》第 66 章、第 18 节:“但当我来聚集所有的国家和人民的时候,我要检查他们的行为和他们的思想,他们将看到我的光荣。”③

“我要给他们加上标志;其中将得救的,我要把他们送到非洲、吕底亚、意大利和希腊的国家去,送到从不曾听说过我、也从不曾见过我的光荣的那些人民中间去。他们将带来你们的弟兄们。”④

《耶》第 7 章。谴责神殿:“你们要到示罗去,我起初就在那里树立了我的名字;你们去看看我为了我的人民的罪恶都做了些什么。主说,现在因为你们做出了同样的罪行,所以我要对这座呼吁我的名字并为你们所信赖的神殿而且是我亲自赠给你们牧师的这

---

① 《以赛亚书》第 59 章、第 9—10 节:“因此公平离我们远,公义追不上我们。我们指望光亮,却是黑暗,指望光明,却行幽暗。我们摸索墙壁,好像瞎子;我们摸索,如同无目之人;我们晌午绊脚,如在黄昏一样;我们在肥壮人中,像死人一般。”

② 《以赛亚书》第 59 章、第 11 节:“我们咆哮如熊,哀鸣如鸽;指望公平,却是没有;指望救恩,却远离我们。”

③ 《以赛亚书》第 66 章、第 18 节:“我知道他们的行为和他们的意志。时候将到,我必将万民万族聚来看见我的荣耀。”

④ 《以赛亚书》第 66 章、第 19—20 节:“我要显神迹在他们中间,逃脱的我要差到列国去,就是到他施、普勒、拉弓的路德和土巴、雅完并素来没有听见我名声、没有看见我荣耀辽远的海岛。他们必将我荣耀传扬在列国中。他们必将你的兄弟从列国中送回。”

座神殿，做出我对示罗所做过的同样的事。”[①]（因为我摒弃了它，并在另外的地方为我自己造了一座神殿。）[②]

“我要把你们从这里赶走，用我赶走你们的弟兄们以法莲的子孙同样的方式。（赶走之后永不复返）。因而你不要为这种人民祈祷。”[③]

《耶》第 7 章、第 22 节：“你们祭上加祭又有什么用呢？当我带你们的祖先出埃及的时候，我并没有向他们提到献祭和燔祭；我并没有吩咐过他们任何这类命令，我所吩咐他们的教诫是这样的：你们应当服从并忠实于我的诫命，我将是你们的上帝，你们将是我的人民。”[④]（只是在他们祭了金牛之后，我才让自己有献祭，为的是把一种坏习俗转变成好的。）[⑤]

《耶》第 7 章第 4 节：“千万不可信任那些人的谎言，他们向你们说：这些是主的神殿，是主的神殿，是主的神殿。”[⑥]

① 《耶利米书》第 7 章、第 12—14 节：“你们且往示罗去，就是我先前立为我名的居所、察看我因这百姓以色列的罪恶，向那地所的如何。耶和华说，现在因你们行了这一切的事，我也从早起来警戒你们，你们却不听从；呼唤你们，你们却不答应。所以我要向这称为我名下、你们所倚靠的殿与我所赐给你们和你们列祖的地施行，照我从前向示罗所行的一样。”

② 括号内的话系写在原稿页旁者。

③ 《耶利米书》第 7 章、第 15—16 节：“我必将你们从我眼前赶出，正如赶出你们的众兄弟，就是以法莲的一切后裔。所以你不要为这百姓祈祷。”

④ 《耶利米书》第 7 章、第 22—23 节：“因为我将你们列祖从埃及地领出来的那日，燔祭平安祭的事，我并没有题说，也没有吩咐他们。我只吩咐他们这一件说，你们当听从我的话，我就做你们的上帝，你们也做我的子民。”

⑤ 事见《出埃及记》第 32 章。

⑥ 《耶利米书》第 7 章、第 4 节：“你们不要倚靠虚谎的话，说这些是耶和华的殿，是耶和华的殿，是耶和华的殿。”

535—648,649,650(**714**)*103—481*

犹太人是上帝的见证。《以》第43章,第9节;[①]第44章,第8节。[②]

实现了的预言——《列上》,第13章第2节[③]——《列上》第23章,第16节[④]——《约》第6章第26节[⑤]——《列上》,第16章第34节[⑥]——《申》第23章。

《玛拉基书》第1章,第11节。犹太人的献祭遭到谴责,还有异教徒的献祭,(甚至于是在耶路撒冷以外)以及在一切地方。

摩西死前预告了异教徒的天职。《申》第32章、第21节,以及对犹太人的谴责。

摩西预告了对每个部族都将发生什么。

预言——“你的名字将是对我选民的诅咒,我要另给他们起一个名字”。

① 《以赛亚书》第43章、第10节:“耶和华说,‘你们是我的见证’。”

② 《以赛亚书》第44章、第8节:“你们是我的见证。”

③ 《列王纪上》第13章、第3节:“当时神人设个预兆说,这坛必破裂,坛上的灰必倾撒。这是耶和华的预兆。”第5节:“坛也破裂了,坛上的灰倾撒了,正如神人奉耶和华的命所设的预兆。”

④ 《列王纪下》第1章、第16—17节:“你必不下所上的床,必定要死。亚哈谢果然死了,正如耶和华借以利亚所说的话。”

⑤ 《约书亚记》第6章、第26节:“当时约书亚叫众人起誓说:有兴起重修这耶利哥城的人,当在耶和华面前受诅咒;他立根基的时候,必丧长子,安门的时候,必丧幼子。”

⑥ 《列王纪上》第16章、第34节:“亚哈在位的时候,有伯特利人希伊勒重修耶利哥城立根基的时候丧了长子亚比兰,安门的时候丧了幼子西割;正如耶和华藉嫩的儿子约书亚所说的话。”

“使他们硬了心”，[①]怎么硬法呢？要夸赞他们的欲念并使他们希望欲念得到满足。

*535—652*** (**715**) *497—500*

预言——《阿摩司书》和《撒迦利亚书》：他们出卖了义人，因此之故他们就永远不能奉召唤。——被出卖的耶稣基督。

人们将不再记得埃及；见《以》第43章，第16、17、18、19节。[②]《耶利》第23章，第6、7节。[③]

预言——犹太人将散布到各个地方。《以》第27章第6节。[④] ——新的法律。《耶》第31章、第32节。[⑤]

玛拉基。格老秀斯[⑥]——第二个光荣的神殿。耶稣基督将要到来。《哈该书》第2章，第7、8、9、10节。[⑦]

对异教徒的召唤。《约珥书》第2章、第28节。[⑧]《何西阿

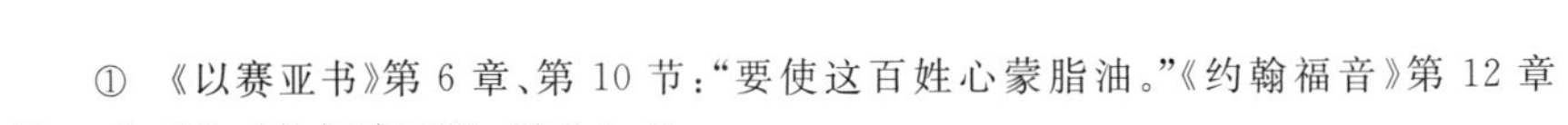

① 《以赛亚书》第6章、第10节：“要使这百姓心蒙脂油。”《约翰福音》第12章第40节：“主叫他们瞎了眼，硬了心。”

② 《以赛亚书》第43章、第18节：“你们不要记念从前的事，也不要思想古时的事。”

③ 《耶利米书》第23章、第7节：“日子将到，人必不再指着那领以色列从埃及地上来永生的耶和华起誓。”

④ 《以赛亚书》第27章、第6节：“以色列要发芽开花，他们的果实必充满世界。”

⑤ 《耶利米书》第31章、第31节：“我要与以色列和犹大家另立新约。”

⑥ 按此处系指格老秀斯《论基督教真理》第5卷、第14章。

⑦ 《哈该书》第2章、第6节：“万军之耶和华如此说，过不多时我再一次震动天地。”

⑧ 《约珥书》第2章、第28节：“以后，我要将我的灵浇灌凡有血气的，你们的儿女要说预言，你们的老年人要作异梦。”

书》,第 2 章、第 24 节。[①]《申》,第 32 章、第 21 节。[②]《玛》第 1 章、第 11 节。[③]

535—625(**716**)*68—495*

《何西阿书》第 3 章——《以》第 42 章,第 48 章,第 54 章,第 60 章,第 61 章,最后:“我早就预告过了,为的是让他们好认识那就是我。”雅杜斯致亚历山大。

535—643(**717**)*447—496*

〔预言——大卫将永远会有后继者的诺言。《耶利米书》。〕

535—639(**718**)*673—501*

大卫一族的永恒的统治,《历下》,根据所有的预言以及诺言。但在尘世上并未实现:《耶利》第 23 章、第 20 节。

535—500(**719**)*533—599*

我们也许会想,当先知们预告说,直到永恒的王为止王笏是绝不会离开犹大的,他们这样说的时候是为了讨好人民;并且他们的

① 《何西阿书》第 2 章、第 23 节:“本非我民的,我必对他说你是我的民,他必说你是我的上帝。”

② 《申命记》第 32 章、第 21 节:“他们以那不算为神的触动我的愤恨,以虚无的神惹了我的怒气;我也要以那不成子民的,触动他们的愤恨,以愚昧的国民惹了他们的怒气。”

③ 《玛拉基书》第 1 章、第 5 节:“耶和华在以色列境界之外被尊为大。”第 11 节:“我的名在外邦中必尊为大。”

预言已被希律证明是虚妄的。可是为了表明这并不是他们的意思,反之他们却很知道尘世的王国将要中断,所以他们便说他们将要没有国王也没有君主,而且长期如此。《何西阿书》第3章、第4节。[①]

535—631(**720**)*459—906*

Non habemus regem nisi Caesarem。[②] 既然他们除了一个外邦人而外就不再有王并且他们也不想要别的王,因而耶稣基督就是弥赛亚。

535—651(**721**)*460—544*

我们除了恺撒以外就没有王。[③]

*534—662***(**722**)*250—666*

《但以理书》第2章:"你所问的奥秘,所有你的占卜者和智士都不能揭示给你。只有一位在天上的上帝才能揭示它,并且他已经在你的梦中向你显示了日后所要发生的事。"[④](这个梦必定深深触动了他的心。)

---

① 《何西阿书》第3章、第4节:"以色列人也必多日独居,无君主、无首领、无祭祀、无柱象、无以弗得、无家中的神像。"

② 〔我们除了恺撒以外就没有王〕。

③ 《约翰福音》第19章、第15节:"除了恺撒,我们没有王。"

④ 《但以理书》第2章、第27—28节:"但以理在王面前回答说,王所问的那奥秘事,哲士、用法术的、术士、观兆的都不能告诉王。只有一位在天上的上帝能显明奥秘的事,他已将日后的事指示尼布甲尼撒王。"

“我认识这个奥秘并不是由于我本人的知识，而是由于那同一位上帝的启示，他向我揭示了它，为的是在你的面前显示它。[①]

“你的梦是这样的。你看见了一个又高又大又可怕的形象屹立在你的面前：他的头是金的，他的胸和臂是银的，他的腹和腿是铜的，他的胫是铁的，但他的脚是半铁半泥（陶土）的。你观看他始终是这样的，直到有一块不是用手凿出来的石头打在这像半铁半泥的脚上，把它砸成粉碎。[②]

“于是铁、泥、铜、银、金都成为粉碎被吹散到空中；但是砸碎这座像的那块石头却扩长成一座大山，充满了整个大地。这就是你的梦；现在我就要向你解说这梦。[③]

“你是王中之最伟大的，上帝给了你如此广泛的权力，以致你使一切民族都恐惧，你是被你所见的那个金头来代表的。然而另一个王国将继你而来，它将不那么强大；然后又将到来另一个铜的王国，它将扩张到全世界。[④]

① 《但以理书》第2章、第30节：“至于那奥秘的事显明给我，并非因我的智慧胜过一切活人，乃为使王知道梦的讲解和心里的思念。”

② 《但以理书》第2章、第31—34节：“王啊，你梦见一个大像，这像甚高，极其光耀，站在你面前，形状甚是可怕。这像的头是精金的，胸膛和臂膀是银的、肚腹和腰是铜的，腿是铁的，脚是半铁半泥的。你观看，见有一块非人手凿出来的石头打在这像半铁半泥的脚上，把脚砸碎。”

③ 《但以理书》第2章、第35—36节：“于是金银铜铁泥，都一同砸得粉碎，成如夏天禾场上的糠秕，被风吹散无处可寻，打碎这像的石头变成一座大山充满天下。这就是那梦，我们在王面前要讲解那梦。”

④ 《但以理书》第2章、第37—39节：“王啊，你是诸王之王，上帝已称国度、权柄、能力、尊荣都赐给你；凡世人所住之地的走兽并天空的飞鸟，他都交付你手，使你掌管这一切。你就是那金头。在你以后必另兴一国，不及于你。又有第三国，就是铜的，必掌管天下。”

“然而第四个将坚强如铁；正像铁可以击破和刺透一切东西，同样这个王国也将击破和粉碎一切。①

“你已看到脚和脚尖是由半泥半铁做成的，这就标志那个王国也要分裂，它的成分将既有铁的坚强又有泥的脆弱。②

“但是正如铁不能与泥坚固地结合在一起，同样地那些由铁和泥所表现的那些人也不能做到持久的结合，尽管他们联了婚。③

“就在那些国君在位的时候，上帝将创立另一个王国，它将永不毁灭，也永不被交给另一个民族。它将扫除并结束所有别的这些王国，但至于它本身，它却将永世长存，正如向你所显示的那块石头并不是由人手凿出来的而是由山里落下来的并且打碎了铁、泥、银、金一样。这就是上帝向你揭示在以后的时代里所要发生的事。这个梦是真实的，对这梦的解说也是忠实的。④

“这时尼布甲尼撒便把面孔伏在地上，等等。”⑤

《但以理书》第 8 章、第 8 节：“但以理看见了公山羊和公绵羊搏斗，公山羊打败了公绵羊，并统治了大地，它的大角折断了，另外

① 《但以理书》第 2 章、第 40 节：“第四国必坚强如铁，铁能打碎克制百物，又能压碎一切，那国也必打碎压制列国。”

② 《但以理书》第 2 章、第 41—42 节：“你既见像的脚和脚指头，一半是窑匠的泥一半是铁，那国家将来必分开；你既见铁与泥掺杂，那国也必有铁的力量。那脚指头既是半铁半泥，那国也必半强半弱。”

③ 《但以理书》第 2 章、第 43 节：“你既见铜与泥掺杂，那国民也必与各种人掺杂，却不能彼此相合，正如铁与泥不能相合一样。”

④ 《但以理书》第 2 章、第 44—45 节：“当那列王在位的时候，天上的上帝必另立一国，永不败坏，也不归别国的人，却要打碎灭绝那一切国，这国必存到永远。你既看见非人手凿出来的一块石头，从山而出打碎金银铜铁泥，那就是至大的上帝把后来必有的事给王指明。这梦准是这样，这讲解也是确实的。”

⑤ 《但以理书》第 2 章、第 46 节：“当时尼布甲尼撒王俯伏在地，向但以理下拜。”

又长出四个角来朝着天的四方;其中有一个角又长出小角来,它长大起来朝南、朝东、朝着以色列的土地,它长得高达诸天,颠覆了多少星座,把它们践踏在脚下,并且终于打倒了君主,停止了永远的献祭,并荒废了神龛。"①

"这就是但以理所见到的。他请求得到解释,便有一个声音这样喊道:'加百列啊,让他明白他所见的景象';于是加百列就向他说:②

"你所见到的公绵羊就是米底人和波斯人的王,公山羊就是希腊人的王,而它那两眼之间的大角便是那个王朝最初的王。③

"而那个角折断之后,又有四个角从那上面长出来,那便是那个国家将有四个王继之而来,但并没有那样大的权力。④

"可是在这些王国倾颓时,不义突出了,于是就将兴起一个专横有力的王,但却只有一种假借的权力,一切事物都将按他的意志相继到来;他将摧毁神圣的民族,他将以一种两面与欺骗的精神获得他事业的成功并屠杀许多人,而且终于要反对万君之君;但他将

① 《但以理书》第 8 章、第 7—11 节:"我看见公山羊就近公绵羊,向它发烈怒,抵触它,折断他的两角,绵羊在他面前站立不住。他将绵羊触倒在地,用脚践踏。没有能救绵羊脱离他手的。这山羊极其自高自大,正强盛的时候那大角折断了,又在角根上向天的四方长出四个非常的角来。四角之中有一个角长出一个小角向南、向东、向荣美之地渐渐成为强大。他渐渐强大高及天象将些天象和星宿抛落在地用脚践踏。并且他自高自大以为高及天象之君,除掉常献给君的燔祭,毁坏君的圣所。"

② 《但以理书》第 8 章、第 15—16 节:"我但以理见了这异象,愿意明白其中的意思,……又听见乌莱河两岸中有人声呼叫说:加百列啊,要使此人明白这异象。"

③ 《但以理书》第 8 章、第 20—21 节:"你所看见双角的公绵羊,就是玛代和波斯王,那公山羊就是希腊王。两眼当中的大角就是头一王。"

④ 《但以理书》第 8 章、第 22 节:"至于:那折断了的角,在其根上又长出四角,这四角就是四国,必从这国兴起来,只是权势都不及他。"

不幸地灭亡，而且是被一只强暴的手所灭亡。”[①]

《但以理书》第 9 章、第 20 节：“正当我全心全意祈祷上帝，承认我的罪和所有我的人民的罪，匍伏在我的上帝之前的时候；看哪，我自始便在异象之中所看到的那位加百列就在献晚祭时来到我面前，抚摸着我，并且指教我说：‘但以理啊，我到你这里来是要启发你对事物的知识。从你祈祷之初，我就来向你揭示你所愿望的，因为你就是愿望的人。因此你要明白这话，并要了解这异象。已经规定你们的人民和你们的圣城要有七千个七才能消除罪过，停止罪恶，扫清罪孽，才能引进永恒的正义，实现异象和预言，并为圣中之圣涂油。[②]（从此之后，这个人民将不再是你的人民，这个城也不再是圣城。震怒的时期将成为过去，神恩的岁月将要永远到来）。’

“因此，你应当知道，并应当明白。自从发话要恢复并重建耶路撒冷直到弥赛亚王为止，将有七十个七和六十二个七。[③]（希伯

① 《但以理书》第 8 章、第 23—25 节：“这四国末时，犯法的人罪恶满盈，必有一王兴起，面貌凶恶，能用双关的诈语。他的权柄必大，却不是因自己的能力。他必行非常的毁灭，事情顺利，任意而行，又必毁灭有能力的和圣民。他用权术成就手中的诡计，心里自高自大，在人坦然无备的时候，毁灭多人，又要站起来攻击万君之君，至终却非因人手而灭亡。”

② 《但以理书》第 9 章、第 20—24 节：“我说话祷告承认我的罪，和本国之民以色列的罪，为我上帝的圣山，在耶和华我上帝面前恳求。我正祷告的时候，先前在异象中所见的那位加百列奉命迅速飞来，约在献晚祭的时候按手在我身上。他指教我说：但以理啊，现在我出来要使你有智慧、有聪明。你初祷求的时候就发出命令，我来告诉你，因你大蒙眷爱，所以你要思想明白这以下的事和异象。为你本国之民和你圣城，已经定了七十个七。要止住罪过，除尽罪恶，赎尽罪孽，引进永义，封住异象和预言，并膏至圣者。”

③ 《但以理书》第 9 章、第 25 节：“你当知道、当明白，从出令重新建造耶路撒冷直到有受膏君的时候，必有七个七和六十二个七。”

来人习惯于分开数目，并把小的放在前面；因而7加62得69：这在70之中还要剩下那第70个，也就是说还有最后的七年，这是他随后就要谈到的。）

“当街和墙将在艰难困苦的时期中建立起来以后，并且在这六十二个七之后（它们紧接着最初一个7。然后基督将在69个七之后被害，也就是说，在最后一个七被害），基督将被害，于是将有一个民族和他们的君主一起来毁灭这个城市和神龛并淹没一切；而这场战争的结局将是一片荒凉。”①

“现在的一个七（也就是剩下来的第70个七）将和许多人订立盟约：甚至于在这个七之半（也就是说，在最后的三年半）就将废除祭祀和供献，并把可憎恶的事散布得令人触目心惊，这事将对那些为此感到触目心惊的人扩张和持续直到终了为止。”②

《但以理书》第11章：“天使向但以理说：（在居鲁士的治下这还存在着，然后）还要有三个波斯王（冈比斯，斯美迪，大流士），而随后来的第四个（薛修斯③）将会更加富足而强大，并将发动他的

① 《但以理书》第9章、第25—26节：“正在艰难的时候，耶路撒冷连街带濠都必重新建造。过了六十二个七，那受膏者必被剪除一无所有，必有一王的民来毁灭这城和圣所，至终必如洪水冲没，必有争战一直到底；荒凉的事已经定了。”

② 《但以理书》第9章、第27节：“一七之内他必与许多人坚定盟约；一七之半他必使祭祀与供献止息。那行可憎的如飞而来，并且有愤怒倾在那行毁坏的身上，直到所定的结局。”

③ 按冈比斯（Cambyse，公元前529—前521）、斯美迪（Smerdi，公元前521）、大流士一世（Darius，公元前521—前485）、薛修斯（Xerces，公元前485—前465）相继为古波斯王。

全体人民攻击希腊人。①

“但将有一个强大的王(亚历山大②)兴起,他的帝国将极其辽阔,他的一切功业都将按他的意愿得到成功。然而当他的王朝建立起来时,它将会破灭并分裂成四部分朝向天的四方(正如上面所已经说过的,见第6章第6节、第8章第8节),但并不归他的族人;他的继承者都比不上他有权力,因为就连他的王国也将分散给这些人之外的其他人(四个主要的继承者)。③

“他那在南方御宇的继承者(埃及,拉古斯之子多勒米④)将会强盛起来;但是有另一个将要超过他,而其国家也将是一个大国。⑤(叙利亚王赛琉古。阿皮安努斯⑥说,他是亚历山大继承者中最强大的一个。)

“在以后的年代里,他们将结盟;南方王的女儿(即另一个多勒米的儿子友爱者多勒米的女儿贝伦尼斯)将到北方王(即赛琉古·

① 《但以理书》第11章、第2节:“现在我将真事指示你,波斯还有三王兴起,第四王必远胜诸王,他因富足成为强盛,就必激动大众攻击希腊国。”

② 即马其顿王亚历山大大帝(公元前356—前323)。按以下作者系以亚历山大死后其帝国的分裂在解说旧约中的预言。

③ 《但以理书》第11章、第3—4节:“必有一个勇敢的王兴起,执掌大权,随意而行。他兴起的时候,他的国必破裂,向天的四方分开,却不归他的后裔,治国的权势也都不及他。因为他的国必被拔出,归与他后裔之外的人。”

④ 按拉古斯(Lagus)之子即埃及王保全者的多勒米第一,公元前323—前283年在位。

⑤ 《但以理书》第11章、第5节:“南方的王必强盛,他将帅中必有一个比他更强盛,执掌权柄,他的权柄甚大。”

⑥ 按此处“叙利亚王赛琉古”即叙利亚赛琉西王朝的建立者赛琉古(Seleucus Nicator),公元前312—前280年在位。阿皮安努斯(Appianus)为公元2世纪初罗马历史学家。

拉基达斯的侄子,叙利亚与亚细亚之王安提阿库斯·徒斯)[①]这里来,以便在这些君主之间缔订和约。[②]

"但无论是她还是她的后裔,都不会有长期的威权;因为她和那些差遣她的人以及她的子孙和她的朋友们都将被置之死地[③](贝伦尼斯和她的儿子将为赛琉古·卡里尼库斯所杀害)。[④]

"但是她的遗脉有一支将会兴起(保护者多勒米[⑤]与贝伦尼斯是同父所生),他将率领一支强大的军队到北方王的土地上来,他将使这里的一切都屈服于他,并将把它们的神祇、他们的君王、他们的金、他们的银以及他们全部最宝贵的战利品都带回埃及去。(查士丁[⑥]说,假如他不是由于国内的原因而被召回埃及去的话,他就会把赛琉古剥夺尽净;)将有若干年的时间,北方的王对于他是无力抵抗的。[⑦]

"因此他将回到本国去;但是那另一个王的儿子们却被激恼

① 友爱者多勒米(Ptolemée Philadephe)即多勒米第二(Ptolemy Ⅱ Philadelphus,公元前285—前246),其女贝伦尼斯(Berenice)于公元前249年与叙利亚王安提阿库斯·徒斯(Antiochus Deus)即安提阿库斯第二(公元前261—前247)联姻。

② 《但以理书》第11章、第6节:"过些年后,他们必互相联合,南方王的女儿必就了北方王来立约。"

③ 《但以理书》第11章、第6节:"但这女子帮助之力存立不住,王和他所倚靠之力也不能存立。这女子和引导他来的并生他的以及当时扶助他的都必交与死地。"

④ 贝伦尼斯和她的儿子均为赛琉古二世(即赛琉古·卡里尼库斯 Séleucus Callinicus,公元前247—前226)所杀。

⑤ 保护者多勒米(Ptolemeus Evergetes)即多勒米三世(公元前246—前221)曾为贝伦尼斯复仇,攻占了叙利亚。

⑥ 查士丁(Justin)公元后2世纪罗马历史学家。

⑦ 《但以理书》第11章、第7—8节:"但这女子的本家必另生一子继续王位,他必率领军队进入北方王的保障,攻击他们而且得胜;并将他们的神像和铸成的偶像与金银的宝器掠到埃及去。数年之内,他不去攻击北方的王。"

了，他们将调集大量的武力（赛琉古·西拉努斯，安提阿库斯大王[①]）。他们的军队将要来摧毁一切；南方的王因此而激怒，也将建立一支大军进行战斗（孝子多勒米对安提阿库斯大王的拉斐亚之战[②]）并将得胜；他的部队将因此变得骄横，他的心也将因此膨胀（这个多勒米玷污了神殿；约瑟）；他将战胜千百万人，但他的胜利却是不巩固的。因为北方的王（安提阿库斯大王）将会率领比上次更多的武力卷土重来，这时也将有大量的敌人起来反抗南方的王（当年轻的显圣者多勒米[③]在位时），甚至于你的人民中那些叛教者和暴徒也将起来要使异象得以实现，但他们却将消灭。（指保护者出兵斯科巴斯时那些背弃了自己的宗教以求取媚于他的人，因为安提阿库斯将重占斯科巴斯并将征服他们。）北方的王将摧毁要塞，并攻占设防最强的城市，南方所有的武力都不能抵御他，于是大家都将屈从他的意志；他将停留在以色列的土地上，而以色列也将屈服于他。因此，他就想使自己成为全埃及帝国的主人（查士丁说他欺显圣者年轻）。并且因此之故他就与之结盟，并把自己女儿给了他（即克里奥巴特拉，[④]为的是好使她出卖自己的丈夫；关于这一点阿皮安努斯说，他既然由于有罗马人保护的缘故而信不

① 赛琉古·西拉努斯（Seleucus Ceraunus，公元前 226—前 223 在位）为赛琉古第二之长子与继承者，在位三年被弑，由他的弟弟安提阿库斯大王（Antiochus Magnus，公元前 223—前 187）继位。

② 孝子多勒米（Ptocemy Philopator，按孝子这一称号是讽刺性的，因为他杀死了自己的父亲），即多勒米第四（公元前 221—前 205）为保护者多勒米的长子与继承者，于公元前 217 年大败叙利亚王安提阿库斯大王于拉斐亚（Raphia）。

③ 显圣者多勒米·艾比法尼斯（Ptolémée Epiphanes）即多勒米第五（公元前 205—前 180），为多勒米第四之子，即位时年仅五岁。

④ 见前第 162 段译注。

(722)

过自己用武力就可以成为埃及的主人,所以便想用诡谲来试一试)。他想腐蚀她,然而她却不跟着他的意图走;因此他就又打别的主意,想使自己能成为某个岛屿(也就是说海上地方)的主人,并且(按阿皮安努斯所说)还要取得许多岛屿。[①]

"但是有一个伟大的领袖将会反对他的征服(非洲的西庇阿[②]将阻止安提阿库斯大王前进,这是由于安提阿库斯大王以罗马人盟友的身份而冒犯了罗马人的缘故),并且防止了这种耻辱,使之回到他自己的身上。然后他将回到自己王国,并将在这里消灭(他将被他的部下所杀)而不复存在。[③]

"继承他的那个人(安提阿库斯大王之子孝子或保全者赛琉古)将是个暴君,他将对这个王国的光荣(那就是人民)横征暴敛;然而为时不久他就会灭亡,而且既不是由于叛变也不是由于战争。继他位的将是一个配不上这个王朝的荣誉的卑鄙小人,他是以狡诈

① 《但以理书》第 11 章、第 9—18 节:"北方的王必入南方王的国,却要仍回本地。北方王的二子必动干戈,招聚许多军兵,这军兵前去如洪水泛滥,又必再去争战直到南方王的保障。南方王必发烈怒,出来与北方王争战,摆列大军;北方王的军兵必交付他手。他的众军高傲,他的心也必自高;他虽使数万人仆倒:却不得常胜。北方王必回来摆列大军,比先前的更多,满了所定的年数,他必率领大军带极多的军装来。那时必有许多人起来攻击南方王,并且你本国的强暴人必兴起要应验那异象,他们却要败亡。北方王必来筑垒攻取坚固城,南方的军兵必站立不住,就是选择的精兵也无力站住。来攻击他的,必任意而行,无人在北方王面前站立得住;他必站在那荣美之地,用手施行毁灭。他必定意用全国之力而来,立公正的约,照约而行,将自己的女儿给南方王为妻,想要败坏他,这计却不得成就,于自己毫无益处。其后他必转回夺取了许多海岛。"

② 非洲的西庇阿(Sipion l'Africain,即 Scipio Africanus,公元前 236—前 184 年)古罗马大将。

③ 《但以理书》第 11 章、第 18—19 节:"但有一大帅除掉他令人受的羞辱,并且使这羞辱归他本身。他就必转向本地的保障,却要绊跌仆倒,归于无有。"

和谄媚而得国的。所有的军队都要屈身在他的面前，他将征服他们，甚而征服他曾与之订过盟约的君主；因为与他重新结盟之后，他又会进行欺骗，率领少数部队开入对方太平无事的省份里，占领最美好的地方，并做出他的祖先们所从未做过的事，他将掠夺各个地方，又将制定出当时最宏伟的计划。”①

548—632（**723**）*104—498*

预言——但以理的七十个七，无论就其开始的期限而言（由于这一预言的词汇的缘故），还是就其结束的期限而言（由于编年史家有歧异的缘故），都是含混的。但是所有这些分歧并不超过两百年。②

535—629（**724**）*518—661*

预言——在第四王朝，在第二座神殿毁坏之前，在犹太人的统治被废除之前，在但以理的第七十个七，当第二座神殿还继续的期间，异教徒将受到教诲并被引向认识犹太人所崇奉的上帝；而且凡是爱他的人都从自己敌人的手里得到解放并被他的爱和他的惧所

① 《但以理书》第11章、第20—24节：“那时必有一人兴起接续他为王，使横征暴敛的人通行国中的荣美地。这王不多日就必灭亡，却不因愤怒，也不因争战。必有一个卑鄙的人兴起接续为王，人未将国的尊荣给他，他却乘人坦然无备的时候，用谄媚的话得国。必有无数军兵势如洪水，在他面前冲没败坏，同盟的君主也必如此。与那君结盟之后，他必行诡诈，因为他必上来以微小的军成为强盛，趁人坦然无备的时候，他必来到国中极肥美之地，行他列祖和列祖之祖所未曾行的，将掳物、掠物和财宝散给众人，又要设计攻打保障。然而这都是暂时的。”

② 按：关于七十个七的算法，《耶利米书》第25章中的推算与流行的根据波斯王阿塔息修斯纪年的推算（可参看《尼希米记》第二章），相差一百五十年。

充满。

在第四王朝，在第二座神殿毁坏之前等等，就会出现异教徒成群地崇拜奉上帝并过着天使式的生活的事；少女们把自己的贞洁和生命奉献给上帝；人们摒弃了一切的欢乐。柏拉图所只能说服少数几个特选而又精心培养的人的事情，[①]有一种秘密的力量却只消几句话就可以说服千百万无知的人们。

富人们抛弃了自己的财富，孩子们离开了自己父母的精舍要到严酷的荒野里去，等等。(见犹太人费罗的著作)。这一切都是什么呢？这都是很久很久以前就已经预告过的。两千年以来并没有任何异教徒崇奉过犹太人的上帝；但到了这个被预告过的时候，大批的异教徒就都来崇拜那位唯一的上帝了。神殿被毁掉了，就连国王们也向十字架膜拜。这一切都是什么呢？这都是上帝的精神遍布了大地。

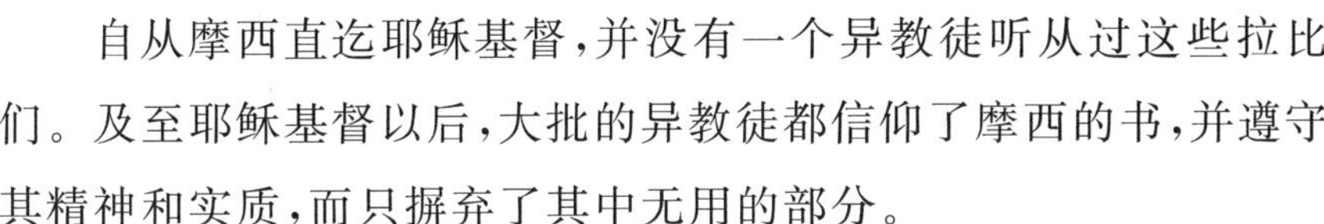

自从摩西直迄耶稣基督，并没有一个异教徒听从过这些拉比们。及至耶稣基督以后，大批的异教徒都信仰了摩西的书，并遵守其精神和实质，而只摒弃了其中无用的部分。

532—621(**725**)*264—497*

预言——埃及人的皈依(《以赛亚书》，第十九章、第十九节)；埃及奉祀真上帝的一座神坛。[②]

① 指柏拉图(公元前 480—前 347)《国家篇》中描述的对少数统治者所进行的理想教育。

② 《以赛亚书》第 19 章、第 19 节："当那日，在埃及地中必有为耶和华筑的一座坛。"

*532,533,535—661** (**726**) *542—604*

预言——在埃及,《剑》[①]第659页,《塔尔穆德》:“我们中间有一个传说,说是当弥赛亚将要到来时,那个注定要实现上帝的话的上帝之家就要充满了污秽和不洁;犹太法律家们的智慧也将腐化和败坏。那些怕犯罪的人将要受人民谴责,并被当成是冥顽不灵的愚人。”[②]

《以》第49章:“远方的民族啊,还有你们海岛上的居民啊,你们听吧:主从我母亲的腹中就用我的名字召唤我,他庇护我在他的手荫下,他使我的话像一把利剑,并向我说:你是我的仆人;是由于你,我才得以显现我的光荣。于是我说:主啊,我劳碌是徒然的吗?我费尽气力是无用的吗?主啊,判断它吧,我的工作就在你的面前。主从我一出娘胎就亲自把我造就为完全属于他的,为的是让雅各和以色列回来;主向我说:你在我的面前将是光荣的,我本身就是你的力量;你要皈化雅各的支派还是件小事,我提升你做外邦人的光并做我的救恩,直到大地的尽头。这就是主向那个屈辱自己的灵魂并被外邦人所蔑视与厌恶而且向地上的强权折节的人所说的话。君主们和国王们将要崇奉你,因为选择了你的这位主乃是信实的。[③]

“主还向我说:在拯救与仁慈的日子里,我倾听了你,我树立了

---

① 即《信仰之剑》一书。

② 据莫里尼埃解说:帕斯卡尔此处所引的这段话是对《诗篇》第22篇、第17节的诠释。

③ 《以赛亚书》第49章、第1—7节:“众海岛啊,当听我言;远方的众民哪,留心而听。自我出胎,耶和华就选召我;自出母腹,他就题我的名。他使我的口如快刀,将我藏在他手荫之下,又使我成为磨亮的箭,将我藏在他箭袋之中;对我说:你是(接下页)

你作为人民的盟约，并使你享有最被遗弃的国家；为的是你可以向处于枷锁之中的人们说：到自由这里来吧；又可以向处于黑暗之中的人们说：到光明这里来吧；享用这些丰饶肥沃的土地吧。他们将不再受饥，不再受渴，不再受烈日的煎灼，因为那个怜悯他们的主将是他们的引导者；他将引他们到活水的泉源，并填平他们前面的大山。看哪，各个民族将从四面八方涌来，从东方、从西方、从北方、从南方。让上天把光荣归于上帝；让大地欢愉吧，因为主高兴慰抚他的人民，并且最后他还会怜恤那些渴慕着他的困苦的人们。①

“然而锡安却敢于说：主离弃了我，再也不记得我。一个母亲能够遗忘自己的孩子，能够丧失对自己怀里哺育着的孩子的关切吗？然而锡安啊，即使她可能如此，我却永远不会遗忘你；我将永远把你养育在我的手中，而你的墙壁将永远在我的眼前。将要树

(接上页)我的仆人以色列，我必因你得荣耀。我却说，我劳碌是徒然，我尽力是虚无虚空，然而我当得的理必在耶和华那里，我的赏赐必在我上帝那里。耶和华从我出胎造就我做他的仆人，要使雅各归向他，使以色列到他那里聚集。(原来耶和华看我为尊贵，我的上帝也成为我的力量。)现在他说，你做我的仆人，使雅各众支派复兴，使以色列中得保全的归回尚为小事；我还要使你做外邦人的光，叫你施行我的救恩，直到地极。救赎主以色列的圣者耶和华对那被人所藐视、本国所憎恶、官长所虐待的如此说：君王要看见就站起，首领也要下拜，都因信实的耶和华，就是选择你以色列的圣者。”

① 《以赛亚书》第49章、第8—13节：“耶和华如此说：在悦纳的时候我应允了你，在拯救的日子我济助了你，我要保护你，使你作众民的中保，复兴遍地使人承受荒凉之地为业。对那被捆绑的人说：出来吧！对那在黑暗的人说：显露吧！他们在路上必得饮食，在一切净光的高处必有食物，不饥、不渴，炎热的烈日必不伤害他们，因为怜恤他们的必引导他们，领他们到水泉旁边。我必使我的众山成为大道，我的大路也被修高。看哪，这些从远方来，这些从北方、从西方来，这些从秦国来。诸天哪，应当欢呼；大地啊，应当快乐；众山哪，应当发声歌唱；因为耶和华已经安慰他的百姓，也要怜恤他困苦之民。”

立你的人正在到来，而你的毁灭者却将离去。你举目四望吧，看看所有这些聚集着的人群都在向你奔来。我断言所有这些人民都将赐给你作装饰，你将永远穿戴着他们；你的荒野和你的孤寂以及所有你那现在已经荒废的土地，对于你那为数众多的居民来说都将过于狭隘，而你在荒芜的岁月里所生的子孙将向你说：这地方是太狭小了，撤除这疆界吧，给我们地方居住吧。这时，你将在你自己心里说：我既是不再生育、没有子孙，又被掳移居，是谁来给我生这么多的子孙呢？我既是无援无助，又有谁来为我养育他们呢？所有这些人都从何而来呢？主就向你说：看哪，我曾向外邦人显示我的威力，我曾向各个民族树起我的旗帜；他们将在他们的臂中、在他们的怀里为你养育子孙；国王们和王后们将是他们的抚育者；他们将把面孔伏在地上崇奉你并吻你脚上的尘土；而你将会认识我就是主，渴望着我的人将永远不会惊惶无措；因为谁能夺去强而有力的人的捕获品呢？而且纵使人们能夺走它，也没有什么能阻止我拯救你的子孙，能阻止我消灭你的敌人；所有的人都将认识到，我是主，是你的救主，是雅各的强而有力的救赎者。”①

“主又这样说：我的离婚书在哪里，凭着它我遗弃了犹太会堂？

① 《以赛亚书》第49章、第14—26节：“锡安说：耶和华离弃了我，主忘记了我。妇人焉能忘记她吃奶的婴孩，不怜恤她所生的儿子？即或有忘记的，我却不忘记你。看哪，我将你铭刻在我掌上，你的墙垣常在我眼前。你的儿女必急速归回。毁坏你的、使你荒废的，必都离你出去。你举目向四方观看，他们都聚集来到你这里。耶和华说：我指着我的永生起誓，你必要以他们为装饰佩戴，以他们为华带束腰，像新妇一样。至于你荒废凄凉之处并你被毁坏之地，现今众民居住必显为太窄。吞灭你的必离你遥远。你必听见丧子之后所生的儿女说，这地方我居住太窄，求你给我地方居住。那时你心里必说，我既丧子独居，是被掳的，漂流在外，谁给我生这些，谁将这些养（接下页）

(726)

我为什么把它交到你敌人的手里？我遗弃它岂不是为了它的不虔敬和它的罪行么？[①]

“因为我来了，却没有人接待我；我呼唤，却没有人谛听。难道我的臂膀缩短了而没有能力去拯救么？[②]

“正是因此，我就要显示我愤怒的标志；我将以黑暗遮蔽天空，把它用幕幔掩盖起来。[③]

“主给了我训练良好的舌头，为的是使我善于用我的话慰藉那些陷于忧伤的人。他使我注意他的谈话，而我谛听他，就像一个教师[④]一样。[⑤]

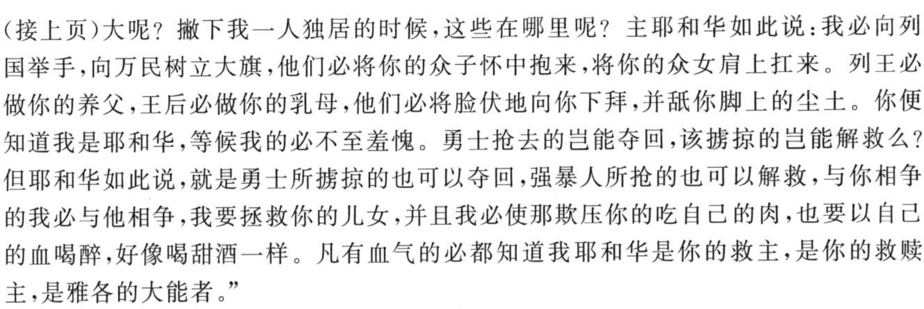

(接上页)大呢？撇下我一人独居的时候，这些在哪里呢？主耶和华如此说：我必向列国举手，向万民树立大旗，他们必将你的众子怀中抱来，将你的众女肩上扛来。列王必做你的养父，王后必做你的乳母，他们必将脸伏地向你下拜，并舔你脚上的尘土。你便知道我是耶和华，等候我的必不至羞愧。勇士抢去的岂能夺回，该掳掠的岂能解救么？但耶和华如此说，就是勇士所掳掠的也可以夺回，强暴人所抢的也可以解救，与你相争的我必与他相争，我要拯救你的儿女，并且我必使那欺压你的吃自己的肉，也要以自己的血喝醉，好像喝甜酒一样。凡有血气的必都知道我耶和华是你的救主，是你的救赎主，是雅各的大能者。”

① 《以赛亚书》第 50 章、第 1 节：“耶和华如此说：我休你们的母亲休书在哪里呢？我将你们赏给我哪一个债主呢？你们被卖是因你们的罪孽，你们的母亲被休是因你们的过犯。”

② 《以赛亚书》第 50 章、第 2 节：“我来的时候，为何无人等候呢？我呼唤的时候，为何无人答应呢？我的膀臂岂是缩短，不能救赎么？我岂无拯救之力么？”

③ 《以赛亚书》第 50 章、第 2—3 节：“看哪，我一斥责，海就干了。……我使诸天以黑暗为衣服，以麻布为遮盖。”

④ “教师”在页旁改作“学生”。拉丁文本圣经原文为“像教师一样”(quasimagistrum)。据布伦士维格解说：此处若作“教师”则指“他”，若作“学生”则指“我”，意思是一样的。

⑤ 《以赛亚书》第 50 章、第 4 节：“主耶和华赐我肥教者的舌头，使我知道怎样用语言扶助疲乏的人。主每天早晨提醒，提醒我的耳朵使我能听，像受教者一样。”

“主向我启示了他的意志，而我一点也没有背叛。[①]

“我任我的身体受鞭挞，任我的双颊受凌辱；我让我的面孔受辱侮和唾吐；但是主支持我，这就是我所以并不惶乱的原因。[②]

“以我为正义的那个主和我在一起，谁还敢指控我？上帝本身既是我的保护者，谁还能起来与我争论并指责我有罪呢？[③]

“所有的人都将消逝，并被时间所泯灭；因而让那些畏惧上帝的人谛听他的仆人的话吧；让那个在黑暗之中呻吟的人把信心托给上帝吧。然而你们，你们却只点燃了上帝对你们的震怒，你们在你们自己所燃烧起的光焰和烈火之中行走。这是我亲手要给你们召来的灾祸；你们将消灭在忧患里。[④]

“你们这些在追随正义并寻找着主的人们啊，谛听我吧。看看你们从其中被凿出来的那块磐石、你们从其中被挖出来的那个岩穴吧。看看你们的父亚伯拉罕和生养了你们的撒拉吧。你们看，当我召唤他的时候他是独自一人并无子嗣的，但我赐给了他以如此众多的后裔；你们看，我曾怎样地赐福给锡安，我堆积给他多少

---

① 《以赛亚书》第 50 章、第 5 节：“主耶和华开通我的耳朵，我并没有违背，也没有后退。”

② 《以赛亚书》第 50 章、第 6—7 节：“人打我的背我任他打，人拔我腮颊的胡须我由他拔。人辱我吐我，我并不掩面。主耶和华必帮助我，所以我不抱愧。”

③ 《以赛亚书》第 50 章、第 8 节：“称我为义的与我相近，谁与我争论，可以与我一同站立；谁与我作对，可以就近我来。”

④ 《以赛亚书》第 50 章、第 10—11 节：“你们中间谁是敬畏耶和华，听从他仆人之话的，这人行在暗中没有亮光，当倚靠耶和华的名，仗赖自己的上帝。凡你们点火用火把围绕自己的，可以行在你们的火焰里并你们所点的火把中，这是我手所定的，你们必躺在悲惨之中。”

神恩和安慰。[①]

“我的子民啊，考虑这些事物吧，你们要注意听我的话，因为有一种法律将由我而出，还有一种判断将成为外邦人的光。”[②]

《阿摩司书》第8章：“先知列举了以色列的罪恶之后就说，上帝发誓要进行复仇。”[③]

他又这样说：“主说，到了那一天，我要使太阳在正午沉没，我将在光天化日之下用黑暗遮蔽大地，我将把你们隆重的节日变成哭泣，把你们的一切歌唱变成哀叹。[④]

“你们将全都陷于悲痛和苦难，我要把这个国家沉没在哀伤里，有如丧失了独生子；这一末日将是辛酸的时刻。主说，因为看哪，日子将到来，我要给大地送来饥馑，那饥馑并不是缺乏面包和水的饥和渴，而是不听主的话的饥和渴。他们将从一个海漂流到另一个海，从北方漂荡到东方；他们将四面八方到处寻求着主的话曾向他们所宣布的那个人，但他们却寻找不到。[⑤]

① 《以赛亚书》第51章、第1—3节：“你们这追求公义寻求耶和华的，当听我言。你们要追想被凿而出的磐石，被挖而出的岩穴，要追想你们的祖宗亚伯拉罕和生养你们的撒拉。因为亚伯拉罕独自一人的时候，我召选他，赐福与他，使他人数增多。耶和华已经安慰锡安和锡安的一切荒场，使旷野像伊甸，使沙漠像耶和华的园囿，在其中必有欢喜、快乐、感谢和歌唱的声音。”

② 《以赛亚书》第51章、第4节：“我的百姓啊，要向我留心！我的国民哪，要向我倾耳！因为训诲必从我而出，我必坚定我的公理为万民之光。”

③ 《阿摩司书》第8章、第7节：“耶和华指着雅各的荣耀起誓说，他们的一切行为我必永远不忘。”

④ 《阿摩司书》第8章、第9—10节：“主耶和华说：到那日，我必使日头在午间落下，使地在白昼黑暗。我必使你们的节期变成悲哀，歌曲变为哀歌。”

⑤ 《阿摩司书》第8章、第10—12节：“（我必）使这场悲哀如丧独生子，至终如痛苦的日子一样。主耶和华说，日子将到我必命饥荒降在地上，人饥饿非因无（接下页）

“他们的少女和他们的青年都将在那场干渴中消亡；那些追随撒玛利亚的偶像的人，那些被上帝判断为崇奉但神的人，那些追随着别示巴迷信的人：他们都将摔倒并且倒下之后将永远再起不来。”①

《阿摩司书》第 3 章、第 2 节：“在地上的一切民族中，我只认你们作我的人民。”②

《但以理书》第 12 章、第 7 节在描叙了弥赛亚统御的全部领域之后，便说：“当以色列人民的分散得到实现时，这一切事就都将实现。”③

《哈该书》第 2 章、第 4 节：“主说，你们这些以这第二座殿比较第一座的光荣而蔑视它的人们啊，鼓起勇气来吧，所罗巴伯啊，大牧师耶稣啊，大地上所有的人民啊，不停地劳动吧。万军之主说，因为我与你们同在，我引你们出埃及时所做的允诺始终存在，我的精神在你们中间。不要丧失希望，因为万军之主这样说：不久之后，我将震撼天和地，震撼沧海和旱陆（这种说法用以表示非常巨大 的变化）；我将震撼所有的国家。主说，这时为一切外邦人所希

（接上页）饼，干渴非因无水，乃因不听耶和华的话。他们必漂流从这海到那海，从北边到东边，往来奔跑，寻求耶和华的话，却寻不着。”

① 《阿摩司书》第 8 章、第 13 节：“当那日美貌的处女和少年的男子必因干渴发晕，那指着玛利亚牛犊起誓的说：但哪，我们指着你那里的活神起誓。又说：我们指的是别示巴的神道起誓，这些人都必仆倒，永再起不来。”

② 《阿摩司书》第 3 章、第 2 节：“在地上万族中，我只认识你们，因此我必追讨你们的一切罪孽。”

③ 《但以理书》第 12 章、第 7 节：“要到……打破圣民权力的时候，这一切事就都应验了。”

望的就要到来，我将使这殿充满了光荣。[1]

“主说，银和金都是我的；（这就是说，我并不要靠这些而受人尊敬；正如在别处所说过的：原野中的野兽都是我的，祭祀时给我献上野兽又有什么用呢？）万军之主说，这新殿的光荣将必远远大于旧殿的光荣；主说，我将就在这地方建立我的殿堂。”[2]

“在何烈山你们聚会的日子，你们说：但愿主不再亲自向我们讲话，但愿我们不再看见这火，以免我们灭亡。主就对我说：他们的祈祷是对的；我将在他们的弟兄中间为他们降生一位先知，像你这样，我把我的话放在他的嘴里；他将告诉他们我所吩咐他的一切；谁要是不服从他奉我的名所传的话，我必将亲自判谁的罪。”[3]

《创世记》第 49 章：“犹大啊，你将被你的弟兄们赞美，你将是你敌人的征服者；你父亲的子孙们将崇拜你。小狮子犹大，我的孩

① 《哈该书》第 2 章、第 4—7 节：“耶和华说：所罗巴伯啊，虽然如此，你当刚强；约撒答的儿子大祭司约书亚啊，你也当刚强；这地的百姓，你们都当刚强作工，因为我与你们同在；这是万军之耶和华说的。这是照着你们出埃及我与你们立约的话，那时我的灵住在你们中间，你们不要惧怕。万军之耶和华如此说，过不多时我必再一次震动天地、沧海与旱地，我必震动万国，万国的珍宝必都运来，我就使这殿满了荣耀，这是万军之耶和华说的。”

② 《哈该书》第 2 章、第 8—9 节：“万军之耶和华说：银子是我的，金子也是我的；这殿后来的荣耀，必大过先前的荣耀，在这地方我必赐平安。”

③ 《申命记》第 18 章、第 16—19 节：“正如你在何烈山大会的日子，求耶和华你上帝一切的话说，求你不再叫我听见耶和华我上帝的声音，也不再叫我看见这大火免得我死亡。耶和华就对我说，他们所说的是，我必在他们弟兄中间给他们兴起一位先知像你；我要将当说的话传给他，他要将我一切所吩咐的，都传给他们。谁不听他奉我名所说的话，我必讨谁的罪。”

子啊！你已高踞猎获品之上，你睡着像是公狮，又像母狮一样醒来。”①

“王笏将不离犹大，立法者也将不离他的两脚之间，一直到细罗到来；于是各国都将朝他聚集，好听从他。”②

*612—636**，*647***（**727**）*280—605*

在弥赛亚的期间——Aenigmatis③。《以西结书》第17章。

他的先驱者。《玛拉基书》第3章。

他诞生为婴儿。《以赛亚书》第9章。

他将诞生在伯利恒城中。《弥迦书》第5章。他特别要出现在耶路撒冷，并诞生在犹大和大卫的家中。

他要使智者和学者盲目，《以》第6章、第8章、第29章，等等；并向卑微者宣布福音，《以》第29章；使盲人睁开眼睛，使病人恢复健康，给委顿在黑暗中的人带来光明。《以》第61章。

他会教导那条完美的道路，并成为外邦人的导师。《以》第55章、第42章、第1至7节。

预言对于不虔敬者就是不可理解的，《但》第12章，《何西阿书》第末章第10节；但是对于那些很好地受了教导的人则是可理

---

① 《创世记》第49章、第8—9节：“犹大啊，你兄弟们必赞美你，你手必掐住仇敌的颈项，你父亲的儿子们必向你下拜。犹大是个小狮子，我儿啊，你抓了食便上去，你屈下身去卧如公狮，蹲如母狮，谁敢惹你。”

② 《创世记》第49章、第10节：“圭必不离犹大，杖必不离他两脚之间，直等细罗来到，万民都必归顺。”

③ 〔谜。〕手稿中此处尚有如下字样，但非出于作者本人手笔：“让我们承认在那么多的特殊境况之下都被预言过的耶稣基督吧；因为据说他要有一个先驱者。”

解的。

说他是贫穷的、说他是万国之主的那些预言。《以》第 52 章、第 14 节等等、第 53 章,《撒迦》第 9 章、第 9 节。

预告了时间的那些预言,只是预告了他是外邦人之主并且受难,既不是在云端里,也不是审判者。而那些把他说成是这样的预言,是来审判的而且是光荣的,却没有指出时间。①

他要成为世上罪孽的受害者。《以》第 39 章、第 53 章,等等。

他要成为宝贵的奠基石。《以》第 28 章、第 16 节。

他要成为绊脚石和诽谤石。《以》第 8 章。耶路撒冷要冲击这块石头。

建筑者们要谴责这块石头。《诗篇》第 117 篇、第 22 节。

上帝要以这块石头作为主要的基石。

而这块石块要扩长成一座巨山,并充满整个的大地。《但》第 2 章。

于是他将被人背弃,被人拒绝,被人背叛,《诗》第 108 篇、第 8 节;被人出卖,《撒迦》第 11 章、第 12 节;被人唾吐,被人殴打,被人嘲笑,以无数的方式被人损害,被灌注苦胆汁,《诗》第 68 篇;被人刺伤,《撒迦》第 12 章;他的脚和手被人钉透,被人杀害,他的外衣也被人拈了阄。②

而在第三天,《何西阿书》第 6 章、第 3 节,他将复活,《诗》第 15 篇。

① 波·罗雅尔版此处尚附注有如下字样:"当把弥赛亚说成是伟大的与光荣的,显然可见那就是要审判世界的,而不是要救赎世界的。"

② 见《马可福音》第 15 章、第 24 节。

他将升天坐在右边,《诗》第 110 篇。

国王们将武装反对他,《诗》第 2 篇。

他在父的右边,将对他的敌人获得胜利。

地上的国王和所有的人民都将崇拜他。《以》第 60 章。

犹太人将作为一个国家存在下去。《耶》。

他们将漂泊,没有国王等等,《何西阿书》第 3 章;没有先知,《阿摩司书》;期待着得救却找不到它,《以》。

耶稣基督对外邦人的召唤。《以》第 52 章、第 15 节、[①]第 55 章、第 5 节、第 60 章,等等。《诗》,第 81 篇。

《何》第 1 章、第 9 节:"当你们在分散繁殖起来以后,你们将不再是我的子民,我也将不再是你们的上帝。人们不再称为是我的子民的地方,我就把那里称为我的子民。"[②]

*535—492** (**728**) *470—549*

在耶路撒冷以外进行献祭是不能允许的,耶路撒冷是主所选择的地方;在别的地方甚至于也不许吃十一祭。《申》第 12 章、第 5 节,等等,《申》第 14 章、第 23 节,等等,第 16 章、第 2、7、11、15 节。

何西阿预告过,他们将没有国王,没有君主,没有牺牲,也没有偶像;既然在耶路撒冷以外不能进行合法的献祭,所以这事今天就实现了。

---

① 这句话系单独写在原稿第 171 页上。

② 《何西阿书》第 1 章、第 9 节:"耶和华说,给他起名叫罗阿米(就是非我民的意思),因为你们不作我的子民,我也不作你们的上帝。"

615—637(**729**)*825—548*

预告——已经预告过了，在弥赛亚的时候他要来订立一个新圣约，这个新圣约会使人忘记逃出埃及，《耶利》第 23 章、第 5 节，《以》第 43 章、第 16 节；他将把他的法律不是置诸外表而是置诸于内心；他将把他那只是由外部而来的畏惧置诸于内心深处。谁能在这一切里面看不见基督的法律呢？

614—615(**730**)*284—547*

……那时候偶像崇拜必将被推翻；这位弥赛亚将打倒一切偶像，并将引人们崇拜真上帝。[①]

偶像的神殿将被打倒，并且在一切国家中和世界上所有的地方都将奉献给他一种纯洁的祭祀而不是动物的祭祀。[②]

他将是犹太人与外邦人的王。而这位犹太人与外邦人的王却受到他们双方统治者的迫害，他们双方都阴谋害死他；他们既摧毁了成为摩西崇拜中心的耶路撒冷的摩西崇拜（摩西曾把这里造成为他的第一个教堂），也摧毁了成为偶像崇拜中心的罗马的偶像崇拜（他曾把这里造成为他的主要的教堂）。[③]

612(a)—*657*(**731**)*286—785*

预言——耶稣基督将坐在右边，这时上帝将为他镇压他的敌人。

① 见《以西结书》第 30 章、第 12—13 节。

② 见《玛拉基书》第 1 章、第 11 节。

③ 见《诗篇》第 71 篇、第 11 节。

因此,他将不亲自镇压他们。[①]

617—619(**732**)*287—550*

“……这时人们将不再教导自己的邻人说,这就是主;因为上帝将使自己被每个人都感受到。”[②]

“……你的儿子将要预言。”[③]——“我将把我的精神和我的畏惧放在你的心里。”[④]

这一切都是同一回事。所谓预言,也就是不用外在的证明而以内心的直接的感受来谈上帝。

616—616(**733**)*848—551*

他将把那条完美的道路教导给人。[⑤]

而无论在他以前、还是在他以后,都决不会有任何人来教导任何接近于此的神圣事物。

543—620(**734**)*584—554*

……耶稣基督在他开始时是渺小的,然后就会扩大。但以理

① 见《诗篇》第109篇。按,犹太人不承认耶稣基督是弥赛亚,他们认为弥赛亚应该是一位伟大的王与伟大的征服者;本编中论基督耶稣是弥赛亚的各节,均系针对犹太人的这一观点而发。

② 《耶利米书》第31章、第34节:“他们各人不再教导自己的邻舍和自己的兄弟说,你该认识耶和华,因为他们从最小的到至大的都必认识我。”

③ 《约珥书》第2章、第28节:“你们的儿女要说预言。”

④ 《以赛亚书》第11章、第2节:“耶和华的灵必住在他身上,就是使他有智慧和聪明的灵、谋略和能力的灵、知识和敬畏耶和华的灵。”

⑤ 《以赛亚书》第2章、第3节:“主必将他的道教训我们,我们也要行他的路。”

的小石头。[①]

假如我根本就不曾听说过什么弥赛亚，可是在我看到对于世界秩序之如此可赞美的这些预告实现了之后，我就会看出它是神圣的。并且假如我知道正是在这些书中预告了弥赛亚，那么我就会肯定他将要到来；并且当我看到它们把他的时间是放在第二座神殿的毁坏之前，我就会说他将要到来。

613—638(**735**)*847—552*

预言——犹太人将谴责耶稣基督，但他们将为上帝所谴责，因此之故选中的葡萄将只能产生出酸葡萄来。选民将是不敬上帝的、忘恩负义的而又毫无信仰的，populum non credetem et contradicentem。[②] 上帝将以盲目打击他们，他们将在骄阳当午时好像瞎子一样地摸索[③]并且将有一个先驱者在他之前到来。[④]

618—656(**736**)*564—553*

Transfixerunt，[⑤]《撒》第 12 章、第 10 节。

必定要有一个解放者到来，他将粉碎魔鬼的头，他将拯救他的

① 见《但以理书》第 2 章、第 34 节。又见本书第 722 段。

② 〔不信仰的与悖逆的人民〕。《以赛亚书》第 65 章、第 2 节："我整天伸手招呼那悖逆的百姓。"《罗马书》第 10 章、第 21 节："我整天伸手招那悖逆顶嘴的百姓。"

③ 《申命记》第 28 章、第 28 节："耶和华必用癫狂、眼瞎、心惊攻击你。"

④ 《玛拉基书》第 4 章、第 5 节："看哪，耶和华大而可畏之日未到以前，我必差遣先知以利亚到你们那里去。"

⑤ 〔扎刺〕见《撒加利亚书》第 12 章、第 10 节。

人民脱离罪恶，ex omnibus iniquitatibus；[①]必定要有一部新约，它将是永恒的；必定有另一个祭司团体按照麦基洗德[②]的规矩，它将是永恒的；基督必定是光荣的、强大的、有力的、却又如此之悲惨，以致他将不为人所认识；人们将不把他当成是他本来就是的；人们将排摒他，人们将杀害他；他的人民否认了他，也就不再是他的人民；偶像崇拜者将接受他并且要乞援于他；他将留下锡安来统治偶像崇拜的中心；可是犹太人却会永远生存下去；他将出自犹大，而且那时不再有国王。

① 〔脱离一切的罪孽。〕《诗篇》第130篇、第8节："他必救赎以色列脱离一切的罪孽。"

② 见《创世记》第14章、第18—20节，《希伯来书》第7章。

第十二编

*600—466(***737***)—555*

……因此之故,我要拒绝其他一切宗教。我在这里面找到了对一切诘难的答复。一个如此之纯洁的上帝只能是把自己显示给内心已经纯洁化了的人们,这是完全正当的。因此之故,这种宗教对我才是可爱的,并且我发现它已经由于如此之神圣的一种道德而充分获得了权威;可是我在其中还发现有更多的东西。

我发现最为确切有效的就是:自从人类有记忆以来,就有一个民族,这个民族生存得比其他一切民族都更古老;人类又曾经常地得到宣告说,他们沦于普遍的腐化,然而将有一个救主来临;在他到来之前,整个一个民族都预告他,在他到来之后,整个一个民族都崇拜他;并不是一个人在说他,而是无数的人都在说他,而且整个一个民族在四千年之中都在预言着,并且显然还是因此而被造就出来的。他们的书籍传布了四百年之久。

我越是考察这些,就越发现其中的真理,既包括一切已成为过去的、也包括一切继之而来的;最后还有,这些没有偶像、没有国王的人们,以及这种被预告过的犹太会堂和那些追随它的不幸的人们,这些人既是我们的敌人所以也就是这些预言的真理最可称赞的见证人,因为其中预告了他们的可悲乃至他们的盲目。

我发现这种联索，这种宗教，在其权威性上、在其持久性上、在其永恒性上、在其道德上，在其行为上、在其学说上、在其效果上，都是完全神圣的；犹太人的黑暗是可怕的而又是被预告过的：Eris palpans in meridie[①]。Dabitur liber scienti litteras，et dicet：Non possum legere；[②]王笏还在第一个异族篡夺者的手中时；就有了耶稣基督来临的声息。

因此，我向我的解放者伸出手来，他一直被预告了四千年之久，他在被预告过的时间及其全部的环境里来到大地上为我受难死去；由于他的恩典，我可以在永远与他结合在一起的希望之中安心等候着死亡；并且我也要满怀欢乐地生活着，不管是处于他所高兴赐给我的那些福祉之中，还是处于他为了我的好处而送来给我的、并以他的先例而教导了我去忍受的那些祸难之中。

*536—630** (**738**) *582—802*

种种预言既然都做出了在弥赛亚降临时所要全部出现的各种不同的标志，所以这一切的标志就必然会在同时出现。因此到但以理的七十个七完结时，第四王国就必然要到来，这时王笏就将脱离犹大[③]，而这一切都将出现而毫无困难；这时弥赛亚就要到来，

① 〔你将在正午摸索。〕《申命记》第 28 章、第 28 节："你必在午间摸索，好像瞎子在暗中摸索一样。"

② 〔把书交给认识字的人，他说："我不会念"。〕《以赛亚书》第 29 章、第 12 节："又将这书卷交给不识字的人说，请念吧。他说：'我不识字'。"布伦士维格注：此处引文与圣经原意不符，但符合作者本人的思想。

③ "七十个七"、"第四王国必然要到来"、"王笏将脱离犹大"，见本书第 722 至 724 段。

并且被叫作弥赛亚的耶稣基督这时也就要到来，而这一切也将毫不困难。这就确实标明了预言的真理。

537，609—645 * (**739**) *553—801*

先知曾被预告过，又不曾被预告过。其后的圣者则被预告过，但没有做过预告。耶稣基督却既被预告过，也做过预告。

488—600 (**740**) *504—654*

耶稣基督是新旧两约都瞩望着的，旧约把他当作自己的期待，新约把他当作自己的典范，两者都把他当作自己的中心。

538—467 (**741**) *785—800*

世上最古老的两部书就是摩西的书和约伯的书，他们一个是犹太人，一个是异教徒，两人都瞩望着耶稣基督，把他当作他们共同的中心和他们的目的：摩西叙述的是上帝对亚伯拉罕、雅各等的允诺以及他的预言；而约伯则是：Quis mihi det ut[①]，等等。Scio enim quod redemptor meus vivit[②]，等等。

540—576 * (**742**) *554—798*

福音书谈圣贞女的贞洁性只是到耶稣基督的诞生为止。一切

① 〔谁能让我……〕《约伯记》第19章、第23节："唯愿我的语言，现在写上，都记录在书上。"

② 〔我知道我的救赎主活着。〕《约伯记》第19章、第25节："我知道我的救赎主活着，末了必站立在地上。"

都联系到耶稣基督。

539—581(**743**)*856—799*

对耶稣基督的证明。

为什么《路得记》保存了下来?

为什么有他玛的故事?[①]

181,665—930(**744**)*498—797*

"祈祷吧,免得受诱惑。"[②]被诱惑是危险的;而那些被诱惑的人,则是因为他们不祈祷。

Et tu conversus confirma fratres tuos[③]。但在以前,conversus Jesus respexit Petrum[④]。

圣彼得要求许他打马勒古,[⑤]并在听到回答之前就打了他,而耶稣基督是事后才回答他的。

① 阿韦对以上问题的解说是:《路得记》得以保存下来是由于其结尾所叙述的谱牒说,波阿斯与路得的儿子是俄备得,俄备得的孙子是大卫;又,据《创世记》第38章关于他玛的记述,波阿斯是法勒斯的儿子,即犹大的孙子。因此,大卫以及耶稣基督(据福音书说,耶稣基督是大卫的后裔)就都由犹大所出,正如《创世记》第49章雅各在预言中解说弥赛亚所出生的方式一样。因此,耶稣基督就是弥赛亚。

② 《路加福音》第22章、第46节:"起来祷告,免得入了迷惑。"按此下为作者读《路加福音》的笔记。

③ 〔而你回转过来以后,就要坚定你的弟兄们。〕《路加福谙》第22章、第32节:"你回头以后要坚固你的弟兄。"

④ 〔耶稣转过来看着彼得。〕《路加福音》第22章、第32节:"主转过身来看彼得。"

⑤ 见《约翰福音》第18章、第10节。又,《马太福音》第26章、第51节;《马可福音》第14章、第47节;《路加福音》第22章、第50节。

加利利[①]这个字是那群犹太人在彼拉多面前控告耶稣基督时好像是出于偶然而宣布的，但是这个字使彼拉多借题把耶稣基督送给了希律王；[②]于是就完成了他应该受犹太人与异教徒审判的这一神秘。外表上的偶然成为了神秘得以完成的原因。

515—507(**745**)*668—805*

那些难于信仰的人，就求之于犹太人的没有信仰作为借口。[③]他们说："假如它真是那么明白，为什么犹太人没有信仰呢?"他们也像有点愿意信仰的样子，为的是不至于因自己拒绝的先例而被人抓住。然而正是他们这一拒绝的本身才成为我们信念的基础。假如他们真是在我们一边、我们倒不会很好地倾心信仰了。那时候我们就会有更充分的借口。使犹太人成了被预告的事物的最大爱好者及其实现的最大敌人，这真是最可惊叹的事。

494—498(**746**)*790—806*

犹太人是习惯于伟大辉煌的奇迹的，因此有了红海和迦南土地上的大事[④]作为他们的弥赛亚的伟大事迹的一个缩影而后，他们还期待着更辉煌的奇迹，摩西的奇迹只不过是其中的一些样品而已。

---

① 《路加福音》第23章、第5节："他煽惑百姓，在犹太遍地传道，从加利利起直到这里了。"

② 见《使徒行传》第4章、第27节。

③ 按本段系针对《信仰之剑》第二部有关弥赛亚来临的论点所做的反驳。

④ 见《出埃及记》第14章，《约书亚记》第4章。

516,779—363,424,682** (**747**) *540—851*

肉欲的犹太人和异教徒有其可悲,基督徒也有。异教徒根本没有救主,因为他们干脆不希望有救主。犹太人也根本没有救主,他们枉然在希望着救主。唯有基督徒才有救主(可参看永恒性)[①]。

517—622 (**748**) *550—807*

在弥赛亚的时代,人民分化了。属于精神的人就接受了弥赛亚;而粗鄙的人则始终只是作为他的见证人。

514—641 (**749**) *505—813*

"假如这是明明白白向犹太人预告过的,他们怎么会不相信它呢?或者说,他们拒绝了这样明明白白的一件事,又怎么会没有被消灭呢?"

我回答说:首先,这是被预告过的,即他们既不会相信那样一件明明白白的事,而他们又不会被消灭。最能把光荣归于弥赛亚的莫过于此了;因为只是有先知还不够,他们的预言还必须保存得无可置疑。因而,等等。

518—559 (**750**) *499—803*

假使犹太人全部都被耶稣基督所感化,我们就只不过有一些

① 初稿中此处尚有如下字样:"在永恒性的名义之下可以看到有两种人,——每种宗教中都有的两种人(可参看永恒性)。迷信,欲念。"

可疑的见证人罢了。而假使他们是被消灭了的话,我们就会连一个见证人都没有了。

591—435(**751**)*555—836*

先知们关于耶稣基督都说了些什么呢?说他将是明显昭彰的上帝么?不是的;而是说他是一个真正隐蔽的上帝;说他将不为人所认识;说人们绝不会想到那就是他;说他是一个绊脚石,有许多人都会在那上面绊倒,等等。因而,但愿人们别再谴责我们缺乏明确性吧,因为我们也承认这一点。

可是人们说,这里有着幽晦不明。——若是没有这些,人们就不会对耶稣基督顽固不化了,而这就是先知们的正式设计之一:Excaeca[①]……

592—592(**752**)*552—835*

摩西首先教导了三位一体、原罪、弥赛亚。

伟大的见证人大卫:国王、善良、宽恕、美好的灵魂、良好的理智、强而有力;他预言过,并且他的奇迹出现了;那是无限的。

假如他是虚荣的,他只需说他就是弥赛亚;因为预言谈到他要比谈到耶稣基督更加明白得多。圣约翰也是如此。

593—628(**753**)*107—839*

希律被人相信是弥赛亚。他取去了犹大的王笏,但他并非出

① 〔使人瞎眼。〕《以赛亚书》第6章、第10节:“要使这百姓心蒙脂油,耳朵发沉,眼睛昏迷。”

自犹大。这就形成了一个可观的派别。[①]

希腊人对那些计算着三个时期的人所加的诅咒。

既然由于他，王笏就该永远在犹大那里，而且在他到来的时候，王笏就该从犹大那里取去[②]；那么他又怎么能一定是弥赛亚呢？

为了使他们视而不见、听而不闻所能做出的最好的事莫过于此了[③]。

594—941（**754**）*731—843*

Homo existens te Deum facit.[④]

Scriptum est "Dii estis" et non potest solvi Seriptura.[⑤]

Haec infirmitas non est ad vitam et est ad mortem.[⑥]

"Lazarus dormit" et deinde dixit：Lazarus mortuus est.[⑦]

644—595（**755**）*471—804*

福音书表面上的不一致。

---

① 原稿此处页旁注有"既有巴尔柯思巴(Barcosba)，又有被犹太人所接受的另一派。以及当时到处流行着的喧嚣。赛东。塔西佗。约瑟。"

② 见《创世记》第 49 章、第 10 节。

③ 见《以赛亚书》第 6 章、第 9 节。

④ 〔现存的人把你造成了上帝。〕

⑤ 〔经上记着"你就是上帝"，而圣书是不可能被消灭的。〕

⑥ 〔这种不坚定不是为了生，而是为了死。〕

⑦ 〔"拉撒路睡了"，然后他又说：拉撒路死了。〕《约翰福音》第 11 章、第 11 节："耶稣……对他们说，我们的朋友拉撒路睡了；"第 14 节："耶稣就明明白白地告诉他们说，拉撒路死了。"

*595—635** (**756**) *144—827*

一个清楚明白地预告了将要来临的事物的人，他宣布了自己的计划是既要蒙蔽人又要照亮人，并且他还要在将要来临的明白的事物中间渗入幽晦不明；我们对于他除了尊崇而外，还能有什么别的呢？

590—495 (**757**) *530—820*

第一次降临的时间是被预告过的，第二次的时间则没有；因为第一次是要隐蔽的，第二次则应该是辉煌夺目的而且如此之昭彰显著，以致连他的敌人也得承认它。然而，既然他只能是幽晦地到来，并且只能为那些窥测了圣书的人所认识……

589—489 (**758**) *64—821*

上帝为了使弥赛亚可以被善人所认识而又被恶人所不认识，就以这种样子对他做出了预告。假如弥赛亚的方式是明白地预告了出来，那么即使是对恶人也不会有什么幽晦不明的了。假如时间被预告得幽晦不明，那么即使是对善人也会是幽晦不明了；因为他们〔内心的善良〕使他们不会理解，比如说，封闭的 mem① 竟指的是六百年。然而时间是明白地预告过的，而方式却只是以象征。

由于这种办法，恶人就把所允诺的美好当作是物质的，以致不顾已经明确预告过的时间而陷于错误，但善人却并不犯错误。因

① 见上第 687 段注。

为对于被允诺的美好，其理解取决于内心，内心把它所喜爱的就称为“美好”；然而对于被允诺的时间，则其理解并不取决于内心。因此清楚明白地预告了时间与幽晦不明地预告了美好，就只能是欺骗恶人。

513—613(**759**)*506—823*

要么是犹太人，要么是基督徒，必定是恶人。

519—655(**760**)*192—826*

犹太人拒绝了他，但不是全部地；圣者接受了他，而不是肉欲者。这一点远不足以反对他的光荣，却正是成就他的光荣的点睛之笔。他们所提出的理由，并且是在他们的全部著作中、在《塔尔穆德》和犹太博士们的著作中所能找到的唯一理由，不外是因为耶稣基督并未曾以武装手腕征服各国而已，gladium tuum，potentissime[①]。(他们不就只有这些话好说吗？他们说：耶稣基督已经被杀害了；他失败了；他并没有以他的武力征服异教徒；他并没有把对他们的战利品赐给我们；他并没有赐给人财富。他们不就只有这些话好说吗？但正是在这一点上，我觉得他是可爱的。我不愿意要他们所塑造的他。)显然可见，只是他的生命才妨碍了他们接受他；并且由于这种拒绝，他们才成为无可指责的见证者，而且更有甚者，他们由此才完成了预言。

① 〔你的刀是最有威力的。〕《诗篇》第45篇、第3节：“愿你腰间佩刀，大有荣耀和威严。”

〔全靠了这个民族并没有接受他这一事实，才出现了这里的这种奇迹；预言乃是人们所能造就的唯一持久的奇迹，然而它们却遭人反对。〕

520—663(**761**)*75—824*

犹太人在不肯接受他作为弥赛亚而杀死他时，就赋给了他以弥赛亚的最后标志。

而且在继续不承认他的时候，他们就使自己成为了无可责难的见证人：因为在杀害他并继续否认他的时候，他们就完成了预言。(《以》第60章。《诗》第71篇。)

521—496(**762**)*520—825*

他的敌人犹太人又能做什么呢？假如他们接受他，他们就是以自己的接受而证明了他，因为期待着弥赛亚的这些受托人接受了他；假如他们否定他，他们就是以自己的否定而证明了他。

655—583，608(**763**)*513—822*

犹太人在检验他究竟是不是上帝的时候，已经表明了他是人。

634—584(**764**)*531—850*

教会要表明耶稣基督是人借以反对那些否定他的人们时[①]，

① “那些否定他的人们”系指攸特奇(Eutyches)异端。攸特奇异端或攸特奇主义创始于君士坦丁堡修道院方丈攸特奇(约死于公元450年)此派不承认基督兼有神、人两性。

与要表明他是上帝时[1]有着同样大的困难;这两种几率是同样地大。

601—448(**765**)*521—852*

相反性的根源——一个被屈辱的上帝,竟至死在十字架上;一个以自己的死而战胜了死亡的弥赛亚。耶稣基督的两重性质,两次降临,人性的两种状态。

619—524,560(**766**)*516—841*

象征——救主、父亲、牺牲者、献祭、粮食、国王、智者、立法者、苦痛、贫困,事先产生了一个他要加以指导和养育的民族,并把他们引到他的大地上……

耶稣基督。任务。——唯有他应该产生一个伟大的民族,一个特选的、神圣的、挑出来的民族;指导他们,培育他们,把他们引到安息与神圣的地方,使他们在上帝面前成为神圣的;把他们造成上帝的神殿,使他们与上帝和解,拯救他们免于上帝的震怒,解除他们受那种显著地在统御着人类的罪孽的奴役;为这个民族制订法律,把这些法律铭刻在他们的心上;为了他们而把自己奉献给上帝,为他们而牺牲自己;做一个完美无瑕的献祭者,并且他本身就是牺牲者:奉献出他自己,自己的肉和自己的血,却又是献给上帝的面包和酒……

① “要表明他是上帝时”读作:“要表明他是上帝借以反对犹太人时”。

Ingrediens mundum①。

“石头在石头上”②。

一切以往的和一切后来的。一切犹太人都继续生存着并流浪着。

*641—671(**767**)522—851*

在地上的一切之中,他只分享忧伤而不分享欢乐。他爱他的邻人,然而他的仁爱并不限于这些范围之内,而是扩及于自己的敌人,然后则扩及于上帝的敌人。

*610—608(**768**)901—846*

耶稣基督为约瑟所象征,为他父亲所深爱,被他父亲派来看视他的弟兄们,等等;他无辜被自己的兄弟为了二十个银币而出卖,并且由此而变成他们的主、他们的救主,既是异邦人的救主又是全世界的救主;若是没有要消灭他的那个阴谋以及他们对他的出卖与刑罚,也就绝不会有这些事。

在狱中,约瑟无辜在两个罪人中间③;耶稣基督在十字架上则在两个小偷中间④。约瑟根据同样的表现,向一个预告了得救,向

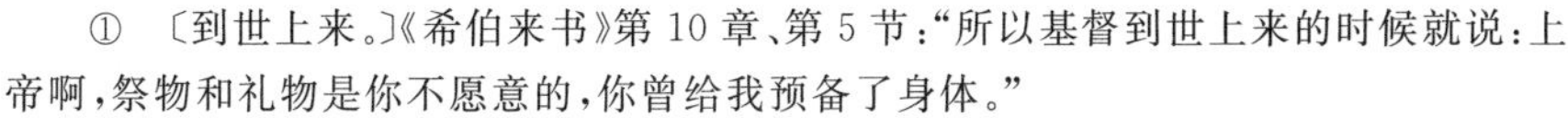

① 〔到世上来。〕《希伯来书》第10章、第5节:“所以基督到世上来的时候就说:上帝啊,祭物和礼物是你不愿意的,你曾给我预备了身体。”

② 《马可福音》第13章、第2节:“你看见这大殿宇么,将来在这里没有一块石头留在石头上不被拆毁了。”

③ 见《创世记》第40章、第1—4节。

④ 见《马太福音》第27章、第38节;又《马可福音》第15章、第27节;《路加福音》第23章、第32节;《约翰福音》第19章、第18节。

另一个预告了死亡[1]。耶稣基督则根据同样的罪行拯救了选民而谴责了被弃者。约瑟仅仅作了预告;耶稣基督却行了事。约瑟要求将要得救的人(当他在他的光荣之中来临的时候)要记得他;而为耶稣基督所拯救的人则要求他(当他出现在他的王国中的时候)要记得自己。

652—318(**769**)*503—848*

异教徒的皈化只能留待给弥赛亚的神恩。犹太人已经与他们斗争了那么久而没有成功;所罗门和先知们所曾说过的一切都无用。就像柏拉图和苏格拉底那样的圣贤也没有能说服他们。

611—618(**770**)*781—847*

在许许多多人都已经来过之后,耶稣基督终于到来了,并且说:“我来了,时间到了。凡是先知们所说过的,在以后的时间里都要到来,我要告诉你们说我的使徒要做到这些。犹太人要被摒弃,耶路撒冷不久就要毁灭;异教徒将要得到上帝赏识。在你们杀死葡萄园的继承人之后,[2]我的使徒就要做到这些。”

以后,使徒们就向犹太人说:“你们要受诅咒”,(赛尔苏斯是加以嘲笑的)[3];又向异教徒说:“你们将受到上帝赏识”。于是,这事

① 见《创世记》第40章、第8—22节。

② 《马可福音》第12章、第6—7节:“(葡萄)园主还有一位是他的爱子,末后又打发他去,意思说他们必尊敬我的儿子。不料那些园户彼此说,这是承受产业的,来吧,我们杀他,产业就归我们了。”

③ 此处括号内的话在原稿中是写在页旁的。

就实现了。

658—442(**771**)*781—851*

耶稣基督到来是使看得清楚的人盲目，并使盲人看得见；医治病人，并使健康者死亡；号召悔罪，并使罪人得到正义，而把正义的人留在他们的罪孽中；充实贫困者，并使富有者空虚。

*650—578**(**772**)*781—852*

圣洁性——Effundam spiritum meum①。所有的民族都处于不虔敬并处于欲念之中，举世都因仁爱而激荡。王侯们舍弃了他们的尊荣，少女们则慷慨殉道。这种力量从何而来？是弥赛亚已经来临了；这便是他来临的作用和标志。

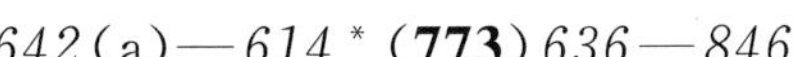

642(a)—*614**(**773**)*636—846*

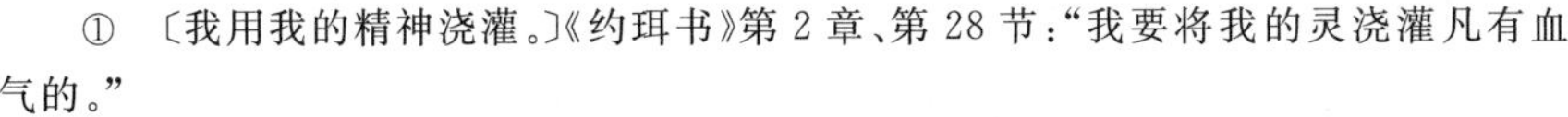

犹太人与异教徒被耶稣基督所摧毁：Omnes gentes venient et adorabunt eum②。Parum est ut③，等等。Postula a me④。Ador-

① 〔我用我的精神浇灌。〕《约珥书》第 2 章、第 28 节："我要将我的灵浇灌凡有血气的。"

② 〔所有的民族都要来拜你。〕《诗篇》第 22 篇、第 27 节："列国的万族都要在你面前敬拜。"

③ 〔这还是小事〕《以赛亚书》第 49 章、第 6 节："你做我的仆人，使雅各众支派复兴，使以色列中得保全的归向，尚为小事。"

④ 〔你求我。〕《诗篇》第 2 章、第 8 节："你求我，我就将列国赐你为基业，将地极赐你为田产。"

abunt eum omnes reges[①]。Testes iniqui[②]。Dabit maxilllam percutienti[③]。Dederunt fel in escam[④]。

642—423(**774**)*514—616*

耶稣基督为着所有的人,摩西则为着一个民族。

犹太人在亚伯拉罕那里得到祝福:“我要祝福那些祝福你的人。”[⑤]可是:“一切民族都在他的后裔那里得到祝福。”[⑥]Parum est ut[⑦],等等。

Lumen ad revelamtionem gentium[⑧]。

大卫在谈到法律时说:Non fecit taliter omni nationi[⑨]。但是在谈到耶稣基督时,我们却必须说:Fecit taliter omni nationi。[⑩]

① 〔所有的王都要拜你。〕《诗篇》第72篇、第11节:“诸王都要叩拜他,万国都要侍奉他。”

② 〔不义的见证。〕《诗篇》第34篇、第11节:“耶和华啊,求你因你的名赦免我的罪,因我的罪重大。”

③ 〔他让人打他的面颊。〕《哀歌》第3章、第30节:“他当由人打他的腮颊,要满受凌辱。”

④ 〔他们给我苦胆吃。〕《诗篇》第69篇、第21节:‘他们拿苦胆给我当食物。”

⑤ 《创世记》第12章、第3节:“为你祝福的,我必赐福于他。”

⑥ 《创世记》第22章、第18节:“地上万国都必因你的后裔得福。”

⑦ 〔所有的民族都要来拜你。〕《诗篇》第22篇、第27节:“列国的万族都要在你面前敬拜。”

⑧ 〔启示各民族的光。〕《路加福音》第2章、第32节:“是照亮外邦人的光。”

⑨ 〔对所有的国家,他都没有这样做过。〕《诗篇》第147篇、第19—20节:“他将他的道指示雅各,将他的律例典章指示以色列。别国他都没有这样待过。”

⑩ 〔对所有的国家,他都这样做过。〕

Parum est①,等等,以赛亚。② 所以只有耶稣基督才是普遍的;即使是教会也只为虔诚者奉献牺牲,耶稣基督却为一切人而奉献了十字架的牺牲。

643—929(**775**)*925—617*

有些异端往往把 omnes③ 解说为一切人,也有些异端有时候并不把它解说为一切人。Bibite ex hoc omnes④;雨格诺派⑤异端把此处的 omnes 解说为一切人。In quo omnes pecccaverunt⑥;雨格诺派异端在此处的 omnes〔一切人〕又把虔信者的孩子除外。因此,我们必须遵守教父与传统,好知道都在什么时候⑦,因为在两方面都有异端要提防。

644(a)—*945*(**776**)*948*—*613*

"Ne timeas pusillus grex"。⑧ Timore et tremore。——Quid ergo? Ne timeas,(modo)timeas:⑨只要是你害怕,那么就别害怕;

① 〔所有的民族都要来拜你。〕《诗篇》第 22 篇、第 27 节:"列国的万族都要在你面前敬拜。"

② 见《以赛亚书》第 49 章、第 6 节。

③ 〔一切、大家〕指圣经所说的万国万民。

④ 〔大家都唱这个〕《马太福音》第 26 章、第 27 节:"你们都唱这个。"

⑤ 雨格诺派(Hugenots)即宗教改革时法国的加尔文教派。

⑥ (因为大家都有罪。〕《罗马书》第 5 章、第 12 节:"因为众人都犯了罪。"

⑦ "好知道都在什么时候"读作:"好知道都在什么时候应该做这样或那样的理解"。

⑧ 〔你们这一小群,别害怕。〕《路加福音》第 12 章、第 32 节:"你们这小群,不要惧怕。"

⑨ 〔满怀害怕与战栗。为谁? 别害怕,(别管怎么)害怕。〕

但若是你不害怕，那么就应该害怕。

Qui me recipit，non me recipit，sed eum qui me misit。[①]

Nemo scit，neque Filius。[②]

Nubes lucida obumbravit。[③]

圣约翰要把父亲的心转向孩子[④]，而耶稣基督却布置下了纷争[⑤]。并不矛盾。

660—951(**777**)*902—614*

作用，in communi 与 in particulari[⑥]。半皮拉基派把仅仅 in particulari 是真的东西，说成是 in communi[⑦]，从而犯了错误。加尔文派则把 incommuni 是真的东西，说成是 inparticulari[⑧]。(我觉得是这样)。

① 〔凡接待我的并不是接待我，而是接待那差遣我来的。〕《马太福音》第 10 章、第 40 节："人接待你们，就是接待我；接待我就是那差遣我来的。"

② 〔假如不是子，就没人知道他。〕《马太福音》第 11 章、第 27 节："除了子，没有人知道父。"

③ 〔光亮的云彩遮住了他们〕。《马太福音》第 17 章、第 5 节："忽然有一朵光明的云彩遮盖他们。"

④ 《路加福音》第 1 章、第 17 节："他必有以利亚的心志能力，行在主的前面，叫为父的心转向儿女。"

⑤ 《路加福音》第 12 章、第 51 节："你们以为我来是叫地上太平么？我告诉你们，不是，乃是叫人纷争。"

⑥ 〔普遍地与特殊地。〕

⑦ 指神思而言，神恩的赐予并不是普遍的而是特殊的。

⑧ 指罪孽而言，见本书第 775 节。冉森派认为罪孽是普遍的，神恩是特殊的。

644—653(**778**)*902—858*

Omnis Judaea regio, et Jerosolomytae universi, et baptizabantur[①]。由于到这里来的人有着各种条件的缘故。

从这些石头里，亚伯拉罕**可以**有孩子。[②]

83—698(**779**)*956—747*

假如人们认识自己，上帝就会医治好他们并宽恕他们了。Ne convertantur et sanem eos, et dimittantur eis peccata[③]。

646—432(**780**)*892—255*

耶稣基督从不曾不听人说就进行惩罚。对犹大：Amici, ad quid venisti?[④] 对没有穿结婚礼服的那个人，也是一样[⑤]。

645—770, 771, 772(**781**)—*256*

救赎之全体性的象征，就像太阳之照亮一切，[⑥]只不过是标志

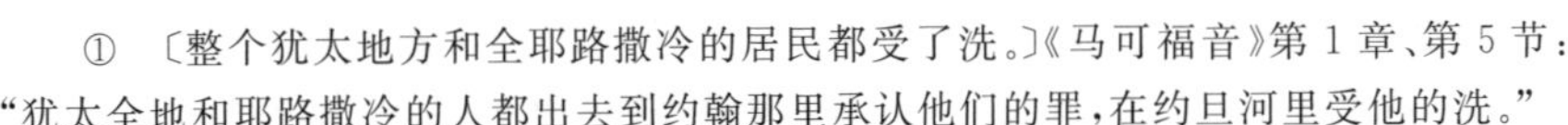

① 〔整个犹太地方和全耶路撒冷的居民都受了洗。〕《马可福音》第 1 章、第 5 节："犹太全地和耶路撒冷的人都出去到约翰那里承认他们的罪，在约旦河里受他的洗。"

② 《马太福音》第 3 章、第 9 节："上帝能从这些石头中给亚伯拉罕兴起子孙来。"

③ 〔不让他们转变过来，得到痊愈和赦免罪过。〕《马可福音》第 4 章、第 12 节："他们看是看见，却不晓得，听是听见，却不明白；恐怕他们回转过来，就得赦免。"

④ 〔朋友，你为什么到来？〕《马太福音》第 26 章、第 50 节："耶稣对他（犹大）说：朋友，你来要做的事，就做吧。"

⑤ 《马太福音》第 22 章、第 13 节："见那里有一个没有穿礼服的，就对他说：朋友，你到这里来，怎么不穿礼服呢？"

⑥ 《马太福音》第 5 章、第 45 节："你们天父……叫日头照好人，也照歹人。"

着一种全体性而已；然而被摒弃的〔象征〕[①]，就像特选的犹太人之摒弃异教徒，却标志着摒弃。

"耶稣基督是一切人的救赎者。"[②]——是的，因为他所提供的正好像这样一个人：凡是愿意到他这里来的人，他都要赎回。那些中途死亡的人，乃是他们自己的不幸；然而就他而论，则他是为他们提供了救赎的。——在赎身的人与防止死亡的人乃是两个人的情况下，这个例子是有效的，然而在耶稣基督身上则是无效的，他既做了前者又做了后者。所以无效是因为耶稣基督以救赎者的身份或许并不是一切人的主人；从而只有当主人在他的身上时，他才是一切人的救赎者。

当我们说，耶稣基督并没有为一切人而死，我们就犯了以这种例外直接引用于其自身的那些人的罪过了；这只是偏爱绝望，而不是使他们转过身来偏爱希望。因为这样一来，人们就由于外表的习尚而使自己习惯于内心的德行。[③]

649—529 * (**782**) *953—860*

对死亡的胜利[④]。一个人如果丧失了自己的灵魂，即使获得全世界，又有什么用呢？[⑤] 凡是想要卫护自己灵魂的，必将丧失

① "象征"原手稿中作"它们象征着"，此处据布伦士维格本。

② 系圣诞节晚祷颂歌歌词。

③ 关于本段的含义，可参看本书第 252 段以下各段与第 536 段。

④ 《哥林多前书》第 13 章、第 57 节："感谢上帝使我们借着我们的主耶稣基督得胜。"

⑤ 《路加福音》第 9 章、第 25 节："人若赚得全世界，却丧失了自己赔上自己，有什么益处呢？"

它[1]。

“我不是来毁灭法律的，而是来成全法律的。”[2]

“羔羊并没有取消世界上的罪恶，而我就是取消罪恶的羔羊。”[3]

“摩西并没有给你们以天上的面包。摩西并没有引你们脱离被俘，并没有使你们真正自由”[4]。

651—642 * (**783**) *915—859*

……这时候耶稣基督到来告诉人们说，他们除了自己本身而外并没有别的敌人，是他们的情欲使得他们与上帝分离，他就是为了消灭它们并赐给他们以神恩而来的，为的是把他们全都造就成一个神圣的教会；他来是要把异教徒和犹太人都带回到这个教会里，他来是要消灭前一种人的偶像和后一种人的迷信。但对于这一点所有的人都在反对，不仅是由于欲念而自然要反对，并且尤其是因为地上的国王们都结合起来要消灭这种新生的宗教，正如所预告过的那样。（Proph：Quare fremerunt gentes... reges terrae... adversus Christum[5]。）

① 《路加福音》第 9 章、第 24 节：“凡要救自己生命的，必丧掉生命。凡为我丧掉生命的，必救了生命。”

② 《马太福音》第 5 章、第 17 节：“莫想我来要废掉律法和先知。我来不是要废掉，乃是要成全。”

③ 《约翰福音》第 1 章、第 29 节：“看哪，上帝的羔羊除去世人罪孽的。”

④ 《约翰福音》第 6 章、第 32 节：“那从天上来的粮，不是摩西赐给你们的。”同书，第 8 章、第 36 节：“天父的儿子若叫你们自由，你们就真自由了。”

⑤ 〔预言：各民族为什么喧嚣……地上的君主……反对基督。〕《诗篇》第 2 篇、第 1—2 节：“外邦为什么争闹……世上的君主一齐起来……要敌挡耶和华。”

地上一切伟大的都结合在一起:学者、贤人和国王。其中有的在写作,另有的在谴责,还有的在杀戮。尽管有这一切反对势力,但这些纯朴的、无拳无勇的人们却抵抗了所有这些威权,甚至还降服了这些国王、这些学者、这些贤人并清除了整个大地上的偶像崇拜。而这一切都是由已经预告过它的那种力量所成就的。

607—607(**784**)*913—861*

耶稣基督并不想要魔鬼的见证,也不想要那些没有奉召的人的见证;而只是要上帝与施洗者约翰的见证。[①]

731—741(**785**)*884—569*

我认为耶稣基督是在所有的人的身上,也在我们自己的身上;作为父的耶稣基督在他的父的身上,作为兄弟的耶稣基督在他的兄弟们的身上,作为穷人的耶稣基督在穷人们的身上,作为富人的耶稣基督在富人们的身上,作为博士与牧师的耶稣基督在牧师的身上,作为国君的耶稣基督在君主的身上,如此等等。因为他既是上帝,便由于他的光荣而成为一切伟大的东西,又由于他那凡人的生命而成为一切卑微下贱的东西。因此之故,他就获得了这种不幸的境况,以致他可以出现在一切人的身上并成为一切境况的典范。

631—577(**786**)*910—857*

耶稣基督处于一种幽晦状态(按照世人们所谓的幽晦),从而

① 见《约翰福音》第5章、第30—39节。

仅只是记叙国家大事的历史学家们就难得注意到他了。

630—611 * (**787**) *928—579*

论无论是约瑟夫[①]还是塔西佗[②]或是别的历史学家都不曾谈到过耶稣基督这一事实——这一点远不足以反驳他，反倒是支持了他。因为耶稣基督曾经存在过，他的宗教引起了广泛的议论，并且上述这些人也并没有忽视它，这些都是确凿的；因此显然可见，他们只不过是有意地隐瞒了他，否则便是他们谈到了他，但人们却查禁了或者篡改了他们。

826—610 (**788**) *897—862*

“我在他们中间为自己留下七千人。”[③]我爱不为世人所知并且甚至于也不为先知所知的崇拜者。

638—432 (**789**) *938—863*

正如耶稣基督始终是在人们中间而不为人所知，因此他的真理也始终是在一般的意见中间，外表上并没有不同。因此，圣餐也就在普通的面包中间。

638(a)—*746* (**790**) *260—865*

耶稣基督不愿没有正义的形式而被杀害，因为由于正义而死

① 约瑟夫（Joséphe，即 Flavius Josephus，约公元 37—100）犹太历史学家。

② 塔西佗（Tacite，即 Cornelius Tacitus，约生于公元 55 年）罗马历史学家。

③ 《列王纪上》第 19 章、第 18 节：“我在以色列人中为自己留下七千人。”

比起由于不义的暴乱而死要更加不光彩得多[①]。

638(b)—(**791**)*926—567*

彼拉多的假正义只不过是用以使耶稣基督受难而已；因为他使耶稣基督因他的假正义而受鞭挞，然后又杀害了他。[②] 一开始就杀害他还要更好一些。假正义的人就是这样：他们做各种好事和坏事来讨好世人，并表明他们一点也不是属于耶稣基督的，因为他们以耶稣基督为耻。并且最后他们在极大的诱惑与机缘之下杀害了他。

636—605(**792**)*922—583*

还有什么人曾经是更光辉显赫的呢？整个的犹太民族在他到来之前就预告了他。异邦人的民族在他到来之后又崇拜了他。异邦人和犹太人这两种人都把他当成是他们自己的中心。

可是又有什么人曾经是更未享受这种光辉显赫的呢？在三十三年的岁月中，他生活了三十年并没有出头露面。在三年里，他被人当作是骗子；牧师们和权贵们都排斥他；他的朋友和他最亲近的人都鄙视他。最后，他的死是被他的一个门徒所出卖，被另一个门徒所否认，被所有的门徒所背弃[③]。

---

① 见《马太福音》第 27 章，又《马可福音》第 15 章，《路加福音》第 23 章，《约翰福音》第 19 章。

② 同上。

③ 见《马太福音》第 26 章，又《马可福音》第 14 章，《路加福音》第 22 章，《约翰福音》第 18 章。

然则,他在这种光辉显赫之中又占有什么地位呢?从来没有人是这样地光辉显赫,也从来没有人是更加不光彩的了。那一切的光辉显赫都只不过是为我们而设的,好让他为我们所认识;而他为他自己却一点光辉显赫都没有。

829—585(**793**)*880—864*

从肉体到精神的无穷距离,可以象征从精神到仁爱的更加无穷遥远的无穷距离;因为仁爱是超自然的。

一切伟大事物的光辉显赫,对于从事精神探讨的人来说,都是毫无光彩可言的。

精神的人的伟大是国王、富人、首长以及一切肉体方面的伟大人物所看不见的。

智慧的伟大——它若不来自上帝,便会是虚无——是肉欲的人和精神的人所看不见的。这里是三种品类不同的秩序。

伟大的天才们有他们的领域、他们的显赫、他们的伟大、他们的胜利、他们的光辉,而绝不需要与他们毫无关系的任何肉体上的伟大。他们不是用眼睛而是要用精神才能被人看到的;这就够了。

圣者们也有他们的领域、他们的显赫、他们的胜利、他们的辉煌,而绝不需要与他们没有任何关系的任何肉体上的或精神上的伟大,因为这些对他们既无所增加,也无所减少。他们是要从上帝与天使而不是从肉体或好奇的精神才能被人看到的;上帝对他们就够了。

阿基米德虽不显赫,[①]也将同样地受人尊敬。他并没有打过仗给人看,然而他把自己的发明贡献给一切人的精神。啊!他对人类的精神是多么光辉显赫啊!

耶稣基督并没有财富也没有任何外表上的知识成就,但他有着他那圣洁性的秩序。他并没有做出什么发明,他并没有君临天下;但他是谦卑的、忍耐的、神圣的,对上帝是神圣的、对魔鬼是可畏的,他没有任何的罪恶。啊!对于窥见了智慧的那种心灵的眼睛来说,他是在怎样盛大的壮观之中又是在怎样宏伟的壮丽之中到来的啊!

阿基米德在他那几何学的书里要当一个君主会是徒劳无益的,尽管他就是其中的君主。

我们的主耶稣基督为了要显耀他自己的圣洁性的统治而以国王的身份出现,这是徒劳无益的;但他确乎是在他那层次的光辉显赫之中到来了!

诽谤耶稣基督的卑贱,仿佛这种卑贱和他所要来显现的伟大竟然属于同一种层次,——这是十分荒唐可笑的。只要我们考虑在他的一生、在他的受难、在他的默默无闻、在他的死亡、在他的选择门徒、在他们的背弃、在他秘密的复活以及在其他事情之中的那种伟大,我们就会看出他是那样地伟大,以致我们没有借口可以诽谤其中所并不存在的卑贱。

然而有的人就只会赞慕肉体的伟大、仿佛是并不存在什么精

---

① 阿基米德(Archiméde,即 Archimedes,公元前 287—前 212)古代希腊著名的科学家。据西塞罗说,阿基米德的身世是默默无闻的。

神的东西；又有的人就只会赞慕精神的伟大，仿佛是并不存在什么智慧上更高得无限的东西。

一切的物体、太空、星辰、大地和地上的王国都比不上最渺小的精神；因为精神认识这一切以及它自己，而物体却一无所知。①

所有的物体合在一起、所有的精神合在一起以及所有它们的产物，都比不上最微小的仁爱行动。那是属于一种更加无限崇高的层次的。

所有的物体合在一起，我们都不能从其中造就出一丝一毫的思想来；这是不可能的，而且是属于另一种层次的。从所有的物体和精神之中，我们都不能引出一桩真正仁爱的行动来；这是不可能的，而且是属于另一种超自然的层次的。②

*632—511(**794**)—895*

为什么耶稣基督不以一种显而易见的方式到来呢？反而要从先前的预言里得到他的证明呢？为什么他要以象征来预告自己呢？

*637—444(**795**)883—893*

如果耶稣基督的到来只是为了要使人神圣，那么全部的圣书和一切的事物就都会引向这一点，而令不信者信服也就会是轻而易举的了。如果耶稣基督的到来只是为了要使人盲目，那么他的

① 可参看本书第347,348段。

② 可参看本书第283段。

全部行为就会混乱不堪，而我们也就不会有任何办法可以令不信者信服了。然而他既然像以赛亚所说的，是 in sanctificationem et inscandalum[①] 而到来的，所以我们就无法令不信者信服而他们也无法令我们信服；然而恰恰就凭这一点我们却能使他们信服，因为我们说在他全部的行为里，无论是这一边还是那一边，都根本就没有什么可以定论的东西。

633—440(**796**)*884—894*

耶稣基督并没有说他不是来自拿撒勒[②]，为的是好把恶人留在盲目之中，也并没有说他不是约瑟的儿子。

744—586(**797**)*832—897*

对耶稣基督的证明——耶稣基督谈到伟大的事物时是那么地朴素，竟仿佛他从不曾想过它们似的；同时却又是那么地明晰，以至于我们可以看出他是想过它们的。这种明确性与这种纯朴性的结合，真是值得赞美的。

742—428(**798**)*832—898*

福音书的文风在好多方式上都是值得赞美的，而其中之一便是对耶稣基督的刽子手和敌人从不曾加以任何詈骂；因为无论是反对犹大、彼拉多的历史家们还是反对犹太人的历史家们，任何一

① 〔在神圣化之中与在诽谤之中。〕《以赛亚书》第 8 章、第 14 节："他必作为圣所。"

② 见《马太福音》第 2 章、第 23 节。

个都没有进行过这种詈骂。

假如福音书历史家们的这种节制以及如此之美好的那种性格中的许多其他特点都是矫揉造作的，并且假如他们矫揉造作出来只不过是为了引人注目，——哪怕他们自己还不敢注目，——那么他们就不会不博得对他们可以做出这类有利言论来的朋友的。[①]然而由于他们这样行动毫不矫揉造作，并且是出自一种完全无私的动机，所以他们并没有使任何人注目；而且我相信许多这类事情直到如今都还没有被人注目过，而这便是他们行事时心怀淡泊的见证。

743—580(**799**)*30—896*

一个工匠也谈到财富，一个律师也谈到战争、谈到效忠，等等；可是富人谈财富才谈得好，国王谈他刚刚做出的一项伟大的恩赐才谈得冷淡，而上帝才能很好地谈上帝。

741—593(**800**)*918—886*

是谁教会了福音书的作者们懂得一个完美无瑕的英雄灵魂的种种品质，竟至能在耶稣基督的身上把它描绘得那么完美无瑕呢？他们为什么要使他在他自己的苦痛时表现得脆弱呢？[②] 难道他们不晓得描绘一幕死的坚定吗？他们晓得的，因为同一个圣路加描写圣司提反[③]的死要比耶稣基督的死更坚强得多。

① 可参见本书第154—155段。

② 见《路加福音》第22章、第41—46节。

③ 见《使徒行传》第七章。

因而，他们使他在死亡的必要性来临之前先要恐惧，然后再完全坚强起来。

但是当他们写他那样地惶惑时，那正是他使他自己惶惑的时候；而当人们使他惶惑时，他却是完全坚强的。

739—587(**801**)*904—885*

对耶稣基督的证明——使徒是骗子这种假说是荒谬无稽的。让我们来寻个究竟吧；让我们想象这十二个人在耶稣基督死后都聚集在一起，密谋策划说他是复活了。他们借此来攻击一切权力。但人心总是出奇地倾向于翻云覆雨，倾向于变化无常，倾向于甜言蜜语，倾向于贪财好货的。他们这些人之中无论有哪一个被所有这些东西诱惑了，甚而至于被监牢、被折磨、被死亡哪怕动摇了一点点，那么他们就全都完了。让我们究寻这一点吧。

738—599(**802**)*364—889*

使徒们要么就是受了骗，要么就是骗子；这两种说法无论哪种都有困难，因为不可能认为一个人是复活了……

当耶稣基督和他们在一起时，他可以支持他们；然而在这以后，假如他并没有向他们显现，那么是谁使他们行动的呢？

第十三编

*750—873(**803**)562,921—868*

开始——奇迹可以辨别学说,学说也可以辨别奇迹。

它们有假的,也有真的。必须有一个标志才好认识它们;否则它们便是无用的了。可是,它们并不是无用的,反倒是基础。故此,它所给予我们的准则就必须是这样的:它不得摧毁真正的奇迹对真理所做出的证明,真理才是奇迹的主要鹄的。

摩西给出了两条准则:即预告并没有实现,见《申》第18章;[①]以及它们绝不会引向偶像崇拜,见《申》第13章;[②]而耶稣基督只给出了一条。[③]

如果是学说规定了奇迹,那么奇迹对于学说就是无用的。

如果是奇迹规定了……

对这一准则的反驳——时间方面的辨别。一条准则是摩西时的,一条准则是现在的。

---

① 《申命记》第18章、第22节:"先知托耶和华的名说话,所说的若不成就也无效验,这就是耶和华所未曾吩咐的。"

② 见《申命记》第13章全章。据布伦士维格解说:此处的两条准则,前一条为假奇迹的标志,后一条为真奇迹的标志。

③ 《马可福音》第9章、第39节:"因为没有人奉我名行异能,反倒轻易诽谤我。"按,此处"异能"即奇迹。

755—904 * (**804**) *937—869*

奇迹——奇迹就是超出人们所能运用于自然力量的手段之外的一种作用；非奇迹就是并不超出人们所能运用于自然力量的手段之外的一种作用。因此由于祈求魔鬼而痊愈的人并没有做出什么奇迹，因为这并没有超出魔鬼的自然力量之外。但是……①

745—470 (**805**) *932—849*

有两种基础，一种是内心的，一种是外表的；神恩、奇迹，两者都是超自然的。

746—884 (**806**) *941—880*

奇迹与真理都是必要的，这是由于必须既在肉体上又在灵魂上使整个一个人都信服的缘故。

748—893 (**807**) *939—876*

从来总是要么人在讲着真正的上帝，要么真正的上帝就在向人讲话。②

① 按本段是帕斯卡尔致圣西伦（Saint-Cyran）方丈巴尔柯思（M. de Barcos）的《论奇迹问题》一篇的缩写。

② 据布伦士维格注，此处意谓学说始终是纯洁的；假如它有争论的话，上帝就会通过奇迹来显示他自己。

627—883(**808**)*957—874*

耶稣基督从不是根据圣书与预言而总是以他的奇迹在证实他的学说的，这就证实了他就是弥赛亚。

他证明了他以奇迹赦免罪恶。[①]

耶稣基督说，你不应该喜欢你的奇迹，而是应该喜欢你的名字是写在天上的。[②]

假如他们不相信摩西，他们也就不会相信复活。

尼哥底母由于他的奇迹而认识到他的学说[③]就是上帝的[④]：Scimus quia venisti a Deo magister；nemo enim potest haec signa facere quae tu facis nisi Deus fuerit cum eo。[⑤] 他并不根据学说来判断奇迹，而是根据奇迹来判断学说。

犹太人有一种关于上帝的学说，正如我们有一种关于耶稣基督的学说一样，并且是被奇迹所肯定的；他们被禁止相信一切的奇迹制造者，此外，并规定要请教大祭司[⑥]并且要坚决跟随大祭司。

所以凡是我们可以拒绝相信奇迹制造者的一切理由，他们对于他们的先知都是有的。

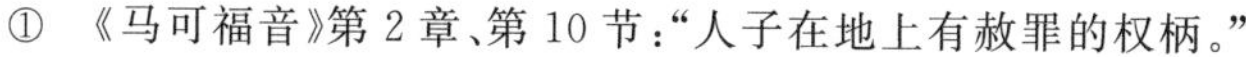

① 《马可福音》第 2 章、第 10 节："人子在地上有赦罪的权柄。"

② 《路加福音》第 10 章、第 20 节："然而不要因鬼服了你们就欢喜，要因你们的名记录在天上欢喜。"

③ 这句话里的两个"他"均指耶稣基督。

④ 见《路加福音》第 3 条、第 1—21 节。

⑤ 〔师傅，我们知道你是从上帝那里来的；因为假若不是与上帝同在，就没有人能行你所行的奇迹。〕《约翰福音》第 3 章、第 2 节："我们知道你是从上帝那里来作师傅的，因为你所行的神迹若没有上帝同在，无人能行。"

⑥ 见《申命记》第 17 章、第 12 节。

然而，他们却由于他们的奇迹的缘故拒绝了先知以及耶稣基督，因而成为罪孽深重的；而假如他们不曾见过奇迹的话，他们就不会成为罪孽的了：Nisi fecissem ... peccatum non haberent[①]。因而，所有的信仰都是根据奇迹的。

预言并不叫作奇迹：例如圣约翰谈到迦拿的头一件奇迹，[②]然后谈到耶稣基督向那个被他揭发了其全部隐秘生活的撒玛利亚的女人所讲的话，[③]然后又治愈了百夫长的儿子，[④]而圣约翰把这称为“第二项标志”。[⑤]

627(a)—*579** (**809**) *886*—*871*

奇迹的结合。

627(b)—*872** (**810**) *927*—*872*

第二项奇迹可以假设头一项；但头一项却不能假设第二项。[⑥]

624—*369*** (**811**) *924*—*879*

没有奇迹，人们不信仰耶稣基督也就不会有罪了。[⑦]

---

① 〔如果我没有做过……他们就没有罪。〕《约翰福音》第15章、第24节：“我若没有在他们中间行过别人未曾行的事，他们就没有罪。”

② 见《约翰福音》第2章、第1—11节。

③ 见《约翰福音》第4章、第7—29节。

④ 见《约翰福音》第4章、第46—53节。

⑤ 《约翰福音》第4章、第54节：“这是耶稣在加利利行的第二件神迹。”

⑥ 按本段为对第808段末尾“第二项奇迹”的诠释。

⑦ 原稿此处尚有如下字样：“vide an mentiar”〔请看我是不是撒谎〕。语出《约伯记》第6章、第28节：“请你们看看我，我决不当面撒谎。”

*625—354** (**812**)—*877*

圣奥古斯丁说：没有奇迹，我就不会是基督徒。[①]

749—897 (**813**) *895—875*

奇迹——我多么恨那些造出了奇迹怀疑者的人！蒙田，正如必要的那样，在两个地方谈到了他们。在一个地方，我们看到他是何等地审慎，[②]可是在另一个地方他却相信并且嘲笑了不信者。[③]

不管怎么样，假如他们是有道理的话，教会就没有证明了。

749 (a)—*894* (**814**) *841—561*

蒙田反对奇迹。

蒙田赞成奇迹。

626—473 (**815**) *893—903*

要很有道理地反对相信奇迹，这是不可能的。

① 按本段文字并不见于奥古斯丁的著作；据阿韦解说，它只是说明奇迹对于信仰的重要性。

② 指蒙田《文集》第 3 卷、第 11 章，该章中蒙田提到最平常的事实可以由于人们的想象而逐步膨胀为奇迹。

③ 指蒙田《文集》第 1 卷、第 26 章，该章中蒙田宣扬了他的怀疑主义，即我们没有权利拒绝任何看来是最不平常的事实，因为习惯在本质上就是骗人的，此外我们又没有任何别的办法可以分辨真假。

281—431(**816**)*855—867*

不信仰的人乃是最信仰的人。为了不肯信仰摩西的奇迹,他们就信仰了韦斯巴襄[①]的奇迹。

*825—477**(**817**)*925—881*

题目:何以人们信仰那么多口称自己曾看见过奇迹的骗子,却不信仰任何声称自己掌握有可以使人不朽或恢复青春的秘密的人[②]——考虑到何以人们把那么大的信心赋给了那么多口称自己掌握有救治之道的骗子,竟至往往把自己的生命都交到他们的手里,我觉得真正的原因就在于有真正的救治之道;因为假如并没有真正的救治之道,那么就不可能会有那么多假的救治之道而人们却还要赋予它以那么大的信心了。假如对于任何灾祸都从来没有什么救治之道,假如所有的灾祸都是无可救治的,那么就不可能会有人想象他们可以做出补救来;而且尤其不可能有那么多其他的人会信仰那些自吹是掌握有救治之道的人了;正像假若某个人自吹能使人不死,就不会有任何人相信他一样,因为这样的事是从没有任何先例的。但是既然有大量的救治之道已经被最伟大的人物们的亲身知识发现是真实的,所以人们的信仰也就为之倾倒;并且它既然被人认为是可能的,所以人们也就由此结论说它是存在的。

① 韦斯巴襄(Vespasien,即 Flavius Vespasianus)罗马皇帝,公元 70—79 年在位。传说韦斯巴襄曾在亚历山大港治愈过瞎子和瘫痪;事见塔西佗《史记》,蒙田《文集》第 3 卷、第 8 章转引。

② 可参看蒙田《文集》第 1 卷、第 26 章。

因为人们通常是这样推论的:“某件事物是可能的,因而它是存在的”;因为既然有某些具体的作用是真实的,于是这件事物就不能一般地加以否定,所以人们无从辨别这些具体的作用之中哪些才是真实的,便全部相信了它们。同样地,使得人们之所以相信月亮有那么多的虚假的作用的,就正是由于其中有真作用,例如海洋的潮汐。

预言、奇迹、梦兆、邪术等等,也都是这样。因为假如这一切里面从来就没有任何真实的东西,人们就不会相信其中的任何东西了;因此我们就不要结论说,因为有那么多的假奇迹,所以根本就没有什么真奇迹;相反地我们倒是必须说,既然有那么多假奇迹,所以就必定有真奇迹,并且其所以有假奇迹就正是由于有真奇迹的缘故。对于宗教,我们也必须以同样的方式进行推论;因为假使从不曾有过一个真正的宗教,那么人类居然能想象那么多的假宗教就是不可能的事。对这一点的反驳就是说,野蛮人也有一种宗教;但对这一点我们可以回答说,他们也听说过真正的宗教,诸如洪水、割礼、圣安德罗的十字架等等所表现的那些。[①]

825(a)—*478** (**818**) *882*—*870*

考虑到何以有那么多的假奇迹、假启示、巫术等等,我觉得真正的原因就在于〔其中〕有真的;因为如果其中没有真的,就不可能会有那么多的假奇迹;如果其中没有真的,也就不可能会有那么多的假启示;如果其中没有一种真正的宗教,也就不可能会有那么多

① 按本段所谈的内容均系针对蒙田《文集》第 3 卷、第 12 章的论点。

的假宗教。因为如果从不曾有过这一切的话，那么就不大可能有人会想象到它，而且尤其不可能有那么多其他的人会信仰它。但是既然有些非常伟大的事物是真实的，并且它们又被伟大的人物这样相信着，这种印象就是使得几乎所有的人都可以相信那些虚假的事物的原因了。因此，我们就不要结论说，既然有那么多的假奇迹，所以根本就没有什么真奇迹；相反地我们倒是必须说，既然有着那么多的假奇迹，所以就必定有真奇迹，并且其所以有假奇迹就正是由于有真奇迹的缘故；而且同样地，其所以有假宗教，就正是因为有一种真宗教。——对这一点的反驳就是：野蛮人也有一种宗教；然而那乃是由于他们听说过真正的宗教，诸如圣安德罗的十字架、洪水、割礼等等所表现的那些。这是由于人类的精神既发现自己根据真理而倒向了这一边，便因此而变得易于感受其全部的虚假性……[①]

755(a)—*890*(**819**)*942*—*905*

《耶利米书》第 23 章、第 32 节，假先知的奇迹。在希伯来文与瓦塔布尔刊本[②]中则是诡谲。

奇迹并不永远指的是奇迹。《列王纪上》第 15 章，[③]奇迹是指

① 按本段内容为上一段的改写，系出自作者之姊比里埃夫人的手笔，约写于 1660 年。

② 瓦塔布尔(Vatable)为波·罗雅尔的希伯来文教授，1539 年曾出版过一种托名为瓦塔布尔刊本的圣经。

③ 按此处应作《撒母耳记上》第 14 章、第 15 节："于是在营中、在田野、在众民内都有战兢，防兵和掠兵也都战兢，地也震动，战兢之势甚大。"

恐惧[①]，希伯来文中也是如此。《约伯书》中显然也是同样的，见第33章、第7节。[②] 又见《以赛亚书》第21章、第4节；[③]《耶利米书》第44章、第12节。[④] Portentum 指的是 Simulacrum；[⑤]《耶》第50章、第38节，[⑥]在希伯来文与瓦塔布尔刊本中也是如此。《以》第8章、第18节：[⑦]耶稣基督说，他自己以及他的一切都会成为奇迹。

757—898(**820**)*849—889*

假如魔鬼偏爱那种能毁灭自己的学说，那么他就会分裂的，正如耶稣基督所说的那样。假如上帝偏爱那种能毁灭教会的学说，那么他也就会分裂的：Omne regnum divisum[⑧]。因为耶稣基督的行事是反对魔鬼的，并摧毁了他对人心的统治——打鬼就是这事的象征——以便建立上帝的王国。因此，他又补充说：si in digito Dei ... regnum Dei ad vos。[⑨]

① 按“恐惧”一词本段所引圣经中译本各段作“战兢”“惊吓”“惊骇”。

② 《约伯记》第33章、第7节：“我不用威严惊吓你，也不用势力重压你。”

③ 《以赛亚书》第21章、第4节：“我所羡慕的黄昏，变为我的战兢。”

④ 《耶利米书》第44章、第12节：“所剩下的犹太人，我必使他们尽都灭绝，必在埃及地仆倒，必因刀剑饥荒灭绝，从最小的到至大的，都必遭刀剑饥荒而死，以致令人辱骂、惊骇、诅咒、羞辱。”

⑤ 〔奇迹指的是偶像。〕

⑥ 《耶利米书》第50章、第38节：“有干旱临到他的众水，就必干涸，因为这是有雕刻偶像之地。”

⑦ 《以赛亚书》第8章、第18节：“看哪，我与耶和华所给我的儿女，就是从锡安山万军之耶和华来的，在以色列中作为预兆和奇迹。”

⑧ 〔全国大分裂〕。《马太福音》第12章、第25节：“凡一国自相纷争，就成为荒场，”又见《路加福音》第11章、第17节。

⑨ 〔以上帝的名……上帝的王国临到你们。〕《路加福音》第11章、第20节：“我若靠上帝的能力赶鬼，这就是上帝的国临到你们了。”

758—882(**821**)*946—878*

试探与导致错误这两者之间是大为不同的。上帝在试探,然而他并不导致错误。试探乃是提供机缘,它绝不把必要性强加于人;假如人们不爱上帝,他们就会做某一件事的。而导致错误则是使人有必要得出谬妄的结论并追随这种结论。

*763—906**(**822**)*860—*

亚伯拉罕,基甸[①]:超乎启示之外的〔标志〕。根据圣书在判断奇迹的犹太人使自己盲目。上帝永远不曾离弃过他的真正的崇拜者。

我更愿追随耶稣基督而不追随任何别人,因为他有着奇迹、预言、学说、永存等等。

多那图斯派[②]:并没有奇迹使人必须说它就是魔鬼。

我们越是把上帝、耶稣基督、教会加以特殊化……

759—876(**823**)*945—*

如果没有假奇迹,那么我们就会有确凿性了。如果没有可以辨别它们的准则,那么奇迹就会是无用的,而且也就不会有信仰的理由了。

---

① 基甸为以色列勇士,事见《士师记》第6—8章。

② 多那图斯派指公元四世纪北非多那图斯(Donatus)所创的异端,以要求严格的圣洁闻名。

可是就人世而论,却没有人间的,确凿性,而只能有理智[①]。

761—895(**824**)*936—589*

要么是上帝渗入了假奇迹,要么便是上帝预告过它们;而无论是哪种情形,他都是把自己提升到对我们来说是超自然的东西之上的,并且也把我们本身提升到那里。

*762—729**(**825**)*946—817*

奇迹不是用来皈化的,而是用来谴责的(Q. 113,A. 10,Ad. 2)[②]。

760—874(**826**)*951—817*

人们所以不信仰的原因。

《约》第12章、第37节。Cum autem tanta signa fecisset,non crede bant in eum,ut sermo Isayae imptefetur. Excaecavit,等等。[③]

Haec dixit Isaias,quando vidit gloriam ejus et locatus est de

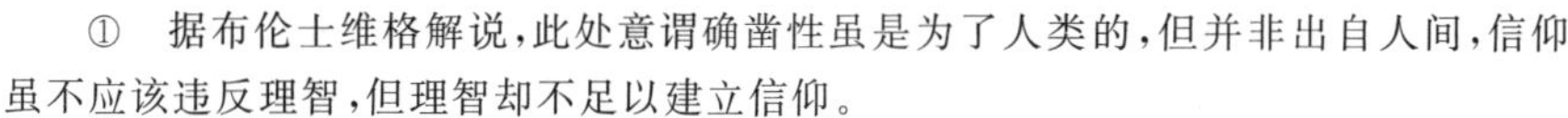

① 据布伦士维格解说,此处意谓确凿性虽是为了人类的,但并非出自人间,信仰虽不应该违反理智,但理智却不足以建立信仰。

② 括号内字样指:"〔圣汤玛斯·阿奎那斯《神学大全》第一部〕第113问,第十款,答第二条反驳。"

③ 〔尽管他行了那么多的奇迹,他们还是不信他,这就应验了以赛亚的话。叫他们瞎了眼,等等。〕《约翰福音》第12章、第37—40节:"他虽然在他们面前行了许多神迹,他们还是不信他;这是要应验先知以赛亚的话说,……主叫他们瞎了眼……"

eo.[1]

“Judaei signa petunt et Graeci sapientiam queerunt, nos autem Jesum crucifixum[2].” Sed plenum signis, sed plenum sapientia; vos autem Christum non crucifixum et religionem sine miraculis et sine sapientia.[3]

使得人们不相信真奇迹的，便是由于缺乏爱。《约》：Sed vos non creditis, quia non estis ex ovibus。[4] 使得人们相信假奇迹的，便是由于缺乏爱。《帖撒》第 2 章[5]。

宗教的基础。那就是奇迹。那么，怎么样呢？难道上帝说过要反对奇迹，要反对人们对他所怀有的信仰的基础么？

如果上帝存在，那么对上帝的信心就一定会在地上存在。可是，耶稣基督的奇迹并不曾为反基督者所预告，而反基督者的奇迹却为耶稣基督所预告。[6] 因此，假如耶稣基督不是弥赛亚，他就确

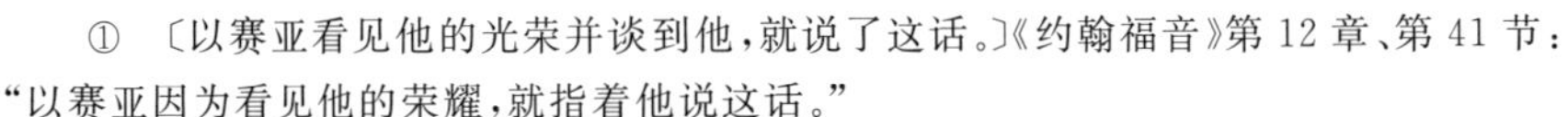

① 〔以赛亚看见他的光荣并谈到他，就说了这话。〕《约翰福音》第 12 章、第 41 节：“以赛亚因为看见他的荣耀，就指着他说这话。”

② 〔“犹太人要奇迹，希腊人求智慧，我们则传钉上了十字架的耶稣”。〕《哥林多前书》第 1 章、第 22 节：“犹太人是要神迹，希利尼人是求智慧，我们却是传钉十字架的基督。”

③ 〔尽管充满了奇迹，尽管充满了智慧，可是你们的基督没有上十字架，你们的宗教既没有奇迹也没有智慧。〕按，这句话是作者自己所补充的，句中的“你们”系指耶稣会士。

④ 〔但你们不相信，是因为你们不是羊。〕《约翰福音》第 10 章、第 26 节：“只是你们不信，因为你们不是我的羊。”

⑤ 《帖撒罗尼迦后书》第 2 章、第 9—10 节：“这不法的人来是照撒旦的行动，行各样的异能神迹和一切虚假的奇事，并且在那沉沦的人身上行各样出于不义的诡诈，因他们不领受爱真理的心。”

⑥ 《马太福音》第 24 章、第 24 节：“因为假基督、假先知将要起来显大神迹、大奇事。”

乎会导致错误;但反基督者却的确是不能导致错误的。当耶稣基督预告了反基督者的奇迹时,难道他想摧毁对他自己奇迹的信心吗?

摩西预告了耶稣基督,并吩咐人们追随他①;耶稣基督则预告了反基督者,并禁止人们追随他。②

在摩西的时代,人们要保持自己对反基督者的信念乃是不可能的,反基督者还不曾为人所知;但是在反基督者的时代,要信仰已经为人所知的耶稣基督,却是十分轻而易举的。

并没有任何可以相信反基督者的理由是不可以用来相信耶稣基督的;然而却有可以相信耶稣基督的理由是不可以用来相信反基督者的。

756,*756*(a)—*877*(**827**)*950*—*587*

《士师篇》第13章、第23节:"假如主是愿意让我们死亡,他就不会向我们表明这一切事物了"。③

希西家。西拿基立。④

《耶利米》。假先知哈拿尼雅死于第七个月。⑤

---

① 《申命记》第18章、第5节:"因为耶和华你的上帝从你各支派中将他拣选出来,使他和他子孙永远奉耶和华的名侍立事奉。"

② 《马太福音》第24章、第23节:"那时若有人对你们说基督在这里,或说基督在那里,你们不要信。"

③ 《士师篇》第13章、第23节:"耶和华若要杀我们,必……不将这一切事指示我们。"

④ 见《列王纪下》第18—19章。

⑤ 《耶利米书》第28章、第17节:"这样先知哈拿尼雅当年七月间就死了。"

《马卡下》第 3 章：神殿本是准备被掠夺的，却奇迹般地得到了解救。[①] ——《马卡下》第 15 章。

《列王纪上》第 17 章：以利亚复活了孩子，寡妇就向以利亚说："就凭这，我知道你的话是真的。"[②]

《列王纪上》第 18 章：以利亚和巴力的先知在一起。[③]

在有关真上帝、有关宗教真理的争论中，从来就不曾发生过奇迹是在错误一边而不是在真理一边的。

766(a)—*889*(**828**)*887*—*588*

争论——亚伯，该隐；[④]摩西，魔法师们[⑤]；以利亚，假先知；[⑥]耶利米，哈拿尼雅；[⑦]米该亚，假先知；[⑧]耶稣基督，法利赛人；[⑨]圣保罗，巴-耶稣；[⑩]使徒，驱魔者；[⑪]基督徒与不信仰者；天主教徒，异

① 见《马卡比书下》第 3 章、第 24 节。按犹大·马卡比(Judas Maccabaeus)曾于公元前 175—前 164 年领导反叙利亚的叛乱，记载这次叛乱的《马卡比书(上、下)》为旧约经外经中的两卷。

② 《列王纪上》第 17 章、第 23—24 节："以利亚将孩子……交给他母亲说，看哪你的儿子活了。妇人对以利亚说……耶和华借你口所说的话是真的。"

③ 事见《列王纪上》第 18 章、第 18—29 节。

④ 见《创世记》第 4 章。

⑤ 见《出埃及记》第 7 章。

⑥ 见《列王纪上》第 18 章。

⑦ 见《耶利米书》第 28 章。

⑧ 见《列王纪上》第 22 章。

⑨ 见《路加福音》第 5 章。

⑩ 见《使徒行传》第 13 章。

⑪ 见《使徒行传》第 19 章、第 13—16 节。

端;以利亚,以诺;[①]反基督者。[②]

总是真的东西在奇迹之中占上风。两种十字架。[③]

623—879(**829**)*933—793*

耶稣基督说,圣书是给他作见证的,[④]但是他没有说明是在哪些方面。

甚至是预言,当耶稣基督在世时也不能证明他;因此,人们在他死前并没有信仰他就不会是有罪的,假如奇迹没有学说仍然是不够的话。可是在他活着时不曾信仰他的那些人都是罪人,正像他亲自而又毫不宽贷地说过的。[⑤] 因而就必定是有过一种他们曾经加以抗拒过的指示了。可是,他们又并没有我们的这些,却仅仅有奇迹;因而当学说并不相反的时候,奇迹就足够了;并且人们是应该相信它的。

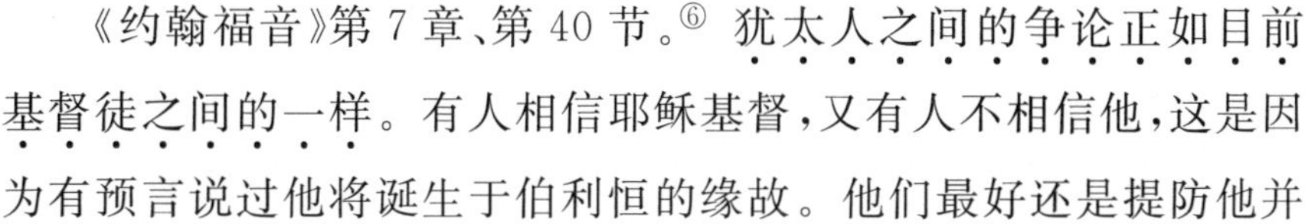

《约翰福音》第 7 章、第 40 节。[⑥] 犹太人之间的争论正如目前基督徒之间的一样。有人相信耶稣基督,又有人不相信他,这是因为有预言说过他将诞生于伯利恒的缘故。他们最好还是提防他并

① 见《创世记》第 5 章。

② 见《启示录》第 11 章。

③ “两种十字架”指耶稣的十字架与强盗的十字架。见《马太福音》第 27 章、第 37 节,又《马可福音》第 15 章、第 27 节,《路加福音》第 23 章、第 33 节。

④ 《约翰福音》第 5 章、第 39 节:“给我作见证的就是这经。”

⑤ 《约翰福音》第 15 章、第 22 节:“我若没有来教训他们,他们就没有罪,但如今他们的罪无可推诿了。”

⑥ 《约翰福音》第 7 章、第 40 节:“众人听见这话,有的说,这真是那先知。有的说,这是基督。但也有的说,基督岂是从加利利出来的么?经上岂不是说基督是大卫的后裔,从大卫本乡伯利恒出来的么?于是众人因着耶稣起了纷争。”

不是耶稣基督。因为他的奇迹既是令人信服的，他们就应该对他的学说与圣书之间的这些假想的矛盾很有把握了；可是那种幽晦不明却没有宽恕他们而是使他们盲目。因此目前那些为了一个假想中的纯属子虚的矛盾而拒绝相信奇迹的人，就是不可宽恕的了。

法利赛人向根据他那奇迹而信仰他的那个民族说："这个不知道法律的民族是该咒诅的；可是有没有一个君主或是一个法利赛人是相信他的呢？因为我们知道并没有任何先知来自加利利。"尼哥底母回答道："我们的法律难道在听一个人说话之前就要判他罪吗？"[①]（何况是做出了这样的奇迹的这样一个人。）

621—476（**830**）*920—615*

预言曾经是含糊的：它们现在[②]却不再是那样的了。

LII—*901*（**831**）*894—564*

五条命题[③]曾经是含糊的，它们现在[④]却不再是那样的了。

---

① 《约翰福音》第7章、第47—52节："法利赛人说：'你们也受了迷惑么？官长或是法利赛人岂有信他的呢？但这些不明白律法的百姓是被咒诅的。'内中有尼哥底母，就是从前去见耶稣的，对他们说：'不先听本人的口供，不知道他所做的事，难道我们的律法还定他的罪么？'他们回答说：'你也是出于加利利么？你且去查考就可知道加利利没有出过先知。'"

② "现在"指自耶稣基督以后。

③ "五条命题"见第850节。

④ "现在"指自圣荆棘的奇迹而后。关于圣荆棘的奇迹，见下第839段注。

LIII—*797*(**832**)*907*—*471*

由于人们已经有了奇迹的缘故，奇迹现在就不再是必要的了。[1] 然而当人们不再倾听传统的时候，当人们除了教皇而外就再提不出什么来的时候，当人们拿他吓唬人的时候，从而也就排除了真理的真正根源(那就是传统)并从而歪曲了教皇(他是真理的受托人)的时候；真理就不再有出现的自由了：这时候人们既不再谈真理，真理自身就应该出来向人们讲话了[2]。这就是阿里乌斯[3]时代所发生的事。(在戴克里先治下与在阿里乌斯治下的奇迹。)

LV—*475**(**833**)*868*—*444*

奇迹——人民凭他们自身得出这个结论；但是假如必须把它的理由告诉你……

成为准则[4]的例外是可哀的事。准则还甚至于必须是严格的，不许有例外的。可是，既然它一定会有例外，那么我们就必须严格地但却公正地评判它。

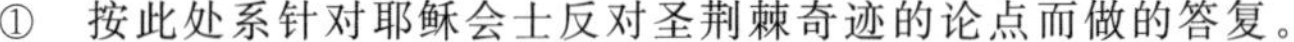

① 按此处系针对耶稣会士反对圣荆棘奇迹的论点而做的答复。

② 见第 807 段。

③ 见本书第 868 段。作者此处系以阿达拿修斯派与亚里乌斯派的对立比喻冉森派与耶稣会的对立。阿里乌斯(Arius)为阿里乌斯派异端的创立者，于罗马皇帝戴克里先(Dioclètien，即 Caius Diocletianus，284—305)末年开始传教，不久即死去。

④ 此处“准则”指自从建立教会以后就不再有奇迹这一准则。

LIV—*888*(**834**)*930*—*251*

《约翰福音》[①]第 6 章、第 26 节:Non quia vidistis signa, sed quia saturati estit。[②]

那些因耶稣基督的奇迹而追随他的人,在他的权力所产生的全部奇迹之中尊崇他的权力;然而那些为了耶稣基督的奇迹而口称是追随他的人,实际上只不过是因为他能慰藉他们并满足他们的世俗财货而在追随他罢了;当他的奇迹与他们的享受相违反时,他们就不尊崇他的奇迹了。

《约》第 9 章:Non est hic homo a Deo, qui sabbatum non Custodit. Alii:Quomodo potest homo peccator haec signa facere[③]?

哪一个是最清楚明白的呢?

这座房院[④]不是上帝的;因为这里的人们不相信五条命题都在冉森里面。另有的人:这座房院是上帝的;因为这里面造就了许多特异的奇迹。

哪一个是最清楚明白的呢?

Tu quid dicis? Dico quia propheta est. Nisi esset hic a Deo,

---

① 此处起初写作:"Hoc habebitis signum ad defendendos viros qui falsis . . . "〔你们要有奇迹才能防护那些由于错误而……的人。〕

② 〔不是因为你们看见了奇迹,而是因为你们吃饱了。〕《约翰福音》第 6 章、第 26 节:"你们找我,并不是因见了奇迹,乃是因吃饼得饱。"

③ 〔这个人不是从上帝那里来的,他不遵守安息日。又有的人:这个罪人又怎么能行奇迹呢?〕《约翰福音》第 9 章、第 16 节:"法利赛人中有的说,这个人不是从上帝来的,因为他不守安息日。又有人说,一个罪人怎么能行这样的神迹呢?"——译注

④ "这座房院",指波·罗雅尔修道院。

non poterat facere quidquam①.

752—886(**835**)*949—284*

在旧约里，当人们把你推离上帝的时候。在新约里，当人们把你推离耶稣基督的时候。这些都是向信仰排斥被标志出来的奇迹的缘由。并不需要再做什么别的排斥。

是不是由此就可以推论，他们有权排斥所有来到他们中间的先知呢？不是的。他们若不排斥那些否认上帝的人，便是有罪的；而他们要排斥那些不否认上帝的人，也是有罪的。

因此，只要我们见到奇迹，我们就必须要么膜拜，要么就得有相反的惊人标志。我们必须看，它是不是要否认上帝或耶稣基督或教会。

751—880(**836**)*905—285*

不拥护耶稣基督而老实承认，与不拥护耶稣基督而佯装拥护，这两者之间是大有不同的。前者能够做出奇迹，后者则不能；因为前者是明明白白在反对真理的，后者则不是；这样，奇迹就更加清楚明白了。

629—881(**837**)*935—286*

我们必须爱唯一的上帝，这是一件那么显然易见的事，以至于

① 〔你说是谁？我说他是先知。假如他不是从上帝来的，他就什么也做不出来了。〕《约翰福音》第 9 章、第 17 节："你说他是怎样的人呢？他说，是个先知"；第 33 节："这人若不是从上帝来的，什么也不能做。"

并不需要有奇迹来加以证明。

*620—365(**838**)889—287*

耶稣基督造就了奇迹,随后又有使徒们以及大批最初的圣者们;因为预言还未曾实现并且正在被他们所实现,所以除了奇迹就没有任何东西可以见证。弥赛亚将皈化万国,这是被预告过的。[①] 这一预言若没有万国的皈依,又怎么能实现呢?而万国若看不见可以证明弥赛亚这些预言的最后应验,又怎么能皈依弥赛亚呢?因而,在他死亡、复活与皈化万国以前,一切就都没有完成;因此在整个这段时间里都必须要有奇迹。可是现在却不需要有它们来反对犹太人了,因为已经实现的预言乃是一场持久的奇迹。

*753—887(**839**)891—288*

“假如你不相信我,至少你应该相信奇迹。”[②]他提到这话作为是最坚强有力的。

已经向犹太人说过,也同样向基督徒说过,他们不应该总是相信先知;[③]然而法利赛人和犹太史官却大肆渲染他的奇迹,并力图

---

① 《以赛亚书》第 2 章、第 3 节:“主必将他的道教训我们,我们也必行他的路。”

② 《约翰福音》第 10 章、第 38 节:“我若行了(我父的事),你们纵然不信我,也当相信这些事。”

③ 《申命记》第 13 章、第 1—3 节:“你们中间若有先知,或是做梦的起来,向你显个神迹奇事;……他所显的神迹奇事虽有应验,你也不可听那先知或是那做梦之人的话。”

表明它们是假的或是由魔鬼所造就的；[①]假如他们承认它们来自上帝，那便有加以信服的必要了。

我们目前已经不去费力做这种分辨了。然而它却很容易做到：凡是既不否认上帝又不否认耶稣基督的人，都没有行过任何不确凿的奇迹。Nemo facit virtutem in nomine meo，et cito possit de me male loqui[②].

但是我们根本无须做这种分辨。这儿就有着一个神圣的遗物。[③] 这儿就是世界救主的王冕上的一根荆棘，世上的君主对它并没有权威，它是由于为我们而流的那种血所固有的权威而成就了奇迹的。故此上帝亲自选择那座房院，好使他的威权在那里辉煌照耀。

使得我们难以分辨的，并不是以一种人所不知的、可疑的德行而造就了这些奇迹的人，而是上帝本身，而是他的独子受难的这一手段，他许多地方都选择了这一手段，并使人从各个角落都来在他们的劳苦倦极之中接受这种奇迹般的慰藉。

LVII—*891*(**840**)*940*—*287*

教会有三种敌人：即犹太人，他们从来都不属于它那团体；异

① 《马可福音》第 3 章、第 22 节："从耶路撒冷下来的文士说，他（耶稣）是被别西卜附着，又说他是靠着鬼王赶鬼。"

② 〔没有人能以我的名行奇事，并且轻易诽谤我。〕《马可福音》第 9 章、第 39 节："因为没有人奉我名行异能，反倒轻易毁谤我。"

③ 指耶稣临死时头上所戴的荆棘。事见《马太福音》第 27 章、第 29 节，《马可福音》第 15 章、第 17 节。1656 年 3 月 24 日帕斯卡尔外甥女马格丽特·比里埃（Marquerite Perier）曾以传说中的耶稣的荆棘，治愈了目疾，当时曾被认为是奇迹。

端派，他们退出了它那团体；以及坏基督徒，他们从内部来分裂它。

这三种不同的对手常常以不同的方式来攻击它。但是在这里他们却以同一种方式在攻击它。既然他们都没有奇迹，而教会却总是有奇迹可以反对他们，所以他们就同样都有着要加以回避的兴趣；并且都在引用如下的遁词：即绝不能根据奇迹来判断学说，而只能根据学说来判断奇迹[①]。在倾听耶稣基督的人们当中也有两派：一派是由于他的奇迹而追随他的学说；另一派则是说……[②]在加尔文的时代就有两派。……现在则有耶稣会士，等等。

766，LIV—*814*，*907*（**841**）*952*—

奇迹辨别了各种疑难的事物：辨别犹太人之与异教徒，犹太人之与基督徒，天主教之与异端，受谤者之与诽谤者，以及两种不同的十字架。

但对于异端，奇迹却将是无用的；因为被预先就占领了人们信心的那些奇迹所权威化了的教会告诉我们说，他们并没有真正的信仰。毫无疑问他们并不信仰，因为教会最初的奇迹就已排斥了他们的信仰。因此，教会方面的最初的以及最伟大的人就有了反对奇迹的奇迹。

这些姑娘们[③]由于人们说她们是走上了沉沦的道路，说她们

---

① 按这是耶稣会士用以反对波·罗雅尔派的论点。可参看本书第 803 段。

② 布伦士维格认为此处所省略的话应该是《马太福音》第 12 章、第 24 节："这个人赶鬼，无非是靠着鬼王别西卜阿。"

③ "这些姑娘们"指波·罗雅尔的女修道士，她们曾被指控为加尔文派。见帕斯卡尔《致外省人的信》第十六信。

的忏悔师把她们引向日内瓦，[①]说他们蛊惑她们说耶稣基督并不在圣餐之中也不在父的右边，而大为惊讶；她们知道所有这一切都是妄诞的，于是她们便在这样一种状态中献身于上帝：Vide si via iniquitatis in me est。[②] 在这里都发生了什么事呢？据说是魔鬼的殿堂的那个地方，上帝却把它造成了他自己的殿堂。据说必须要从那里把孩子搬走的，上帝却就在那里治愈了他们。据说它是地狱的火药库，上帝却使之成为他的神恩的圣堂。最后，人们还以形形色色的愤怒以及形形色色上天的报应来威胁她们；可是上帝却向她们倾注了他自己的恩宠。一定是丧心病狂才会结论说，她们这样就走上了沉沦的道路。

（我们毫无疑问地有着圣阿达拿修斯[③]同样的标志。）

627(a)—*885*(**842**)*888*—

"Si tu es Christus, dic nobis".[④]

"Opera quae ego facio in nomine Patris mei, haec testimonium perhibent de me. Sed vos non creditis quia non estis ex ovibus meis. Oves mei vocem meam audiunt".[⑤]

《约》第 6 章、第 30 节："Quod ergo tu facis signum ut videa-

① 按日内瓦为加尔文派活动的中心。

② 〔看我身上有没有罪过〕。《诗篇》第 139 篇、第 24 节："看在我里面有什么恶行没有，引导我走永生的道路。"

③ 可参看本书第 832 段，868 段。

④ 〔你若是基督，就告诉我们。〕见《路加福音》第 22 章、第 67 节。

⑤ 〔我奉父的名行事，这便是我的见证。只是你们不信，因为你们不是我的羊。我的羊听我的声音。〕见《约翰福音》第 5 章、第 36 节，及第 10 章、第 26—27 节。

mus et credamus tibi?"——Non dicunt：Quam doctrinam praedicas?[①]

"Nemo potest facere signa quae tu facis nisi Deus".[②]

《马卡下》，第 14 章、第 15 节："Deus qui signis evidentibus suam portionem protegit"。[③]

"Volumus signum videre de caelo，tentantes eum".[④]《路加福音》第 11 章、第 16 节。

"Generatio prava signum quaerit；et non dabitur".[⑤]

"Et ingemiscens ait：Quid generatio ista signum quaerit".[⑥]（《马可福音》第 18 章、第 12 节）那世代要求一种居心不良的标志。

"Et non poterat facere".[⑦]然而他应允给他们约拿的标志、他那复活之最伟大的莫与伦比的标志。

"Nisi videritis signa，non creditis".[⑧]他并不因他们没有奇迹便不相信而谴责他们；而是因他们若不亲自是奇迹的目睹者便不

---

① 〔"你行什么奇迹，叫我们看见你就信你？"他们并没有说：你宣扬什么学说？〕按此处前一句话出自《约翰福音》第 6 章、第 30 节，后一句话为作者自己所加的诠释。

② 〔除了上帝，没有人能行你所行的神迹。〕见《约翰福音》第 3 章、第 2 节。

③ 〔上帝以显著的神迹在保护自己的分内。〕

④ 〔有人试探他，要求看见从天上来的神迹。〕《路加福音》第 11 章、第 16 节："又有人试探耶稣，向他求从天上来的神迹。"

⑤ 〔一个紊乱的世代要求奇迹，并没有奇迹给他们。〕《马太福音》第 12 章、第 39 节："一个邪恶淫乱的世代求看神迹，除了先知约拿的神迹以外，再没有神迹给他们看。"

⑥ 〔（耶稣）叹息说，这世代为什么求奇迹呢？〕

⑦ 〔不能做什么。〕《马可福音》第 6 章、第 5 节："耶稣就在那里不得行什么异能。"

⑧ 〔若不看见奇迹，你们就不信。〕《约翰福音》第 4 章、第 48 节："若不看见神迹奇事，你们总是不信。"

相信而谴责他们。

圣保罗说,反基督者 in signis mendacibus。[①]《帖撒罗尼迦后书》第 2 章。

“Secundum operationem Satanae,in seductione iis qui perunt eo quod charitatem veritatis non receperunt ut salvi fierent,ideo mittet i1lis Deus optationes erroris ut credant mendacio”.[②]

正如摩西的这段话:Tentat enim vos Deus,utrum diligatis eum。[③]

Ecce praedixi vobis:vos ergo videte.[④]

754—878(**843**)*908—*

这里根本不是真理的国土,真理徘徊在人们中间却不为人所认识。上帝用一块幕布遮盖了它,这就使得凡是没有听到它的声音的人都不认识它。于是就给亵渎神明开放了地盘,甚至于针对那些至低限度也是十分显著的真理。如果公布了福音书的真理,便有相反的东西也公布出来;问题模糊得使人民无从分辨。他们

① 〔在谎言的标志中。〕《帖撒罗尼迦后书》第 2 章、第 2 节:“有冒我名的书信,说主的日子现在到了。”

② 〔按照撒旦的行动,诱惑那些要灭亡的人,因为他们不接受仁爱的真理,使自己得救;因此上帝就给他们以错误的愿望,以便相信谎言。〕《帖撒罗尼迦后书》第 2 章、第 9—11 节:“照撒旦的运动,行各样出于不义的诡诈,因他们不领受爱真理的心,使他们得救,故此上帝就给他们一个生发错误的心,叫他们信从虚谎。”

③ 〔上帝试探你们,要看你们是不是爱他。〕《申命记》第 13 章、第 3 节:“这是耶和华你们的上帝试验你们,要知道你们是尽心、尽性爱耶和华你们的上帝不是。”

④ 〔看哪,我预告了你们;因此你们自己就要看。〕《马太福音》第 24 章、第 25—26 节:“看哪,我预先告诉你们了。若有人对你们说,看哪……”

问道:“你有什么能使人信仰你而不信仰别的呢?你做出过什么标志呢?你有的只不过是词句,而我们也有。假如你有奇迹,那就好了。”[①]学说应该得到奇迹的支持,这是一条真理;但人们却滥用奇迹来亵渎学说。假如奇迹出现了,人们便说奇迹没有学说是不够的;而这便是另一条可以用来亵渎奇迹的真理。

耶稣基督治愈了天生的盲人,并在安息日行了大量的奇迹。他就以此而使得那些声称必须根据学说来判断奇迹的法利赛人[②]盲目了。

“我们有摩西;但这里的这个人,我们却不知道他从哪里来的。”[③]你们不知道他从哪里来的,这正是最可赞美的事;而他就行了这样的奇迹。

耶稣基督既没有说过反上帝的话,也没有说过反摩西的话。

新旧两约所预告过的反基督者和假先知们,将要公开反上帝并反耶稣基督。谁要是未曾隐蔽……;[④]谁要是暗藏的敌人,上帝就不会允许他公开行奇迹。

在一场双方都自称是为了上帝、为了耶稣基督、为了教会的公开争论里,奇迹是从来不会在假基督徒那一边的,而另一边则从来也不会没有奇迹。

“他被鬼附着。”[⑤]《约》第 10 章、第 21 节。又有人说:“鬼也能

① 关于此处引文,可参看上一段。

② 此处系以“法利赛人”作为耶稣会士的祖先。

③ 《约翰福音》第 9 章、第 29 节:“只是这个人,我们不知道他从哪里来。”

④ 这句话读作:“谁要是未曾隐蔽,上帝就会允许他行奇迹。”

⑤ 《约翰福音》第 10 章、第 20 节:“他是被鬼附着。”

打开盲人的眼睛吗？”①

耶稣基督与使徒们从圣书中所引的证明并不是论证性的；因为他们仅仅说摩西说过会有一个先知到来，然而他们并没有由此证明那就是这里的这个人；而这就是全部的问题之所在。因而这些假话只不过用以表明人们并未违反圣书，并且其中也绝没有任何乖舛，而并非表明其中是符合一致的。故此只要把乖舛和奇迹一道加以排除，就够了。

上帝与人之间有一种相互的义务才好行事，也才好赐予。Venite。Quid debui?② 上帝在《以赛亚》中说：“谴责我吧。”

上帝应该履行他的诺言，等等。

人类对上帝应该是接受他所赐给他们的宗教。上帝对人类应该是不把他们引向错误。可是，假如奇迹〔的〕制造者宣布了一种对于常识的见解来说并非显而易见是虚妄的学说，并且假如一个更大的奇迹制造者又不曾警告过人们不要相信它们；那么他们就会被引向错误了。

因此，假如教会之中发生了分裂，例如假若自称也像天主教一样是建立在圣书的基础之上的阿里乌斯派做出了奇迹而并非天主教徒做出了奇迹，那么人们就会被引向错误了。

因为，正如一个向我们宣布上帝的秘密的人并不配以其私人的权威而受到我们信任，并且正是因此，不信神的人才要怀疑他；同样地有一个人以使死者复活，预告未来，搬移大海，医愈病人作

① 《约翰福音》第10章、第21节：“又有人说，鬼岂能叫瞎子的眼睛开了呢？”

② 〔来吧。有什么该做的呢？〕《以赛亚书》第5章、第4节：“我为我葡萄园所做之外，还有什么可做的呢？”

为其与上帝相通的标志，那么就不会有不虔敬者是不向他低头膜拜的了；而法老和法利赛人的不信仰便是一种超自然的顽固性的结果。

因此当我们看到奇迹与不受怀疑的学说都在一边时，就不会有什么困难。但当我们看到奇迹与〔受人怀疑的〕学说都在同一边时，这时我们就必须看看到底哪一个才是最明确的。耶稣基督是受人怀疑的。

巴耶稣瞎了眼。[①] 上帝的力量超过了他的敌人的力量。

犹太的驱魔者受到魔鬼的鞭挞时说道："我认得耶稣和保罗，然而你们又是谁呢？"[②]

奇迹是为了学说的，而并非学说是为了奇迹的。

假如奇迹是真的，我们就能说服人相信所有的学说了吗？不能，因为这是不会发生的。Si angelus[③]……

准则：我们必须根据奇迹来判断学说，又必须根据学说来判断奇迹。这都是真的，而且并不互相矛盾。

因为我们必须分清时间。[④]

你们知道了这些普遍的准则该是多么轻快啊，你们想着从此可以抛弃麻烦并使一切都归于无用了吧！我的父啊，我们要阻止

---

① 巴耶稣为帕弗假充先知的犹太人。"巴耶稣瞎了眼"，事见《使徒行传》第13章、第6—11节。

② 《使徒行传》第19章、第15节："耶稣我认识，保罗我也知道。你们却是谁呢？"

③ 〔无论是天使。〕《加拉太书》第1章、第8节："但无论是我们，是天上来的使者，若传福音给你们与我们所传给你们的不同，他就应当被诅咒。"

④ 布伦士维格注：当学说可疑时，奇迹就可以辨别；当奇迹暧昧时，学说就可以决定。

你们这样做：真理只有一个并且是坚固的。

由于上帝的责任，所以一个人不可能隐蔽起自己的坏学说，使之只表现为好学说，并自称符合上帝和教会，从而做出奇迹使得一种虚妄而精巧的学说不知不觉地流行起来；那是办不到的。

更加不可能的是：认识人心的上帝竟会做出奇迹来偏袒这样的一个人。

LVIII，LXXI—*867*(**844**)*909*—

宗教的三个标志：永恒性、善良的生活、奇迹。他们[①]以或然性摧毁了永恒性，以他们的道德摧毁了善良的生活，又在摧毁奇迹的真理或其结论时摧毁了奇迹。

假如我们相信了他们，教会对于永恒性、圣洁以及奇迹就无事可做了。异端是否定这些的，或者是否定其结论的；他们也是一样。但是根本就不需要什么真诚才可以否定这些；也不需要丧失理智才可以否定其结论。

人们从没有为了其自称所见过的奇迹[②]而使自己殉道的，因为人类的愚蠢或许会〔为了〕土耳其人传说中所信仰的那些东西而不惜殉道，但绝不会为了自己所见过的东西。

LXI—*896*(**845**)*869*—

异端总是在攻击这三种为他们所并不具备的标志。

① “他们”指耶稣会士。

② “其自称所见过的奇迹”，即假奇迹。

768—900(**846**)*874—*

第一条反驳:“从天上来的使者。[1] 我们绝不可根据奇迹来判断真理,而必须根据真理来判断奇迹。因而奇迹就是无用的。”

可是它们有用,并且它们绝不能违反真理,因而林让德神父[2]所说的:“上帝不会容许一个奇迹可能引向错误”……

当同一个教会之内有了争执的时候,奇迹就会做出决定。

第二条反驳:“但是反基督者将会做出标志。”[3]

法老的魔法师绝没有诱人陷入错误。因此关于反基督者,我们就不能向耶稣基督说:“你把我引入了错误。”因为反基督者要使他们反对耶稣基督,因此就不能引向错误。要么上帝就根本不容许假奇迹,要么他就是要取得更大的奇迹。

〔自从世界开始以来,耶稣基督是始终存在的;这就比反基督者的一切奇迹都更加有力。〕

假如在同一个教会之内奇迹是出现在错误那方面,人们就会被引向错误了。教会的分裂是看得见的,奇迹也是看得见的。然而教会的分裂之为错误的标志更有甚于奇迹之为真理的标志;因而奇迹就不能引向错误。

然而除了教会的分裂而外,错误之显而易见就不如奇迹之显而易见了,因而奇迹就会引向错误。

---

① 见前第843段注,《加拉太书》第1章、第8节。

② 林让德神父(P. Lingendes)指当时耶稣会士 Claude de Lingendes,以雄辩闻名,死于1660年。

③ 见上段。

Ubi est Deus tuus?[①] 奇迹就指明了他,奇迹就是光。

770—735 * (**847**) *872—*

圣诞节晚祷的颂歌之一:

Exortum est in tenebris lumen rectis eorde.[②]

769—733 * (**848**) *871—*

假若上帝的仁慈是如此之巨大,甚至当他隐蔽起自己的时候,他也还在教导着我们;那么当他显现自己的时候,还有什么光明是我们不该期待于他的呢?

805, LX—*820* (**849**) *896—*

Est et non est[③] 在信仰本身之中会不会也像奇迹那样地为人接受呢?并且假如这在其他的里面也是分不开的……

当圣沙勿略[④]成就了奇迹的时候。——〔圣希莱尔。[⑤] ——可怜的人们啊,你们迫使我们谈论奇迹。〕

不义的审判者啊,此刻不要制订法律吧;就根据已有的法律并

① 〔你的上帝在哪里呢?〕见《诗篇》第 42 篇、第 3 节。

② 〔光在黑暗中向正直的心升起。〕《诗篇》第 112 篇、第 4 节:"正直人在黑暗中,有光向他发现。"

③ 〔是与否。〕

④ 圣沙勿略(Saint Xavier,即 Saint Francois Xavier,1506—1552)为著名的耶稣会传教士,曾来东方传教。

⑤ 圣希莱尔(Saint Hilaire)为波瓦迭主教,死于公元 367 年。

根据你们自己来做出判断吧：Vae qui conditis leges iniguas[1]。

连续不断的、虚假的奇迹。

为了要削弱你的对手，你解除了整个教会的武装。

假如他们[2]说，我们的得救有赖于上帝，那便是"异端"。假如他们说，他们服从教皇，那便是"伪善"。假如他们准备签署他们全部的信仰条款，那也还不够。假如他们说不应该为一个苹果而杀人，[3]"他们便是攻击天主教的道德"。假如他们中间成就了奇迹，那也不是圣洁的标志，相反地那倒有异端的嫌疑。

教会始终得以存在的方式便是真理没有争论；或者假如有争论的话，也还有教皇，不然也还有教会。

764，LI—*902*（**850**）*873*—

五条被谴责的命题[4]并不是什么奇迹；因为真理并没有遭受攻击。然而索邦……然而教皇的圣谕[5]……

全心全意爱上帝的人竟然不认识教会，这是不可能的，它是太显著了。——不爱上帝的人竟然信服教会，这也是不可能的。

奇迹具有那么大的力量，乃至上帝也必须警告人们说，绝不可想到奇迹就违背上帝，尽管上帝的存在乃是明白不过的事；没有这

---

① 〔你们这些设立了不义的法律的人们有祸了。〕《以赛亚书》第10章、第1节："〔祸哉，那些设立不义之律例的〕。"

② "他们"指波·罗雅尔派。

③ 可参看《给外省人的信》第七封。

④ "五条被谴责的命题"指罗马教廷所谴责冉森《奥古斯丁》一书中的五条命题。

⑤ 布伦士维格注：命题之被谴责应该是针对命题的本身，然而索邦（巴黎大学神学院）的检查与教皇的圣谕却是针对冉森与波·罗雅尔修道院而发的。

一点它们就足以令人惶惑了。

因此,《申》第十三章那些假话[①],远不是反对奇迹的权威,反倒是再没有别的更能标明它那力量的了。对于反基督者,也是一样:"只要有可能就不惜诱惑选民。"[②]

747,*767*,*771*,LXIII—*908*(**851**)*877*—

生来瞎眼的人的历史。

圣保罗说什么呢?他是时时刻刻都在述说预言么?不是,而是他只说自己的奇迹。[③] 耶稣基督叙说什么呢?他是叙说预言么?不是:他的死并不曾实现它们;然而他说 Si non fecissem[④]。让我们相信事迹吧。

我们整个超自然的宗教有着两种超自然的基础:一种可见,一种不可见。具有神恩的奇迹,没有神恩的奇迹。

犹太会堂被人满怀热爱地当作是教会的象征来看待,又因为它只不过是教会的象征而被人满怀憎恨地来看待;既然当它好端端地与上帝同在的时候却要倾颓而又被扶持起来,因而就是象征。

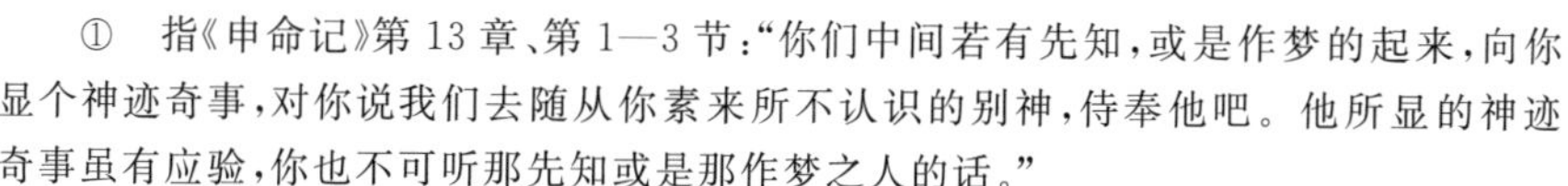

① 指《申命记》第 13 章、第 1—3 节:"你们中间若有先知,或是作梦的起来,向你显个神迹奇事,对你说我们去随从你素来所不认识的别神,侍奉他吧。他所显的神迹奇事虽有应验,你也不可听那先知或是那作梦之人的话。"

② 《马可福音》第 13 章、第 22 节:"因为假基督、假先知将要起来显神迹奇事,倘若能行,就把选民迷惑了。"

③ 见《哥林多后书》第 12 章。

④ 〔我若没有行过。〕《约翰福音》第 15 章、第 24 节:"我若没有在他们中间行过别人未曾行的事。"

奇迹以其对于人身所施加的权力而证明了上帝对人心所具有的权力。

教会从未赞许过异端派中间的奇迹。

奇迹是宗教的支柱：它们辨别了犹太人，它们辨别了基督徒、圣者、清白无辜者和真正的信仰者。

宗派分裂论者中间的奇迹并不那么可怕；因为分裂比奇迹更加显而易见，也就显然易见地标明了他们的错误。但当没有发生分裂的时候，以及错误有了争论的时候，奇迹就可以辨别。

"Si non fecissem quae alius non fecit". [①]那些迫使我们不得不谈到奇迹的不幸者们啊！

亚伯拉罕，基甸[②]：以奇迹证实信仰。

《犹蒂丝》[③]。上帝终于在最后的逼迫之下发言了。

假如仁爱的冷却使得教会几乎没有真正的崇拜者，奇迹就会激发他们的。这就是神恩的最后作用之一。

假如也能给耶稣会士造就出一个奇迹！

当奇迹使得那些面临奇迹出现的人失望时，并且当他们的信仰状态与奇迹这一手段之间比例失调的时候，这时候它就应该引导他们变化。然而对你们，情形却是另一样。有着同样之多的理由可以说，假如圣餐使死者复活，那就更应该使自己成为一个加尔文派，而不是继续做一个天主教徒。然而当它满足了期望，当那些希望上帝恩赐救治之道的人们看到了自己不需要救治之道就痊愈

① 〔我若没有做过别人没有做过的事。〕见《约翰福音》第15章、第24节。

② 见第822段。

③ 犹蒂丝：经外经中之一篇，以犹太女英雄犹蒂丝为名。

了的时候……

不敬神者——从不曾有过任何标志是出现在魔鬼方面，而同时没有另一种更强的标志是出现在上帝方面的，或者甚至同时没有被预告过它是要出现的。

765，*772*；*800*(a)，LXI—*892*(**852**)*876*—

对于上帝显然在荫庇着的人之不公正的起诉者：假如他们谴责你们的过分，那么“他们说的话就像是异端”；假如他们说耶稣基督的神恩可以辨别我们，那么“他们就是异端”；假如成就了奇迹，“那么这就是他们那种异端的标志”。

以西结[①]——他们说：这就是上帝的人民，他就是这样说话的。——希西家。[②]

的确说过：“要相信教会”；[③]但是并没有说过“要相信奇迹”；这是因为后者乃是自然的，而前者却不是。一个需要有诫命，另一个则否。

犹太会堂只不过是象征，因此并不曾毁灭；但又只不过是象征，因此就毁灭了。它是一个包含着真理的象征，因此它就一直持续到它不再具有真理为止。

我可敬的父啊，这一切都以象征而出现。其他的宗教都毁灭了；唯有这个宗教却不毁灭。

---

① 参见第886节。

② 希西家(Ezechias)公元前720—前692年犹太的王，见《历代记》下第29—32章。

③ 见《马太福音》第18章、第17—20节。

奇迹要比你所能想象的更加重要:它们曾被用来作为基础,并且将被用来延续教会,直到反基督者的时候,直到终了为止。

两种见证。

在旧约中和新约中,奇迹是由于附丽于象征而成就的。得救,假若不是为了表明我们必须服从圣书,就是无用的:圣礼的象征。

LX(a)—*816*(**853**)*870*—

〔父啊! 我们必须严肃地判断圣礼。〕[①]

圣保罗在马尔他岛。[②]

(**854**)[③]*875*—

因而,耶稣会士的顽强超过了犹太人的顽强;因为犹太人拒绝相信耶稣基督无辜,仅仅是因为他们怀疑他的奇迹究竟是否来自上帝。反之,耶稣会士既不能怀疑波·罗雅尔的奇迹是来自上帝的,却仍然不放弃怀疑那座修道院的无辜。

LXII—*875*(**855**)*890*—

我设想人们是相信奇迹的。你们败坏宗教,不是在偏袒自己的朋友,就是在反对自己的敌人。你们在随心所欲地加以处理。

① 见蒙田《文集》第 1 卷、第 21 章。

② 见《使徒行传》第 18 章。

③ 第 854 段,布伦士维格版作第 853 段附录。

L—*743*(**856**)*881*—

论奇迹——正如上帝没有使哪个家庭格外幸福,但愿情形同样是他也没有发现其中有哪个格外感恩。

第十四编

786—324(**857**)*861—*

明白,幽晦——假如真理并没有显明可见的标志,那就会太幽晦了。它始终都被保存在一个教会和一个显明可见的〔人〕群里,这便是一个可赞美的标志。假如那个教会里只有一种情操,那就会太明白了;然而要想认识什么是真的,我们只须看一看那始终都存在着的;因为真的总是始终存在着的,而任何假的都不是始终存在着的。

*778—562**(**858**)*954—*

教会的历史应该确切地称之为真理的历史。

*783—561**(**859**)*898—*

坐在一艘遭到风暴袭击的船里而又确有把握它绝不会沉没,那真是赏心乐事。那些干扰着教会的种种宗教迫害就属于这类性质。

782—822(**860**)*944—*

在有那么多虔诚的标志而后,他们①还遭到迫害,这就是虔诚

① “他们”指冉森派。

的最好的标志。

*784—857(**861**)917—*

教会当其就只有上帝扶持时的那种美妙状态。

*788—462(**862**)931—*

教会总是受着各种相反错误的攻击，但也许从来不像现在这样是在同一个时间内。可是假如由于错误的多重性的缘故它所受的攻击越多，那它也就越因之而获得它们彼此相抵消的好处。

它尤怨着双方，但是由于宗教分裂的缘故而更多地尤怨着加尔文派。

确实是相反的两方都有许多人受骗，所以必须破除他们的执迷。

信仰包含着许多看来似乎是互相矛盾着的真理。笑时，哭时，[①]等等。Responde. Ne respondeas，[②]等等。

它那根源便是耶稣基督身上两种性质的结合；以及还有两个世界（创造新天和新地；新的生命，新的死亡；一切事物都是两重的，而同一名称却始终不变）；最后还有义人之中的两类人（因为他们就是两个世界，并且是耶稣基督的一个组成部分和影子。因此，所有的名字都适用于他们：义人，罪人；死者，生者；生者，死者；被特选的，被遗弃的；等等）。

---

① 《传道书》第3章、第3节："哭有时，笑有时。"

② 〔回答他。不回答他。〕《箴言》第26章、第4—5节："不要照愚昧人的愚妄话回答他，恐怕你与他一样。要照愚昧人的愚妄话回答他，免得他自以为有智慧。"

因而就有大量信仰上的和德行上的真理看来仿佛是互相排斥的,却又都维系在一种可赞美的秩序之中。一切异端的根源都在于排斥了这些真理之中的某一些;而异端们向我们所做的一切反驳,其根源都在于无视我们真理之中的某一些。通常的情形是,他们不能设想两种相反的真理的关系,并相信承认了一种便包含着排斥另一种,于是他们便坚持一种而排斥另一种,并认为我们是与之相反的。这样,排斥便是使他们成为异端的原因;而无视于我们掌握着另一种真理便造成了他们的反对。

例一:耶稣基督既是神又是人。亚里乌斯派既不能把他们认为是互不相容的这两件事结合在一起,于是便说他是人;在这一点上,他们乃是天主教徒。然而他们否认他是神;在这一点上,他们便是异端。他们又扬言我们否定了他的人性:在这一点上,他们则是无知。

例二:关于圣餐礼的问题。我们相信面包的实质改变了,并且变质为我们的主的身体的实质,[①]耶稣基督确实是出现于其中的。这是真理之一。另一个真理则是,这种圣餐礼也是十字架与光荣的一种象征,是对于这两者的一种纪念。这就是天主教的信仰,它包含了这两种看来仿佛是相反的真理。

今天的异端不能设想这一圣餐礼同时既包括耶稣基督的出现又包括他的象征都在一起,它既是牺牲又是对于牺牲的纪念,于是便相信我们不可能既承认这两种真理中的一种但又不因此之故而排斥另一种。

① 指基督教的变质说,即圣餐礼中的面包和酒变质为耶稣的血和肉。

他们单单坚持这一点，即这种圣餐礼是象征性的；而在这一点上他们并不是异端。他们以为是我们排斥了这一真理；由此而来的便是他们根据教父们所谈到这一点的各个章节而对我们提出了那么多的反驳。最后，他们否认耶稣基督的出现；而在这一点上，他们则是异端。

例三：免罪券。

这就是何以防止异端的最简捷的办法就在于教给他们以全部的真理，而驳斥异端最有效的办法就在于向他们宣布全部的真理。因为异端还有什么好说呢？

为了要知道某种思想情操是不是父的……

789—455（**863**）*864—*

他们越是各自追循一种真理，就越发危险地大家都要犯错误；他们的错处并不在于追循一种谬误，而在于不肯去追循另一种真理。

*793—863**（**864**）*866—*

目前的时代，真理是那样幽晦难明，谎言又是那样根深蒂固，以至于除非我们热爱真理，我们便不会认识真理。

790—947（**865**）*903—*

假如有一个时候人们必须承认两种相反，[①]那便是当人们谴

① “两种相反”指以上所说两种相反的真理。

责我们抹杀了这两种之中的一种的时候。因而耶稣会士和冉森派要掩盖它们，便都错了；但以冉森派更甚，因为耶稣会士曾经更好地承认有这两种。

19—864（**866**）

有两种人把各种事物都等同起来，如把节日等于工作日，把基督徒等于牧师，他们之间的一切罪过，等等。一种人就由此得出结论说，凡对牧师是坏的，对基督徒也是坏的；而另一种人则结论说，凡对基督教徒并不坏的，对于牧师也是可以允许的。

816—544（**867**）*844—*

假如古代的教会是错误的，教会就会沦亡了。但若它今天是错误的，却不会是这样，因为它永远是出自古代教会之手的那一传统的最高箴言；因此对古代教会的这种依从与这种符合就压倒了并纠正了一切。然而古代的教会并没有设想过未来的教会，也没有考虑过它，像我们在设想并考虑古代的教会那样。

803—833（**868**）*916—*

妨碍我们把以往教会里所出现过的事和目前在其中看得见的事加以比较的，便是我们通常都把圣阿达拿修斯、圣德丽撒[①]和其他的人看作是冠戴着光荣并……看作是神明。现在，时间已经弄

---

① 阿达拿修斯公元328年任亚历山大港大主教，主张神人同质论，反对亚里乌斯派的神人异质论，曾被宗教会议判以亵渎神明的罪名，由当时的教皇黎贝里（接下页）

清楚了这些事,它看来是这样的。在他被迫害的时候,那位伟大的圣者只是一个名叫阿达拿修斯的人;而圣德丽撒只是个修女。圣〔雅各〕①说:"以利亚只是个像我们一样的人,受着和我们一样的感情所支配",借以破除基督徒要使我们摒弃圣者们的前例(仿佛它与我们的状态不成比例的似的)那样一种谬妄的观念。我们说:"他们是圣者,是和我们不同的。"可是当时又发生了什么呢?圣阿达拿修斯只是一个叫作阿达拿修斯的人,被控以许多罪行,被如此这般的会议判决为犯了如此这般的罪行;所有的主教们一致同意这些,最后连教皇也同意了。人们对于反对这些的人又说些什么呢?说是他们搅乱了和平,说是他们制造了宗教分裂,等等。

热诚,光明。有四种人:即有热诚而无知识;有知识而无热诚;既无知识又无热诚;既有热诚又有知识。前三种人都谴责他;后一种人宽免了他,于是便受到教会的破门,可是他们却拯救了教会。

*804—845(**869**)919—*

假如圣奥古斯丁在今天来临,并且也像他的辩护者们一样没有权威,他就会一事无成。上帝早就差驱他来并具有权威,所以就很好地引导了他的教会。

(接上页)乌斯(Liberius)所批准。作者此处系以这一古代的思想斗争比喻当时冉森派与耶稣会的斗争,阿达拿修斯系指阿尔诺,圣德丽撒(St. Thérèse)系指昂热利克(Angelique),"教皇"系指教皇克勒孟第九。

① 此处〔雅各〕字样,作者最初写作彼得,后又涂去。《雅各书》第5章、第17节:"以利亚与我们是一样性情的人。"

*818—853** (**870**) *216—*

上帝并不想不要教会就进行赦免;正如教会在犯罪上是有份的,他就想使教会在宽恕中也有份。他把教会和这种权力联结在一起,有如国王之于议会;但是假若教会不要上帝便进行赦免或者系罪,那它就不复成其为教会了;正像在议会里,尽管国王已经恩赦了一个人,但仍需议会加以批准;然而假若议会不顾国王径行批准或者拒绝根据国王的命令进行批准,那就不复成其为国王的议会而是一个反叛集团了。

809—848 (**871**)

教会,教皇。一,多。——把教会看作是一,则作为教会之首的教皇便是整体。把教会看作是多,则教皇就只不过是其中的一部分。教父们是时而以一种方式,时而又以另一种方式来看待它的。所以关于教皇也就有不同的说法(圣西普里安:Sacerdos Dei [①])但在确立这两种真理中的一种时,他们并没有排斥另一种。多而不归结为一,便成为混乱;一而不依靠于多,便成为暴政。除了法国之外,大概再没有别的国家可以允许人说,宗教大会是高于教皇的。

810—847 (**872**) *810—*

教皇就是为首的。另外还有谁是大家都认识的呢?另外还有

① 〔上帝的牧师。〕圣西普里安(St. Cyprien,200—258)为迦太基主教。

谁——因为他掌握着那条到处扎根的主枝——是大家都承认有权扎根于一切团体的呢？使这蜕化为暴政，又是多么容易啊！这就是何以耶稣基督要向他们提出如下的这条诫命了：Vos autem non sic①。

LXIV—*850*(**873**)*803*—

教皇仇恨并且惧怕那些不肯宣誓对他服从的学者。

808—*846*(**874**)*826*—

绝不能根据教父们的某些话——就像希腊人在一次宗教大会上所说的那些重要准则——就判断教皇是什么；而是要根据教会的和教父的行为并根据教规。

Duo aut tres in unum②。一与多：排斥这两者中的任何一种都是错误的，像是教皇派所做的那样排斥了多，或者胡格诺派那样排斥了一。

813—*854**(**875**)*855*—

是不是教皇由于是从上帝和传统那里获得了他的光明，就会不受尊敬了呢？是不是把他从这一神圣的结合分离了出来，就不是不尊敬他了呢？

① 〔但你们不可这样。〕见《路加福音》第22章、第26节。

② 〔二或者三合一。〕《约翰福音》第10章、第30节："我与父原为一"；又《约翰一书》第5章、第8节："作见证的原来有三，……这三样也都归于一。"

807—852(**876**)*823—*

上帝在他那教会的日常行动之中并不行奇迹。假如一贯正确性[1]是在一的身上,那倒真是件特别的奇迹了;然而在多的身上这一点看来才显得那么自然,乃至上帝的行为就隐藏在自然界之下,正如在他的其他一切创作之中一样。

812—851(**877**)*827—*

国王可以处置自己的王国,但是教皇却不能处置自己的王国。

*821—175***(**878**)*843—*

Summum jus,summa injuria。[2]

服从多数是最好的办法,因为它是显然可见的,并且它具有使人服从的力量;但同时它也是最不高明的意见。

假如人们能够办到,他们是会把强力置之于正义的手中的:然而既然强力因为具有可感觉的性质而不肯让自己受人们的任意处置,而同时正义却又具有人们可以任意加以摆布的精神性质,于是人们便把正义置于强力的手中;因此人们就把被迫服从的事情叫作正义。[3]

---

① "一贯正确性"(或"不可错误性",infaillibilité)指传统天主教关于罗马教皇作为上帝在世上的代理人其言行一贯正确不可能有错误的理论。

② 〔最大的正义就是最大的不义。〕沙伦《智慧论》上第27章、第8节引戴伦斯与西塞罗语。

③ 可参看本书第298段。

由此便产生了剑的权利，因为剑给人以一种真正的权利。否则的话，我们便会看到暴力是在一边而正义又在另一边了。可参看《给外省人的信》第十二书的末尾部分[1]。由此便产生了投石党[2]的不正义，他们举起他们所号称的正义来反对强力。教会的情形却不一样，因为它只有真正的正义而没有暴力。

*811—115** (**879**) *829—*

不正义——进行审判并不是为了审判者，而是为了被审判者。把这一点告诉人民却是危险的；但假若人民对你有了太多的信仰，那就不会伤害他们而且还可能对你有用。于是就必须加以公布了。Pasce oves meas，而非 tuas[3]。

806—793 (**880**) *836—*

人们喜欢确实可靠。人们喜欢教皇在信仰上是一贯正确的，喜欢严肃的博士们在道德上是一贯正确的，为的是好得到自己的确实性。

817—856 (**881**) *837—*

教会的教导与上帝的启发，这两者都一贯正确。但教会的活

① 按《给外省人的信》为作者与耶稣会士论战的匿名作品。第 12 书的末尾部分说过与此处同样的话。

② 投石党（Fronde）。1648 年投石党反对红衣主教玛扎然（Mazarin，1602—1662）当政，曾引起法国内战。

③ 〔喂养我的羊，（而非）你的〕。见《约翰福音》第 21 章、第 17 节。

动只不过是用以准备着神恩或者惩罚罢了。它所做的事只足以惩罚，而不足以启发。

LXI—*818*（**882**）*821*—

每一次耶稣会士要操纵教皇的时候，他们都使得整个的基督教宣了假誓。

教皇由于他的职务以及他对于耶稣会士的信任，是非常容易受操纵的；而耶稣会士则由于造谣诽谤，是特别擅长于操纵的。

XLVII—*796*（**883**）*808*—

不幸者啊，他们使我不得不谈到宗教的基础。

802（a）—*797*，*785*（**884**）*806*—

没有忏悔就净化了的罪人，没有仁爱就证明为正义的义人，一切没有耶稣基督神恩的基督徒，对于人的意志无能为力的上帝，没有神迹的前定[①]，没有确定性的救赎。

801—*933*（**885**）*842*—

想做祭司的，就被立为祭司，像在耶罗波安的治下那样。[②]

这真是一件可怕的事：他们竟对我们提出，教会现在的纪律是

① 按前定说（prédestination）为加尔文派的理论之一，主张得救与否取决于上帝的前定而与教会或牧师的作用无关。

② 《列王纪上》第12章、第31节：“耶罗波安在丘坛那里建殿，将那不属利未人的凡民立为祭司。”

那么良好，以致想要加以改变便是一桩罪过了。从前它一点不错是良好的，并且我们发现我们可以改变它而不至于犯罪；可是现在像它那个样子，我们却不能希望加以改变了！的确也曾允许过可以改变不以极大的慎重便不能立祭司、竟致差不多根本就没有人配做祭司的那种惯例，可是却不许人埋怨立了那么多不配做祭司的人的那种惯例。

800—*809*(**886**)*835*—

异端——以西结。所有的异教徒都说过以色列的坏话，先知也如此[①]；但以色列人却远没有权利对他说："你说的话就像异教徒一样"，从而在异教徒说的话像他一样这一点上，他就形成了自己最大的力量。

802(b)—*828*(**887**)*839*—

冉森派以其道德改革而有似于异端；但你们[②]却在干坏事方面有似于异端。

802(c,d)—*842*(**888**)*834*—

假如你不知道这一切都要到来，你就会忽视这些预言：君主、先知、教皇甚而至于教士；然而教会却会始终存在。由于上帝的恩典，我们还没有到达那里。这些教士们有祸了！但我们希望上帝

① 见《以西结书》第16章。

② "你们"指耶稣会士。

会对我们慈悲，使我们不至于如此。

圣彼得，第二章：[①]以往的假先知，未来的影子。

802—838(**889**)*828—*

……从而的确是一方面有一些并不属教阶成员的怠惰的修士们和腐化的决疑论者们是陷于这种腐化之中的；但另一方面又总是有着教会的真正牧师，他们是神明教谕的真正受托人，他们始终不变地在反对那些力图要毁灭它的人们的努力而把它保存了下来。

因此，虔信者就没有任何托词可以追随这种只是出于决疑论者[②]的陌生之手所提供给他们的怠惰，而不去追随出于他们自己的牧师慈父般的手所赠送给他们的健全的学说。并且不信神者和异端派也就没有任何借口可以就上帝对他自己教会缺乏天意的标志而横加诽谤了；因为教会当然地就存在于教阶团体之内，所以我们远不能从目前的事态就结论说，上帝已把它放弃给了腐化，而是应该结论说，上帝从来都不曾像现在这样表现出他显然可见地是在防范它的腐化的。

因为，假使这些人之中有人由于一种特殊的召唤而宣称要从世上隐退并穿上僧侣的衣服，以求生活于比普通基督教徒更为完

① 指《彼得后书》第二章。

② “决疑论者”此处指耶稣会士。按决疑论(Casuistique)一词原指解决疑难的方法，后转为专指耶稣会的伦理学说；它讨论在道德行为的后果不可能确定的情况下，道德行为标准应如何决定；其解答通常分为三种，即 probabilism，probabiborism 和 tutiorism。

美的一种状态中，但却陷入歧途而使得普通的基督徒深感恐怖，并且在我们中间变成了假先知在犹太中间的那种样子；那也只是个别的、个人的不幸。它确实是值得惋惜的，但我们却不能由此得出可以反驳上帝关怀他的教会的任何结论来；既然所有这些事情都是如此之明白地预告过的，并且如此长期以来就已经宣告了这些诱惑是要在这类人身上出现的，因而当我们好好地懂得了之后，我们反倒会在其中看到上帝行为的标志而不是他对我们遗忘的标志。[①]

816(a)—*855*(**890**)*819*—

特尔图良[②]：Nunquam Ecclesia reforrnabitur[③]。

XIIX—*839* * (**891**) *840*—

必须让那些引用耶稣会士的学说的异端们认识到，那并不是教会的学说……教会的学说；并且我们的分裂并没有使我们脱离神坛。

IX，LXVII—*780* * (**892**) *852*—

假如我们有分歧而又进行谴责，那么你们就说对了。有一致

① 按本段文字，各版出入甚大。可参看拉于尔版(Lahure)《帕斯卡尔全集》第2卷，第294页。

② 特尔图良(Tertullien，即 Q. Septimus Tertullianus，约160—230)罗马作家，为早期教父之一。

③ 〔教会永远不会被改造。〕

而没有歧异就对别人是没有用的，有歧异而没有一致则对我们是毁灭性的。——前者从外部而有害，后者则从内部。①

795—815(**893**)*807—*

我们只要指出真理，就可以使人相信它；然而我们指出大臣们的不义，却改正不了它。我们指出谬误，就可以心安理得；但我们指出不义，却保障不了钱囊充裕。

796—831(**894**)*814—*

热爱教会的人看到道德坏败就会叹息；但是至少法律还继续存在。然而那些人却在败坏法律：典范被他们损坏了。

794—813(**895**)*824—*

人们干坏事从来都没有像他们是出自良心而干坏事时干得那么淋漓尽致而又那么兴高采烈了。

799—849(**896**)*845—*

教会创立了革出教门、异端之类的字样都是枉然；人们就用这些来反对教会。

① 按这段话为对耶稣会士的攻击所做的答复，“我们”指波·罗雅尔的冉森派，“别人”指耶稣会士。

797—788(**897**)*813—*

仆人不知道主人所做的事,[1]因为主人只告诉仆人去做而没有告诉他目标;而这就是他为什么要奴隶式地服从并往往违反目标的缘故了。但耶稣基督却告诉了我们目标。[2] 而你们却毁坏了那个目标。

*798—859** (**898**)*820—*

他们不能具有永恒性,于是他们就追求普遍性;为了这一点,他们就败坏了整个教会好使自己成为圣人。

*820—465** (**899**)*300—*

反对那些滥引圣书章节并以自己在其中发现了某段话似乎有利于自己的错误而自鸣得意的人。——晚祷那一章,受难的安息日,为王而祷告。

对这类话的解说:“谁不赞成我,就是反对我。”[3]以及其他那类话:“谁不反对你,就是赞成你。”[4]若有人说:“我既不赞成也不反对”;我们就应该回答他说……

① 《约翰福音》第 15 章、第 15 节:“以后我不再称你们为仆人,因为仆人不知道主人所做的事。”

② 《路加福音》第 12 章、第 17 节:“仆人知道主人的意思。”

③ 《马太福音》第 12 章、第 30 节:“不与我相合的,就是敌我的。”

④ 《马可福音》第 9 章、第 40 节:“不敌挡我们的,就是帮助我们的。”

550 (b)—*485* * (**900**) *846*—

谁要是想赋给圣书以意义而不是从圣书中汲取意义，便是圣书的敌人。(奥·d. d. ch. [1])

550 (a)—*768* (**901**) *831*—

《Humilibus dat gratiam》;an ideo non dedit humilitatem?[2]

《Sui eum non receperunt quotquot autem non receperunt》an non erant sui?[3]

551—*777*，*778* (**902**) *850*—

费扬派[4]说:"这一点只好是不很确定的;因为争论就标志着不确定[5](圣阿达拿修斯，圣克烈索斯图姆[6];道德，不信神者)。"

耶稣会士并没有使得真理不确定，然而他们却使得自己的不虔诚确定了。

---

① 奥·d. d. Ch. 为 Augustin, De Doctrina Christiana〔奥古斯丁:《论基督教学说》〕的简写。

② 〔"赐恩给谦卑的人";难道他没有赐给他们谦卑么?〕《雅各书》第 4 章、第 6 节:"赐恩给谦卑的人。"

③ 〔"自己的人倒不接待他，而凡是不接待他的"，难道他们不是自己的人么?〕《约翰福音》第 1 章、第 11—12 节:"他到自己的地方来，自己的人倒不接待他。凡接待他的就是信他名的人，他就赐他们权柄做上帝的儿女。"

④ 费扬派(Feuillant)为巴里霭(J. de la Barriere)于 1580 年所成立的教派，此派属西妥(cistercien)教派中的改革派，17 世纪流传于法国。

⑤ 见第 384 段。

⑥ 圣克烈索斯图姆(St. Chrysostome，347—407)为安提阿克派有名的经师，主张犯罪若非出于己意即不应受惩罚。

矛盾是永远都要有的，为的是使恶人盲目；因为一切窒息真理与仁爱的都是坏的，这便是真正的原则。

815—*865*(**903**)*844*—

世上所有的宗教和教派都以天赋的理性作为指导①。唯有基督徒才受约束要向自身以外去汲取自己的规律并使自己熟悉耶稣基督所留给古人的规律，以便把它们传给虔信者。这种束缚使这些善良的教父们厌倦。他们也像别的民族一样，想要有追随自己想像的自由。我们向他们呼吁都是枉然，就像以往先知们向犹太人所说的："你们要到教堂里去；你们应该熟悉古人所留给它的法律，并遵循这些路径。"②他们就像犹太人那样回答道："我们不要走到那里去；我们要遵循我们内心的思想"；③而且他们还向我们说："我们也要像别的民族一样。"④

XXII—*801*(**904**)*804*—

他们使得例外成了规律。

古人是在忏悔之前就予以免罪的么？应该以例外的精神来做这种事。然而，你们却把这种例外弄成了一种没有例外的规律，从

① 此处作者最初曾引《耶利米书》第 6 章、第 16 节与第 18 章、第 12 节两段拉丁文并附解说，后经删去。

② 《耶利米书》第 6 章、第 16 节："你们当站在路上查看，访问古道，那是善道，便行在其间。"

③ 《耶利米书》第 18 章、第 12 节："他们却说这是枉然，我们要照自己的计谋去行。"

④ 《撒母耳记》上第 8 章、第 20 节："使我们像列国一样。"

而你们甚至于不再要求这种规律应该有例外了。

819—836(**905**)*573—*

论没有悔恨标志的忏悔和免罪——上帝只看内心;教会则只凭外表下判断。上帝只要看到了内心的忏悔就会免罪;教会则要看到有忏悔的行动。上帝要造就一个内里纯洁的教会,这个教会将以其内心的、纯属精神的圣洁性来羞辱高傲的智士与法利赛人内心的不虔敬;而教会则将造就一大群人,他们外表的道德将是那么纯洁,以致可以羞辱异教徒的道德。假如他们之中有伪善者而又伪装得那么好,以致教会并没有辨识他们的恶毒,教会就会容忍他们;因为尽管他们不会为他们所不能欺骗的上帝接受,但他们却可以为他们所欺骗的人们接受。所以教会并没有被他们那貌似神圣的行动所侮辱。然而你们却要求教会既不判断内心(因为这是仅仅属于上帝的),也不判断外表(因为上帝仅仅止于内心);因此你们便取消了教会对人的一切选择,而只给教会里保留下最肆无忌惮的人以及那些如此强烈侮辱它的人,就连犹太人的礼拜堂和各派哲学家也都要把那些人看作是毫无价值而放逐他们,并看作是不虔敬的人而厌恶他们的。

*720—705**(**906**)*822—*

在世人看来是最安逸的生活条件,在上帝看来则是最艰难的生活条件;反之,在世人看来没有什么是像宗教生活那么艰难的;在上帝看来则没有什么是比过宗教生活更加容易的了。在世人看来,没有什么比高官贵爵和广积财富更加安逸的;在上帝看来,却没有什么比过那种生活(而又并不享受它或喜爱它)更加艰难的了。

XVIII—*832** (**907**) *841*—

决疑论者把决定委之于腐朽的理智,又把对决定的选择委之于腐朽的意志,为的是使人性中所具有的一切腐朽的东西都来参与自己的行为。

XXVI—*843** (**908**) *851*—

但是或然性所保证的是不是或然的呢?

安心与良心的确实性这两者之间的区别。除了真理而外,没有什么能保证确实;除了真诚地追求真理而外,没有什么能使人安心。

717—*844** (**909**) *2*—

他们决疑论者的整个团体都无法向错误的良心做出保证,而这就是选择良好的指导之所以重要了。

因此,他们便是双重有罪的:既由于追循了他们所不应当追循的道路,也由于听信了他们所不应该听信的教师。

XXXI—*786** (**910**) *1*—

除了顺从使你发现一切事物都只是或然而已的那个世界之外,还能有什么别的么?你们能使我们相信这就是真理么;并且假如并没有决斗的风气存在的话,你们观察这种事本身的时候也会发现人们之可能搏斗乃是或然的么？

XXXII—*704*(**911**)*4*—

为了防止有恶人出现，就必须杀人么？那就是以两个恶人来代替一个恶人了：Vince in bono malum[①](圣·奥古斯丁)。

20—*710*(**912**)*40*—

普遍的——道德与语言是特殊的科学，然而又是普遍的科学。[②]

XXIV—*784*(**913**)*380*—

或然性——人人都能够引用，没有人能够取消。

XLX—*679*(**914**)*95*—

他们让欲念活动而又约束顾虑，可是应该做的却正好相反。

XX—*783*(**915**)*3*—

蒙达尔[③]——放纵不羁的见解是那么令人惬意，以至于他们的那些见解若是令人不惬意，反倒是怪事了。这是因为它们是超

---

① 〔你要以善胜恶。〕《罗马书》第12章、第21节："你不可为恶所胜，反要以善胜恶。"

② 布伦士维格注：人人都有语言，然而人人的语言又各不相同；人人都有道德，然而道德对人人又各不相同。

③ 蒙达尔(Montalte)为作者写《给外省人的信》所虚拟的笔名。

铁一切限制的。此外，又有许多人虽看到了真理，却不能够获得它。但很少有人不知道宗教的纯洁是与我们的腐化相反的。要说对埃斯柯巴[①]派的道德也提供了一种永恒的补偿，那就荒唐可笑了。

XXV—*868*(**916**)*568*—

或然性——他们也有一些真原则；但是他们却滥用这些原则。然而，滥用真理是应该受到像引用谎言一样的惩罚的。

就好像是有着两种地狱，一种是为着反仁爱的罪行的，另一种是为着反正义的罪行的。

XXVII—*861*(**917**)*314*—

或然性[②]——假如或然的就是确实的，那么圣者们追求真理的热诚就是枉然了。那些永远在遵循最确实的东西的圣者们的敬畏。(圣德丽撒永远遵循着她的忏悔师。)

XXXIV—*800**(**918**)*310*—

抽掉或然性，我们就再不能讨世人喜欢；加进或然性，我们就再不能不讨他喜欢。

---

① 埃斯柯巴(Eszobar，1589—1669)，西班牙耶稣会士，决疑论派作家。

② 按决疑论关于或然性的学说为耶稣会所接受，本编均系针对耶稣会的这一论点而发。

XXXIII—*869**(**919**)*155*—

这便是各族人民的罪恶与耶稣会士的罪恶的结果了：大人物希望受人奉承；耶稣会士则希望受大人物宠爱[①]。他们都不愧是委身于撒谎的精神，一个是欺骗，另一个是受骗。他们是贪婪的、野心的、兽欲的：Coacervabunt sibi magistros[②]。有其师必有其徒，他们寻找的是阿谀奉承者，并且找到的也是阿谀奉承者。

XXLX，LXVI—*830*(**920**)*321*

假如他们不放弃或然性，[③]他们的好格言就要和他们坏格言一样地不够神圣了，因为它们都是以人世的权威为其基础的；因而即使它们更公正，那也只是更合理，而不是更神圣。它们抓住的乃是它们自身就被接种于其上的那枚野花枝。

假如我所说的无助于使你们明白，它却会有助于人民。[④]

假如这些人[⑤]还沉默着，那么石头也要讲话了。

沉默是最大的迫害，圣者是从不缄默的。确实是必须有召唤，但绝不能是依据宗教会议的禁令[⑥]来理解我们是否受到召唤，那

① 耶稣会为1534年罗耀拉(即圣依纳爵，Ignatius Loyola，1491—1556)所创立的组织，为天主教反宗教改革运动的主要力量，此派特别注重与西欧各国上层人物相勾结。

② 〔给自己增加好多师傅。〕《提摩太后书》第4章、第3节："增添好些师傅。"

③ 指耶稣会士不放弃决疑论的或然性学说。

④ 读作："它却会有助于人民明白耶稣会与冉森派之间的争论。"

⑤ "这些人"指波·罗雅尔的作家们，作者指责他们过于沉默。

⑥ 指1657年6月25日教会查禁帕斯卡尔论异端裁判所的文字的命令。

只能是依据言论的必要性。在罗马发了话之后，我们以为它已经谴责了真理，[①]而且他们已经把这写了下来；但在持有相反说法的书籍已经被查禁之后，我们越是被查禁得不公道，他们越是专横地窒息言论，我们就越是一定要大声疾呼，一直等到有一个倾听两造并请教于古代以主持正义的教皇到来为止。这样，善良的教皇就会发现教会仍然是在呼号着的。

异端裁判所与耶稣会，这是真理的两大灾难。

你为什么不指控他们是亚里乌斯主义？因为他们说过耶稣基督是上帝；也许他们的意思并不是指由于本性如此，而是像人们所说的 Dii estis[②]。

假如我的文字在罗马受到谴责，那么我在其中所谴责的就要在天上受到谴责：Ad tuum，Domine Jesu，tribunal appello[③]。

你们自身是会腐朽的。

我看到自己受谴责，生怕是我自己写错了，但是那么多虔诚作家们的先例却使我相信情形恰好相反。已经不再容许人好好写作了，异端裁判所已是那么地腐朽而又愚昧！

“听从上帝比听从人更好。”[④]

① 指 1657 年 3 月 31 日罗马教皇亚历山大第六发表圣谕谴责冉森派。

② 〔你就是上帝。〕《诗篇》第 81 篇、第 10 节：“我是耶和华你的上帝。”据布伦士维格解说，这段话的意思是：如果心怀恶意，则一切都可以成为异端，甚至于耶稣是上帝这个命题也可以成为异端。

③ 〔主耶稣啊，我吁请你审判。〕

④ 阿韦以为这句话即《使徒行传》第 5 章、第 29 节：“顺从上帝不顺从人是应当的。”

我不怕什么，我不希望什么。[1] 主教们却不是这样。波·罗雅尔害怕了；可是解散他们却是一项坏政策，[2]因为他们不会再恐惧而且会制造出更多的恐惧来。我甚至于不怕你们这类查禁，假如它们不是以传统的查禁为根据的话。你们要查禁一切吗？怎么？甚至于我的敬意吗？不是的。那么就请你们说说到底是什么；否则你们就会一事无成，假如你们指不出恶来及其何以是恶。而这正是他们难以做到的。

或然性——他们非常可笑地解说了确实性；因为肯定了他们一切的道路都是确定的之后，他们就不再把引向上天并且由此并无不能达到上天的危险的东西，反而把引向上天而并无脱离那条道路的危险的东西称之为确实的。

III—*803*(**921**)*356*—

……圣者们的诡谲是为了发现自己是罪人并控诉自己最美好的行为。而这些人的诡谲却是为了宽恕最罪过的行为。

有一种外表上是同样好看的结构，但却是建立在坏基础之上的，它是异教的智者们建立起来的；而恶魔就以这种基于极其不同的基础之上的表面相似性来欺骗人。

人们从来不曾有过像我这么好的理由；也从来不曾有别人提供过像你们那么好的奖品……

他们越是指出我这个人的弱点，他们就越是权威化了我的

---

① 关于此处所谈到的作者与耶稣会的论战，可参看《给外省人的信》第17信。

② 指1656年封闭开解散波·罗雅尔修道院。

理由。

你们说我是异端。这是可以允许的吗？即使你们不怕人们主持正义，难道你们也不怕上帝主持正义吗？

你们会感到真理的力量的，你们会向它让步的……

在这样一种盲目之中是有着某种超自然的东西的。Digna necessitas。[①]

Mentiris impudentissime ... [②]

Doctrina sua noscitur vir ... [③]

虚伪的虔诚，这是双重的罪过。

我是独自一个人在反对三万人吗？绝不是。袒护吧，你这个法庭、你这个骗子；而我却有着真理；这就是我的全部力量，我若丧失了它，我就失败了。我是并不缺少控诉和迫害的。然而，我有真理，我们可以看看究竟谁会胜利。

我不配保卫宗教，但是你也不配保卫错误和不正义。但愿上帝以他的仁慈，不看在我身上所有的恶而看在你身上所有的善，来赐给我们一切的神恩吧，从而使真理在我的手里面不至于屈服，使谎言也不……。

XXX—*792*(**922**)*91*—

或然——就让我们比较我们所喜爱的事物，来看看我们是不

① 〔功绩是必然的。〕《智慧书》第19章、第4节："他们的功绩是必然要到来的。"

② 〔你们最厚颜无耻地在撒谎。〕

③ 〔观其言，知其人。〕《箴言》第12章、第6—8节："恶人的言论是埋伏人的血，……人必按自己的智慧被称赞。"

是真诚地在寻求上帝吧:或许这种肉食不会对我有毒;或许我不申诉也不致输掉我这场诉讼……

468—*709*(**923**)*44*—

在忏悔礼中并不是仅仅有赦免就可以解除罪恶,而且还要有悔恨,但若不追求圣礼,悔恨就决不会是真的。

Ⅵ—*811*(**924**)*123*—

没有信用、没有信仰、不要荣誉、不要真理、心怀两端、言语不一的人们,你们之被人谴责就活像从前寓言中的那种两栖动物一样,他们认为自己是介于鱼和鸟之间的一种模棱两可的状态。

对于国王们、对于诸侯们来说,最重要的就是要博得虔诚的好评;而为了这一点,他们才不得不向你们忏悔。[①]

编者按:

本书段落按布伦士维格编次排列,布编段落序码标黑体,居中。括弧两侧四个数码为参考码,内侧两码与拉编本有关,外侧两码与谢编本有关。左侧两码供顺查,从布码查谢码、拉码;右侧可逆查,从拉码、谢码查布码。中间的布码于逆查时借作拉码、谢码用,一码三用。

请看第 89 页,布 164=谢 211=拉 73。拉 164=布 457。谢 164=布 181。

---

① 按上段与本段均系针对耶稣会,"你们"即指耶稣会士。当时的耶稣会士往往充当忏悔师,而尤其是充当王侯贵族的忏悔师。

布码到924号为止(参看本书第257页注),拉码到991号,而谢码只编到840号(另有罗马字编号71段)。这当然跟各版分量有关,也跟编法有关。有的一段分为数段,有的数段拼而为一,前此对照序列上的空码即由于此。布本近来似有再编新版,编号增至958,对照序列上有924后的编号即由于此。

编对照时,借重沃译本所注布码,谢编本所附对照表(表上的布码编到958),诸多称便。沃本偶有误植,已纠正三处,均注*于拉码左上角,另一处疑误,一时未查清,未敢轻改。拉码右上角注一*者,指非帕所写,两*者指部分为帕手迹,本表照注。

下列为924段后,即超出布码所提供的便利而无法于正文标明拉码者。形式顺序仍如正文。当然,这里只有拉码(左)和布码(右,括弧内)。

925(17)	942(266)	959(188)	976(59)
926*(18)	943(35)	960*(8)	977*(42)
927*(18)	944(23)	961(355)	978(58)
928(512)	945(776)	962(106)	979(52)
929(775)	946(627)	963(47)	980(55)
930(744)	947(865)	964(12)	981(7)
931*(32)	948(943)	965(46)	982(5)
932*(33)	949(486)	966(31)	983(114)
933(885)	950(50)	967*(39)	984*(34)
934*(13)	951(777)	968(40)	985(36)

附　录

帕斯卡尔的生平和科学贡献

17 世纪的法国基本上仍是一个封建农奴制的国家，但新的资本主义生产关系已经在封建制母体之内开始滋长。生产技术上的需要，在自然斗争的领域内向先进的科学家们提出了一系列的科学课题；意识形态上的需要，则在思想斗争的领域内向先进的思想家们提出了一系列的思想课题。在这两条战线上，本书作者帕斯卡尔都占有重要的历史地位。

帕斯卡尔 1623 年 6 月 19 日生于法国奥维涅(Auvergne)州的克勒蒙—菲朗(Clermont-Ferrand)城；父亲艾基纳(Etienne Pascal)为克勒蒙城法庭庭长，以博学知名。帕斯卡尔 8 岁时，举家迁至巴黎。迁居巴黎后，艾基纳和当时社会上的科学家、作家和艺术家经常交往，也常携带帕斯卡尔参与各种学术集会。帕斯卡尔自幼生长在学术气氛浓厚的环境之中，并且受到他父亲的严格教育而没有受当时流行的经院教育；这为他后来的学术思想活动创造了有利的条件。

幼年的帕斯卡尔显示了他对研究自然的兴趣和卓越的才能。11 岁时他写了一篇关于声学问题的论文，探讨振动体一经摸触立即停止发音的原因。这篇文章给他父亲以深刻的印象，以致父亲怕他的智慧发展过早不利于成长而中止了向他教授几何学。但帕斯卡尔却独自钻研几何学并掌握了大量的几何学知识。1639 年帕斯卡尔 16 岁时写成有名的论文《圆锥曲线论》,其中提出以他的名字命名的定理。这个帕斯卡尔定理,帕斯卡尔称之为“神秘的六边形”,即圆或椭圆的任意内接六边形的三组对应边的交点是在一条直线上。《圆锥曲线论》继承并发展了数学家德札尔格(Desarques,1593—1662)的工作,引出推论四百余条;笛卡尔看到后曾大为赞叹。帕斯卡尔就这样和笛卡尔、德札尔格一起开辟了近代的几何学。从此帕斯卡尔在科学界显露头角,并与当时有名的科学家和思想家笛卡尔、霍布斯、伽桑狄、德札尔格、费玛(Fermat,1601—1665)、梅尔森(Mersenne,1588—1648)、罗伯瓦(Roberval,1602—1675)等人建立了联系;帕斯卡尔一生的科学工作和思想发展与这些人有着密切的关系。

1641 年帕斯卡尔 18 岁时,开始设计计算机;他曾先后草拟过 50 种模型,终于根据齿轮系的转动原理制成了世界历史上第一架计算机,能够手摇计算出六位数字的加减法。计算机制造的成功是当时国际科学上的一件大事。也是在这时候艾基纳病中得到一个冉森派医生的治疗,于是举家接受了冉森教义,这就是所谓帕斯卡尔的“第一次皈依”。

此后,帕斯卡尔开始从事大气压力的研究;在这个问题上,他完成了由伽里略所开始并由伽里略的弟子托利拆里(Torricelli,1608—1647)所进行的工作。空气有重量的事实至迟在 1630 年已经被人知道了;伽里略也知道空气是有重量的并做过测定空气重量的实验,但是他没有把水银柱的高度和大气压力联系在一起加以考察。1632 年伽里略在他的著作中曾谈到抽水机只能把水抽到一定高度为止，这个命题就在理论上蕴涵了大气压力的问题在内，但他在思想上却仍然局限于“自然畏惧真空”的传统观念而未能对这一现象作出正确的解释。1643年托利拆里用水银柱做实验，认识到不同气候条件下气压的变化。托利拆里的实验开辟了人类流体力学研究的新时代，它决定性地证明了大气是有压力的，并且奠定了测量大气压力的基本方法。但托利拆里对气压的观念是含混的、不明确的，还没有能确定气压变化的规律。1646年23岁的帕斯卡尔重复做了托利拆里的实验。帕斯卡尔细心研究了水银柱在各种高度不同的地方的变化，从而使气压及其变化的规律问题获得了明确的科学概念。1447年帕斯卡尔请他的姐夫比里埃(Perier)分别在山顶和山脚用水银柱反复进行实验，观察水银柱高度的变化。帕斯卡尔已确知山脚的空气要比山顶的空气浓厚，因此结论应该是水银柱的高度在高处比在低处更低，亦即气压随高度的增加而减小。1648年9月19日比里埃在奥维涅州的普·德·多姆山(Puy de Dome，海拔1 400公尺)按照帕斯卡尔的设计进行了实验；实验证明在山脚和山顶水银柱的高度相差3.15吋，使得当时在场的实验者们惊叹不止。这个实验震动了整个科学界，并且得到科学界的公认(它同时也标志着科学中心在17世纪中叶由意大利转移至西北欧)。在这个实验的基础上，帕斯卡尔写成他的《液体平衡论》和《大气重力论》两部著作，确立了大气压力的理论与流体静力学的基本规律。

1648年的实验是科学革命史上最动人心弦的实验之一。它是自从阿基米德以来流体静力学历史上最重要的进步，同时它也是长期以来“在普遍的革命中发展着，并且它本身便是彻底革命

的"[1]新兴科学向旧思想意识作战又一次光辉的胜利；它证明了水银柱的高度是大气压力作用的结果，从而彻底粉碎了经院哲学中"自然畏惧真空"的古老教条。帕斯卡尔的真空试验对近代思想所起的解放作用，可以和伽里略的落体实验[2]相媲美；两人同样以自己的实验打破了中世纪思想的束缚，开辟了近代实验科学和思想方法的新纪元。这一成功标志着思想领域内两条路线斗争的新高潮：一条路线是由伽里略所开始的近代实验科学的路线，另一条则是传统中世纪经院哲学的路线。帕斯卡尔就这样以其科学实验、以其通过观察与实验所总结的自然界的客观规律而有力地保卫并发展了近代实验科学的路线。

随着这一实验的成功，帕斯卡尔并且从思想方法的高度上总结出一套卓越的认识论理论。在题名为《真空论》的论文里，帕斯卡尔尖锐地攻击了当时"哲学上的权威"，并提出如下的论点：

（一）墨守古代权威的教条，绝不是追求真理的态度。他说："我们今天对古人的崇拜——本来在各个学科上，它都不应该具有这么大的分量的——已经到了这样的地步，竟至把他的全部思想和神话当成了神谕，竟至敢于提出新的创见来就不能没有危险，竟至一个作家的条文就足以摧毁最坚强有力的依据。"[3]这里的"一个作家"即指亚里士多德；亚里士多德的教条在中世纪是被经院学

① 恩格斯：《自然辩证法》。北京，人民出版社，1955，第6页。

② 但伽里略在比萨斜塔上以轻重不同的两个球进行落体实验从而打破了亚里士多德的教条这一长期以来广泛流传的故事，却并没有任何文献上的根据。（可参看伽里略，《两大世界体系对话录》，加州大学版，1953年。页xxii。）

③ 《真空论序》。

者奉为权威的。帕斯卡尔坚决反对经院哲学的这种崇古风尚。他认为古人的权威只能在神学和历史学，亦即在凭启示与记述的知识领域内，才能成为根据；“但在属于感觉与推理的题目上，情形就不同了，在这里权威是毫无用处的，唯有理智才能认识它。”①事实是否认不了的；因此，他的结论是我们绝不可盲从古人与教条，一切科学真理唯有依靠实验和推理才能臻于完善，这是“科学的唯一准则”②。

（二）人和动物不同。动物的能力和技巧只是出于天然的需要，它们并不知其所以然，因而只能盲目地不自觉地重复。人却可以积累前人的经验，因而具有无穷的能力。积累是无止境的。古人若是活在今天，有着今天的凭借，也会像今人一样地高明。这并不是今人有什么特殊的优异，而是人类历史进步过程的自然结果。人类绵延相续，其情形正如一个永生不死的人在永远不断地进步一样。崇拜古人是错误的，因为古人实际上只是婴儿。古人的知识也不应该加以蔑视，这是“因为他们留给我们的知识，可以作我们自己知识的垫脚石”③。学习古人乃是为了超越古人，所以不应该盲从古人。今人由于积累了更多的知识而超出于古人之上；“我们的见解更广”，“我们看到的比他们更多”④。所以，应该加以崇拜的并不是古人而是今人；可是人们却又何其颠倒：“反对古人竟成了罪行，补充古人竟成了叛逆，竟仿佛古人再也没有留下来任何

① 《真空论序》。
② 同上。
③ 同上。
④ 同上。

有待后人加以认识的真理似的。”[1]我们不应该崇尚古人而应该崇尚真理。真理尽管是新发现，但它却比一切古人和古人的意见都更为古老[2]。

（三）“自然畏惧真空”的教条是荒谬的。1648 年的实验证明水银柱的高度是被大气压力所支持，而不是由于什么“自然畏惧真空”的缘故。帕斯卡尔质问道：“说没有生命的物体也有感情和畏惧，说没有知觉、没有生命、甚至于不可能有生命的物体也有感情，还有什么能比这种说法更加荒谬的呢？而且，假如这种畏惧的对象果真是真空的话，那么真空又有什么可以使它们害怕的呢？还有比这更无聊、更可笑的事情吗？不仅如此，假如它们体内真有逃避真空这样一条原则的话，难道说它们也有手，有脚，有肌肉，有神经吗？”[3]毫无疑问，自然本身是没有生命的，它绝不会畏惧什么真空。所谓“自然畏惧真空”，只是古人在他们当时的认识条件之下对自然所做的解释。

这篇论文里不但包含有他非常可贵的方法论，即认识真理不能仅凭信仰与教条而须依靠理智进行观察与实验；并且也包含有他的历史进步观，即人类的认识是不断积累的，历史是不断前进的。文中充满了战斗精神，对封建经学笼罩之下的顽固思想进行了严厉的批判。但同时也可以看到，虽然论文以其颂今非古的宣言打破了历来的迷信，解放了人们的思想，提出了关于科学方法的理论，因而成为 17 世纪思想史与科学史上的一篇里程碑式的重要

---

① 《真空论序》。

② 按，这个论点在本书中又有所发挥。

③ 《真空论序》。这个论点在本书中继续有所发挥。

宣言;然而在积极因素之外,其中也透露出了确凿的认识乃是不可能的这样一种消极思想的萌芽。这一思想上的矛盾在十年以后的《思想录》一书中,得到更进一步的表现。

和这个实验相联系,帕斯卡尔还设想了一个逆实验,即以气压计的变化来测量山的高度;这个逆实验的工作后来由法国科学家马略特(Mariotte,1620—1684)所完成。帕斯卡尔又以大气压力解释虹吸现象,并发现气压的变化与气候条件有关,这对后来气象学的发展具有巨大的启蒙意义。

进行了气压试验之后,帕斯卡尔就转而研究液体平衡的一般规律,并发现了流体静力学最基本的原理,即封闭器内流体任何一点所受的压力以同等的强度向各个方向同样地传递;这就是有名的"帕斯卡尔定理"。这一定理的发现有着极大的理论上与实践上的价值,它奠定了近代流体力学的基础。

进行过一个时期的流体力学的研究,帕斯卡尔又回到数学工作上来。与帕斯卡尔同时而稍早的意大利数学家加伐丽丽(Cavalieri,1598—1647)曾经提示过三角形的面积可以用划分为无数平行直线的办法来计算。帕斯卡尔在这个基础上做出了重大的新贡献。他指出加伐丽丽所谓的直线实际上乃是细小的长方形,由此遂导致了极限与无穷小的观念。这一不朽的研究开辟了近代的数学方法,为以后的微分积分学扫清了道路。

此外,帕斯卡尔还从事多方面的科学研究与技术设计。17 世纪在某些科学史著作中曾有"天才的世纪"①之称。还在青年时

① 怀德海(A. N. Whitehead):《科学与近代世界》。伦敦,1933,第 50 页以下。

代,帕斯卡尔就以他的光辉的科学贡献而侧身于17世纪的天才的行列。但"天才的世纪"的天才行列并不是凭空涌现的,它是新的资本主义生产方式刺激的结果。海外航行刺激了天文学的建立,水利工程刺激了流体力学的出现[①],机器的采用"对当时的大数学家来说……就是使近代力学得以创造出来的实际支点和刺激"[②]。没有这个社会物质基础,17世纪就不会举行近代科学的奠基礼。

帕斯卡尔这些丰富的科学研究工作,是在疾病不断缠绕、身体极其衰弱的情况下进行的。从18岁起,他就没有一天不在病中,24岁时又曾因中风而瘫痪。这段时期内,他和父亲与妹妹雅克琳(Jacqueline)同住在一起,受到他们两人的影响,逐渐注意思想和信仰的问题。

1651年他的父亲去世,接着妹妹又入波·罗雅尔修道院。从这时候到1654年为止的两三年间,帕斯卡尔(28—31岁)独居巴黎,过着世俗生活。现存的《爱情论》一文,大多数研究者都认为是帕斯卡尔的著作,并且是这一世俗生活时期的作品;这篇文章全文洋溢着伊壁鸠鲁主义的精神,表明他的冉森主义的思想已经遭遇到危机。这时,他和当时的无神论者、自由思想者、人性学者戴巴鲁(Des Barreaux,1602—1673)、米东(Miton)默雷(Méré,1610—1684)等人交游,特别受到默雷的影响;同时他又深入钻研从艾比克泰德(Epictetus,50—135?)至蒙田(Montaigne,1533—1592)等人的著作。他在科学中、在哲学中、在沉思生活中又在世俗生活

① 恩格斯:《自然辩证法》,第150页。

② 马克思:《资本论》,北京,人民出版社,1963,第一卷,第370页。

中,探求世界的真理问题和人生的幸福问题,并且往而不返地求之不倦。这一段时期的世俗生活使他有机会比较深入地观察形形色色的社会生活与人世现象,从而为后来的《思想录》提供了多方面的素材。世俗生活的另一个侧面,赌博,则诱导了他着手研究概率论。

帕斯卡尔和费玛两人是概率论这一学科的创立人。据莱布尼茨说,17 世纪的数学家们是从计算赌博中的机遇而开始奠定概率论的。帕斯卡尔的友人而兼赌客的默雷提出了如下的问题:赌博进行到任何一定阶段而告中断时,其胜负的机遇应该如何计算?这个问题在当时的学者中间曾轰动一时;帕斯卡尔就这样被引入概率论的研究①。帕斯卡尔曾把自己的研究通知费玛,两人分别得出了自己的解答。莱布尼茨于 1672—1676 年侨居巴黎时读到帕斯卡尔的研究成果,深刻地意识到这一门"新逻辑学"的重要性,并且进行了认真的研究。继帕斯卡尔、费玛和莱布尼茨之后,历代的数学家如惠更斯、雅·贝努义、德麻福、拉卜拉司等人,都曾继续研究过并发展了概率论。由帕斯卡尔所开创的这一学科在近代科学技术的许多部门日愈获得广泛的应用,对于近代理论科学和哲学思想也有巨大的启发,它的重要的意义和价值已经为后来的科学实践所证明。

帕斯卡尔的世俗生活时期也是他丰富的科学创作时期。他的两篇著作《大气重力论》与《液体平衡论》均于 1653 年问世;次年他又完成了一系列数论和概率论的研究工作,代数学上沿用至今的

① 莱布尼茨:《人类理智新论》英译本第二版。芝加哥,1916,第 539 页。

有名的“帕斯卡尔三角形”(即二项式系数的三角形排列法)就是在这一年提出的。

1654年11月23日帕斯卡尔乘马车遇险,两匹马均坠死巴黎塞纳河中,而帕斯卡尔本人却奇迹般地幸免于难。这次事故刺激他经历了一番特殊的内心经验,这就是历来某些帕斯卡尔研究者所谓的“第二次皈依”。此后,帕斯卡尔即入居波·罗雅尔修道院,终其余生全心全意地追求宇宙与人生的真理,而且是在激烈的斗争与痛苦之中追求着的。冉森派的风格是强调理智的,帕斯卡尔所遵循的基本路线也是理智的而非经院的,是哲学的、思考的,而非神学的、教条的。他短促一生的晚年所写的几部重要著作——1655年的《与沙西先生的谈话》,1656—1657年的《致外省人信札》与1658年开始写作的《思想录》——都反映着这一思想特色。

自从投石党被镇压之后,耶稣会在法国的活动加强了。在17世纪法国思想战线上的那场尖锐斗争中,即冉森派反抗耶稣会的理论斗争中,帕斯卡尔作为冉森派突出的辩护人,曾以俗人的身份前后写了18封抨击耶稣会的信。这18封信成为当时反耶稣会的教权思想统治的重要历史文献,对新兴的人文主义思想起了鼓舞作用。这部《致外省人信札》和后来的《思想录》,以其论战的锋芒和思想的深邃以及文笔的流畅隽永已经成为思想文化史上的古典著作,它们对后世有着深远的影响。

就在沉耽于哲学与宗教沉思的时期,他也没有放弃他的科学研究工作。他的《数学三角形论》经费玛修订后于1665年出版,书中第一次奠定了关于数学归纳法的证明方法。他晚年研究得最多和贡献最大的科学问题是旋轮线的问题。旋轮线的研究提供了17世纪由于工业技术的发展"运动和辩证法便进入了数学"[①]的光辉例证，并为后来牛顿和莱布尼茨的工作奠定了基础。旋轮线是当时数学界最有名的曲线，笛卡尔、托利拆里、费玛等人都曾用心钻研过；他本人则解决了当时被认为是最困难的求积问题。随着这一问题的解决，他又提出了一系列的其他问题向科学界挑战，惠更斯等人都参加应战，他也公布了他本人对于这些问题的解法。这些研究直接促成了微分学的诞生。他的科学业绩曾被18世纪百科全书派的科学家达朗贝尔(D'Alembert，1717—1783)誉为阿基米得的工作与牛顿的工作两者的中间环节，这个评价基本上是符合史实的。

晚年的帕斯卡尔又是反对耶稣会的坚决斗士。当波·罗雅尔修道院几经统治当局的严厉打击已经濒于失败的关头，一些冉森派的代表人物都倾向于妥协，唯有他坚持要继续斗争。因此之故，他几乎与他的波·罗雅尔的朋友们决裂，并且终于在痛苦与疾病之中结束了他天才而又短促的一生。1662年8月19日帕斯卡尔死于巴黎，享年39岁。冉森派与耶稣会的这场论战，作为一场狭隘的神学理论的争论，早已成为历史陈迹；但是他在这场论战的过程中所酝酿的某些光辉的近代思想内容而尤其是近代思想方法，却超出神学范围之外而为思想史留下了一份值得重视的遗产。关于他的生平活动，他的姐姐吉尔贝特(Gilberte，即比里埃夫人)曾为波·罗雅尔版的《思想录》写过一篇帕斯卡尔传略，读者可以

① 恩格斯：《自然辩证法》，第217页。

参看①。

每一个时代的哲学观点和思想方法论总是根据当时的科学成就和政治斗争总结出来的。十七八世纪的思想家,其世界观与方法论的形成几乎无一不是和他们的科学工作(而在这一历史阶段里,主要的是数理科学)紧密地联系在一起的。但是除了与他们的科学知识和科学方法相制约而外,他们的世界观和方法论又是和他们的时代特征和政治特性相制约的。帕斯卡尔生于神学思想统治行将崩溃但还没有崩溃的时代,所以他的理论体系里往往采用神学的思想资料;他的社会地位又是属于近代早期中等阶级的市民反对派,所以其中又不可避免地带有大量唯心主义和不可知论的观点。这些都是我们在肯定他的历史贡献的同时,所应该注意并加以分析和批判的。

有关版本和译文的一些说明

帕斯卡尔身后的影响虽大,但《思想录》一书却长期未曾被人很好地整理过,显得杂乱无章;以致17、18两个世纪里,无论是赞成他的人还是反对他的人,都没有可能很好地阅读和理解《思想录》的内容和思想。一直要到19世纪的中叶,这位17世纪中叶思想家的遗著才逐步恢复它原来的面貌而呈现于读者的面前。

他死后不久,他的外甥女艾基纳·比里埃(Etienne Perier)就

① 这篇传略1670年波·罗雅尔版并没有刊登,第一次是刊登在1684年阿姆斯特丹的吴尔夫岗版上;布伦士维格编《思想录与著作集》(巴黎,1912)收入卷首。

整理这部未完成的大书的片断草稿。整理过的草稿复经冉森派中心波·罗雅尔(Port Royal)修道院删订,特别是剔除了其中一些异端色彩过于浓烈、锋芒过于外露的部分,于1670年出版;这是《思想录》最早的一个版本,通称波·罗雅尔本。事实上,这一最早的版本与著者原作的本来面貌大有出入,并且简牍错乱,难以卒读。

自波·罗雅尔本问世后,历代都有人研究帕斯卡尔,包括伏尔泰(Voltaire,1694—1778)、孔多塞(Condorcet,1743—1794)、夏多白里昂(Chateaubriand,1768—1848)等著名人物在内。历代也有过不同的版本问世,如1776年的孔多塞本、1779年的鲍絮(Bossut)本、1819年的勒斐弗尔(Le Fevre)本,但没有一种是接近原貌的。要到1835年的法兰丹(Frantin)和1842年的库赞(Cousin)才开始企图按照作者本人的原来设想来恢复本书的次序;1844年的弗热(Faugère)本,是第一个大体上符合原书手稿状态的版本。此后的各家版本都在弗热本的基础上不断进行订正,它们是:1851年阿韦(Havet)本,1854年卢安德(Louandre)本,1857年阿斯吉(Astie)本,1858年拉于尔(Lahure)本,1873年罗歇(Rocher)本,1877年莫利尼埃(Mollinier)本,1881年德雷乌(Drioux)本,1883年冉南(Jeannin)本,1895年维拉尔(Vialard)本,1896年米肖(Michaud)本,1897年狄狄奥(Didiot)本,1904年布伦士维格(Brunschvicg)本,1907年迦齐埃(Gazier)本,1911年马吉瓦(Margival)本,1925年马昔斯(Massis)本,1931年斯特罗斯基(Strowski)本,1933年苏瑞(Souriau)本,1937年狄德(Dedieu)本,1949年谢瓦里埃(Chevalier)本,1950年斯图尔特(Stew-

art)本,1957 年谢瓦里埃《帕斯卡尔全集》本。弗热、阿韦、莫利尼埃、米肖、布伦士维格各家均对帕斯卡尔做过专门的研究与注释;其中布伦士维格本较为晚出,一般公认是最好的版本。此外,圣柏甫(Sainte Beuve,1888)、斯特罗斯基、索尔锋(Soltau)、布特鲁(Boutroux)、克里昂(Criand)诸家也都以研究帕斯卡尔著称。关于帕斯卡尔的生平,他的姐姐比里埃夫人为波·罗雅尔本所写的"帕斯卡尔传"为后世留下了可贵的原始材料。关于波·罗雅尔的历史,圣柏甫的《波·罗雅尔史》(1842—1848 年)一书迄今仍不失为一部详尽的研究,其中对帕斯卡尔的评论也有一些独到的见解,虽则作者标榜客观主义。有关帕斯卡尔的详尽书目,可参看梅尔(A. Maire)编《帕斯卡尔书籍总目》和吉罗德(J. Giraud)编《16、17、18 世纪法国文学书目》(148—161 页)。至于较简明的书目,可参看梅纳(J. Mesnard)《帕斯卡尔的生平与著作》一书的附录(英译本。纽约,1952。202—208 页)。

中译文是根据布伦士维格编《帕斯卡尔思想录与著作选集》修订第六版(巴黎 Hachette 版,1912 年)的原文译出的。布伦士维格本虽然号称精审,但也有错误,甚至于是非常明显的错误,尤以注释及引文部分较多,正文部分也有一些;译文中已就个人所知加以改正,不再一一注明。译文及注释还参考过谢瓦里埃编订的《帕斯卡尔全集》(巴黎 Gallimard 版,1957)。这个本子的编次与布伦士维格本颇为不同,有些地方吸取了较近的研究成果。帕斯卡尔这部书本来就是一部未完成的草稿的残简,因此行文每嫌过于简略,许多地方甚至于不是完整的句子,从而使得历来的研究者莫衷一是;自己由于水平所限,错误更为难免,希望能得到读者的指正。

在翻译过程中参考过特罗特(W. Trotter)的英译本,部分地参考过黑塞(H. Hesse)的德译本(莱比锡,P. Reclam 版)。英译本有特罗特、罗林斯(G. B. Rawlings)与沃灵顿(J. Warrington)三种,“人人丛书”本、“现代丛书”本及“哈佛古典丛书”本中的三种《思想集》都用的是特罗特的英译本。这个英译本虽然也不无可取,但错讹甚多,并且出现有整段整句的遗漏,次序上的颠倒混乱更是屡见不鲜。凡是布伦士维格本错误的地方,无论是正文还是注释,特罗特英译本大都承继下来以讹传讹;布伦士维格本原来不错的地方,特罗特英译本也弄出许多错误,有些是非常可笑的错误,例如把帕斯卡尔的友人米东(Miton)弄成了英国诗人弥尔敦(Milton,见《人人丛书·第 874 种》第 192 段,1931 年)之类,使人啼笑皆非。

凡是作者原文中的错字或漏字经后人补正的,均用方形括号标出。至于书中若干本来就不完整的句子,除了后人已能确定其含义者加以增补而外,其余均照原文逐字译出,以免缀补成文有伤原意。

翻译任何一部思想作品,最感棘手的莫过于名词与术语难以统一。虽然在翻译过程中对于重要的名词和术语尽量求其前后一致,但有时仍然不得不分别用几个不同的中文字来表示原文中的同一个字,甚至于原文中关键性的字。另一方面,大部分名词虽然照顾了前后的译名一致,但这种一致却又不可能不在不同的使用场合之下或多或少地偏离了原意。困难在于,没有一种文字可以完全精确一贯地符合并表达另一种文字。

中文中的自然、人性、天性和由它们衍变来的形容词自然的、天然的、天赋的,在原文中是同一个字 nature 和它的形容词 naturel;但我们却在不同的场合中使用不同的对应词。中文中的成员、组成部分和肢体在原文中也是同一个字 membre,这个字在国家则译成员,在整体则译组成部分,在个人则译肢体。

Esprit 这个字全书都译作精神。这个字大致相当英文的 spirit、德文的 Geist、中文的精神、心灵、心智或头脑,在本书第一编中这个字实际指的是思想方式。所谓几何学精神与敏感性精神或"精微性的精神",英译本作"直觉的精神"的不同,即指几何学的思想方式与敏感性思想方式之不同。Esprit 这个字在十七八世纪有着远比我们今天所说的"精神"更微妙得多的含义。一个字是不能不受时代的影响而不断改变它自身的质量和重量的。另一个情形相似的字是 philosophe(哲学家),在十七八世纪这个字的含义在一定程度上不同于我们今天所称的哲学家,它是指有别于形而上学家——而"形而上学"这个字又和我们今天的含义也有不同——的知识追求者。要用一种文字表达不同的时间、地点和条件之下另一种文字所表达的内容,几乎是不可能的事;因此就只能希望读者体会文字的精神实质,做到以意逆志而不以词害意。

另一个关键性的字是 raison。17 世纪的 raison 可以相当于 18 世纪的 Verstand(或英文的 understanding:理智、知性、理解、悟性),也可以相当于 18 世纪的 Vernunft(或英文的 reason,中文的理性)。这里我们必须注意到,无论是在帕斯卡尔本人还是在整个 17 世纪的思想里,Verstand 和 Vernunft 还没有获得后来它们在康德那里所被赋予的那种区别。这个字在帕斯卡尔的用法里分别指推理能力、理智、道理或理性,我们在书中大多译作"理智",少数场合译伦“理性”或“道理”。当然，德译本也可以把它译作 Vernunft，只要不把这个字理解为一个半世纪以后它在德国古典哲学中所获得的那种严格的意义。严格说来，更接近于 Vernunft 的，在帕斯卡尔的用语里应该是 pensée（思想）。帕斯卡尔用 pensée 这个字，大致相当于笛卡尔用 cogitatio（思想，即“我思故我在”中的“思”字）。笛卡尔说：“我所谓的思想（cogitatio）是指我们意识到在自己心中活动着的全部东西。这就是为什么不仅仅是理智（understanding）、意志、想象而且还有感情，在这里都和思想是同一回事。”[①]笛卡尔的“思想”包括知、情、意三方面，帕斯卡尔的“思想”也包括知、情、意三方面。可以说，笛卡尔和帕斯卡尔的“思想”大致相当于 Vernunft，而“理智”则大致相当于 Verstand。康德的提法是：“全部心灵能力或者说能量（Seelen vermögen oder Fähigkeiten），可以归结为不能从一个共同的立场再进一步加以引申的如下三种，即认识能力、好恶的感情与愿望能力。”。[②] 帕斯卡尔的命题是：“心灵有其自己的理智（道理），这是理智所不认识的。”[③]帕斯卡尔的“心灵”或“思想”接近于康德的“心灵能力”即理性，而帕斯卡尔的理智则接近于康德的认识能力。理智有所不能认识，但这一点却是靠理智自己来认识的。这个推论形式正如康德的纯粹理性乃是其自身认识能力的立法者一样；这里面谈不到有什么像文德尔班所指责的“悖论”[④]。

① 笛卡尔：《哲学著作集》剑桥版，第一卷，第 222 页。

② 康德：《判断力批判》，莱比锡，P. Reclam 版，第 27 页。

③ 本书第 277 段。

④ 文德尔班：《近代哲学史》，第一卷，第 373 页。

有的字相当于中文一个以上的意义，我们有时只采用一个译名。如 lumière 这个字既是光明又是知识，特别是对于某些理性主义者来说，理智的知识本来就是天赋的光明；我们在书中大多数是用“光明”而不用“知识”。另有些字既有字面的意义也有实质的意义；在这种情况下，译文大多采用其实质的意义。如 l'esprit de finesse 字面上应作“精微性的精神”，我们则用“敏感性的精神”[①]以与“几何学的精神”相对应；又如 pyrrhonisme 字面上应作皮浪主义（皮浪是怀疑主义的创始人），译文则径作怀疑主义。

人名译音大多采用一般通用的，所以有些人名没有采用拉丁文的“乌斯”字尾；如 Virgilius 我们就用较通行的魏吉尔而不用魏吉里乌斯。法文专名词的拼法和拉丁文或英文的都不一样，有些名字一般中文译名是以拉丁文或英文为根据的，在这种情形下，我们便不以法文为准。如赛尔苏斯我们便不根据法文形式 Celse，而根据较常见的拉丁文与英文的形式 Celsus；同样，阿达拿修斯就根据 Athanasius，而不根据法文形式 Athanase。

至于 religion chrétienne 之译作基督宗教而不译作基督教，是因为基督宗教不仅更符合原文，也更符合原意，它标志着帕斯卡尔由中世纪全神性的宗教朝向近代半神性半人性宗教的过渡。

① 可参看本书第 1 段译注。

《思想录》不同版本编次对照表

MANUSCRIT	1re COPIE	2de COPIE	PORT-ROYAL	BOSSUT	FAUGÈRE	HAVET	MOLINIER	MICHAUT	BRUNSCHVICG
1	358	315	IX 8	II xvii 68	II 79	XXIV 57	I 82	2	412
1	90	116	VIII 1	II vii 1 / II iv 8	II 269	XI 8	I 281	3	693
1	357	313			II 89		I 295	4	660
1	316	313			II 260	XXV 156	I 267	5	664
3	201	409	VII 1	II iii 1	II 163	X 1	I 146	6	235
..4			VII 2	II iii 4		X 1b			
..7			XXVIII 69	II iii 5					
..8				II xvii 63					
3	361	318	XXIV 8	I vi 4	II 56	III 4	I 118	15	97
4	207	418			II 171	XXV 38	I 124	7	535
4	259	316			II 274	XXV 97	I 200	16	731
4	358	315	IX 1	II xvii 64	II 84	XXIV 53	I 72	17	146
7				II iv 9	II 172	XI 9b	I 303	8	604
7	357	314	IX 3	II xvii 65	II 143	XXIV 54	II 42	18	479
8	206	416			II 169	XXV 91	I 98	9	89
8	206	417		II xvii 3	II 170	XXIV 2	I 314	10	231
8	207	418	XXVIII 51	II xvii 5	II 172	XXIV 5	II 140	11	277
8					II 172	XXV 39b	I 309	12	542
8	207	418	XXVIII 51		II 172	XXIV 5	II 140	13	278
8	206	417	IX 5	II xvii 67	II 171	XXIV 56	II 39	14	477
			IX 6			XI 4b	I 309		
8	206	417	II 6	II iv 4	II 171	XXV 39	I 309	14	606
8	357	313			II 260	XXV 156	I 267	19	663
8	358	314			II 92	XXV 29	I 173	20	394
11	354	309		I ix 48	I 195	VI 15b	I 144	21	36
11	354	310		I ix 58	I 195	VI 55	II 152	22	155
11	357	313	IX 7	II xvii 67	II 143	XXIV 56b	II 40	24	492
11	349	303	XVI 8	II xii 5	II 320	XIX 5	II 10	25	750
12	354	310			I 261	XXIV 94	II 115	23	30
						XXV 133			
12	351	306	XXVIII 37	II xvii 35	I 328	XXIV 25	II 93	26	868
15	173	207			II 254	XVI 8t	I 273	27	652
15	126	152			II 254		II 25	28	679
15	126	152			II 254	XXV 111b	I 256	29	649
15	129	156	XIII 4 5 6	II ix 8 9	II 254	XVI 7	I 245	30	678
17	127	153	X 7	II viii 3	II 362	XV 4	I 267	31	662
17	126	152	XVIII 14	II xiii 7	II 281	XX 11	II 6	32	758
17	420	394	XXVIII 59	II xvii 52	II 177	XXIV 42	II 58	33	247
17	420	395			II 181	XXIV 97	I 315	34	230
19	423	398			II 382	XXV 196	II 24	35	782
19	423	398	XV 12	II xi 5	II 340	XVIII 20	I 199	36	712

M.	1e C	2e C	PORT-R.	BOSSUT	FAUG.	HAVET	MOLINIER	MIC.	BR.
19.	423	398	....	II XVII 8..	II 352.	XXIV 8...	II 58.....	37.	561
19.	125	152	....	....	.....	....	....	38.	900
19.	125	151	....	....	II 248.	XXV 153..	I 270.....	39.	657
19.	173	207	....	....	.....	....	....	40.	623
21.	20.	40.	....	....	II 79..	....	....	41.	174
21.	13.	31.	XXIV 42..	I VI 5....	II 43..	III 5......	I 110.....	42.	172
21.	14.	32.	....	I VIII 9...	I 185..	V 8.......	I 99.....	43.	305
21.	8^{b}.	23.	....	I X 3!....	I 206..	VII 34....	II 450....	44.	134
21.	9..	23.	XXIV 2...	I V 1.....	I 209..	II 1^{b}......	I 88.....	45.	158
21.	14.	32.	XXXI 14..	I IX 47...	I 214..	VI 44.....	I 63.....	46.	132
23.	9..	23.	....	I IX 62...	II 41..	VI 59^{b}....	I 63.....	47.	164
23.	9..	23.	....	....	II 41..	....	I 63.....	48.	141
23.	15.	33.	....	....	II 89..	XXV 28....	I 67.....	49.	429
23.	14.	32.	....	....	II 435.	XXV 36....	I 470.....	50.	388
23.	9..	23.	....	....	II 75..	I 1^{t}......	I 42.....	51.	71.
23.	...	...	....	....	.....	....	....	Err.	154
23.	14.	32.	....	I IX 3....	II 392.	VI 3......	I 99.....	52.	293
23. / 459	8^{b}. / 385	23. / 342	....	....	II 75..	I 1^{b}......	I 42.....	53.	69.
23.	8^{b}.	23.	....	....	I 224..	XXV 47....	I 41.....	54.	207
23.	8^{b}.	23.	XXIV 11...	I IX 25...	I 245..	VI 22^{b}....	I 60.....	55.	136
25.	79.	104	....	II XVII 4..	II 387.	XXIV 3^{b}...	II 62.....	56.	189
25.	77.	102	XXVIII 15.	II XVII 18.	II 446.	XXIV 16...	I 323.....	57.	226
25.	2..	14.	....	....	II 394.	X 11......	II 62.....	58.	248
25.	2..	15.	....	....	II 392.	XXV 110...	II 62.....	59.	291
25.	2..	14.	....	....	II 389.	XXII 1....	II 64.....	60.	60.
25.	1..	14.	....	....	II 390.	X 9.......	II 62.....	61.	247
25.	2..	15.	....	....	II 394.	X 10......	II 62.....	62.	246
27.	1..	13.	....	....	II 334.	XXV 45...	I 179.....	63.	596
27.	2..	15.	....	....	II 388.	XXV 199...	II 64.. ..	64.	602
27.	2..	15.	....	....	II 41..	....	I 58.....	65.	167
27.	80.	105	I 1.......	II II 1....	II 18..	IX 5......	I 16.....	66.	183
27.	79.	104	XXVIII 19.	II XVII 19.	II 18..	XXIV 17^{b}..	I 154.....	67.	218
27.	120	147	....	.... 21..	II 156.	XXIV 82...	II 21.....	68.	510
27.	3..	15.	XXVIII 38.	II XVII 36.	II 387.	XXIV 26...	II 63.....	69.	187
27.	119	146	XVIII 11...	II XIII 7..	II 282.	XX 7......	II 6.....	70.	795
29.	1..	13.	....	....	II 389.	XXV 109..	II 61.....	71.	227
29.	1..	13.	....	....	II 389.	XXV 200..	I 314.....	71.	244
29.	1..	13.	....	....	II 390.	XXV 108^{b}..	II 61.....	72.	184
29.	...	...	....	....	II 246.	XVI 8^{b}....	I 272.....	73.	647
29.	132	159	XIII 8.....	II IX 10...	II 246.	XVI 8^{b}....	I 272.....	74.	683
29.	126	164	XIII 7.....	II IX 10...	II 315.	XVI 8.....	II 21.....	75.	545
31.	137	164	XIII 14....	II IX 14...	II 258.	XVI 12....	I 246.....	76.	687
							I 256.....	...	...
31.	140	188	XVII 3....	II XVI 8..	II 334.	XIX 8....	I 180.....	77.	691
					II 247.	XXV 152..	....	...	...
31.	125	152	....	....	II 247.	XXV 152..	I 243.....	78.	648
31.	125	151	....	....	II 247.	XXV 152..	I 243.....	79.	653
33.	133	160	XIII 17 18..	II IX 17 18.	II 307.	XVI 15....	II 14.....	80.	692
						XVI 16....	I 264.....	...	...

M.	1e C	2e C	PORT-R.	BOSSUT	FAUG.	HAVET	MOLINIER	MIC.	BR.
35.	134	162	X 3 5 6 8....	II viii 3 4 5	II 251.	XVI 13....	I 262.....	81.	670
			XIII 15 16..	II ix 15 16	.....	XV 3^b 5....	....	...	...
					.....	XVI 14....	....	...	...
35.	130	157	X 13.......	II viii 9..	II 274.	XV 8	I 201.....	82.	757
35.	111	158	....	....	II 254.	....	I 244.....	83.	677
37.	355	310	XV 10.....	II xi 3...	II 249.	XVIII 15 ..	I 255.....	84.	766
			....	....	.....	XVIII 16 ..	II 3	85.	...
							II 5	...	...
37.	355	311	XV 11	II xi 3....	II 250.	XVIII 17 ..	I 205.....	86.	736
37.	132	159	XIII 18....	II ix 18...	II 247.	XVI 16^b et 16^c	I 270.....	87.	680
37.	131	158	X 13.......	II viii 9..	II 325.	XV 8^b.....	I 323.....	88.	762
39.	131	158	X 4.......	II viii 3..	II 203.	....	....	89.	746
39.	138	165	X 9.......	II viii 6..	II 203.	XV 6	I 323	90.	745
39.	131	159	....	....	II 272.	XXV 162 ..	I 200	91.	719
39.	131	158	....	....	II 203.	....	II 13.....	92.	686
38.	125	151	....	....	II 249.	....	I 243	93.	667
39.	125	151	....	....	II 249.	XXV 154 ..	I 272	94.	681
39.	125	151	....	....	II 249.	....	I 272	95.	674
39.	417	391	....	....	II 403.	....	....	96.	612
39.	420	395	....	....	II 403.	....	....	97.	193
41.	422	397	....	....	I 228..	XXV 20 ...	I 155	98.	259
41.	422	397	VII 2.. ..	II iii 5...	II 181.	X 3.......	I 153	99.	240
41.	422	397	....	II xvii 7..	II 357.	XXIV 7 ...	I 287	100	615
41.	417	391	....	....	II 145.	XXV 88 ...	I 195	101	532
41.	157	188	....	....	II 234.	....	II 67.....	102	809
43.	419	394	....	....	II 329.	XXV 101 ..	II 48.....	103	519
	420	...	....	....	.....	....	....	...	...
43.	139	167	X 1.......	II viii 2..	II 245.	XV 2	I 248	104	643
				II ix 3 ...	.....	....	....	...	...
45.	138	165	XIII 1	II ix 5 ...	II 363.	XVI 4.....	I 242	105	642
						XXV 186 ..	....	...	...
45.	117	143	XVIII 22 ..	II xiii 11 .	II 372.	XX 16	II 101....	106	789
45.	117	143	....	II xvii 4..	II 369.	XXIV 4 ...	I 296 et...	107	523
							II 101....	...	...
45.	118	145	XVIII 5...	II xiii 3..	II 158.	XX 3......	I 319	108	501
45.	123	149	....	....	II 155.	....	....	109	228
45.	117	143	....	....	II 392.	XXV iii...	II 64.....	110	570
45.	117	143	XXVIII 22.	II xvii 22.	II 323.	XXIV 20 ..	II 17.....	111	233
45.	118	144	XVIII 24 ..	II xiii 11 .	II 116.	XX 19	I 319	112	506
45.	118	144	....	....	II 369.	XXV 52 ...	I 290	113	444
47.	117	143	....	vol. II p. 547	I 221..	XXIV 99...	II 89.....	114	816
47.	117	143	XVIII 13 ..	II xiii 7 10	II 282.	XX 9	I 319	115	751
						XX 10	....	...	...
47.	118	144	....	....	II 149.	....	....	116	430
					(note)				(note)
47.	118	144	....	suppl. 20..	II 156.	XXIV 84^b..	I 315	117	511
47.	359	316	....	....	II 95..	XXV 32^b...	I 174	118	462
47.	360	317	....	....	II 131.	XXV 83 ...	I 68......	119	94.
47.	361	318	XXIV 6 ...	I v 4.....	II 81..	II 4	II 66.....	120	411
47.	359	315	....	....	II 42..	XXV 26 ...	I 61......	121	131
47.	360	317	III 13.....	II v 5....	II 81..	XII 8.....	I 284	122	417

M.	1ᵉ C	2ᵉ C	PORT-R.	BOSSUT	FAUG.	HAVET	MOLINIER	MIC.	BR.
49.	360	317	XXIV 4	I v 2	I 209	II 2ᵇ	I 90	123	153
						XXV 122	...	...	...
49.	360	316	XXIV 5	I v 3	I 208	II 3	I 88	124	150
49.	89.	115	...	...	I 225	XXV 16ᵇ	I 43	125	208
49.	89.	115	...	...	I 235	...	II 151	126	57.
49.	90.	116	...	...	I 236	...	I 85	127	86.
						...	II 364	...	...
49.	359	316	...	...	II 80	...	I 102	128	214
49.	161	192	XVI 5	II xii 4	II 321	XIX 4	II 11	129	640
49.	164	194	...	...	II 384	...	II 14	130	178
49.	120	147	XIII 10	II ix 12	II 146	XVI 10	I 297	131	765
49.	163	193	XIV 5	II x 4	II 323	XVII 5	II 15	132	800
51.	420	395	...	...	II 494	XXV 93ᵇ	II 2	133	741
51.	421	395	XVI 3	II xii 2	II 370	XIX 2	II 15	134	798
51.	421	396	XXVIII 60	II xvii 53	I 210	XXIV 43	II 99	135	895
51.	421	396	XXXI 22	I x 16	I 196	VII 16	II 150	136	6..
51.	163	198	...	...	II 273	XVI 1ᵇ	I 212	137	752
53.	158	189	XIV 1	II x 1	II 330	XVII 1	II 21	138	793
53.	163	192	XVI 6	II xii 4	II 321	XIX 4ᵇ	II 12	139	639
53.	120	147	...	...	II 273	...	I 199	140	705
55.	161	191	XVI 1	II xii 1	II 322	XIX 1ᵇ	II 16	141	801
55.	157	187	XIV 2	II x 2	II 325	XVII 2	II 13	142	786
55.	121	148	XVIII 20 et	II iv 5	II 146	XI 5	I 318	143	585
			II 7	II xiii 10	II 264	...	...	...	...
55.	121	148	XVII 1	II xii 7	II 335	XIX 7	I 177	144	601
57.	119	145	XVIII 2 17	II xiii 2	II 263	XX 1	II 13	145	578
			et 18	II viii 18	...	XX 13	I 271	...	...
			XI 2	...	...	XXV 158	I 324	...	...
				...	...	XV 15	I 190	...	...
57.	164	195	XVII 6	II xii 10	II 335	XIX 10	I 179	146	600
57. 317	69.	95.	III 1 et 2	II v 1 et 2	II 152	XII 1	I 274	147	430
318	121	147	3 et 10	5 et 12	II 147	XII 3	I 285	...	...
321	...	...	11 et 12 13	II xvii 60	...	et 4	I 278	...	...
322	...	...	XVIII 1	II xiii 1	...	et 20	I 316	...	...
325	...	...	IV 1	...	...	et 5	...	...	...
326	...	...	XXVIII 66	...	...	XX 1	...	...	...
57.	118	145	XVIII 12	II xiii 7	II 330	XX 8	II 7	148	771
59.	157	187	XV 5	II xi 2	II 277	XVIII 5	I 204	149	772
59.	161	191	XIV 4	II x 4	II 349	XVII 4	II 14	150	797
59.	158	188	XVI 6 et 7	II xii 4	II 320	XIX 4ᵗ	II 12	151	638
59.	118	144	XVIII 21	II xiii 10	II 349	XX 15	II 26	152	796
59.	120	146	X 2	II viii 3	II 251	XV 3	I 261	153	645
59.	163	192	...	...	II 404	...	...	154	697
59.	163	192	...	...	II 374	XXV 193	II 115	155	569
59.	157	187	XXXI 26	I x 19	II 265	VII 19	I 195	156	283
59.	163	195	...	...	II 274	...	I 309	157	699
61.	158	189	...	II x 4	II 324	XVII 6	II 24	158	764
61.	163	194	...	...	II 374	...	II 13	159	755
61.	157	187	XIV 6	II x 5	II 330	XVII 9	II 20	160	742
61.	158	188	...	...	II 322	XXV 174	II 13	161	743

M.	1ᵉ C	2ᵉ C	PORT-R.	BOSSUT	FAUG.	HAVET	MOLINIER	MIC.	BR.
61.	157	188	....	....	II 370.	XIX 2^{b}....	II 24.....	162	799
61.	158	188	....	....	II 324.	XXV 475 ..	II 24.....	163	763
61.	89.	115	....	....	II 55..	XXV 80 ...	I 85	164	98
61.	79.	105	I 4.......	II II 4....	II 48..	IX 4......	I 45	165	200
61.	78.	104	....	....	I 224..	XXIV 104..	I 472.....	166	225
61.	78.	104	XXVIII 67.	II XVII 64.	II 482.	XXIV 50...	I 455.....	167	257
63.	361	318	....	....	II 96..	XXV 33^{b} ..	I 474.....	168	422
63.	78.	103	XXVIII 47.	II XVII 48.	II 472.	XXIV 46^{t}..	I 453.....	169	237
63.	78.	...	....	....	II 473.	....	....	170	281
63.	80.	105	XXIX 44 ..	II XVII 69.	I 214..	XXIV 58 ..	I 414.....	171	210
63.	79.	104	XXVIII 49.	II XVII 49.	I 224..	XXIV 98 ..	I 472.....	172	221
63.	78.	104	....	....	II 49..	....	II 64.....	173	190
63.	100	129	XXIII 6...	I IV 6....	II 84..	I 6.......	I 70	174	347
63.	78.	104	....	....	II 276.	....	....	175	204
63.	77.	103	I 4.......	....	II 48..	IX 3......	I 46	176	215
63.	101	129	....	....	II 343.	XXV 209 4 .	II 34.....	177	517
63.	78.	103	....	....	II 474.	XXV 92 ...	I 454.....	178	238
63.	77.	103	VIII 4	....	II 49..	XIV 4.....	I 444.....	179	211
65.	78.	104	XXVIII 48.	II XVII 49.	II 473.	XXIV 47 ..	I 453.....	180	236
65.	359	316	IX 9......	II XVII 68.	I 226..	XXIV 57^{b}..	I 46	181	495
65.	361	318	I 4.......	....	II 49..	....	I 46	182	198
65.	349	303	....	....	II 296.	....	I 344.....	183	576
65.	350	304	II 43......	II IV 44...	II 47..	XI 44.....	I 285.....	184	450
65.	15.	33.	....	....	I 494..	XXV 448 ..	I 38	185	111
67.	15.	33.	....	....	I 223..	XXV 72 ...	I 44	186	379
67.	21.	40.	....	....	II 430.	....	I 404.....	187	454
67.	20.	39.	....	....	I 224..	XXV 46 ...	I 44	188	205
67.	15.	33.	XXIX 36 ..	I IX 66 ...	I 494..	VI 63.....	I 444.....	189	181
67.	16.	35.	....	I IX 42 ...	I 487..	VI 9......	I 99	190	296
67.	15.	33.	XXIX 35 ..	I IX 39 ...	I 494..	VI 36.....	I 424.....	191	103
67.	15. 16.	34.	XXIX 37 ..	I IX 40 et 43	I 488..	VI 37.....	I 402.....	192	332
						VI 40.....	....	...	...
69. 365	16.	35.	XXV 5 et 6.	I VI 8 et 9.	II 426.	III 8.....	I 94	193	294
				I IX 5....	.....	....	....	...	...
69.	21.	40.	XXXI 46 ..	I IX 48 ...	I 494..	VI 45.....	I 47	195	110
69.	19.	38.	....	....	I 204..	XXV 66 ...	I 86	196	151
70. 366	22. .	41.	....	....	II 423.	....	I 473.....	194	75
							I 458.....	...	...
70.	20.	39.	....	I IX 40 ...	II 430.	VI 40^{b}	I 98	197	326
73.	19.	38.	....	....	I 489..	XXV 63....	I 48	198	115
73.	21.	40.	....	I IX 25 ...	II 42 n.	....	....	199	165
73.	350	312	XXIX 43 ..	II XVII 69.	II 94..	XXIV 57^{t}..	I 472.....	200	219
73.	21.	40.	XXIV 3 ...	I V 2.....	II 89..	II 2......	I 90	201	405
73.	20.	39.	....	....	II 432.	XXV 85 ...	I 97	202	879
73.	19.	38.	XXXI 25 ..	I IX 53 ...	I 486..	VI 50.....	I 403.....	203	295
73.	19.	37.	....	I IX 5....	II 432.	VI 5......	I 96	204	309
73.	19.	38.	XXIX 34 ..	I IX 38 ...	I 487..	VI 35.....	I 443.....	205	177
73.	21.	40.	....	....	II 435.	XXV 37 ...	I 459.....	206	389
75.	350	305	XXIX 48 ..	I IX 23 ...	I 497..	VI 20.....	I 428.....	207	455

M.	1° C	2° C	PORT-R.	BOSSUT	FAUG.	HAVET	MOLINIER	MIC.	BR.
75.	356	312	....	....	II 86..	....	I 65	208	443
75.	21.	40.	....	....	I 226..	XXV 60 ...	I 154.....	209	66.
75.	349	303	XVI 9.....	II XII 5...	II 320.	XIX 5^b....	II 40.....	210	768
					II 483.	....	....	...	...
75.	27.	45.	XXIV 9 ...	I V 6.....	I 208..	II 6	I 90	211	152
75.	197	9..	XXIII 5....	I IV 5....	II 80..	I 5.......	I 66	212	400
77.	192	2..	....	II XI 4 ...	I 202..	XVIII 48 ..	II 4	213	617
77.	193	3..	II 8	II IV 5...	II 244.	XI 5^t.....	I 260.....	214	644
77.	196	7..	XXVIII 65.	II XVII 58.	II 79..	XXIV 48 ..	I 68	215	174
79.	198	9..	....	I VII 3 ...	II 40..	VI 4......	I 59	216	171
79.	6..	19.	....	I IX 46 ...	II 44..	VI 43.....	I 89	217	127
79.	5..	18.	....	....	I 484. n	....	....	218	318
79.	13.	30.	....	....	I 207..		I 89	219	163
79.	5..	18.	....	....	I 294..	*Pro* 296...	....	220	...
79.	5..	18.	....	....	II 392.		....	221	292
79.	5..	17.	....	I IX 62 ...	I 207..	VI 59.....	I 63......	222	161
79.	7..	19.	....	I VIII 8...	I 478..	V 7^b......	I 82......	223	330
79.	14.	31.	XXV 9	I VI 42 ...	II 53..	III 9......	I 40......	224	366
79.	5..	17.	....	....	II 335.	XXV 402 ..	I 423.....	225	113
81.	6..	19.	XXVIII 52.	I IX 44....	I 498..	VI 44.....	I 426	226	67.
81.	5..	17.	....	....	II 353.	XXV 403 ..	II 53.....	227	338
81.	8..	21.	XXV 4	I VI 4	II 98..	III 4......	I 44......	228	374
81.	6..	19.	....	I VIII 8...	I 482..	V 7.......	I 82......	229	308
81.	27.	45.	....	....	II 79..	XXV 84 ...	I 67......	230	126
81.	9..	22.	....	....	II 55..	XXV 80^t...	I 86......	231	117
83.	5..	17.	....	I X 39	I 206..	VII 38	I 85......	232	133
83.	5..	17.	....	....	I 235..	I 4^b	I 72......	233	410
					II 82..	....	....	...	...
83.	8..	21.	....	I VIII 40..	I 478..	V 9.......		234	320
83.	8..	21.	....	....	I 485..	....		235	317 n
83.	7..	20.	....	....	I 203..	XXIV 89...	I 43......	236	354
83.	5..	18.	XXV 3.....	I VI 2.....	II 75..	III 2^b......	I 40......	237	381
83.	8..	21.	XXIV 40 ..	I V 7......	I 208..	II 7.......	I 89......	238	149
83.	6..	18.	....	....	XXV.				
					420..	....	I 40......	239	367
83.	8..	20.	XXIX 38 ..	I IX 44 ...	I 245..	VI 38	I 86......	240	156
83	9..	22.	....	I VI 2.....	II 98..	III 2......	I 469.....	241	376
85.	...	...	....	....	I 269..	*Pro.* 287 ..	II 444....	242	882
85.	...	...	....	....	I 342..	....	*Pro.* 400.	243	...
85.	...	...	....	....	I 234..	XXIV 33^b..	II 46.....	244	459
85.	...	...	....	II XVII 74.	I 234..	XXIV 63...	II 57.....	245	520
						XXV 426 ..	....	...	...
85.	...	...	....	II XVII 74.	I 234..	XXIV 63^b..	II 57.....	246	582
						XXIV 63^t..	I 320.....	...	...
85.	...	...	....	....	II 333.	XXV 484 ..	II 45.....	247	460
87.									
89.	...	...	....	....	II 338.	XXV 209^1..	II 27.....	248	553
90.	...	...	....	....	II 348.	XXV 442...	II 44.....	...	...
99.	...	...	....	....	......	XXV 443...	I 98......	...	...
						XXV 209^2..	II 29.....	...	...
						XXV 209^3..	I 447.....	...	...

M.	1ᵉ C	2ᵉ C	PORT-R.	BOSSUT	FAUG.	HAVET	MOLINIER	MIC.	BR.
99.	...	...	...	...	...	XXV 114...	II 32.....	...	553
						XXV 115...	II 33.....	...	...
90.	...	...	...	...	II 318.	XXV 209...	...	248	791
100	...	...	...	...	II 177.	XXV 137...	I 202.....	249	698
89.	...	...	...	...	II 326.	XXV 44 ...	II 32.....	250	785
90.	...	...	...	...	II 376.	XXV 54 ...	II 47.....	251	504
90.	...	...	...	...	II 328.	XXV 209^{8}..			
						209^{9}.....	II 33.....	252	554
90.	...	...	...	...	II 350.	XI 3^{b}.....	II 50.....	253	250
90.	...	...	...	...	II 262.	XXV 157 ..	II 129....	254	661
90.	...	...	...	suppl. 9...	II 384.	XXIV 70...	I 294.....	255	580
90.	...	...	...	...	II 384.	XXV 107...	I 294.....	256	490
93.	...	...	...	...	I 294..	XXV 205...	II 89.....	257	856
93.	352	307	...	II XVII 73.	I 325..	XXIV 62...	II 121....	258	905
93. / 94.	...	...	...	...	I 293..	*Pro.* 295..	*Pro.* 109.	260	...
					I 300..	...	...	...	...
94.	...	...	...	II XVII 72.	II 180.	XXIV 61^{t}..	II 49.....	259	498
97.	...	...	...	...	I 380..	XXV 105...	II 52.....	261	668
97.	...	...	...	...	I 274..	*Pro.* 290..	II 121....	262	897
97.	...	...	...	...	II 318.	XXV 209...	II 26°....	263	790
99.	...	...	...	II XVII 77.	I 266..	*Pro.* 287..	II 106....	264	920
100	...	...	...	...	I 270..	XXIV 66 ..	II 116....	...	...
						XXIV 66^{b}..	...	...	...
						Pro. 288..	...	...	...
99.	...	...	...	...	I 230..	XXV 73 ...	II 51.....	265	540
100	...	...	...	...	II 177.	XXV 137 ..	I 202.....	249	698
103	...	...	...	...	I 177..	XXV 1	I 46	266	104
103	409	385	...	I IX 60....	I 210..	VI 57	I 123.....	268	101
105	409	385	XIV 10....	II VIII 19.	II 197.	XV 20	I 202.....	269	737
						XV 19.....	I 308.....	...	...
103	...	...	...	...	...	...	...	272	518
104	...	...	...	...	II 372.	XXV 189 ..	I 248	267	658
104	...	...	...	Sup. 6....	I 243..	XXIV 69...	II 34.....	270	550
104	...	...	...	...	I 291..	...	II 116....	271	191
105	...	...	...	...	I 216..	XXV 70 ...	II 60.....	273	264
105	...	...	...	...	I 201..	...	II 129....	274	...
107	...	...	...	suppl. 18..	I 234..	XXIV 79...	I 45	275	505
							II 152....	...	...
107	...	...	...	...	I 233..	XXV 127 ..	II 50.....	276	499
107	...	...	...	...	I 233..	XXV 209^{17}.	II 33.....	277	555
						XXV 209^{6}..	...	...	...
109	325	275	XXXI 29 ..	I X 21	I 250..	VII 21	II 134....	278	48.
109	325	275	...	suppl. 14..	I 348..	XXIV 75 ..	II 114....	279	880
109	325	275	...	I IX 47 ..	I 286..	*Pro.* 294..	II 125....	280	869
109	470	275	...	...	II 99..	VI 14.....	I 115.....	281	378
109	340	293	XXVIII 49 .	II XVII 44.	II 232.	XXIV 34...	I 321.....	288	263
110	326	330	...	...	II 75..	...	I 39	282	70.
110	326	332	...	...	II 129.	...	I 94	283	375
110	326	276	...	...	II 98..	...	I 171.....	284	387
110	326	277	...	...	II 37..	IV 2......	I 57	285	140

M.	1ᵉ C	2ᵉ C	PORT-R.	BOSSUT	FAUG.	HAVET	MOLINIER	MIC.	BR.
110	...	...	...	...	I 37.	IV 2	I 58	286	145
110	326	...	...	...	I 344.	...	...	288	853
110	335	287	...	I x 23	I 255.	VII 23	II 434	289	45.
110	336	287	...	...	I 489.	XXV 63	I 47	290	114
					I 257.	...	...	...	...
110	339	292	XII 4	II IX 4	II 253.	XVI 3.	I 273	291	646
113	441	237	...	II XVII 20.	II 264.	XXIV 48	I 347	292	564
113	441	238	...	...	I 283.	...	II 97.	293	855
							Pro. 442.	...	...
113	337	289	...	II XVII 49.	I 228.	XXIV 39^{b}	II 44.	294	485
113	338	290	...	...	II 313.	XXV 471^{b}	I 477	295	591
115	333	284	...	...	II 329.	XXV 480	I 207	296	778
115	333	284	XXVIII 48.	II XVII 43.	I 232.	XXIV 33.	II 45	297	458
115	333	285	XXVIII 33.	II XVII 33.	II 329.	XXIV 23	II 26	298	515
115	334	285	XXVIII 34.	II XVII 33.	II 330.	XXIV 23^{b}	II 26.	299	784
115	334	255	...	...	II 330.	XXV 480	II 404.	300	779
115	334	285	...	...	II 330.	XXV 480.	II 406.	301	780
117	452	250	...	II XVI 40.	II 216.	XXIII 35	II 84.	302	839
						XXIII 36	II 85.	...	...
117	340	293	...	...	II 265.	XXV 459	I 257	303	651
119	441	238	XXVII 3.	II XVI 2	II 227.	XXIII 3.	II 67.	304	824
119	441	238	XXVIII 61.	II XVII 54.	II 227.	XXIV 44	I 487	305	671
119	442	239	XXVII 8.	II XVI 5.	II 228.	XXV 449	II 88.	306	827
						XXIII 45	...	...	...
119	336	288	...	...	II 343.	XXV 209^{5}.	II 32.	307	552
119	345	299	...	...	II 494.	XV 43^{b}.	I 488.	308	704
						XXV 439	...	...	...
121	...	...	...	...	II 383.	XXV 55	II 427.	309	513
					II 382.	XXV 55^{b}	II 428.	...	...
						XXV 497	...	...	...
121	53.	73.	XXVI 4	I VII 4	II 39.	IV 5	I 58	310	168
121	53.	73.	...	...	II 48.	...	I 58	311	169
121	5.	18.	...	...	I 284 n.	...	...	218	318
121	5.	18.	...	...	I 207.	...	...	221	292
123	338	290	...	suppl. 45.	I 317.	XXIV 76.	II 443.	312	874
						XXIV 77.	...	...	...
123	338	290	...	...	II 244.	XXV 94^{1}.	II 72.	313	815
123	338	290	...	suppl. 46.	I 317.	XXIV 77.	II 443.	314	872
123	339	291	XII 2 et 3.	II IX 2	II 324.	XVI 2.	I 254	315	768
123	339	292	...	suppl. 47.	II 374.	XXIV 78.	II 426.	316	775
123	342	296	...	...	I 259.	XXV 74	I 47	317	12.
125	444	241	XXVII 6 et 9	II XVI 4 et 5	II 230.	XXIII 7	II 86.	318	829
						XXIII 46	...	...	...
						XXV 450	...	...	...
125	342	296	...	...	I 260.	XXV 432	II 436.	319	53.
125	342	295	...	...	I 260.	XXV 76	II 236.	320	28.
125	53.	75.	...	I IV 44	II 476.	I 44	I 445	321	469
127	334	285	XXVIII 43.	II XVII 39.	II 347.	XXV $209\ 1^{o}$.	II 34.	322	744
						XXIV 29.	II 9	...	...
127	335	286	...	I VI 45	I 200.	III 44.	I 84	323	84.
127	335	286	...	I IX 50	I 200.	VI 47.	I 39	324	107

M.	1e C	2e C	PORT-R.	BOSSUT	FAUG.	HAVET	MOLINIER	MIC.	BR.
127	337	289	...	...	I 240..	XXV 13 ...	I 144 ...	325	173
127	336	288	XXXI 30 ..	I x 22...	I 249..	VII 22 ...	II 135...	326	27.
127	337	289	...	II xvii 59.	II 374.	XXIV 49...	II 115...	327	886
129	343	296	XXXI 31...	I x 24...	I 255..	VII 24 ...	II 132...	328	32.
129	344	297	XXXI 32...	I x 25 ...	I 256..	VII 25 ...	II 136...	329	33.
129	344	298	XXIX 14 ..	I ix 18 ...	I 257..	VI 15...	I 120 ...	330	34.
130	341	294	XXXI 15 ..	I viii 10..	II 173.	XXIV 88 ..	I 155 ...	331	234
					I 217..	V 9b ...	I 121 ...	...	...
130	345	299	...	...	II 327.	XXV 99 ...	I 270...	332	656
130	329	280	XXXI 6 ...	I x 4...	I 224..	VII 4...	II 143...	333	274
130	343	296	...	...	I 258..	XXV 25...	II 135...	334	56.
130	343	296	...	...	I 258..	XXV 25b ..	...	...	15.
139						XXV 118b..	II 132...	334	...
210 209 217 133 217	53.	76.	XXVI 123.	I viii 123.	II 31..	IV 2...	I 49 ...	335	139
134	327	277	...	I ix 43 et 41	II 130.	VI 40...	I 96 ...	336	325
134	328	278	...	I ix 64 ...	I 193..	VI 61...	I 88 ...	337	408
134	328	278	XXXI 4 ...	I x 3...	I 173..	VII 3...	II 141...	338	40.
134	328	279	...	I ix 57 ...	I 210..	VI 54...	II 152...	339	57.
134	329	279	XXIX 39 ..	I ix 42..	II 54..	VI 39...	I 39 ...	340	105
137	330	280	XXXI 27...	I viii 1...	II 96..	V 1 ...	I 167...	341	373
137	330	280	XXXI 27 ..	I ix 55...	II 96..	VI 52...	I 118...	341	331
137	330	281	XXXI 7 ...	I x 5...	I 257.	VII 5 ...	II 137...	342	5..
137	331	280	XXIX 10 ..	I ix 14 ...	I 209..	VI 11...	I 116...	343	102
137	338	290	XVIII 10 ..	II xiii 6..	II 205.	XX 6 ...	I 196...	344	575
141	331	282	...	...	II 374.	XXV 194...	I 195...	345	579
141	331	282	XXIX 11 ..	I ix 15 ...	I 209..	VI 12...	I 124...	346	407
141	332	283	...	...	II 374.	XXV 194...	I 196 ...	347	531
141	332	283	...	I vi 13 ...	I 223..	III 10...	II 39...	348	99.
							I 196...	...	...
141	331	282	XXIX 13 ..	I ix 1...	I 205..	VI 1...	II 151...	349	380
					I 187..	VI 1b...	I 103...	...	...
142	333	284	...	...	I 235..	...	II 151...	350	120
142	333	284	...	...	I 216..	XXIV 92...	I 42 ...	351	370
						VI 48 n...	...	...	...
142	...	...	...		I 294..	...	II 101...	352	...
142	342	295	...	s ppl. 27..	I 247..	XXIV 87b..	II 132...	353	26.
142	59.	82.	XXXI 3 ...	I ix 61 ...	II 40..	VI 58...	I 58 ...	354	166
142	335	287	...	...	I 213..	XXIV 91...	I 83 ...	355	303
142	329	280	XXIX 9 ...	I viii 59..	I 199..	V 18...	I 85 ...	356	85.
142	346	300	...	...	II 404.		...	357	186
142	337	289	...	...	I 222..	XXV 71...	II 44...	358	534
142	345	299	...	...	II 178.	XXV 40 ...	II 56...	359	279
142	341	294	...	...	II 373.	XXV 192...	II 100...	360	567
145	335	287	XXXI 8 ...	I x 6...	I 248..	VII 6 ...	II 135...	361	47.
145	339	292	...	...	I 259..	XXV 130...	II 135...	363	54.
145	308	530	X 12 et 14..	II viii 8.. et 10 ...	II 261.	XXVI 9 ...	I 249...	364	675

M.	1ᵉ C	2ᵉ C	PORT-R.	BOSSUT	FAUG.	HAVET	MOLINIER	MIC.	BR.
...	...	...	XIII 9	II IX 10 .. et 11 ...	.....	....	....	...	...
146	...	...	....	....	I 250 n.	....	....	362	371
146	58.	82.	XXVI 1 ...	I VII 1 ...	II 38..	IV 3......	I 61	365	142
146	177	210	XXVIII 54.	II XVII 48.	I 214..	XXIV 38...	I 112.....	366	539
149	181	214	XXIX 3 ...	II XVII 70.	II 370.	XXIV 59^{b}..	II 37.....	367	483
						XXIV 59^{1}..	....	...	...
149	178	211	....	II XVII 70.	II 378.	XXIV 59...	II 37.....	368	482
150	85.	111	....	II XV 2...	II 346.	XXII 7....	II 48.....	369	547
151	31.	47.	XXIX 1 ...	I VI 25 ...	I 180..	III 48.....	I 126.....	370	327
151	148	170	X 16 18 et 19	II VIII 10 12 et 13.	II 363.	XV 10	I 266.....	372	607
152	32.	48.	....	t. II, p. 547	I 181..	XXIV 100^{b}.	II 148....	371	79.
153	395	367	....	....	II 281.	XX 18	I 315.....	373	568
							I 201.....	374	...
								375	...
								376	...
155	...	...	....	....	I 285..	*Pro.* 293..	II 100....	377	...
155	...	...	....	....	I 319..	....	....	378	...
155	...	...	....	....	I 320..	....	....	379	...
157	410	387	XXXI 19 ..	I IX 52 ...	I 186..	VI 49.....	I 99......	380	393
157	40.	61.	XXIII 4...	I IV 4....	II 84..	I 4.......	I 74......	381	409
157	394	265	....	....	I 226..	XXV 125 ..	I 87......	382	501
157	167	197	....	....	II 273.	....	I 271.....	383	725
159	411	387	....	....	I 193..	XXV 5....	I 46......	384	160
							I 45......	...	...
159	32.	48.	....	I IX 8....	II 433.	VI 7^{b}.....	I 101.....	385	878
159	428	399	XXVIII 63.	II XVII 56.	II 190.	XXIV 46...	I 181.....	386	593
161	46.	66.	XXI 4	II 1 4 et 5..	II 83..	VIII 43...	I 65......	387	416
161	81.	107	V 2.......	II VI 1 ...	II 347.	XIII 2 ...	II 57.....	388	268
161	412	388	....	....	I 380..	XXV 119 ..	....	389	314
161	37.	54.	....	....	I 246..	....	I 109.....	390	467
161	178	210	....	....	I 227..	XXIV 22 ..	II 38.....	391	481
163	412	389	....	....	I 234..	XXV 206..	I 109.....	392	310
						XXIV 90^{b}..	I 121.....	...	...
						XXV 119...	I 104.....	...	...
						XXV 22 ...	....	...	...
163	413	389	XXXI 37 ..	I IX 56 ...	I 253..	VI 53.....	I 123.....	393	41.
163	179	211	....	....	I 235..	XXV 23 ...	II 121....	394	209
163	84.	111	....	....	II 349.	XIII 5^{b}....	II 47.....	395	254
						XXV 46 ...	....	...	...
163	...	221	....	....	II 495.	XXV 144 ..	I 194.....	396	633
163	394	365	....	....	....	....	....	397	258
163	46.	67.	XXV 15 ...	II VI 19...	II 131.	III 13.....	I 96......	398	92.
165	39.	60.	....	....	II 84..	I 6^{b}	I 70......	399	348
165	40.	60.	XXIII 3...	I IV 3....	II 82..	I 3.......	I 71......	400	397
165	172	205	XV 6	II XI 2 ...	II 308.	XVIII 7...	I 204.....	401	735
165	172	205	XV 6	II XI 2 ...	II 308.	XVIII 6...	I 204.....	402	729
165	170	204	....	II XI 2 ...	.....	....	....	403	738
165	31.	47.	....	I IX 7 et 8 .	II 434.	VI 7......	I 100.....	404	299
165	31.	47.	....	....	II 435.	XXV 86 ...	I 321.....	405	271

M.	1° C	2° C	PORT-R.	BOSSUT	FAUG.	HAVET	MOLINIER	MIC.	BR.
167	169	202	XVIII 15	II XIII 8	II 280	XXV 167	II 14	406	753
						XX 12	...	...	...
167	397	371	...	...	II 135	VI 62^b	I 115	407	306
167	167	200	XV 2	II XI 1	II 271	XVIII 2	I 199	408	710
167	168	201	XV 1	II XI 1	II 270	XVIII 1	I 198	409	706
167	181	213	...	...	II 378 n.	...	...	410	473
169	36^b	55.	...	I IX 9	II 134	VI 8	I 100	411	296
169	323	403	...	I X 34 et 36.	I 151	VII 34	II 139	412	4.
169	323	404	...	...	I 223	XXV 124	II 139	413	356
169	403	378	XXIX 30	I IX 35	I 222	VI 32	I 119	414	68.
169	404	378	...	...	II 88	XXIV 96	I 85	415	88.
						XXIV 96^b	I 85	...	...
169	84.	110	V 6	II VI 3	II 348	XIII 7	II 59	416	253
169	84.	110	...	...	II 214	XXV 94^b	II 72	417	811
169	395	367	...	...	II 83	...	I 70	418	346
171 173 175 177 179 181 183 185 187 189	...	...	...	...	II 298	XXV 170	I 228	419	713
							I 224	...	...
191	38.	58.	XXVIII 13.	II I 1	II 108	VIII 6	I 156	420	282
				II XVII 77.	II 352	...	I 158	...	...
191	61.	85.	XXIX 40	II XVII 71.	II 95	XXIV 6^b	I 172	421	463
193	389	355	...	...	II 236	...	II 71	422	818
193	83.	109	XVI 4	II XII 3	II 214	XIX 3	II 73	423	838
195	425 325	399	VII 3	II III 6	II 174	X 8	I 116	424	252
			XXVIII 68.	II XVII 62.	...	XXIV 52	II 140	...	...
195	47.	67.	XXV 15	I VI 19	II 132	III 13	I 96	425	93.
195	171	204	XV 14	II XI 5	II 272	XVIII 22	I 202	426	723
197	37^b	57.	XXXI 5	I VI 21	II 107	III 15	I 170	427	392
197	61.	85.	...	...	II 315	XXV 43	II 20	428	466
197	180	212	XXVIII 10.	II XVII 16.	II 370	XXIV 14	II 126	429	672
197	...	...	XV 6	II XI 2	II 275	XVIII 10	I 206	430	733
199	169	202	XV 5	II XI 2	II 276	XVIII 4	I 203	431	724
							I 207	...	...
199	182	215	...	II XVII 70.	II 380	XXIV 60^b	II 39	432	476
199	181	213	...	...	II 380	XXIV 60^t	II 39	433	480
201	390	357	...	...	I 203	XXV 121	II 143	434	96.
201	390	357	XXIX 26	I X 10	I 173	VII 10	II 143	435	10.
201	391	357	...	...	I 203	XXV 11^b	II 149	436	341
201	391	357	...	...	I 286	*Pro.* 294	II 101	437	864
201	391	359	...	...	I 223	XXV 123	II 115	438	583
201	47.	68.	...	I IV 10	II 92	I 10	I 38	442	415
201 222	391	359	...	suppl. 1	I 223	XXIV 67	II 149	439	340

M.	1° C	2° C	PORT-R.	BOSSUT	FAUG.	HAVET	MOLINIER	MIC.	BR.
202	390	359	XXIX 27	I ix 32	I 196	VI 20	I 118	440	108
202	390	359	XXVIII 45	II xvii 41	I 324	XXIV 31	I 322	441	859
202	141	171	...	...	II 208	XXV 145	I 299	443	635
202	178	210	III 21	II v 11	II 377	XII 19	II 49	444	538
205	{426 / 221}	{399 / 435}	XXIV 13 et I 1	II ii 1	II20sqq	XXV 134	I 16	445	194 notes
				II xvii 8 et 35	...	XXV 135	II 89	...	...
				I vi 6	...	XXIV 45	I 16	...	...
						XXIV 8b	I 155	...	...
						III 6	I 15	...	...
							II 88	...	...
							I 15	...	...
							I 16	...	...
							I 15	...	...
							II 88	...	...
							I 15	...	...
							I 344	...	...
							I 43	...	...
							I 17	...	...
							I 16	...	...
							I 84	...	...
							I 293	...	...
206	404	379	XXIX 31	I ix 36	II 27	VI 33	I 21	446	62.
206	405	380	XX 1	II xv 1	II 113	XXII 2	I 137	447	242
206	429	400	...	II 403	...	...	...	448	901
213	149	179	...	...	II 249	...	...	449	689
213	317	401	XXXI 28	I x 20	I 250	VII 20	II 135	450	49.
213	317	...	XXXI 1	I x 1	I 186	VII 1	II 151	451	7..
213	317	401	XXXI 2	I x 2	I 152	VII 2	II 146	452	2..
213	82.	108	V 3	II vi 2	II 348	XIII 3	II 58	453	273
213	393	361	...	suppl. 25	II 357	XXIV 86	I 323	454	589
214	249	465	...	...	II 196	...	I 186	455	618
214	249	465	...	...	II 322	...	II 16	456	572
214	84.	110	V 5	II vi 3	II 348	XIII 6	II 59	457	272
214	314	406	...	...	II 402	XXV 201	I 171	458	363
214	147	178	...	...	I 321	*Pro.* 301	II 93	459	867
217	59.	82.	XXVI 1	I vii 1	II 31	IV 1	I 56	460	143
218	145	175	II 8	II iv 5	II 199	XI 5b	I 301	461	613
221	397	373	XXVIII 58	II xvii 51	I 265	XXIV 41	II 119	462	903
221	385	347	...	...	II 403	...	...	463	754
221	166	197	...	...	II 271	XXV 160	I 205	464	732
221	37.	55.	XXIX 6	I viii 15	I 179	V 11	I 105	465	324
221	...	...	...	...	...	...	...	466	759
222	285	{400 / 507}	XV 15 et 16	II xi 2 et 3	II 278	XVIII 14	II 7	467	727
					II 280	XXV 166	I 201	...	...
							I 203	...	...
222	...	...	XV 8	II xi 2	II 325	XVIII 13	II 9	468	761
222	39.	60.	XXIII 1	I iv 2	II 83	I 2	I 72	469	339
225	406	381	...	II xvii 46	I 190	XXIV 36	I 197	470	266

M.	1ᵉ C	2ᵉ C	PORT-R.	BOSSUT	FAUG.	HAVET	MOLINIER	MIC.	BR.
225	...	...	....	....	......	XXV 3	I 126	470	266
225	406	381	....	....	I 183.	XXV 62	I 45	471	357
225	406	382	....	....	I 254.	XXV 128.	I 197	472	23.
225	406	382	....	....	II 327.	XXV 100.	II 128.	473	776
225	407	383	....	....	II 328.	XXV 100	II 2	474	627
225	407	382	....	....	I 287.	XXIV 12^{b}	II 100.	475	865.
225	407	382	....	....	II 328.	....	II 100.	476	...
225	407	382	XXVIII 2	II XVII 12.	II 350.	XXIV 11^{b}	I 297.	477	486
225	407	383	....	I X 32	I 250.	VII 32	I 197.	478	50.
225	407	383	....	....	II 328.	XXV 100	II 128.	479	777
227	402	376	XXVIII 46.	II XVII 42.	II 375.	XXIV 32.	II 43.	480	497
227	401	375	XXIX 28	I IX 33	I 244.	VI 30	I 142.	481	103
227	113	139	XIV 9.	II X 5	II 313.	XVII 12	II 24.	482	774
227	113	139	....	....	II 364.	XV 11.	II 44.	483	747
229	393	362	....	....	I 185.	XXV 2	I 48	484	456
229	393	263	XXIV 14	I VI 7.	I 185.	III 7.	I 115.	485	176
229	393	363	....	I X 33	I 254.	VII 33	II 141	486	3..
229	394	365	....	....	I 186.	XXV 64	II 125.	487	865
229	471	204	XV 13	II XI 5	II 202.	XVIII 21	I 200.	488	720
229	82.	109	XXXI 13	I VI 23	I 215.	III 17.	I 322.	489	384
229	395	367	....	II IV 7	II 204 n.	XI 7.	I 318.	490	857
229	394	365	IX 2.	II XVII 64.	II 85 et note..	XXIV 53^{b} et note	I 73.	491	365
229	395	367	XXVIII 16.	II XVII 18.	II 80.	XXIV 16^{b}	I 153.	492	212
229	37^{b}	57.	....	....	I 203.	XXV 11	II 148.	493	342
231	33.	50.	....	I VIII 14.	I 224.	V 13.	I 104.	494	315
231	34.	50.	XXIX 2	I VIII 3.	I 248.	V 2.	I 107.	495	337
231	34.	51.	XXXI 10	I VIII 2.	I 249.	V 2^{t}	I 107.	496	335
231	34.	51.	....	I VIII 1.	I 249.	V 2^{b}.	I 107.	497	328
231	34.	51.	....	....	I 220.	XXIV 90.	I 109.	498	336
232	36.	52.	....	....	I 220.	....	I 109.	499	329
232	36.	52.	XXIX 4	II XVII 70.	I 220.	XXIV 61.	I 105.	500	354
232	35.	52.	....	I VIII 13	I 179.	V 12.	I 106.	501	316
232	36.	53.	XXIX 5	I VIII 11	I 247.	V 10.	I 69.	502	80.
232	36.	53.	XXVIII 53.	II XVII 47.	I 247.	XXIV 37.	I 69.	502	536
232	165	198	VII 2.	II III 5.	II 275.	X 4	II 5	503	694
232	165	197	XV 6 et 7..	II XI 2	II 309.	XVIII 9.	I 206.	504	730
					II 275.	XVIII 11	....	...	...
232	166	198	XV 7	II XI 2	II 314.	XXX 172	II 3	505	770
235	393	362	VII 2.	II III 5	II 174.	X 2	I 153.	506	239
235	45.	65.	XXIII 7.	I IV 7.	II 85.	I 7.	I 68	507	418
						I 7^{b}	....	...	...
235	439	235	XXVII 2 et 3	II XVI 1 et 2	II 213.	XXIII 1.	II 66.	508	803
235	439	235	XXVII 4.	II XVI 3	II 139.	XXIII 4.	I 280.	509	487
237	439	236	XXVII 15 11 12 et 13..	II XVI 7 5 et 10..	II 228.	XXIII 22	II 68.	510	828
						XXIII 18	....	...	...
237	147	177	II 10.	II IV 7	II 201.	XI 7.	I 307.	511	616
239 240 243 244	241	455	XIX 1 et 2..	II XIV 1 et 2	II 357.	XXI.	I 303.	512	610
							I 274	...	...
							I 303.	...	...

M.	1ᵉ C	2ᵉ C	FORT-R.	BOSSUT	FAUG.	HAVET	MOLINIER	MIC.	BR.
244	7..	20.	XXV 13 ...	I VI 18 ...	II 88..	III 12.....	I 99	513	456
244	194	5..	XXVIII 56.	II XVII 49.	I 198..	XXIV 39[c]..	II 41.....	514	471
244	82.	109	...	...	II 350.	XXV 47 ...	II 46.....	515	256
244	35.	52.	...	I VIII 4...	I 179..	V 3.......	I 106.....	516	313
247	...	221	...	...	II 194.	XXV 141 ..	I 192.....	517	632
							I 193.....	...	...
247	428	400	XXXVIII 21	II XVII 20.	II 18..	XXIV 48[1]..	I 17	518	217
247	145	175	XXVIII 39.	II XVII 36.	II 205.	XXIV 26[b]..	I 188.....	519	690
247	81.	107	...	...	II 347.	XIII 2[b]...	II 57.....	520	269
						XXV 182 ..	...	...	...
247	84.	111	V 1.......	II VI 1 ...	II 347.	XIII 1 ...	II 57.....	521	267
249	402	376	XXIX 29 ..	I IX 34 ...	I 205..	VI 34.....	I 60	522	155
249	167	200	X 6	II VIII 4..	II 278.	...	I 273.....	523	748
249	352	307	...	...	I 324..	XXIV 93...	II 124.....	524	885
249	353	308	...	...	II 375.	XXV 104 ..	II 47.....	525	502
251	355	309	...	suppl. 23 ..	I 347..	XXIV 84...	II 143.....	526	871
251	61.	86.	...	II I 1	II 94..	VIII 3	I 174.....	527	464
251	401	375	XXXI 18 ..	I IX 19 ...	I 247..	VI 46.....	I 61	528	355
					I 202..	XXIV 89[b] ..	I 128.....	...	...
251	401	376	...	I IX 54 ...	I 240..	VI 54	II 152.....	529	58.
253	392	361	...	...	II 325.	XXV 177 ..	II 13.....	530	787
253	128	154	XIII 12 et 13	II IX 13...	II 256.	XVI 11....	I 259.....	531	728
253	128	155	XIII 2 et 3.	II IX 5 et 7.	II 254.	XVI 6.....	I 259.....	532	685
255	127	155	XIII 11....	II IX 2 ...	II 257.	XVI 10[b]...	I 258.....	533	684
255	149	179	X 21 et 17..	II VIII 15 et 13....	II 362.	XV 12.....	I 266.....	534	608
255	62.	87.	XXI 1	II I 1	II 92..	VIII 4	I 175.....	535	350
257 / 258	48.	69.	XXI 1 et 4.	II I 1 et 4..	.....	VIII 1	I 161.....	536	454
261 / 262	...	...	III 5 6 et 8..	II V 3 et 4..	II 100.	...	I 292.....	...	...
			XXVIII 14.	II XVII 23.	II 158.	...	...	...	...
265	177	209	III 18.....	II V 9	II 145.	XII 15 ...	I 289.....	537	529
265	179	212	XXVIII 57.	II XVII 50.	II 349.	XXIV 40...	II 102.....	538	249
265	180	213	...	II XVII 70.	II 377.	XXIV 60...	II 36.....	539	474
265	180	213	...	...	II 377.	XXV 195...	I 188.....	540	611
265	182	215	...	...	II 93..	XXV 30 ...	I 291.....	541	503
265	182	215	...	...	II 377.	XXIV 60...	II 36.....	542	475
265	171	204	XVI 6.....	II XII 6...	II 274.	...	I 188.....	543	637
265	85.	112	XX 2	II XV 2...	II 114.	X 5	I 139.....	544	543
265	147	178	II 11.....	II IV 9 ...	II 472n.	XI 9......	I 303.....	545	603
267	142	172	...	...	II 206.	XXV 144 ..	I 297.....	546	446
267	179	212	...	...	I 273..	*Pro.* 289..	II 121.....	547	914
269	429	400	...	I IX 65 ...	I 182..	VI 62.....	I 83	548	304
269	430	401	XXXI 20 ..	I X 12....	I 183..	VII 12	I 44	549	351
269	314	406	...	...	II 403.	...	...	550	90.
								551	...
270	397	371	...	I IX 2....	I 212..	VI 2......	II 143..	552	345
270	429	400	X 15......	II VIII 11.	II 259.	XV 9	I 274.....	553	673
						XXV 155 ..	I 272.....	554	...
270	172	206	...	...	II 972.	XXV 161 ..	I 200.....	555	718

M.	1^e C	2^e C	PORT-R.	BOSSUT	FAUG.	HAVET	MOLINIER	MIC.	BR.
270	81.	107	....	....	II 214.	XXV 94 ...	II 72	556	812
270	82.	108	....	....	II 351.	XXV 48 ...	I 323.	557	261
273	397	371	....	I x 18. ...	I 250. .	VII 18	II 436. ...	558	39.
275	397	371	....	I x 37. ...	I 206. .	VII 36	II 153. ...	559	8. .
273	513	405	....	....	I 291. .	....	II 404. ...	560	260
					II 351.	XXV 49 ...	II 142. ...	561	
273	47.	68.	....	I IV 10 ...	I 226. .	I 10^{b}	I 38	562	396
275 276	385	347	XXVII 3. ..	II XVII 13.	I 324. .	XXIV 12 ..	II 90.	563	862
275	62.	87.	....	....	II 92. .	VIII 5	I 176	564	461
277	82.	108	XXVIII 7. .	II XVII 13.	II 351.	XXIV 13 ..	II 126. ...	565	563
277	148	178	X 17 18 et 19	....	II 364.	XV 10^{b}. ...	II 44. ...	566	609
277	301	523	....	....	II 79. .	XXV 27 ...	I 68	567	439
277	301	525	....	....	II 404.	....	I 211 .... I 271.	568 569 570 571	714
277	302	525	XIV 3.	II x 3. ...	II 314.	XVII 2. ...	II 2	572	792
277	301	525	....	....	.....	....	....	573	721
277	301	523	X 22.	II VIII 16 .	II 192.	XV 13 ...	I 269. ...	574	641
277	302	524	....	....	II 393.	....	I 269. ...	575	630
277	302	524	....	....	II 400.	....	I 212. ...	576	715
279 280	...	...	....	....	I 296.	*Pro*. 296 . . et 297. ...	*Pro*. 108. et 116. ..	577	...
283	...	...	....	....	I 294. .	....	*Pro*. 113.	578	...
283	145	175	II 9	II IV 6 ...	II 201.	XI 6.	I 303.	579	614
281	35.	49.	....	....	II 51 n.	III 3^{b}.	I 83	580	307
285	...	...	....	....	I 300. .	*Pro*. 297 . . et 298. ...	*Pro*. 118.	581	...
309 311 313 315 289 291 293 295	271	489	....	....	II 283.	XVIII 22 n. et 18 remar- que.	I 214.	582	722
295	314	...	....	....	II 404.	....	....	583	364
297 298 341	223	447	VIII 4	II VII 4 ..	II 486.	XIV 4.	I 484. ...	584	620
339 301 303 305 307 305 307	279	499	....	....	II 291.	XXV 168 ..	I 207.	585	682
317	et suivants. (*Voir* page 57.)								
329 330 333	267	485	....	....	II 296.	XXV 169 ..	I 213	586	711

M.	1° C	2° C	PORT-R.	BOSSUT	FAUG.	HAVET	MOLINIER	MIC.	BR.
333	237	451	VIII 2	II vii 2	II 488	XIV 5	I 268	587	631
335 336 339	245 246	461 462	VIII 1	II vii 1	II 485	XIV 3	I 482	588	619
				II xvii 9	...	...	...	...	...
335	246	463	...	...	...	...	...	589	717
343	468	267	...	...	I 289	*Pro.* 295	II 409	590	...
343	468	268	...	II xvi 10	I 289	XXIII 42	II 119 110	591	851
						XXIII 33	...	...	...
						XXIV 83^{b}	...	...	...
						XXV 204	...	...	...
345	225	271	...	I ix 63	II 97	VI 60	I 168	592	585
344	471	271	...	I x 40	I 272	VII 39	II 449	593	916
						Pro. 289	...	...	...
344	471	271	...	...	I 259	XXV 430^{b}	II 135	594	55.
344	471	271	XXVIII 64	II xvii 57	I 230	XXIV 47	II 59	595	262
344	471	272	...	II xvi 10	I 268	XVIII 43	II 449	596	924
					I 269	...	II 116	...	...
344	472	272	...	...	II 260	XXV 41	II 25	597	
	344	352	...	II xvii 40	II 326	XXIV 41	II 426	598	781
	471	272	...	...	II 260	XXV 41	II 25	599	
347 348 351 352 355 356 359 360	91.	117	XXII et XXXI 23	I iv 1	II 63	I 1	I 25	600	72.
				I vi 24 et 26	...	...	...	...	...
361 362 369 370	8^{b}	24.	XXV 4 et 8, 7 et 10, 11 12 et 14	I vi 3 10 11 14 16 17 et 27	II 47	III 3	I 76	601	82.
				I viii 9					
370	8^{b}.	24.	...	...	II 47	III 19	I 75	601	83.
373 374	106	131	III 14 et 22	II v 5 et 11	II 436	XII 11	I 282	602	435
374	62.	86.	XI 1	II i 1	II 93	XXV 136	I 176	603	360
374	86.	115	...	...	II 316	XXV 173	II 20	604	549
377 378	65.	91.	XXI 1	II i 1	II 421	VIII 2	I 143	605	425
			III 7	II v 3	...	...	...	...	...
381	147	391	XXVIII 42	II xvii 38	II 373	XXV 194	I 255	606	666
					II 260	XXIV 28	...	...	...
381	418	392	XXIX 42	I ix 45	I 190	VI 42	I 122	607	122
381	418	392	XXXI 17	I vi 20	II 402n.	III 14	I 168	608	386
381	419	393	...	...	II 406	XXV 35	I 296	609	447
381	419	393	XXXI 21	I x 14	I 251	VII 14	I 46	610	106
382	419	395	XXIV 1	I v 1	...	II 1	I 87	611	147
382	305	527	...	...	II 340	...	I 223	612	700
382	305	527	...	II ix 6	II 253	XVI 5	I 244	613	659
385 386	...	...	...	...	I 328	*Pro.* 300	*Pro.* 340	614	...

M.	1e C	2e C	PORT-R.	BOSSUT	FAUG.	HAVET	MOLINIER	MIC.	BR.
389 390	...	...	...	...	I 303.	*Pro.* 298	*Pro.* 120.	615	...
390	...	...	...	...	II 372.	XXV 490	II 429	616	512
393	...	...	...	...	I 401.	XXV 207	II 450	617	75.
394	...	...	...	...	II 295.	XXV 98	II 428	618	636
393	177	209	III 16 et 17.	II v 7 et 8	II 145.	XII 14	I 289	619	526
393	41.	60.	...	...	II 94.	XXV 31	I 472	620	349
393	46.	67.	...	...	II 89.	VIII 15	I 68	621	125
						XXV 116	...	...	...
394	40.	60.	XXIII 3	I iv 3	II 82.	I 3	I 71	622	398
394 419 420	305	527	X 10 11 et 12	II viii 7 8.	II 244.	XV 7	I 251	623	571
				II ix 2		XV 7^{b}	...	...	...
394	48.	68.	...	...	II 55.	XXV 80^{b}	I 86	624	116
397 398	...	...	...	...	I 305.	*Pro.* 298 299	*Pro.* 114.	625	921
397	...	...	...	...	...	...	...	625	362
397	...	...	...	...	I 327.	*Pro.* 302	II 98	626	888
397	36^{b}	56.	XXIX 7	I viii 16	I 484.	V 15	I 103	627	322
398	83.	110	...	II vi 3	II 349.	XIII 5	II 59	628	255
					II 347.	XXV 183	II 17	...	...
							II 125	...	...
398	166	197	XV 6	II ix 2	II 275.	XVIII 8	I 206	629	734
						XXV 165	II 5	...	...
401	460	259	...	...	II 218.	XXV 95	II 82	630	846
401	462	259	...	...	II 56.	III 4	I 119	631	138
402	459	258	...	II xvi 9 10.	I 279.	XXV 202	II 98	632	849
					I 324.	XXIII 39	...	...	...
						XXIII 26	...	...	...
						XXIII 27	...	...	...
						XXIII 40	...	...	...
401	378	337	XXIX 23	I ix 29	I 212.	VI 26	I 424	633	9.
401	81.	107	...	...	II 274.	...	...	634	696
402	370	327	...	...	I 288.	*Pro.* 294	II 401	635	...
402	370	327	XXXI 34	I x 27	I 247.	VII 27	II 432	636	25.
402	370	327	...	...	I 226.	XXV 19	I 128	637	457
402	81.	107	...	...	II 372.	XXV 53	II 17	638	224
405 406	321	401	XXXI 2	I x 2	I 149.	VII 2^{b}	II 144	639	1.
405	168	200	XV 3	II xi 2	II 276.	XVIII 3	I 204	640	708
405	45.	65.	...	...	I 225.	XXIV 80^{b}	I 404	641	402
405	168	201	XV 4	...	II 276.	XVIII 3	I 204	642	709
405	177	209	III 19	II v 9	II 144.	XII 16	I 289	643	524
406	31.	47.	...	I viii 12	I 484.	V 11	I 208	644	317
406	33.	49.	...	...	II 429.	...	I 98	645	297
406	82.	108	V 4	II vi 2	II 348.	XIII 4	II 59	646	270
406	...	...	...	...	I 312.	*Pro.* 300	*Pro.* 109.	647	902
409	...	...	...	...	I 288.	*Pro.* 294	*Pro.* 112.	648	...
409	...	...	...	...	I 292.	...	*Pro.* 107.	649	...
409	84.	111	V 7	II vi 4	II 349.	XIII 8	II 57	650	265
409	168	201	...	...	II 310.	...	II 21	651	716

M.	1ᵉ C	2ᵉ C	PORT-R.	BOSSUT	FAUG.	HAVET	MOLINIER	MIC.	BR.
409	82.	107	...	II XVII 4.	II 178.	XXIV 3	II 60.	652	185
409	428	400	...	...	II 369.	XXV 51	II 57.	653	522
411 } 412 }	...	...	...	...	I 326.	*Pro.* 304	II 97.	654	889
411	84.	111	...	...	I 268.	...	II 96.	655	...
411	...	221	...	...	II 196	XXV 142.	I 192.	656	634
411	178	210	III 24	II V 44	II 376.	XII 48	II 52.	657	541
412	177	209	III 45	II V 7	II 145.	XII 43	I 288.	658	537
412	179	212	...	...	I 207.	XXV 67	II 100.	659	496
412	385	347	...	...	I 261.	XXV 117	II 115.	660	196
412	385	347	...	...	I 261.	XXV 117	II 115.	660	38.
415	464	262	...	...	I 284.	*Pro.* 292	II 112.	661	...
415	464	263	...	...	I 260.	XXV 131	II 136.	662	51.
415	464	263	...	...	I 181 n.	XXIV 100^{t}	II 136.	663	78.
415	464	263	...	...	I 260.	XXV 131	II 136.	664	52.
415	464	263	XXIX 20	I IX 25	II 42.	VI 22	I 160.	665	165
415	464	263	...	I IV 18	II 88.	...	...	666	436n
415	465	263	...	II XVI 10.	II 213.	XXIII 44	II 67.	667	804
416	463	262	...	...	II 323.	XXIV 20^{b}	II 16.	668	222
416	464	262	...	...	I 275.	...	II 146.	669	...
416	464	262	...	...	I 286.	*Pro.* 294	II 112.	670	860
415 } 416 }	...	...	...	...	I 284.	*Pro.* 292	II 106.	671	...
					I 285.	*Pro.* 293	II 96.	...	...
					I 272.	...	II 147.	...	...
416	45.	45.	XXIV 7	I V 5.	I 208.	II 5	I 88.	672	148
416	61.	85.	...	...	II 95.	XXV 32	I 176.	673	509
416	86.	115	XX 2	II XV 2	II 315.	XXII 5	I 144.	674	527
419	37^{b}	57.	...	...	I 220.	XXIV 80^{b}	I 104.	675	403
419	177	209	...	...	II 376.	XXV 54^{b}	II 48.	676	767
419	182	215	XXVIII 44.	II XVII 47.	II 378.	XXIV 45.	II 42.	677	484
419	369	326	...	...	I 242.	...	II 121.	678	911
420	368	324	...	...	I 223.	XXV 14	II 142.	679	369
420	368	324	XXXI 33.	I X 26.	I 251.	VII 26	II 133.	680	14.
420	371	328	...	...	I 190.	XXV 4	I 47	681	124
423	368	325	...	...	I 270.	*Pro.* 288	II 117.	682	913
423	382	341	...	...	I 259.	XXV 129	II 136.	683	118
423	368	325	...	...	I 287.	*Pro.* 294	...	684	...
423	369	326	...	...	II 100.	XXV 34^{b}	I 174.	685	391
423	371	328	XXIX 47	I IX 22	I 206.	VI 19	I 124.	686	46.
423	369	326	...	I VI 22	I 200.	III 16	I 127.	687	91.
423	369	326	XXXI 42	I X 44	I 201.	VII 44	I 147.	688	81.
423	369	326	XXVIII 4	II XVII 13.	I 204.	XXIV 42^{t}	II 125.	689	521
423	370	327	...	...	I 201.	XXV 9	I 127.	690	121
423	371	328	...	I IX 59	I 204.	VI 56	I 124.	691	44.
425	372	329	XXVIII 36.	II XVII 34.	I 252.	XXIV 24.	I 21	692	63.
425	372	330	XXIX 19	I IX 24	I 192.	VI 21	I 44	693	353
425	373	330	...	...	II 170 n.	...	...	694	232
425	376	334	...	II XVII 1.	II 400.	XXIV 1	II 20.	695	432
427	...	342	...	...	I 321.	...	II 123.	696	896
427	370	327	...	I VIII 6.	II 133.	V 5.	I 83	697	311

M.	1° C	2° C	PORT-R.	BOSSUT	FAUG.	HAVET	MOLINIER	MIC.	BR.
427	370	328	....	....	I 248	XXIV 95	II 453	698	188
427	371	328	....	....	I 494	XXV 57	I 47	699	123
427	371	328	....	....	I 209	XXV 42	....	700	359
427	371	328	XXXI 35	I x 28	I 249	VII 28	II 434	701	29.
427	372	329	....	....	I 270	*Pro.* 288	II 95 et	702	894
							Pro. 421	...	...
427	371	329	....	....	I 348	*Pro.* 300	II 444	703	873
427	372	329	....	....	I 483	VII 43	I 67	704	358
427	373	337	....	I IX 28	II 388	VI 25^{b}	I 427	705	21.
429	374	331	....	I x 45	I 204	VII 45	I 87	706	401
429	376	334	....	II XVII 76	I 274	XXIV 65	II 446	707	915
429	374	332	XXIX 24	I IX 26	I 499	VI 23	I 425	708	144
429	380	339	....	....	I 348	....	II 444	709	877
429	380	340	XXXI 36	I x 30	I 249	VII 30	II 433	710	24.
429	381	340	....	I VIII 5	II 433	V 4	I 401	711	301
429	379	338	....	....	II 369	XXV 487	II 425	712	507
429	381	340	XXVIII 44	II XVII 40	I 226	XXIV 30	II 60	713	530
431	377	336	XXIX 32	I IX 4	I 492	VI 4	I 95	714	383
431	377	336	....	I x 9	I 254	VII 9	I 22	715	22.
431	378	337	....	....	I 274	*Pro.* 289	II 96	716	...
431	380	339	....	....	I 499	XXV 8	I 43	717	175
431	375	335	....	....	I 252	XXV 24	I 22	718	64.
433	374	332	....	....	I 204	XXV 40	II 449	719	368
433	378	336	....	....	I 202	XXV 65	I 427	720	119
433	378	337	XXIX 22	I IX 37	I 492	VI 24	I 95	721	382
433	373	330	....	I IX 28	II 388	VI 24	II 63	722	20.
433	375	334	....	....	....	....	....	723	506
433	371	329	....	....	I 268	....	II 401	724	...
							Pro. 442	...	...
435	381	340	....	....	I 325	....	II 423	725	923
435	382	342	....	....	I 269	XXV 77	II 448	726	912
435	382	342	....	suppl. 42	I 269	XXIV 73	II 448	727	917
					I 272	*Pro.* 288	....	...	...
435	382	342	....	....	I 269	*Pro.* 288	II 447	728	922
437	384	344	....	....	I 273	*Pro.* 289	II 423	729	...
437	383	343	....	suppl. 24	I 348	XXIV 85	II 444	730	876
437	384	344	....	....	I 273	....	II 424	731	904
437	368	326	XXIX 46	I IX 20	I 207	VI 47	I 446	732	377
437	369	324	XXVIII 35	I IX 51	I 246	VI 48	I 42	733	372
437	381	341	....	....	I 274	*Pro.* 289	II 95	734	...
437	382	341	....	....	I 244	XXV 58	I 43	735	215
439	383	385	....	....	I 273	....	II 95	736	884n
439	382	341	....	....	II 383	XXV 406	II 404	737	788
439	369	324	XXIX 33	I IX 37	I 205	VI 34	I 405	738	452
439	384	344	....	I x 35	I 254	VII 35	II 433	739	31.
439	382	341	....	I x 38	I 206	VII 37	II 452	740	17.
439	463	261	....	....	I 288	*Pro.* 294	II 442	741	831
439	383	343	XXIX 24	I IX 30	I 494	VI 27	I 44	742	352
439	...	...	....	....	II 374	XXV 488	I 247	743	654
440	367	323	....	....	I 258	VI 15^{c}	I 449	744	35.
440	365	324	....	....	I 494	XXV 6	I 424	745	182

M.	1^{e} C	2^{e} C	PORT-R.	BOSSUT	FAUG.	HAVET	MOLINIER	MIC.	BR.
440	366	322	...	...	I 495	XXV 7	I 444	746	129
440	366	322	...	...	I 495	XXV 92^{b}	I 293	747	448
440	366	322	...	I IX 24	I 205	VI 48	I 87	748	159
440	366	322	...	...	I 266	*Pro.* 287	II 420	749	210
440	367	324	...	I X 7	I 252	VII 7	I 22	750	65.
440	368	...	XXIX 8	I VIII 17	I 204	V 46	II 450	751	333
441	367	325	XXXI 9	I X 8	II 230	VII 8	II 88	752	833
441	365	321	...	...	I 259	XXV 25^{t}	II 435	753	59.
441	365	321	XXIX 45	I IX 49	I 494	VI 46	I 444	754	109
				I VII 5	II 43	IV 6	I 442	755	
441	365	321	...	...	I 244	XXV 68	I 48	756	13.
441	365	321	...	...	I 242	XXV 69	I 423	757	42.
441	33.	30.	XXXI 44	I VIII 20	I 243	V 49	I 403	758	302
441	366	323	...	...	I 243	VIII 7	II 442	759	95.
442	48.	68.	XXI 4	II I 4	II 89	VIII 44	I 70	760	420
442	46.	67.	...	...	II 89	...	I 67	761	157
442	380	339	...	...	I 324	...	II 422	762	870
442	380	339	...	...	I 266	*Pro.* 287	II 96	763	898
442	379	338	...	...	II 478	XXV 438	II 56	764	516
442	379	338	...	...	I 243	XXV 208	II 405	765	...
442	379	339	XXIX 25	I IX 34	I 487	VI 28	I 443	766	180
442	171	205	...	...	II 273	XXV 463	II 7	767	756
442	147	177	...	...	II 327	XXV 99^{b}	I 270	768	655
442	255	471	...	II XVII	II 389	XXIV 40^{t}	II 64	769	449
443 444	391	339	XXXI 24	I X 47	I 252	VII 47 et 47^{b}	II 447	770 770^{b}	18.
443	255	471	...	II XIII 5	II 457	XX 5	I 294	771	562
443	255	471	...	...	II 457	...	...	772	577
443 444	388	333	XXVII 46	II XVI 7	II 284	XXIII 23	II 69	773	817
444	254	470	...	...	II 96	...	I 70	774	419
444	254	471	...	...	II 96 n.	...	...	775	321
444	254	471	...	II III 3	II 446	X 7	I 344	776	428
447	463	261	XXVII 44	II XVI 6	I 287	*Pro.* 294	II 444	777	850
					II 245	XXIII 24	II 72	...	...
447	465	264	...	II XVI	I 282	XXIII 28	II 94	778	844
					I 284	XXIV 46^{t}	II 67	...	...
					II 234	...	...	...	...
447	466	265	XXVIII 44	II XVII 47	II 479	XXIV 45^{b}	II 82	779	285
447	466	265	...	...	II 99	XXV 34	I 345	780	390
447	466	266	...	...	I 260	XXV 75	II 49	781	533
447	466	265	...	II XVI 40	I 272	XXIII 44	II 425	782	887
447	467	266	...	...	I 279	*Pro.* 292	II 424	783	...
449	456	255	...	...	I 284	XXV 203	I 309	784	807
449	456	255	...	...	I 282	XXV 203	I 309	785	805
449	457	255	...	...	I 282	XXIV 83	II 95	786	883
449	457	255	...	...	II 235	XXV 64^{b}	II 68	787	814
449	457	256	...	suppl. 22	I 282	XXIV 83	II 95	788	884
449	457	256	...	II XVI 40	I 282	XXIII 37	II 82	789	832
449	453	251	...	II XVI 46	II 225	XXIII 38	II 83	790	834
						XXIII 34	...	...	...

M.	1ᵉ C	2ᵉ C	PORT-R.	BOSSUT	FAUG.	HAVET	MOLINIER	MIC.	BR.
451	455	254	XXVII 44 47	II xvi					
				6 8 et 9	I 281	XXIII 24	II 108	791	852
					II 214	XXIII 49	II 67	...	...
451	110	135	II 3	II iv 3	II 349	XI 3	I 290	792	251
453	458	256	...	...	I 283	...	II 94	793	...
453	458	257	...	...	I 283	...	II 95	794	875
453	458	257	...	...	I 283	...	II 95	795	890
453	458	257	...	...	I 222	XXIV 74	II 125	796	508
453	458	257	XXVII 44	II xvi 6	II 215	XXIII 20	II 86	797	826
453	458	257	...	...	I 283	...	II 95	798	845
453	459	259	...	...	II 233	XXV 64	II 68	799	813
					I 283	XXIII 29	...	...	...
453	459	257	...	...	I 325	...	II 423	800	881
453	458	257	...	...	I 283	...	II 95	801	844n
453	459	257	...	II xvi 10	II 328	XXV 479	II 86	802	820
453	...	...	...	...	II 434	...	II 453	803	300
455	108	134	II 4	II iv 4	II 444	XI 4	I 279	804	491
455	449	247	...	...	II 223	XXV 148	II 442	805	893
455	449	247	...	...	II 223	XXV 148	II 442	805	806
455	449	247	XXVIII 50	II xvii 45	II 382	XXIV 35	I 264	806	665
455	453	252	XXVII 8	II xvi 5	II 224	XXIII 44	II 84	807	823
457	103	130	III 4	II v 4	II 144	XII 6	I 280	808	489
457	103	130	XVII 5	II xii 9	II 337	XIX 9b	I 479	809	597
467 } 457	107	133	XVII 7	II xii 10	II 336	XIX 10b	I 478	810	599
459	109ᵃ	134	XII 4	II x 4	II 248	XVI 4	I 256	811	650
							I 243	...	...
459	448	245	XXVII 5 7	II xvi 3 4	II 226	XXIII 8	II 74	812	808
						XXIII 5	I 265	...	...
						XXIII 5b	II 74	...	...
461	445	242	...	...	II 353	XXV 50	I 287	813	588
461	460	243	XXVII 8	II xvi 5	II 353	XXIII 42	II 84	814	836
461	445	243	II 353	...	...	XXV 484	II 42	815	837
461	445	245	...	...	II 353	XXV 484	II 42	816	861
461	451	249	XXVII 3	II xvi 2	II 224	XXIII 2	II 79	817	835
461	451	250	...	...	II 225n	XXV 92t	I 46	818	192
463	454	252	...	...	II 245	XXV 446	II 86	819	819
463	454	255	...	II xvi 9	II 246	XXIII 30	II 80	820	840
463	467	266	XXVIII 8	II xvi					
				5 9 et 10	II 224	XXIII 43	II 84	821	841
					I 287	XXIII 25	II 444	...	...
465	109	134	...	...	II 444	XXV 87	I 279	822	493
465	109	134	II 2	II iv 2	II 44	XI 2b	I 279	823	433
465	195	6	XXI 4	II i 4	II 87	VIII 12	I 66	824	427
465	110	136	II 4	II iv 4	II 442	XI 4	I 289	825	486
465	445	248	XXVIII 7 3	II xvi 4	II 223	XXIII 40	II 78	826	821
465	109	135	XVII 4	II xii 9	II 335	XIX 9	I 480	827	598
465	108	133	...	suppl. 19	I 225	XXIV 84	I 405	828	453
467	103	130	...	...	...	...	...	829	235
467	108	134	...	...	...	...	...	830	551
467	108	133	...	II x 4	II 314	XVII 7	II 24	831	528

M.	1e C	2e C	PORT-R.	BOSSUT	FAUG.	HAVET	MOLINIER	MIC.	BR.
467	105	130	....	....	II 486.	XXV 93 ...	I 486.....	832	592
467	108	133	....	suppl. 49..	I 225..	XXIV 80...	I 205.....	833	451
467	465	264	....	....	II 263.	....	II 42.....	834	573
467	105	129	XVII 2....	II XII 7...	II 334.	XIX 7b....	I 479.....	835	595
469	450	248	....	....	II 234.	XXV 151 ..	II 79.....	836	842
					I 286.	....	....	...	...
469	465	264	....	....	II 234.	XXV 151 ..	II 73.....	837	822
469	27.	45.	....	....	II 42..	XXV 79 ...	I 63.....	838	128
471 473	443	240 244	XXVII 7...	II XVI....	II 249.	XXIII 31 ..	II 74.....	839	843
			1 5 8 et 10 ..	9 et 5	II 221.	XXIII 17 ..	....	...	...
				4 3 et 1 ...		XXV 147 ..	....	...	...
						XXIII 6...	....	...	...
						XXIII 9...	....	...	...
						XXIII 1b...	....	...	...
						XXIII 1t...	....	...	...
						XXIII 32 ..	....	...	...
						XXIII 11 ..	....	...	...
							....	...	...
481	195	5..	III 20.....	II V 10 ...	II 91..	XII 17	I 284.....	840	525
481	196	8..	....	I IV 9....	II 93..	I 9b	I 74	841	465
481	193	4..	XVIII 16 ..	II XIII 8..	II 479.	XXIV 19...	I 320.....	842	288
				II XVII 21.	.....	....	....	...	...
481	185	217	VI 3......	II VI 7 ...	II 476.	XIII 11....	II 55.....	843	286
481	194	4..	IX 4......	II XVII 66	I 228..	XXIV 55...	I 294.....	844	478
481	196	7..	....	....	II 364.	....	I 340.....	845	290
483	185	217	VI 1......	II VI 5 ...	II 232.	XIII 9	II 49.....	846	470
483	186	217	VI 4......	II VI 8 ...	II 479.	XIII 12....	II 55.....	847	227
483	197	9..	....	suppl. 40..	I 480..	XXIV 71...	I 448.....	848	415
485	191	2..	XIV 7.....	II X 5....	II 343.	XVII 10 ...	II 20.....	849	740
485	185	217	....	....	II 233.	XXV 42 ...	II 79.....	850	827
485	163	195	XVI 10....	II XII 6...	II 309.	XIX 6.....	I 223.....	851	701
485	191	2..	....	....	II 325.	XXV 176 ..	II 5	852	794
485	195	6..	XXI 3.....	II I 3	II 90..	VIII 11....	I 68	853	438
485	191	1..	XXVIII 40.	II XVII 36.	II 387.	XXIV 26t ..	II 64.....	854	241
485	185	217	VI 2......	II VI 6 ...	II 477.	XIII 10....	II 56.....	855	284
485	199	10.	....	....	II 43..	XXV 26b ...	I 61.....	856	130
485	198	10.	XX 2	II XV 2...	II 316.	XXII 9.....	II 19.....	857	546
487	195	6..	XXI 2.....	II I 2	II 88..	VIII 10....	I 296.....	858	437
487	197	8..	....	....	II 394.	XXV 109b..	II 64.....	859	74.
487	196	7..	....	I IV 9....	II 19..	I 9.......	I 74	860	421
487	196	7..	III 14....	II V 5....	II 446.	XII 9.....	I 285.....	861	424
487	197	9..	....	I IX 46 ...	I 207..	VI 43b ...	I 89	862	162
487	193	4..	II 2	II IV 2 ...	II 441.	XI 2......	I 279.....	863	442
487	192	3..	....	II XI 4 ...	II 203.	XVIII 19 ..	II 9	864	749
489	197	8..	XXI 2.....	II I 2	II 94..	VIII 8.....	I 475.....	865	413
489	196	7..	XXI 2.....	II I 2	II 99..	VIII 9.....	I 469.....	866	395
489	197	8..	....	....	II 93..	IX 6......	I 471.....	867	220
489	185	217	....	....	I 230..	XXV 21 ...	II 60.....	868	280
489	164	195	XVI 1 et 2..	II XII 4...	II 322.	XIX 1.....	II 46.....	869	802
489	154	184	XI 3......	II VIII 18.	II 493.	XV 47	I 494.....	870	625
489	191	1..	....	....	II 270.	....	I 499.....	871	707

M.	1e C	2e C	PORT-R.	BOSSUT	FAUG.	HAVET	MOLINIER	MIC.	BR.
489	191	1..	...	...	I 230..	...	I 454.....	872	203
491	153	184	XI 2......	II viii 18 .	II 192.	XV 16.....	I 490.....	873	624
491	154	184	...	...	I 230..	...	I 454.....	874	204n
491	154	184	X 23......	II viii 16 .	II 191.	XV 13^{b}....	I 488.....	875	703
491	154	185	...	...	II 191.	...	I 489.....	876	702
491	154	184	...	...	II 193.	XXV 140 ..	I 492.....	877	629
491	153	183	XI 4......	II viii 18 .	II 193.	XV 18	I 491.....	878	626
491	153	183	...	...	II 354.	XXV 185 ..	I 288.....	879	587
491	199	10.	XX 2	II xv 2...	II 347.	XXII 8....	II 19.....	880	548
495 / 496 {	...	...	...	...	...	...	...	881	514
...	37^{b}	57.	...	...	I 260..	XXV 74 ...	I 47	882	343
...	37^{b}	57.	XXIII 2 ...	I iv 2....	II 83..	...	I 72	883	339n
...	39.	60.	...	...	I 223..	XXV 15 ...	I 67	884	344
...	45.	65.	XXIII 8 ...	I iv 8....	II 90..	I 8.......	I 73	885	423
...	53.	75.	XXIX 12...	I ix 16 ...	II 40..	VI 13.....	I 58	886	170
...	65.	87.	...	...	II 96..	XXV 33 ...	I 174.....	887	361
...	82.	...	...	...	...	...	...	894	747n
...	90.	116	...	...	I 236..	...	I 89	888	162n
...	101	129	...	...	I 224..	XXV 47^{b} ..	I 44	889	206
...	165	197	...	...	II 326.	XXV 178 ..	II 26.....	890	773
...	171	205	...	...	II 274.	XXV 164 ..	II 14.....	891	695
...	171	205	...	...	II 326.	XXV 178 ..	II 26.....	892	727n
...	179	211	XXVIII 55.	II xvii 49.	I 227..	XXIV 39...	II 41.....	893	472
...	179	212	...	...	...	...	...	894n	747n
...	191	1..	...	...	II 384.	...	I 47	895	197
...	191	1..	...	...	II 191.	...	I 489.....	896	630
...	193	5..	...	...	II 134.	XXV 84 ...	I 68......	897	426
...	209	419	I 1.......	II ii 1....	II 5 ..	IX 1......	I 1.......	898	194
...	217	427	I 1.......	...	II 15..	IX 2......	I 12	899	195
...	219	429	VIII 1	II vii 1...	II 118.	XIV 2.....	I 159.....	900	229
					I 225..	XXV 18 ...	II 57.....	...	...
...	220	431	II 5	II iv 4 ...	II 141.	XI 4^{b}.....	I 289.....	901	431
			III 1......	...	...	...	...	...	...
...	220	439	...	II v 6....	II 369.	XII 12	I 295.....	902	560
				II xvii 11	...	...	...	...	...
...	221	434	XV 7	II xi 2 ...	II 318.	XVIII 12 ..	II 4	903	783
...	221	(*Voir* manusc. page 205)							
...	222	435	...	I vii 6 ...	II 23..	IV 7......	I 155.....	904	199
...	225	435	...	II viii 1..	II 196.	XV 1	I 187.....	905	621
...	225	437	VIII 3 et 4..	II vii 23..	II 190.	XIV 6.....	I 267.....	906	628
					II 189.	XIV 5.....	I 269.....	...	...
...	225	433	...	...	II 82..	XXV 82 ...	I 72	907	399
...	226	438	XVIII 23 ..	II xiii 11.	II 156.	XX 17	I 319.....	908	848
...	226	438	XVIII 19 ..	II xiii 10..	II 156.	...	I 319.....	909	565
...	226	458	...	...	II 156.	XXV 89 ...	I 315.....	910	559n
...	226	438	...	...	II 157.	...	...	911	201
...	226	439	XXVIII 9 ..	II xiii 5 ..	II 157.	XX 5^{b}	I 294.....	912	560n
...	226	...	...	II xvii 13.	I 324..	XXIV 12...	II 93.....	913	863
...	236	439	XVIII 7 ...	II xiii 4..	II 154.	XX 4	I 295.....	914	557
...	227	439	...	...	II 155.	...	I 17	915	558

M.	1^{e} C	2^{e} C	PORT-R.	BOSSUT	FAUG.	HAVET	MOLINIER	MIC.	BR.
...	227	439	XVIII 6	II XIII 3	II 455	XX 3^{b}	I 349	916	586
...	227	440	...	II X 5	II 368	XVII 8	II 49	917	769
...	227	440	XVIII 4	II XIII 2	II 455	XX 2	I 324	918	559
...	228	440	II 42	II IV 40	II 355	XI 40^{b}	I 344	919	556
			XVIII 3	II XVII 24	II 357	XXIV 49^{b}	I 287	...	...
				II III 2	II 354	XI 40	I 439	...	...
				II XV 2	II 445	X 5	I 440	...	...
				II XIII 2	II 446	XXII 3	II 20	...	...
				II XVII 9	II 447	XXII 6	I 320	...	...
					II 447	XXII 40	I 296	...	...
					II 447	XX 2	...	...	...
						XXIV 9	...	...	...
...	232	445	...	II XVII 9	II 442	XXIV 9^{b}	I 279	920	494
...	253	469	...	...	II 445	...	I 322	921	88n
...	253	469	...	...	II 340	...	I 200	922	713n
...	253	469	XX 2	II XV 2	II 354	XXII 4	I 441	923	544
...	253	470	...	II XVII 6	II 457	XXIV 6	II 43	924	584
...	254	470	XIV 8	II X 5	II 330	XVII 44	II 5	925	739
...	254	470	...	II III 3	II 446	X 6	I 343	926	243
...	255	471	XXIII 5	I IV 5	II 80	I 5^{b}	I 67	927	404
...	256	472	III 44	II V 5	II 458	XII 40	I 287	928	441
...	256	472	...	II XVII 40	II 49	XXIV 40	I 348	929	574
...	256	473	...	...	II 458	...	I 293	930	500
...	256	473	XI 4	II VIII 47	II 492	XV 44	I 492	931	622
...	257	473	X 20	II VIII 44	II 204	XV 44^{b}	I 243	932	676
...	257	473	...	...	II 205	...	I 256	933	688
...	257	473	...	II XVII 40	II 86	XXIV 40^{b}	I 90	934	406
...	257	473	...	...	II 86	...	II 65	935	137
...	257	473	...	...	II 86	XXV 32^{t}	I 474	936	74n
...	257	474	...	...	II 265	XXV 96	I 280	937	590
...	257	474	...	...	II 490	XXIV 46^{b}	I 484	938	594
...	258	474	...	II IV 42	II 364	XI 42	I 340	939	289
...	259^{b}	477	...	...	II 393	XXV 474	I 223	940	726
...	314	...	...	...	II 403	...	...	941	90.
...	335	287	...	...	I 235	XXIV 400	II 448	942	76.
...	342	296	...	...	II 263	XVI 43^{b}	II 243	943	669
...	349	304	...	...	II 283	...	...	944	202
...	352	307	XXVIII 23	II XVII 23	I 275	XXIV 24	II 446	945	908
...	352	307	...	...	II 458	XXV 90	I 285	946	440
...	352	307	...	...	I 277	*Pro.* 294	II 420	947	907
...	366	323	...	I IX 6	II 432	VI 6	I 96	948	312
...	370	327	...	...	II 431n.	...	...	949	94n
...	375	333	...	I VIII 48	I 496	V 47	I 422	950	323
				I IX 60	...	...	...	...	...
...	376	335	XXVIII 44	II XVII 37	I 274	XXIV 27	II 54	951	906
...	376	335	...	...	II 388	XXV 408	II 64	952	61.
...	377	335	III 9	II V 4	II 406	XII 7	I 293	953	445
...	382	341	...	...	...	...	...	954	830
...	394	365	...	...	II 384	XXV 498	II 44	955	179
...	396	369	...	II XVII 75	I 229	XXIV 64	II 53	956	11.
...	403	377	...	...	II 205	XXV 443	I 257	957	899

M.	1° C	2° C	PORT-R.	BOSSUT	FAUG.	HAVET	MOLINIER	MIC.	BR.
...	403	378	XXVIII 47.	II xvii 11.	I 324..	XXIV 31^{b}..	I 322.....	958	858
...	403	377	....	....	II 206.	XXV 143 ..	I 257.....	959	847
...	437	232	....	....	II 234.	....	II 67.....	960	810
...	...	468	....	....	I 284..	*Pro.* 292..	II 104....	961	519
...	...	555	....	....	I 343..	*Pro.* 300..	*Pro.* 122.	962	...
...	...	611	....	....	I 278..	....	II 102....	963	...
2° Manuscrit Guerrier.			....	I x 11....	I 369..	....	II 148....	1000	77
2° Manuscrit Guerrier.			....	....	I 177..	XXV 56 ...	II 143....	964	276
2° Manuscrit Guerrier.			....	....	I 214..	XXV 59 ...	I 143.....	965	216
2° Manuscrit Guerrier.			....	....	I 277..	*Pro.* 291..	II 103....	970	891
2° Manuscrit Guerrier.			....	....	I 277..	*Pro.* 291..	II 120....	971	909
2° Manuscrit Guerrier.			....	....	I 277..	*Pro.* 291..	II 105....	972	892
2° Manuscrit Guerrier.			....	....	I 286..	XV 78.....	I 315.....	973	488
						Pro. 293..	....	...	...
Portefeuille Vallant.			....	....	I 177..	X 9 n......	I 94	974	320
Manuscrit de Sainte-Beuve			....	I v 8.....	II 56..	II 8	I 129.....	975	100
...	...	...	X 15......	II viii 11 .	......	....	....	976	603
...	...	...	XXVI 1 ...	I vii 1 ...	......	....	....	978	171^{n}
...	...	...	XXVI 4 ...	I vii 4 ...	II 86..	....	I 59......	979	168^{n}
...	...	...	XXVIII 1 ..	II xvii 17.	II 204.	....	I 293.....	980	560^{n}
...	...	...	(1678) XXVIII	II xvii 62.	I 229..	XXIV 51 ..	II 144....	983	275
...	...	...	XXIX 11...	I viii 7...	I 184..	V 6........	I 108.....	984	319
...	...	...	(1678) XXXI	I x 29....	I 251..	VII 29	II 133....	985	19.
...	...	...	....	II xvi 10..	I 280..	....	II 99.....	986	854
...	...	...	....	suppl. 2 ..	I 254..	XXIV 68...	II 151....	987	43.
...	...	...	....	suppl. 11..	I 271..	XXIV 72 ..	II 118....	988	918
...	...	...	....	suppl. 27..	I 247..	XXXIV 87 .	II 131....	989	16.

图书在版编目(CIP)数据

思想录:论宗教和其他主题的思想/(法)帕斯卡尔著;何兆武译.—北京:商务印书馆,2017
(汉译世界学术名著丛书:120年纪念版:珍藏本)
ISBN 978-7-100-14847-4

Ⅰ.①思… Ⅱ.①帕… ②何… Ⅲ.①帕斯卡尔(Pascal,Blaise 1623-1662)—哲学思想 Ⅳ.①B565.23

中国版本图书馆CIP数据核字(2017)第160063号

汉译世界学术名著丛书
(120年纪念版·珍藏本)
思 想 录
论宗教和其他主题的思想
〔法〕帕斯卡尔 著
何兆武 译

商 务 印 书 馆 出 版
(北京王府井大街36号 邮政编码100710)
商 务 印 书 馆 发 行
北 京 冠 中 印 刷 厂 印 刷
ISBN 978-7-100-14847-4

2017年12月第1版 开本710×1000 1/16
2017年12月北京第1次印刷 印张35¼
定价:178.00元